A MODERN HISTORY OF JAPAN
FROM TOKUGAWA TIMES TO THE PRESENT

Second Edition

Andrew Gordon

Yeesan Publishing Co.

도쿠가와 시대에서 현대까지

앤드루 고든 지음 / 문현숙·김우영 옮김

개정판

현대일본의 역사 2

이산

현대일본의 역사 2
도쿠가와 시대에서 현대까지

2005년 4월 30일 초판 1쇄 발행
2015년 3월 5일 개정판 1쇄 발행
2019년 8월 30일 개정판 3쇄 발행
지은이 앤드루 고든
옮긴이 문현숙·김우영
펴낸이 강인황
도서출판 이산
서울특별시 중구 필동로8가길 10
Tel : 334-2847/Fax : 334-2849
E-mail : yeesan@yeesan.co.kr
등록 1996년 8월 8일 제 2015-000001호

인쇄 한영문화사/제본 한영제책
ISBN 978 89-87608-74-7 04910
ISBN 978-89-87608-72-3 (전2권)

KDC 913 (일본사)

가격은 뒤표지에 있습니다.

www.yeesan.co.kr

차례

1권

2부 근대혁명, 1868-1905년

일러두기

1. 이 책은 Andrew Gordon, *A Modern History of Japan: From Tokugawa Times to the Present*, Second Edition(Oxford University Press, 2009)를 완역한 것이다. 저자는 초판의 일부 내용에 첨삭을 가하고, 마지막 장에서는 개고(改稿)를 했다. 그러나 본서는 제2판의 첨삭·개고된 부분만을 추가번역한 것이 아니라, 사실상 재번역에 가까운 전면개정을 하게 되었다. 나름대로 최선을 다했지만, 지금 돌이켜보면, 부족했던 초판 『현대일본의 역사』가 독자들로부터 예상외의 과분한 사랑을 받았기 때문에, 이번 기회에 뭔가 보답을 해야겠다는 마음이 작용했던 것이다. 번역과정에서는 일어판 森谷文昭 譯, 『日本の200年』上·下(東京, みすず, 2006)으로부터 많은 도움을 받았다. 그리고 이 책을 번역하는 내내 격려와 조언을 해주신 분들께 감사의 말씀을 드리고 싶다. 특히 지금은 은퇴했지만 여전히 공부하고 노력하는 훌륭한 일본의 편집자 야마모토 도시오 선생께 감사드린다.

2. 일본어를 비롯한 모든 외래어는 외래어 표기법에 따라 표기했으며, 필요할 경우 한자나 원어를 ( ) 안에 병기했다. 단, 일본어의 한자는 우리의 한자음대로 쓰는 관용(慣用)을 고려하여 인명이나 지명이 아닌 경우에는 그 관용을 많이 따랐다.
   예) 바쿠후(幕府)→막부, 한(藩)→번, 지민토(自民黨)→자민당

3. 독자의 이해를 돕기 위해 옮긴이의 설명이 필요한 경우, *† 등을 표시하여 해당 페이지 하단에 각주로 처리했다.

4. 방점을 붙인 부분은 원서에서 이탤릭체로 강조한 부분이다.

5. 본문 중에서 〔 〕로 표기된 것은 옮긴이가 덧붙인 것이다.

11장

쇼와 공황과 다양한 대응

18 90년대부터 1920년대 말에 이르는 시기에 일본에는 제국민주주의라는 혼성 정치체제가 출현했다. 메이지 이래 근대화된 황실을 근간으로 하는 이 정치질서는 영국의 군주제를 본떠서, 그리고 불안에 쫓기면서 상당한 정도까지 사회적 다원주의를 허용하는 공간을 제공했다. 지주와 사업가, 공장노동자, 소작인단체, 남성단체·여성단체가 대립과 타협이 복잡하게 교착하는 이 정치체제 속에서 각자의 목표를 추구했다.

그후 1929-1932년부터 경제공황, 극심한 사회분쟁, 대외적인 군사팽창, 복수의 총리와 거물 자본가들의 연이은 암살 등 수많은 충격에 의해 일본의 정치체제는 변용하기 시작했다. 1930년대 말에는 독립된 정당, 기업인단체, 생산자협동조합, 노동조합, 소작농조합은 중국과의 '성전'(聖戰)에 국민을 동원하는 동시에, 국내에 조화와 질서를 만들어내기 위한 국가지배하의 대중조직으로 대체되었다. 이윽고 일본과 아시아를 궤멸적인 전쟁으로 끌어들이게 되는 독일·이탈리아의 파시즘 체제와 유사한 새로운 정치질서가 일본에서도 득세하게 되었다. 또 쇼와 공황기에 전쟁을 위한 동원이라는 미명 아래 착수된 몇몇 변혁은 그후 장기간에 걸쳐 영향을 끼치게 된다. 경제와 사회를 대상으로 하는 국가정책 중에서 전전(戰前)에서 전후(戰後)라는 전시기(戰時期)를 통해서 끊이지 않고 계속된 관전적(貫戰的) 체제를 보는 것이 가능하고, 일상생활의 몇몇 특징들에서 관전적인 하나의 사회를 보는 것이 가능하다.

경제·사회 위기

1929년 10월에 뉴욕의 주식시장에서 주가가 대폭락했다. 그것에 이어서 일어난 세계적인 경제위기는 일본의 정치를 방향전환 시킨 일련의 사건 중에서도 아주 중요한 의미가 있었다. 세계공황은 그 직전에 일본이 실시하던 금융정책의 영향과 겹쳐서 파괴적인 영향을 초래했다. 하마구치 총리가 이끄는 민정당 내각은 1929년 7월에 성립되었다. 하마구치 내각은 그 이전부터 침체된 경제를 활성화하기 위해 1920년대에 단속적으로 시행되고 있던 두 가지 정책을 단행할 결의를 다지게 했다. 첫째, 통화공급의 긴축과 정부지출의 삭감으로 국내가격의 인하와 수출의 촉진을 도모한다는 정책이었다. 둘째, 고정환율제로 돌아가 국제무역과 국제투자의 안정화를 도모한다는 정책이었다. 요컨대 제1차 세계대전 중에 일본도 서구열강도 금본위제로부터 이탈해 있었지만, 경제부흥을 위해 서구국가들이 금본위제로 복귀하는 것을 보고 일본도 제1차 세계대전 이전의 환율로 금본위제로 복귀할 예정이었다.

이 두 가지 시책 중, 먼저 재정의 긴축화가 시행되었다. 1929년 하반기에 이 정책은 성과를 거두는 것처럼 보였다. 도매물가지수는 6%나 하락했다. 그래서 1930년 1월, 일본은 전부터 약속해온 대로 금본위제로 복귀했다. 세계적으로 물가가 급락하는 와중에 시행된 금본위제로의 복귀는 궤멸적인 타격이 되었다. 국내가격의 저하가 가져왔어야 할 효과는, 세계적인 심각한 디플레이션으로 소멸되어버렸다. 환율을 낮추면

일본의 수출이 늘어나겠지만, 고정환율제 아래서 환율인하를 실시할 수 없었다.[1]

게다가 일본의 재벌계 은행들은 경제적으로는 허술한 점이 없었다고 해도 정치적으로는 아주 유해하게 행동했다. 은행 경영자들은 정부로서는 금본위제복귀정책을 방기하고, 엔화를 평가절하하지 않을 수 없다는 사실을 즉시 간파했다. 은행은 대량의 엔화를 팔고 달러를 사들였다. 1931년이 되어 일본이 간신히 금본위제로부터 이탈한 시점까지 엔화 가치는 달러와 비교하면 반토막이 났다. 은행은 달러를 팔아서, 싸진 엔화를 다시 사들임으로써 보유금액을 아주 쉽게 두 배로 불릴 수 있었던 것이다. 사회에서는 자본가와 정당 내 자본가의 맹우들에 대해서 다른 사람들 모두가 공황 때문에 궁핍해진 마당에 나라를 팔아서 막대한 이익을 올리는 탐욕스럽고 이기적인 괘씸한 모리배들이라는 견해가 널리 퍼졌는데, 은행의 이윤추구행동은 그런 자본가 비판의 영향력을 점점 강하게 만들었다. 당시 일본이라는 존재의 총체가 앞이 보이지 않는 '막다른 골목'에 빠져버렸다는 견해는, 그것을 처음으로 주장했던 아주 소수의 마르크스주의 지식인들의 범위를 넘어서 상식적인 생각이 되었다. 일본의 경제와 정치구조는 마비상태에 빠져버린 것처럼 보였다. 사회질서의 혼란과 도덕의 퇴폐는 손을 쓸 수 없는 지경인 듯했다.

이러한 위기는 특히 농민에게 막대한 타격을 입혔다. 1929년부터 1931년까지 쌀과 보리를 비롯한 주요 농작물 가격이 43%나 하락했다. 소득이 대폭 감소해 세금을 낼 수 없게 된 소규모 지주들의 대부분은 소작지를 회수해 수입을 확보하려 했다. 도시에서 실직해 귀향한 자식들을 포함한 가내노동력으로 회수한 소작지를 경작하려 했던 것이다. 소작농들은 소작지 회수에 저항했다. 자연히 토지분쟁 건수가 늘어났다.

분쟁의 질에도 변화가 생겼다. 1920년대에 일어난 대부분의 소작인-지주 간의 갈등에서는 지대의 삭감을 요구하는 소작농이 공세적 입장에

1930년 니가타(新潟)의 소작쟁의 장면. 농민조합의 지도자가 쌓아올린 볏짚 위에 올라가 조합원들에게 연설하고 있다. 공황기에는 소작쟁의 건수가 급증했고, 한층 격렬해졌다. 쇼가쿠간(小學館) 제공.

있었다. 그런데 바야흐로 소작농은 절망적인 상태에 빠져 수세에 몰리게 되었던 것이다. 소작지 회수 등의 계약문제를 둘러싼 분쟁은 1920년대 초에는 소작쟁의의 5%에 지나지 않았으나, 공황기에는 거의 50%로 늘었다. 소작농들은 종종 소작지 주변에 허름한 울타리를 친다든가, 농성 피켓라인을 쳐서 소작지를 지키려고 했다. 이런 소작쟁의가 폭력사태가 되는 비율은 유례없을 만큼 높았다.

도시에서 공황은 노동자뿐만 아니라 상점주나 공장경영자들도 위협했다. 소매업자는 임금인하와 해고로 고객들의 구매력이 떨어진 결과 도산에 직면했다. 1926년부터 1930년까지 도쿄의 소매업자가 점하는 도산건수의 비율은 매년 거의 2배로 늘었다. 신문 지면에는 변제 독촉에서 벗어나려고 소규모 상점주 일가가 야반도주한 이야기가 넘쳐났고, 수천 개의 소규모 마을공장도 도산했다.

기성 정당이 아무런 유효한 대책을 세우지 않는 데 정말 진저리가 난 수천 명의 소규모 경영자들은, 신당 설립을 목표로 하는 다양한 운동단체에 참가했다. 그런 집단은 집권당인 민정당뿐만 아니라 정우회에 대해서도 '대자본의 주구(走狗)'라고 심한 비판을 쏟아냈다. 그런 그룹 중 하나였던 제국중산연합동맹은 "기성 정당은 우리의 기대를 배신했고, 자본가 집단의 어용정당이 되어, 우리들 중산상공농업자(中産商工農業者)를 발 밑에 두고 유린한다"고 단언했다. 또한 이들 그룹은 '중견(中堅)계급'이야말로 "필사의 노력을 다해 국가의 재정적 부담과 국방상의 의무를 가장 진지하고 우직하게 수행"해왔음에도 불구하고, 오랫동안 고생만 해왔고, 이 계급을 구제하기 위해서는 일본에 '이상(理想)경제혁명'을 일으키는 것이 불가결하다고 주장했다. 그리고 세금·수출·생산의 담당자인 '중견계급의 번영'을 보증하기 위한 새로운 정책의 시행을 요구하는 동시에, 만약 그런 정책이 시행된다면 중소상공계급은 '노사 간의 혈투'를 예방하는 보루가 될 것이라고 주장했다.[2]

중소상공업자가 안고 있던 불안, 이런 비통한 외침을 하도록 그들을 몰아간 불안에는 그 나름의 근거가 있었다. 실직의 우려가 미증유로 높아지면서 중소상공업자를 향한 종업원들의 적의는 유례없을 정도로 심해지고 있었던 것이다. 어떤 역사가의 추정에 의하면 1930-1932년에 전국 산업노동자의 실업률은 약 15%에 달했다. 도시 산업노동자의 실

업률은 그 두 배에 달했을 가능성이 많고, 적어도 20%를 넘은 것은 확실하다.[3]

도산한 상점주와 달리 직장을 잃은 남녀노동자들은 몰래 야반도주하지 않았다. 농민투쟁과 마찬가지로 노동쟁의의 발생건수는 무서운 기세로 늘었으며, 분규의 양상도 한층 격렬해졌다. 노동쟁의는 큰 공장뿐만 아니라 소규모 공장에서도 발생했다. 여성의 쟁의참가도, 특히 쟁의가 빈발했던 섬유산업에서는 그 어느 때보다도 늘어났다. 1930년에 도쿄에서 일어난 어떤 쟁의 때 여자노동자들이 종업원대회 석상에 교대로 서서 "고향으로 돌아가고 싶어도, 부모님도 형제들도 먹지 못하고 있을 게 뻔한데, 어떻게 돌아갈 수 있겠는가?"라고 절규했듯이, 그녀들에게는 고향으로 돌아간다는 선택지는 닫혀 있었다.[4]

조직노동자의 쟁의는 종래보다 장기화되고, 폭력사태로 변하는 경우도 많았다. 폭력적인 충돌은 어느 정도는 계산된 것이었다. 노동자는 해고되면, 많은 경우 공장 문앞에서 숙박하면서 재고용을 요구한다든가, 아니면 해고수당으로 6개월 내지 1년치의 임금을 요구하면서 항의행동을 전개했다. 쟁의 중인 노동자들은 경찰이 무엇보다도 질서를 중시하는 것을 알고 있었다. 예를 들면 회사의 수위와 난투극을 벌여서 관헌을 조정역으로서 끌어들이면, 노동자측에 유리한 타협을 따내는 경우가 많았다. 요컨대 내무성의 규칙이 명령한 최저 14일분의 임금에 상당하는 해고수당이 아니라, 3-4개월분의 임금지급을 쟁취하는 것이 일반적이었다.

'굴뚝남'이 취한 기발한 행동은 이 전술을 아주 독창적인 형태로 적용한 구체적인 예의 하나였다. 1930년 11월, 도쿄 근처의 후지 방적(富士紡績)공장에서 쟁의가 발생했을 때, 한 청년이 공장의 굴뚝 위로 기어올랐다. 그는 쟁의가 해결될 때까지 내려갈 생각은 없다면서 굴뚝 위에서 버티고 앉았다. 며칠 뒤에는 천황이 탄 호화로운 특별열차가 그 굴뚝 근처를 통과할 예정이었고, 그 행동의 최대 특징은 그 황족전용 특별열차의 통과에 타이밍을 맞춰서 실행된 점이었다. 경찰로서는 천황의 행차를 전투적인 조합활동가가 저렇게 높은 곳에서 내려다보는 것을 허용할수는 없었다. 경찰은 크게 당황해서 쟁의해결을 위한 조정에 나섰고, 그사이 굴뚝남의 상황이 부분적으로 신문에 널리 보도되었다.

다른 몇몇 쟁의에서도 그 정도로 사전에 계산된 것은 아니었지만, 적어도 비슷한 정도로 충격적인 실력행사가 벌어졌다. 같은 해 가을에 도쿄에 있던 도요 방적(東洋紡績) 산하의 모슬린 제조공장에서 대량 해고에 항의하는 노동쟁의가 발생했는데, 수백 명의 여성노동자가 사회주의 계열의 조직가들과 함께 밤에 불 꺼진 거리에서 시위행진을 벌였다. 시위대는 돌을 던지고 전차 창문을 깨뜨리며 경찰과 대치했다. 신문이 바로 이 사건을 '가두전쟁'이라고 이름을 붙였고, 젊은 여성노동자 시위대의 투지를 드마마틱하게 보도했기 때문에, 모슬린 공장 노동자들은 일약 유명해졌다.

관헌과 세상을 놀라게 한 여성들은 갑자기 전투적으로 변한 공장의 여성노동자만은 아니었다. 최초는 1920년대 중반에 대담한 패션으로 세상의 주목을 모아 유명해진 중간계급의 '모던 걸,' 약칭 모가들은 1920년대 말이 되면 그 요염한 행동양식을 새로운 방향으로 돌리기 시작한 것처럼 보였다. 미풍양속 유지를 외치는 사회도덕가들이나 치안당국자가 아주 마음을 졸였던 것은, 대도시에서 웨이트리스의 수가 급증한 일이었다. 그녀들의 직장은 대도시의 카페와 댄스홀이었다. 웨이트리스는 매춘부는 아니었지만, 에로틱한 이미지를 팔았다. 이들의 주요 수입원은 팁이었다. 카페 경영자들은 웨이트리스가 고객에게 아양을 떤다든가 팁을 받고 키스에 응한다든가, 단골손님과 성관계를 갖도록 부추겼다. 1929년에 전국의 카페에서 일하는 웨이트리스는 5만 명을 넘어 공창(公娼)의 수를 웃돌았다. 1936년의 경찰통계에서는 웨이트리스의 수가 11만 1천 명 이상에 달했다.

　관료들과 사회는 매춘을 허용했지만, 허용한 이유의 일단에는 매춘을 남자들의 성욕에 있어서 필요한 배출구가 되는 한편, 양갓집 부녀를 보호한다는 시각도 있었다. 이 관점에 의하면 가난한 농민의 딸들은 경제적인 필요에 쫓겨서 매춘부가 되는 것이고, 번 돈을 고향의 가족에서 송금하는 그녀들의 효행은 칭찬받을 만한 것이기 때문에 흉잡힐 짓은 아니었다. 하지만 카페에서 일하는 웨이트리스의 급증으로 성과 도덕의 질서를 위한 근거로 삼은 사회적 윤리는 붕괴되고 말았다. 내무성 관료들의 생각에서는 웨이트리스는 가족을 위해 일하는 것이 아니라 자신의 욕망을 추구하는 존재였다. 공창제도에 의해 성충동으로부터 격리되어 보호되고 있어야 하는데, 중간계급의 젊은 여성들은 보호받기는커녕 스스로 나서서 쾌락에 "몸을 맡겨"버렸다. 그리고 이런 여성들과 남자친구들은 단지 "비행의 길로 들어선 모던 걸과 모던 보이"일 뿐이다. 이런 시각에서 경찰은 "제국의 수도에 만연하는 홍등과 재즈의 세계"에 "철저한 대철퇴"를 가한다는 방침을 세웠다. 1929년에 시작해 1930년대를 통해 경찰은 카페, 찻집, 댄스홀 등의 단속을 자주 해서 웨이트리스들을 무인가로 매춘한 혐의로 체포하고, 이런 여성이 일하는 유흥시설에는 학생의 출입을 금지했다.[5]

　대학생의 언동도 공황기에 사회위기의 인식을 확산시키는 데 한몫했다. 1928년에 수차례 시행한 일제검거에서 공산당원의 혐의가 있는 수백 명의 학생이 체포되었으며, 도쿄제국대학의 신인회도 문부성에 의해 해산되었다. 그럼에도 1930년부터 1931년에 주요 대학에서 학생에 의한 일련의 항의행동이 일어났다. 학생들의 항의행동은 국내정치뿐만 아니라 학내문제와 관련된 것도 있었지만, 정부 당국자는 지하 공산주의 운동이나, 보다 일반적인 마르크스주의나 혁명사상의 흡인력이 여전히 강하게 남아 있는 것은 아닌가 우려했다. 문부성은 심각한 '학생의 사상

문제'가 일본에 큰 위협이 되고 있다는 판단 아래 학생의 정치활동을 눈을 부라리며 감시하고 탄압했다. 그 결과 1934년에 이르자 학생운동은 기세를 잃어버렸다.[6]

1930년 말에 발표된, 과거 1년간을 회고하는 평론 속에서 유명한 사회평론가 오야 소이치(大宅壯一)는 미증유의 난국에 직면해 있는 일본 사회의 세태를 깔끔하게 요약했다. 오야는 특히 섬유공장에서 일하는 여성노동자들이 거리로 몰려나가는 이미지에 대해 다음처럼 지적했다.

> 동양 제일을 자랑하는 모 인쇄회사의 공장장이 하는 말에 의하면, 주조(鑄造)해도 주조해도 금방 또 부족해지는 두 활자가 있다. 그것은 바로 '女'와 '階'의 두 글자인데, 특히 女에 대한 수요는 최근 급격히 증대해, 1만 개의 재고가 대개 언제나 죄다 다 나가버린다. ……이 두 종의 활자에 대한 수요가 최근 기하급수적으로 증대하는 사실은 1930년의 사회상을 구체적으로 특징짓는 게 아닐까? ……침실이 현관이 되고, 도코노마(床の間, 일본식 다다미 방 상좌에 바닥을 한층 높게 만든 곳)가 되어 마침내 거리까지 진출해왔다.[7]

세태에 대한 이런 묘사의 배경에 사회적인 고통과 동요가 광범위하게 깔려 있었던 것은 사실이지만, 그럼에도 불구하고 일본이 체험한 경제공황은 실업률과 공업생산지수로 보는 한, 실제로는 미국을 덮친 대공황과 비교해서 경미했다. 그러나 위기에 대한 인식은 엘리트들뿐만 아니라 대중들 사이에서도 똑같이 깊고 넓게 퍼져 있었고, 큰 영향력도 갖고 있었다. 공황이 시작되기 이전 단계에 이미 의회정치에 대한 사람들의 지지는 열정과는 거리가 먼 것이었다. 공황기 체험의 트라우마는 국제적 위기와 동시에 맞물리면서 국내에서도 국외에서도 난국 타개를 위한 새로운 시도들을 일으켰던 것이다.

난국 타개, 해외에서의 새로운 전개

　　막혔던 길을 뚫기 위한 하나의 시도를 만들어낸 것은 군부의 장교단과 그 동맹자인 민간의 우익세력이었다. 1920년대를 거치면서 청년장교들은 일본의 외교와 내정에 점점 실망하게 되었다. 장교들과 민간인 동지들은 정당이 추구하던 협조외교를 이미 글렀다고 보고 이에 불만을 품었다. 그들은 군사예산 삭감과 병력 감축에 분노했다. 만주와 북중국에서 일본의 패권에 대한 중국 국민당의 도전을 두려워했다. 국내에서 군대의 위신이 저하되는 데 분노했다. 재벌과 정당의 밀월관계야말로 젊은 병사들의 가족을 곤궁으로 내몰고, 나아가서는 군대를 약화시킨 자본주의체제의 상징으로 간주했다. 그들은 반란행위와 독자적인 군사행동을 벌이는 식으로 대응했다. 그래서 그 결과 정치정세를 극적으로 바꾸어놓았다.

　　이런 혁명운동을 키우는 온상의 하나가 만주의 관동군(關東軍)이었다. 관동군은 본래 러일전쟁을 종결짓기 위한 1905년의 포츠머스 조약에 의해, 일본이 획득한 남만주(關東省)의 일본 조차지와 철도의 방위를 사명으로 해서 1906년에 창설된 부대였다. 이윽고 1920년대 말에 이르러 관동군 참모들은 이 사명을 변경했다. 그리고 자신들이 새로 정의한 사명의 실현을 위해, 상층부의 승인을 얻지 않고 독단적인 행동과 모략으로 치닫게 되었다. 요컨대 참모들은 만주에서 일본의 권리를 지키는 것만을 자신들의 사명이라고 생각하지 않았던 것이다. 그들 자신의 새로운 위상정립에 의하면, 관동군이란 오고야 말 일본과 구미와의 전쟁에서, 그 지배지역에 새로운 사회모델을 건설하는 사명을 띠고 선두에 서야 할 집단의 하나로 규정되었다. 1928년 6월, 관동군 참모장교 고모토 다이사쿠(河本大作)가 중국 군벌 장쭤린(張作霖)이 타고 있던

열차를 폭파하고, 그것을 장쭤린과 대립하는 중국인 라이벌들의 짓인
양 위장했다. 장쭤린은 그때까지 오랫동안 장제스가 이끄는 국민당군이
북벌(北伐)에 나설 것을 대비해 장쭤린을 옹립해 그것을 막아내려 했던
일본의 의도에 호의적이었다. 그런데 국민당군이 세력을 키워감에 따
라, 장쭤린의 충성대상이 일본에서 국민당으로 옮겨가고 있는 것처럼
보였다. 관동군 모략자들은 그의 폭살이 계기가 되어, 다나카 총리가 만
주에서 더욱 강경한 정책을 지지하게 되기를 기대했다. 입헌민정당에
비하면 다나카도 정우회도 중국 내에서 일본의 권리를 지키기 위해 무
력을 행사할 의향은 강했지만, 다나카는 관동군 지도자들이 바라고 있
던 과격한 방침을 받아들이지는 않았다. 그러나 장쭤린 폭살이 실제로
는 관동군의 짓이었다는 것이 판명되자, 천황으로부터 다나카 내각에게
군부가 안팎으로 체면을 잃지 않게 하라는 압력이 가해졌다. 이 사건을
어떻게 해석해야 하는가에 대해서는 역사연구자들 사이에서도 아직도
의견이 분분하지만, 다나카의 사건처리에 대해 히로히토 천황이 불만의
뜻을 표명한 것이 계기가 되어, 다나카 내각은 총사퇴했다.[8] 아무튼 이
사건은 천황이 위기의 순간에 막후에서 정치적 영향력을 행사할 의지와
능력을 갖추고 있음을 명백하게 보여주었다.

  만주를 둘러싸고 일본과 중국의 대립이 격렬해지면서, 해군 군축을
둘러싼 일본·영국·미국 삼국의 긴장도 고조되었다. 1922년의 워싱턴
회의에서는 같은 해 합의를 본 함선보유량의 상한을 그대로 연장할 것
인지 개정할 것인지에 대해서 논의하기 위해, 주요 나라가 1930년에 런
던에서 다시 회의를 개최하기로 했다. 민정당 내각은, 런던회의에서 일
본이 목표로 하는 것은 일본의 함선보유량을 영국 및 미국 보유량의
60%에서 70%로 끌어올리는 것, 즉 5 : 5 : 3인 현행 영미일의 비율을
10 : 10 : 7로 고치는 것이라고 사전에 공표하는 중대한 정치적 실수를
저질렀다. 구미 제국의 대표단은 일본의 요구를 다 받아들이는 것을 단

호하게 거부했다. 하마구치 내각이 파견한 대표단은, 함선의 종류에 따라 일본의 보유량 확대를 인정하는 것과 인정하지 않는 것이 있다고 하는 타협안을 받아들여서 새로운 군비조약에 조인했다.

런던회의 종료 후, 일본 국내에서는 신조약에 대해, 신문과 해군으로부터, 그것은 하마구치 자신이 불과 이삼 개월 전에 공언했던 일본의 국익에 반하는 것이라는 비판이 빗발쳤다. 해군 내에서는 조약반대파, 이른바 '함대파'(艦隊派)가 그후 3년에 걸쳐 지배권을 장악했다. 전체로 봐서는 조약을 둘러싼 의견대립은 정당정치 전체의 정당성을 약화시키고, 특히 민정당의 정당성을 약화시켰다고 말할 수 있다.[9]

기성 정치권력집단을 향한 언론의 비판과 물리적 공격은 전혀 수그러들지 않고 계속되었다. 1930년 말부터 1932년 말에 청년장교들이 민간인 동맹자들과 협력해서 일련의 충격적인 암살사건과 암살미수사건을 일으켰다. 최초의 표적이 된 하마구치 오사치는 1930년 11월에 우익 청년에게 저격당해 이듬해 8월에 사망했다. 1932년 2월과 3월에는 전직 재무대신 이노우에 준노스케(井上準之助)와 미쓰이 재벌의 최고경영자 단 다쿠마(團琢磨)가 극우 국수주의 민간단체인 혈맹단(血盟團) 단원들에 의해 연이어 암살되었다. 더욱이 1931년 10월에는 청년장교들의 쿠데타 계획이 발각되었는데, 이 계획은 적어도 군 상층부의 일부로부터 암묵적 승인을 받은 것이었다.

이런 행동을 저지른 남자들은 군 장교들과 민간의 이데올로그들을 연결하는, 일본 전역에 퍼져 있던 연구회와 정치결사의 멤버였다. 그들은 정당과 엘리트 자본가들을 천황과 국민의 의사를 존중하고 통일시키는 바람직한 정치체제의 적이라고 보았다. 이런 점에서는 20세기 초에 메이지 겐로와 관료들을 같은 이유로 비판했던 정당지도자들과 닮았다. 그러나 정당과 자본가 대신에 어떤 새로운 그룹이 천황과 국민의 입장을 대변해야 하는가에 대해서는 의견이 정리되어 있지 않았다. 군에 기대를

걸고 있는 자들이 있는가 하면, 농업을 중심적으로 담당하는 자작농에
기대를 거는 자들도 있었고, 또 상공업에서 중심적인 역할을 하고 있는
도시의 중견계급에 기대를 거는 자도 있는 등 의견은 제각각이었다.

관동군 지휘관들은 이런 발상에 크게 기여했다. 그들은 만주에서 대
담한 군사행동을 일으킴으로써 외교와 내정 양면에서 난국을 타개할 전
략을 짜냈다. 중심이 된 인물은 1929-1932년에 관동군 작전장교를 역
임했던 이시하라 간지(石原莞爾) 중령이었다. 이시하라는 그때 일련종
(日蓮宗) 신자로서 특이한 불교연구와 세계사연구를 통해, 국제정세를
종말론적으로 바라보는 관점을 정립하고 있었다. 이시하라는 미일간에
천변지이(天變地異)의 양상을 띠는 '최종전'이 반드시 일어나게 되어 있
다고 생각했다. 그는 부하들에게 최종전에서 승리하기 위해서는 일본이
만주를 지배하는 것이 불가결하다고 역설했다. 만주의 광물자원은 전략
적으로 중요하고, 비옥한 평원은 일본으로부터의 농업이민들에게 아주
안성맞춤인 땅으로, 이민이 늘면 일본 국내에서의 인구압과 농촌빈곤을
완화해줄 것으로 생각했던 것이다. 게다가 이시하라와 그 지지자들은
만주를, 이기적이고 자본주의적인 이윤추구가 아니라 사회적 평등과 국
가에 대한 충성이라는 원칙에 입각한 새로운 사회질서를 만들어내기 위
한 실험실로 간주했다. 그는 만주에서 이런 실험이 성공해서, 다음으로
일본에서도 시행되는 것이 일본의 강화로 이어질 것이라고 생각했다.

1931년 9월 18일, 이시하라의 부대는 대담한 행동을 비밀리에 실행
했다. 요컨대 남만주철도(만철)의 주요한 분기점인 펑톈(奉天, 지금의 선
양[瀋陽]) 근처의 류탸오후(柳條湖)에서 만철의 선로를 폭파하고는 그
것을 중국군의 소행이라고 발표했다. 관동군은 이 선로폭파를 구실로
펑톈 주변의 중국군 부대를 습격해 일방적인 승리를 거두었다.

이 군사행동으로 관동군은 1928년의 장쭤린 폭살로 이루지 못했던
바를 1931년에 달성했다. 12월까지 일본군은 남만주 대부분을 지배하

기에 이르렀다. 도쿄의 군부 수뇌가 이 행동계획을 사전에 알고 있었는
지, 또 알고 있었다면 허가를 했는지는 오늘날까지도 의문에 싸여 있다.
훗날 만주사변이라고 불리게 되는 이 사태가, 영관급 장교들에 의한 비
밀계획과 상층부의 명령에 대한 불복종이 맞물려진 것임에는 틀림없다.
또 도쿄의 군 상층부와 정부 내의 문민지도자들이 관동군 내부에 직접
행동을 일으키고 싶다는 기운이 강하게 감돌고 있다는 사실을 알고 있
었다는 것도, 그리고 행동계획에 대해서도 어느 정도 알고 있었다는 것
도 확실하다. 사정이 이러했던 만큼, 도쿄의 군부와 정부의 수뇌에게는
1931년 가을에 일어난 일련의 사태에 허를 찔린 듯 깜짝 놀랄 이유는
전혀 없었다.

　사전에 어느 정도 알고 있었든지 간에, 사변이 현실의 일이 되고 나서
이누카이 쓰요시 총리가 이끄는 정부와 정우회가 취한 대응은 원만했
다. 이누카이는 입헌민정당 내각을 이끌었던 전임자 하마구치와 비교하
면 단호한 태도를 취하는 데 훨씬 호의적이었다. 이누카이 총리는 만주
를 공식 식민지로 병합해야 한다는 군부의 요구를 거부하긴 했지만, 관
동군이 친일적인 중국지도자들을 옹립해서 괴뢰정권을 수립하는 것은
허용했다. 이렇게 해서 1932년 3월에 명목상의 독립국에 지나지 않는
만주국이 설립되었다.[10] 완전한 식민지가 아닌 '독립국'을 만든다는 결
정은 본래 이 계획의 동기였던 범아시아 규모의 해방과 반서구제국주의
라는 이데올로기가 반영된 것이었다. 또한 윌슨의 민족자결주의가 유행
하던 시대에 만주 점령을 정당화하기 위한 전략이기도 했다. 그러나 실
제로는, 일본은 정복한 지역을 완전한 지배하에 두고 있었다. 그리고 청
조의 마지막 황제 푸이(溥儀)를 새로 만든 만주국 황제에 앉혔다. 많은
역사가, 특히 일본인 역사가들은 이 1931–1932년의 만주사변을, 그들
이 말하는 바대로 15년 전쟁의 시작으로—실질적으로 아시아에서의
제2차 세계대전의 시작으로—위치지었다. 사실상 이 침략행위가 가일

층의 대립을 불가피하게 만든 것은 충분히 입증 가능할 것이다.

영관급 장교들이 독단적으로 일으킨 행동은 만주를 점령하는 계기가 되었지만, 군 최상층부는 아시아에서의 단독제국주의를 향한 방향전환을 지지했다. 예를 들어 우가키 가즈시게 육군대장은 군부 내에서는 온건파로 알려져 있었고, 1927-1931년에 정우회/민정당 내각에서 육군대신을 역임한 적이 있었다. 1930-1931년에 공황이 점점 심각해지면서. 우가키는 일본이 구조적 위기에 직면했다고 생각하게 되었다. 우가키는 좌익 및 우익의 과격파의 폭력행위를 비난했지만, 그들과 마찬가지로 일본을 약체화시켜 무질서하게 만드는 근본원인은 자본주의와 민주주의가 방임상태에 빠진 데 있다고 생각했다. 많은 문민관료와 마찬가지로 우가키를 비롯한 군부의 많은 수뇌도, 일본사회가 압도적 다수의 궁핍화된 프롤레타리아트 및 농민과, 소수의 부유한 자본가로 양분화되지 않을까 우려했다. 대외관계에 관해서 우가키는 "단순히 국내방위를 기준으로 하는 것은 안"되겠다고 느끼고 있었다. 우가키는 1930년의 일기에 세계의 무역시스템이 마비되었고, 세계시장에서의 경쟁이 불가피하게 되었으며, 일본으로서는 생산성을 향상시켜, 실업을 줄이고 '사회를 비참하게 이끌'지 않으려면 시장의 확보가 필요하고, 그것을 위해서는 보다 적극적으로 외교정책을 취하는 것 외에 달리 방도는 없다고 단언했다.[11]

군사행동이 시작되자마자 경찰과 군 당국은 군사행동을 반대하는 국내의 운동에 대한 감시와 탄압을 강화했다. 그러나 만주점령을 완력으로 정당화할 필요는 거의 없었다. 대부분의 일본서민은 물론 엘리트도 1931-1932년에 걸친 사태의 진전을 노골적으로 환영했다. 신문은 일본군의 전진을 열광적으로 전했다. 뉴스영화와 라디오는 경쟁적으로 최신 전황을 선정적으로 보도했다. 좌익은 종전의 입장을 바꾸어, 만주 점령은 실업을 줄여 국민 전체에 은혜를 가져다줄 약속이지, 결코 자본가적

제국주의적인 침략행위는 아니라고 주장했다. 일본제국이 만주국이라는 빛나는 '왕관'을 손에 넣은 것을 축하하는 새로운 가요곡, 신작 가부키, 심지어는 레스토랑의 새로운 메뉴도 등장했다.[12]

가장 신경 예민해 있던 국가관료들조차도 한숨을 돌렸다. 사법성의 1932년판 '위험사상' 조사는, 만주사변은 사회적 긴장이 고조될 때 불어온 '가미카제'(神風)라고 형용했다. 1932년 5월에 육군성은 만주사변이 사회적 대립 대신에 새로운 '연대정신'을 함양했다고 지적했다.

만주 점령은 일본의 외교와 내정의 역사에서 분수령을 이루었다. 그러나 만주사변은 제국의 경계선을 안정시키기는커녕, 새로운 팽창주의 시대의 출발점이 되었다. 또 국내정치와 사회를 안정시키기는커녕, 그것에 이어 또 하나의 새로운 무력행사를 촉발했다. 1932년 5월 15일, 해군 청년 장교를 중심으로 하는 한 그룹이 쿠데타 미수사건(5·15사건)을 일으켜, 정우회 총재이자 총리이던 76세의 이누카이 쓰요시를 암살한 것이다. 이 사건은 제국 일본의 의회정치에 종언을 고하는 것이었다.

5·15사건을 공모한 자들은 이 무력행사로 계엄령을 내려 '국가개조'를 위한 시책들을 실시하려 했다. 사건의 실행범들은 이누카이를 습격한 것과 동시에 미쓰비시 은행, 정우회 본부, 내무대신 관저, 6곳의 변전소도 습격했다. 하지만 이들의 공격이 더 큰 대규모 반란을 야기하지는 않았다.

그렇다고 해도 이 사건의 충격은 쿠데타와 거의 맞먹는 것이었다. 이누카이 암살 후, 후계총리와 내각의 편성을 둘러싸고 육군의 수뇌와 '중신'(重臣)의 리더인 사이온지 공 사이에서 긴박한 교섭이 이루어졌다. 육군 수뇌부에는 만주에서의 영토확장과 국내에서의 개혁을 연관짓는 정책의 추진을 목적으로, 그때까지 수년에 걸쳐 정기적으로 회합을 열어오고 있던 장교들도 포함되어 있었다. 이 장교들은 암살 같은 과격한 행동의 "근본원인인 정치경제와 그 밖의 사회문제에 대해 철저한 개혁이 단행되어야 한다"[13]고 주장했다. 그들은 개혁이라는 목적달성을 추진해가고 혈기왕성한 청년장교들을 통제하기 위해서는, 정우회가 의회의 과반의석을 차지하고 있다고 해서, 정우회에 의한 신내각의 조각을 허용해서는 안된다고 주장하면서 양보하지 않았다. 5월 26일, 해군의 노장 사이토 마코토가 거국내각의 총리로 취임했다. 각료 15명 중 정당인은 고작 5명뿐이었고, 나머지 10명은 군과 관료의 수뇌들이었다.

그 후 여러 해 동안 신정권의 수뇌들은, 군대 내의 규율회복을 위해 노력한다거나 팽창주의로 기울어진 일본의 외교정책을 궤도수정하는 노력을 거의 하지 않았다. 논리의 단계적 확대가 일본의 전략을 앞으로 앞으로 치닫게 하였다. 일본의 영토와 권익의 확대에 구미제국과 중국으로부터 반대목소리가 있으면, 정부 수뇌들은 그런 목소리가 마치 중국에서 일본이 영토를 확장하는 것을 정당화시키는 것처럼 국민을 호도했다. 그 한 예는 국제연맹이 만주에 파견한 리턴 조사단의 보고서를 다루는 일본의 대응에서 잘 나타난다. 만주국을 국제법상 인정할 수 없는 괴뢰국가로서 규탄하는 리턴 보고서는 1932년 가을에 갈무리되었는데, 1933년 2월에 국제연맹은 이것을 채택해서 보고서의 권고에 따라 만주지방의 비군사화에 대해 회담하는 다국간 회의 개최를 주장했다. 일본 외교단은 펄쩍펄쩍 뛰며 이것에 반발했다. 마치 일본이 적대적인 세계 여론의 비판에 희생자가 된 듯이 행동했다. 1933년 3월, 일본은 국제연맹을 탈퇴했다.

만주국의 남쪽에서는 중국군과의 충돌이 이어졌고, 관동군은 전진을 계속했다. 1933년 5월에 관동군은 러허(熱河) 성 점령을 완료하고, 러허를 만주국 일부로 삼았다. 사실상 일본의 식민지는 베이징에서 불과 60km 떨어진 만리장성까지 뻗어 있었다. 그후 2년에 걸쳐 도쿄 정부의 지지를 받고 있던 일본군은 만주국과 중국과의 국경선에서의 충돌과 반일활동을 구실 삼아 국민당 정권이 장악하고 있던 중국 북부의 중심지를 잠식해 들어갔다. 1935년 6월, 관동군은 국민당 정부로 하여금 베이징과 톈진 같은 주요 도시를 포함하는 만리장성 이남의 지역에서 모든 병력을 철수하게 했다. 이것으로 만주국과 중국본토를 나누는 중립지대가 만들어졌다. 11월에, 일본측은 전략적으로 중요한 이 지역을 다스리기 위해, 중국인 군벌이 이끄는 괴뢰정권을 수립해서 국민당 정부의 지배를 한층 더 약화시켰다. 이런 일련의 행동은 중국에서 일어날 더 큰 충돌의 예고였다.

일본의 이런 행동에 의해 구미열강과의 긴장도 고조되었다. 영국과 미국은 일본의 만주점령을 규탄하는 국제연맹의 결의를 지지했다. 미국 경제계 일각에서는 이 지역에 투자하기 위해 일본과의 제휴를 희망했지만, 미국정부는 만주국 불인정 방침을 바꾸지 않았다. 한편, 일본해군은 1930년에 경신한 3개국간의 해군군축조약에 대해 점점 불만을 드러냈다. 1934년 12월에 일본정부는 이 군축조약을 파기했다. 이듬해 12월 군축조약을 유지존속시키기 위해 런던에서 3개국회의가 긴급하게 열렸지만, 성립되지 않은 채 끝났다. 일본정부는 해군력의 대폭적인 증강계획을 인가했으며, "(동남아시아를 향한) 남진"과 "(소련·미국·중국에 대한) 북방의 방위"를 감당할 수 있을 만큼의 충분한 군사력을 갖추기로 결정했다.

일본의 지배자들은 신생 만주국을 위한 정책을 전개해 나가는 과정에서 이전부터의 식민지인 한국과 타이완에 대한 전략도 변경했다. 그들은 식민지를 안정시켜 해당 지역에서 이익을 추구하는 것만으로는 이제 불충분하다고 생각했다. 그리고 확대된 제국을 유지하기 위해 인적·물적자원을 동원하기 위한 장소로서 이들 식민지를 재정의했다. 한국에서는 1931년에 총독에 취임한 우가키 가즈시게가, 야심적이고 가혹한 경제·사회 정책을 실시했다. 농업부문에 대해서는, 식민지 당국은 농민들에게 식민지민을 위한 식량이 아니라, 일본을 위한 공업원료로서

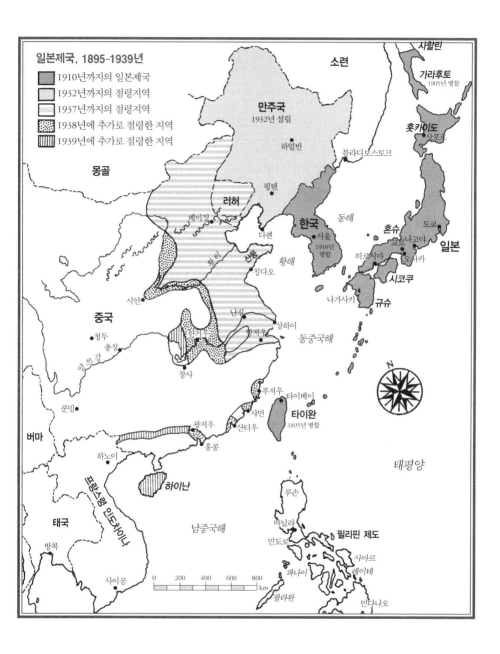

일본제국, 1895-1939년
- 1910년까지의 일본제국
- 1932년까지의 점령지역
- 1937년까지의 점령지역
- 1938년에 추가로 점령한 지역
- 1939년에 추가로 점령한 지역

목화 재배와 양 사육을 강제했다. 또한 우가키 식민정부는 일본기업에 대해서도 한국에서의 전략상 중요한 광물·금속자원의 개발, 발전소 건설, 화약물자(폭약)과 비료생산, 철강생산 등에 투자할 것을 장려했다. 한국인 기업가 중에서도 산업을 일으켜 이윤을 거둔 사람이 있다. 하지만 소유자가 일본인이든 한국인이든 상관없이, 대부분의 산업은 점점 군사화 양상을 강화하고 있던 일본경제에, 제품과 자원을 공급하기 위해 한국의 저렴한 노동력에 의존했다. 인적 자원을 동원하기 위해, 우가키는 학교교육에서 민족동화를 향한 고압적인 학습계획을 추진했다. 특히 일본어로 강의하는 필수수업을 늘리고, 한국어 교육을 대폭 제한했다. 1930년대 말에는 학교에서 한국어 이용은 완전히 금지되었다.

식민지배자들은 타이완에 대한 전략적인 관점도 바꾸었다. 타이완 총독부는 1936년에 일본을 향한 사탕수수 재배의 추진을 주요 목적으로 반관반민의 국책회사 타이완 척식주식회사(臺灣拓殖株式會社)를 설립했다. 1930년대 말에는 이미 타이완에서 최대의 기업이 된 이 회사는 그 사명(使命)을 재정의하고, 인근 중국본토 남부 연안지구와 남양제도에의 개발투자도 그 활동목적에 포함시켰다. 또 총독부는 1920년대에는 식민지 내의 자치를 바라는 정치운동을 묵인해왔지만, 방침을 바꿔 그 운동을 탄압했다.

전략적으로 목표를 짜내 국가의 지원을 받은 이들 투자프로젝트는 일본이 새로 획득한 만주국에서 추구하려 했던 경제전략을 반영하고 있다. 1932년부터 1936년까지 만주국 정부는 광업과 수송에서부터 항공기 생산에 이르는 26개 주요 산업마다 독점기업을 하나씩 설립시켰다. 설립자금은 일본정부와 민간 합동의 반관반민 출자로 조달되었다. 세계는 서로 반목하는 몇 갠가의 무장진영으로 분열해갈 거라고 일본정부는 확신하고 있었다. 일본정부는 식민지 전체를, 특히 만주국을 자기완결적인 일본제국의 무역권을 구성하는 요소로서 취급했다. 정부관료들도,

군의 리더들도 자유시장자본주의를 비경제적이고 비도덕적인 것으로 보고, 만주국을 무엇보다도 국가 주도의 경제발전 실현을 위한 새로운 전략을 고안해내는 실험실로 취급했다.

새로운 사회·경제 질서를 향하여

만주침략과 때를 같이하여, 그리고 그 와중에 침략의 영향을 받아서 일본 국내경제의 극적인 변화가 일어났다. 1931년부터 1934년까지 공업생산은 82%의 신장을 보였고, 일본경제는 구미제국의 경제보다도 훨씬 빨리 공황에서 회복되었다. 제국의 대외수출도 1930년부터 1936년에 걸쳐 두 배 가까이 늘었다. 일본은 단지 세계 최대의 면제품 수출국이 된 것만이 아니다. 완구와 타이어에서부터 자전거와 간단한 전기기기에 이르는, 일찍이 없었던 다양한 수출품도 미국의 백화점과 아시아 각지의 시장으로 진출했다. 전체로 봤을 때 일본경제는 1930년부터 1936년까지 50%의 성장을 보였다. 1937년에 당시 일본에서 가장 저명한 경제학자 중 한 명이었던 아리사와 히로미(有澤廣巳)는 1930년대를 '경제기적'의 시대라고 형용했다. 1938년에 이르면 고용주가 노동력 부족을 한탄하게 되었고, 임금은 크게 상승했다.

경제도약을 가져온 원인은 두 가지였다. 하나는, 재무대신 다카하시 고레키요(高橋是淸)가 금본위제 이탈의 조처를 함으로써 일본 엔화의 가치가 대폭 하락한 것이다. 1931년 말에는 1$=2円이었던 환율이 금본위제 이탈에 의해서 1년 후에는 1$=5円으로 엔화가 많이 싸졌다. 그 결과 일본의 수출품은 새로운 시장을 획득했다. 동시에 일본 수출업자는 노호(怒號) 같은 비판의 소리도 들었다. 미국과 유럽의 경쟁상대는 일본의 수출증가를 '사회적 덤핑'이라고 비난했다. 구미에서는 일본의 수출증가가 환율 변화에 의한 것이라고 생각하지 않고, 저임금을 통한 노동자 착취가 그 원인이라 보고, 일본제품에 대한 수입관세를 올리거나 수량제한을 부과하는 나라가 속출했다. 구미제국에 의한 이런 비난을 접한 많은 일본인은, 군 지도자들이 전부터 주장하고 있던, 일본은 적대적인 세계에서 자급자족적인 제국을 수립하는 것이 무슨 일이 있어도 필요하다는 의견이 역시 옳았다고 느꼈다.

1930년대의 호황을 가져온 두 번째 요인은, 얼마 후 케인스식 경제정책이라 불리게 되는 정책을, 일본이 필요에 쫓겨서 시대에 앞서 발견해 실행한 것이다. 유명한 영국의 경제학자 케인스는, 1936년에 간행한 저서 『고용·이자 및 화폐에 관한 일반이론』 중에서 공채발행에 의한 적자지출이 침체된 경제를 재활성화하는 "마중물 효과"를 가져온다고 주장했다. 이 책이 간행되기 4년 전에 재무대신 다카하시 고레키요는 케인스 이론의 도움 없이 이미 그런 정책을 실행한 것이다.[14] 다카하시는 만주에서의 제국 건설로 늘어난 비용을 충당하기 위해 거액의 적자지출을 승인했다. 그의 이른바 적자공채는 케인스가 머지않아 예견한 것처럼, 경제를 자극하는 기능을 했다. 정부지출은 특히 병기를 생산한다든가, 한국과 만주에서 대규모 건설 프로젝트를 벌이고 있던 중화학산업에 큰 수혜가 되었다. 이들 비소비재산업은 값싼 엔화에 힘입어 소비재 산업을 상회하는 속도로 급성장했다.[15] 중앙정부의 재정지출 총액에서 차지하는 군사예산은 1930년에는 약 3분의 1이었던 것이, 1937년에는 4분의 3으로 놀라울 정도로 불어났다.

이런 경기의 호전은 정부 당국자가 말하는 '비상시국'의 영향으로 현실이 되었다. 한편에서는 구미제국이 관세장벽을 쌓는다든가 일본의 만주 점령을 비난하고, 다른 한편에서는 중국에서 일본상품 배척운동이 전개되고 있던 상황에서 국가가 미증유의 위기에 직면해 있다는 인식이 강해진 결과, 온갖 새로운 시도가 정당화되고, 이와 더불어 국가와 사회

전체의 관계도 변해갔다.

　경제의 영역에서는 몇 년에 걸친 공황과 회복의 과정에서, 후일 '산업정책'이라고 불리는 일련의 정책이 등장했다. 이런 산업정책에 의해서 국가가 경제활동의 조정에 적극적으로 관여하게 된 것이, 관전적(貫戰的)인 정치·경제체제를 구성하는 하나의 중심적인 요소였다. 1920년대 말부터 상공성(商工省) 내의 관료그룹이 경제활동을 그들의 기대대로 합리적으로 조직화하는 계획의 입안에 착수했다. 상공성은 정부가 종래 이상으로 산업활동 중시의 자세를 드러낼 목적으로, 1925년에 기존의 농상무성으로부터 분리독립시켜서 설립한 관청이다. 1930년에 이 상공성 내에 임시산업합리국(産業合理局)이 설치되었다. 그 임무는 과도한 자유경생 추구에 따른 비경제성을 덜어 주기 위해 트러스트와 카르텔의 형성을 촉진하는 것이었다. 임시산업합리국이 손댄 최초의 큰일은 1931년에 국회에서 성립된 중요산업통제법을 기초(起草)해 제정시키는 것이었다. 이 법은 어떤 산업 전반에 걸치는 카르텔을 형성해서, 그 참가기업의 생산량·가격·시장점유율·가맹조건을 정하는 것을 합법화하는 것이었다. 이 법이 제정되고 나서 불과 몇 년 사이에 탄광업, 발전(發電), 조선, 섬유 등의 산업에서 26개의 카르텔이 생겨났다.

　자유시장에 대한 뿌리 깊은 불신이 이런 개혁의 추진력이 되었다. 문민과 군부 양방의 관료들은 진작부터 이윤추구를 방목상태로 두면, 자신들이 생각하는 국익을 증진시키는 것이 아니라, 재벌 오너들을 이롭게 하는 투자를 조장하게 될 것이라고 우려했다. 이를테면 '국민' 전체로 봐서는 농촌지방에 전력을 공급하기 위한 발전소가 필요한데, 농촌의 전력소비자가 가난하면, 자본가들은 발전소를 만들려 하지 않을 것이다. 관료들은 자본주의를 교정하지 않고 방치하면 경제적으로는 효율이 나빠지고 사회적으로는 해가 되지 않을까 우려했는데, 세계공황이 다시 한번 이런 우려가 틀리지 않았음을 입증해주었다고 생각했다. 그러나 다른 한편으로 관료들은 민간부문을 대신해 완전한 국가관리를 도입할 의향이 없었을 뿐만 아니라, 그럴 역량도 없었다. 그들은 소련형의 철저하게 계획화된 국가 주도의 사회주의와, 미국이나 영국형의 자유경쟁주의의 경제자유주의를 절충한 경제정책을 모색하고 있었다. 그러한 절충형 경책정책은 그후 전시(戰時) 내내 유지되고, 전후까지 계속된다.

이렇게 1930년대 초에 내세운 새로운 경제정책 아래, 관료들은 경제운영에 관한 결정을 보다 신중하게, 보다 중앙집권적으로 조정해 통합하려고 했다. 그러나 대기업이 좌우하는 카르텔을 육성함으로써, 그들은 얄궂게도 재벌 수뇌들의 손에 지휘권을 위임해버렸다. 그후 정부는 더 직접적인 개입을 하게 되었다. 1936년에 재계와 정당의 격렬한 반대를 무릅쓰고, 내각을 지배하고 있던 관료들과 군인들은 전력산업을 국유화하는 법률을 성립시켰다. 1937년에는 육군과 관료가, 공업화 진흥을 위한 중점산업을 특정해서, 자금을 집중적으로 배분하는 5개년계획을 책정한 것이 계기가 되어, 이후 5개년계획의 책정과 실시가 관행화되었다. 또한 같은 해에 기존의 자원국과 기획청의 통합에 의해, 이윽고 전시국가통제의 확립에 중심적인 역할을 하게 되는, 내각 직속의 기획원도 설립되었다. 이러한 혁신을 목표로 한 관료들은, 어떤 연구자가 '경제참모본부'라고 명명했던 집단을 형성했다. 그들은 군부의 참모막료들과, (국가가 자신들의 기업을 강압적으로 통제하는 데 의연히 저항해온) 산업계를 좌지우지하는 재벌 총수들과 밀접히 협력하게 되었다.[16]

군부는 만주 개발에 활용할, 민간부문에서 협력적인 동맹자를 키운다는 생각에서 중화학공업 분야에서 두드러지게 약진하고 있던 몇몇 신흥재벌에 대한 지원도 시행했다. 이들 신흥재벌은 군납 수주로 큰 혜택을 받았는데, 그중에는 일본질소비료와 쇼와전공(昭和電工)처럼 업계 최대기업이 되어 전후까지 살아남은 것도 있다. 신흥재벌은 특히 한국에서 위세를 떨쳤다. 그러나 신흥재벌은 독자적인 은행을 갖고 있지 않앉기 때문에, 1930년대에 만주에 대한 직접투자를 중심적으로 담당한 것은 기존의 재벌이었다. 이런 식으로 신구 재벌의 기업가들이 문민과 군부 양방의 관료들과의 긴밀한 협조 아래, 군기(軍旗) 뒤에 붙어서 만주에 진출해 사업활동을 했던 것이다.

또 국가의 영향력은 농촌사회 내부에도 일찍이 없었던 밀도로 침투했다. 산업정책의 경우도 마찬가지였지만, 공황이 농업에 대한 접근방법에 개혁을 가져오는 중요한 촉매가 되었다. 게다가 공업사회뿐 아니라 농업사회도 재편하고 싶어하던 정부의 관심은, 전쟁 중일 때부터 전쟁 후까지 시들지 않고 계속되었다. 1929년부터 1930년대 초에 농산물 가격이 폭락한 결과, 소작농과 소규모 자작농은 지대나 세금을 내기 위해 돈을 빌려야 했다. 1932년의 정부 추정에 따르면, 농가부채액의 합계는 국민총생산(GNP)의 3분의 1에 달했다. 정부는 고용창출을 위해 구농토목(救農土木)사업용의 지출을 대폭 늘리는 조처를 했다. 또 긴급융자를 해주고 농민채무의 상환을 용이하게 하는 조치를 정한 법률을 제정하는 등 채무구제책도 마련했다. 정부가 실시한 이들 정책은 정치적 권력과 사회적 명성으로 그때까지 오랫동안 농촌사회에서 큰 힘을 떨쳐왔던 지주뿐만 아니라 소작농을 포함한 소규모 농민들도 원조하려 했던 점에서 주목할 만한 가치가 있는 것이었다.

이런 농촌구제책은, 농촌의 조화와 단결이야말로 일본 국력의 원천이라는 농본주의 내셔널리즘적인 주장을 강조함으로써 정당화되었다. 농본주의를 설파하는 사상가들은, 도시와 방목상태의 자본주의야말로 농촌마을을 위기에 빠뜨리는 원흉이라고 주장했다. 청년장교들을 부추겨서 1932년에 이누카이 총리의 암살로 내달리게 한 것도 그런 시각이었다. 또한 농림성에서 구농(救農)토목사업과 채무구제에만 그치지 않고, 시책을 더욱 확대하도록 한 새로운 계획을 촉진한 것도 같은 시각이었다. 1932년부터 농림성은 농산어촌(農山漁村) 경제갱생운동을 실시해, 이 운동에 인적·물적 자원을 투입했다. 이 운동은 일본의 농촌지대에서 인보공조(隣保共助)의 정신을 부활시킬 필요를 강조하는 동시에 농촌 내의 연대를 침식하고 있다고 해서, 대도시로부터 파급되어온 서구적인 개인주의를 규탄했다. 농본주의의 주장은, 문제의 초점을 계급 대립에서 도시와 농촌의 대립으로 바꿔놓았다. 농산어촌 경제갱생운동은 산업조합의 설립, 재배작물의 다각화, 농업부기(簿記)의 보급, 지역 전반의 장기적인 계획 등, 농촌을 강화하기 위한 다양한 방책에 착수했다. 전국 레벨에서도 지방 레벨에서도 갱생운동의 지도자들은 농민이 일을 결정할 때, 재수가 좋다거나 방위의 좋고 나쁨을 따지는 미신을 믿는 것을 비난하면서, 미신에 빠지지 말고 보다 합리적이고 과학적인 농업경영을 실시할 필요성을 역설했다. 수천 개의 마을이 갱생운동에 참가했으며, 정부는 많은 마을의 본보기가 될 만한 모범농촌을 찾아내 표창했다.[17]

농촌사회에 특유한 인보공조 정신의 부활을 역설하는 전통주의적인 레토릭과, 농업경영개선을 위한 근대화전략을 조합한 점이, 일본농촌의 경제갱생을 목적으로 한 이 운동의 큰 특징 가운데 하나였다. 이 신구 두 요소의 조합은 1920년대에 실시된 사회개량운동을 방불케 하는 것이었다. 1920년대와 마찬가지로 농촌개혁의 담당자들은 여성들에게 구체적인 희망을 제시하고, 새로운 역할을 약속했다. 여성들은 부엌이나 위생상태를 개선하도록, 일상생활을 좀더 효율적·과학적으로 체계화하도록 강력히 권유받았다. 그런 책임을 다하는 것은 지역사회에서 중요한 공적 역할을 담당하는 것과 다름없는 가치가 있다고 설명되었다. 많은 여성이 갱생운동에 적극적으로 동참했다.

산업정책 면에서도 농촌정책 면에서도 사회 전체에 대한 국가의 통제는 언뜻 보기에는 점점 엄격해져 가는 것처럼 보였다. 그러나 그것은 외관상의 것에 지나지 않았다. 관료들은 재벌 오너들에게 많은 권한을 위임했고, 농촌의 리더를 자칭하는 자들도 상당한 재량권을 가졌다. 농산어촌 경제갱생운동의 지도자 중에는 대지주뿐만 아니라 소지주도 있었고, 남성뿐만 아니라 여성도 있었다. 국가의 관심과 활동범위가 확대된 것은 분명하지만, 1930년대 중반에 국가가 기능한 방식은 주로 지배자로서 위에 서기보다는, 오히려 기존의 다양한 사회조직이 해오던 노력을 조정하는 것이었다.

하지만 사회적인 문제처리에 대해서, 정부가 더 확실히 개입하려는 조짐이 분명히 있었다. 그것은 노동자에 대한 정부의 태도 변화에서 여실히 드러났다. 내무성과 민정당은, 일찍이 1920년대에 사회를 안정시킬 수 있는 잠재적 요인으로서 노동조합의 설립을 장려한 적이 있었다. 1930년대 초에도 특히 총동맹이 파업을 부정하고, 증산과 노동조건개선을 위한 노사협력을 약속하는 새로운 방침의 채택을 받아들여, 내무성은 노동조합에 대해서 관용적인 태도를 보여왔다. 그러나 그후 얼마 지나지 않아 사회질서를 유지하고, 국가를 위해 노동자를 동원하는 제일 나은 방법은 무엇인가에 대한 정부의 생각이 변했다.

육군은 육군공창 내에서 노동조합과 무산정당의 '반파시스즘 통일전선'이 결성되는 것을 두려워한 나머지, 1936년 9월에 육군 공창에서 일하는 8천 명의 노동자를, 총동맹 산하의 정부종업원의 조합에서 탈퇴시켰다. 군부와 관료의 중요 멤버들은 노동조합에 의거하지 않고, 노사협동과 증산을 실현하기 위한 전략을 고안해냈다. 그 이듬해 1937년에는, 그들은 전국의 모든 직장에 '공장간담회'(工場懇話會)를 설치하여, 그것들을 전국 규모의 네트워크로 연결하기로 결정했다. 직장의 간담회는 노사 양측의 대표로 구성되어, 공동으로 노사분쟁을 예방하기 위해 노력해야 하는 것으로 간주되었다. 이런 계획은 나치스 독일의 모델, 그중에서도 종업원 20인 이상의 모든 공장에 자문기관으로서의 '신임(信任)협의회' 설치를 의무화한, 1934년에 제정된 '국민노동질서법' 등의 모델을 의식적으로 본뜬 것이다. 일본의 계획입안자들은 자신들이 독일 모델에서 배운 것을 대수롭지 않은 듯이 여기지만, 독일과 일본의 제도는 둘 다 계급대립 없는, 전국에 걸친 하나의 공동체 건설을 목표로 한다는 점에서도, 또 노동조합 대신 자문기관으로서 보편적인 공장협의회를 설치한 점에 있어서도 같았다. 게다가 양국은 가공의 농촌모델, 민중모델, 내지 가족모델을 만들어내서, 공장이라는 '직장공동체'가 유기적 조화와 일체성을 가져야 한다고 웅변조로 떠들어댄 점에서도 같았다. 평화적인 노사관계를 추진한 일본의 혁신관료와 군인들은 자유주의와 계급투쟁을 부정했다. 그들은 그후 전시 내내, 그리고 전후에도 거듭 창도되어야 하는, 기업을 문자 그대로 '일체적'인 것으로 간주하는 시각을 지지하고 긍정했다. 기업이라는 것은, 천황 앞에서는 평등한 모든 구성원이 그 속에서 똑같이 가치 있는 직무를 담당하는 공동체라고 보았다. 그 당시 즐겨 채택된 비유에서는, 노사(勞使)는 한 마리 새의 양 날개에 비교되었다. 수년에 걸친 계획책정을 거쳐 1938년 7월, 정부는 공장간담회를 전국 방방곡곡으로 확산시키기 위해 산업보국연맹(産業報國連盟)을 설립했다.

새로운 정치질서를 향하여

국가는 경제와 사회에서 종래 이상으로 많은 역할을 담당하고, 아울러 정치활동 통제에도 종래 이상으로 엄격한 자세로 임했다. 이런 전환을 보여주는 징후 가운데 하나가 전국적으로 시행된 선거숙정(肅正)운동이었다. 이것은 관료기구에 의한 특정정당의 후보자에 대한 편애나, 정당에 의한 유권자 매수 등의 부정을 없애기 위한 목적으로, 내무성이 선두에 서서 1935년부터 전개한 운동이었다. 이 운동은 '선거숙정'을 호소하는 홍보활동과 선거에 대한 경찰의 감시 강화를 조합시킨 형태로 전개되었다. 1937년이 되자, 선거 '숙정' 활동은 어느 쪽이었는가 굳이 말하면 중립적인 감시에만 머무르지 않았다. 이를테면 모든 정당의 후보가 국가의 목표를 위해 민심을 하나로 결집시키고 있는지 어떤지를 확인하기 위해, 내무성에 의한 선거개입이 한층 심해진 것이다. 당시의 고토 후미오 내무대신은 중앙보덕회가 발행하는 월간지『사민』(斯民)의 「선거숙정 특집호」에서, "헌정질서 아래, 국민은 그가 던지는 한 표에 의해 대정(大政)을 익찬해 섬기고, 국가의 기초를 공고히 하고, 국운(國運)의 융성을 꾀하는 중대한 책무를 짊어지는 것입니다"[18]라고 지적했다. 입회한 경찰이 선거연설을 중단시킨다든가, 민중이 군부나 관료와 적대관계인 것처럼 시사하는 발언을 저지하는 것은 으레 있는 광경이 되었다. 연설자는 '파시즘'을 비판하는 것은 물론이고, '군부와 국민 사이의 골(溝)'을 언급하기만 해도 따끔한 경고를 받거나, 즉각 연설중지를 당했다.

선거숙정운동은 선거에서 선거민의 정당 이탈을 초래하지는 않았다. 이를테면 여성단체는 선거숙정운동을 강력히 지지하는 한편, 주요 정당에 대한 후원도 계속되었다. 1930년대를 통해 국정선거에서 민정당과 정우회를 합친 득표수와 획득의석수는 둘 다 전체의 90%를 밑돌지는 않았다. 그래도 정당의 영향력은 약해지고 있었다. 1930년대 중반에 이르자 투표율은 대폭 떨어졌다. 도시지역에서의 투표율은 유권자의 60%에 불과했다. 1910년대나 1920년대와는 달리 '정상적인' 입헌정체를 옹호하는 목소리는 거의 들리지 않았다. 정당이 선거에서 과반수를 훨씬 상회하는 의석을 획득한 상황에서조차도 비정당인을 중심으로 한 내각이 조직되었는데도, 그것에 항의하는 집회는 열리지 않았다. 1932-1937년에 걸쳐 내각을 이끈 5명의 비정당인 총리 아래서, 각료를 차지한 관료와 군인의 비율이 점점 높아진 반면, 직업정치인의 비율은 줄어들 뿐이었다. 5·15사건 후 '긴급시'에 해군의 원로 사이토가 이끈 최초의 비정당내각에서는, 각료의 3분의 1이 정당정치인으로 채워졌다. 해군대장 오카다 게이스케(岡田啓介, 1934-1936)를 수반으로 한 오카다 내각과, 외교관 출신 히로타 고키(廣田弘毅, 1936-1937)가 이끈 히로타 내각에 기용된 정당인 각료는 각각 5명과 4명으로 줄었다. 게다가 육군대장 하야시 센주로(林銑十郎)가 이끈 하야시 내각(1937)과 공작 고노에 후미마로(近衛文麿)가 이끈 고노에 내각(1937-1939)에는 중의원으로부터의 기용이 각각 1명과 2명에 불과했다.

군인과 관료가 정치질서의 정점에 서서 권력을 장악하자, 정당의 지도자들을 체포하거나 살상하는 폭력적인 조치로 위협할 필요성은 거의 느끼지 않게 되었다. 정치가 대부분은 사전승인이든 사후승인이든, 여하튼 대외팽창으로의 움직임을 지지했다. 정치가들은 새로운 지도자들에게 저항하는 것이 아니라, 그들과 협력함으로써 자신의 자리와 지지자들의 이익, 특히 재벌 리더나 지주층의 이익을 보호하려고 했다. 정치가들의 이 같은 노력은 꽤 성공적이었다. 정당은 군부가 내놓은 요구 가운데 전략적으로 중요한 산업의 국유화안처럼 재계 리더들의 자립성을 약화시킬 우려가 있는 몇몇 요구에 대해서, 요구의 실현을 먼저 연기시킨다든가 내용을 약화시키든가 해서 그럭저럭 넘겼다. 주요한 정당은 수세에 몰려 있긴 했어도 여전히 선거에서 승리를 거두었고, 관료 및 군인과, 조직적인 기반과의 사이에서 중개역할을 했다. 주요 정당은 정권의 자리에서 멀어져 있었지만, 힘이 없는 것은 아니었다.

1930년대의 한 가지 새로운 정치동향은 하층계급을 대변하는 통일정당이 출현한 것이었다. 1932년에 아베 이소오(安部磯雄)와 아소 히사시(麻生久) 같은 선구적 사회주의자들이 1925년의 남성 보통선거권 실시와 함께 결성되어, 서로 경쟁하던 복수의 소규모 '무산정당'의 대부분을 규합함으로써 사회대중당(社會大衆黨)을 설립했다. 1936-1937년의 총선거와 지방선거에서는 사회대중당 후보들은 상당한 표를 얻었다. 1936년의 총선거에서는 18석을 획득했고, 1937년의 총선거에서는 득표율 9%로 37석을 얻었다. 1937년 총선거 때, 복수의석을 다투는 도시 지역의 몇몇 주요한 선거구에서 사회대중당 후보가 20% 이상을 득표해 1위로 당선되었다.

1937년 총선거에서는 주요 정당 어느 당도 과반의석을 차지할 수 없게 된 와중에, 사회대중당은 어떤 정당과도 제휴하기만 하면 연립정권 수립이 가능한 '캐스팅 보트'를 쥐는 결정적으로 중요한 의석수를 획득했다. 그런데 사회대중당은 기존 정당과 제휴하지 않고 지배적인 군부에 접근했다. 군부에 접근한 것은 서로 자본주의에 대한 반감과, 기성정당의 '이기저인' 이윤추구에 대한 반감을 공유하고 있었기 때문이다. 사회대중당은 대중을 지킨다는 자당의 정책을 실현하기 위해, 위험을 무릅쓰고 권위주의적인 지배집단과 손을 잡았던 것이다. 사회대중당은 집세의 억제, 전기·가스요금의 인하를 골자로 하는 지방개혁과 보험, 연금, 노동자의 권리옹호를 위한 법 제정 같은 국가 레벨에서의 조치를 "민중은 부유하게, 국방은 안전하게"라는 슬로건 아래 요구했다.[19] 사회대중당은 일본이 만주를 지배하는 것, 종국에는 중국 전체를 지배하는 것은 서구에 대한 민족자결의 대의를 이루는 것이라는 주장을 받아들였던 것이다.

1930년대 정치의 특징이 된 가장 중요한 두 경향은, 군부 내부에서 여전히 어수선한 상태가 계속되었다는 것이고, 육군이 관료기구·궁정·정당을 능가하는 힘을 휘두르게 되었다는 것이다. 이런 두 경향은 서로 연관되어 있었다. 정당내각 이탈이 일어난 이유의 하나는, 군대 내의 혈기왕성한 병사들을 억제할 수 있는 사람은 군부의 수뇌들밖에는 없다고 중신들이 생각했다는 데 있다. 1920년대 말부터 1936년까지 군대 내에서 가장 과격한 장교들의 대부분은 황도파(皇道派)로 결집해 있

었다. 이들 장교와 일부 민간인 동조자들은 정당과 재벌의 영향력을 배
제하고 싶어했을 뿐 아니라, 현상유지 지향이 강한 중신들과 궁중의 정
신(廷臣)들의 영향력을 배제하는 것도 바라고 있었다. 그들은 정신교육
과 천황을 향한 충성이, 국력의 기초로서 매우 중요하다고 강조했다. 이
집단 내의 비교적 젊은 활동가들은, 아라키 사다오(荒木貞夫)가 1932-
1934년에 육군대신으로 있을 때 특히 그랬지만, 아라키 같은 군의 최상
층부로부터 지지를 받고 있었다.

황도파 장교들과 그 동조자들은 1930-1932년의 정재계 수뇌의 암살
에서부터 군부 내부의 반대파 암살까지 수많은 테러 행위를 자행했다.
높은 지위에 있는 자들의 비호를 받은 암살자들은, 때때로 법정의 증언
대를 자신들의 행동이 얼마나 순수한 동기와 고매한 이상에 근거한 것
인지를 도도하게 선전하기 위한 합법적인 선전장으로 삼았다. 선전목적
을 띤 이들의 재판은 신문과 사람들의 호의적인 관심을 집중시켰다. 악
명 높은 한 예는 1935년에 육군성 군무국장(軍務局長) 나가타 데쓰잔
(永田鐵山) 소장을 참살한 황도파의 아이자와 사부로(相澤三郎)의 재판
이었다. 아이자와는 황도파의 리더 중 한 명인 마자키 진자부로(眞崎甚
三郞) 교육총감이 정신교육보다도 경제적·물질적 근대화를 중시하는
장군들에 의해 경질된 것에 격분하여 범행에 이르렀던 것이다.

나가타는 육군 내에서 황도파와 적대관계에 있던 통제파(統制派)의
일원으로 간주되었다. 통제파 멤버는 대체로 황도파 장교들보다도 연령
도 계급도 높은 엘리트 군인으로 도조 히데키(東條英機) 등도 그 일원
이었다. 통제파는 다가올 총력전에 대비할 국가체제를 실현하기 위해서
는 기존 엘리트층과도 제휴해서 합리적·합법적으로 국가를 일원적으로
통제해야 한다고 주장했다. 통제파는 군의 통제를 어지럽히는 장해로서
테러행위를 인정하지 않았지만, 그 점을 빼면 권력을 육군 아래 집중시
켜 다가올 총력전에 대비해 사회를 총동원하는 것을 지향했으므로 온건

과는 거리가 먼 존재였다.

황도파와 통제파의 대립은 전전기에 일어난 가장 충격적인 일대 정치사건인 2·26사건으로 절정에 달했다. 눈이 내리던 1936년 2월 26일 아침, 아라키 등 황도파의 리더들에게 충성하는 약 1,500명의 육군 부대가 봉기해 도쿄 중심부를 점거했다. 반란군은 대부분의 각료와, 전 총리 사이토, 군대 내부 및 주요 정신들 중 황도파에 비판적인 자들을 습격하기 위해서 적은 인원수의 분대를 파견했다. 반란군은 중신들에게 후계 총리와 그 밖의 지도자로는 황도파의 주장에 호의적인 인재를 등요할 것을 요구했다. 반란군은 메이지 유신의 실현이라는 막연한 계획을 내걸었다. 쇼와 유신은, 메이지 유신에 필적하는 의미를 담고 있음을 나타내려고 선택된 표현이었다. 반란군은 천황을 나라의 중심으로 삼아 공경하고 제국을 방위해 서민의 생활을 향상시킴으로써, 일본의 영광을 재건하는 것을 목표로 했다.

오카다 총리는 총리관저의 물품창고에 몸을 숨겨 난을 피했다. 반란군은 오카다 총리의 여동생의 남편을 오카다로 오인해 살해했다. 사이토 마코토, 거물 정당정치인으로 당시 재무대신이던 다카하시 고레키요, 육군 교육총감 와타나베 조타로(渡邊錠太郎)도 살해했다. 그러나 반란군의 보다 원대한 계획은, 상층부 일부에서는 지지하는 자가 있다고 해도, 천황이 그들의 행동을 질타하며 투항명령을 내림으로써 달성되지 않은 채 끝났다. 앞의 아이자와 사건과 달리, 이번에는 공개재판이 열리지 않고, 주모자들은 특설군법회의에서 비밀리에 신속하게 재판받았다. 주모자 가운데 군인 17명과, 기타 잇키 및 니시다 미쓰기(西田税) 등 민간인 2명을 포함한 총 19명이 사형판결을 받았다. 쿠데타는 실패로 끝났지만, 이것을 계기로 육군은 유례없이 강대해졌다. 육군 수뇌부는 마침내 암살 지향의 황도파를 숙정하기로 결정했다. 쿠데타에 겁을 먹은 관료들과 문민 정치인들은 군대를 더욱 확실히 통제하겠다는 군부 수뇌들의 약속을 환영했다.

이와 같이 국내에서 힘의 균형이 재편되고, 국외에서는 중국 및 구미와의 긴장이 고조되던 상황 속에서, 1930년대의 군인과 관료 지도층은 바람직하지 않은 주의나 신조를 점점 엄격히 규제하게 되었다. 공산주의와 마르크스주의는 꽤 이전부터 일본 엘리트층에게 금기시되어 왔다. 1920년대 말에 공산주의 활동가들이 일제 검거된 데 이어 좌익 문필가들도 탄압의 대상이 되었다. 표현력 풍부한 프롤레타리아 소설의 작가이자, 세련되지 않고 어색함이 두드러진 프롤레타리아 소설이라는 장르의 한계를 극복할 잠재력을 갖고 있던 작가 고바야시 다키지는 1933년에 경찰서에서 구류 중 특별고등경찰(특고경찰)의 고문에 의해 학살되었다.[20]

1930년대 중반에 이르면, 그 이전에는 폭넓게 지지받고 있던 꽤 보수적인 사상들마저도 격렬한 비판세례를 받았다. 그중에서도 가장 유명한 사건은 도쿄 제국대학 헌법학 교수로 아주 인망 높았던 미노베 다쓰키치(美濃部達吉)에 대한 비판이었다. 미노베가 설파한 이른바 천황기관설(天皇機關說)에서는, 천황은 그 역할이 헌법에서 규정되고 있다는 의미에서 천황은 국가기구 내의 하나의 기관이고, 국가 밖에서 국가 위에 서서 통치권의 정당성을 부여하는 듯한 신성불가침의 존재는 아니라고 보았다. 그때까지 수십 년에 걸쳐서 천황의 역할에 대한 이런 해석은 각지의 제국대학에서 배우는 엘리트 학생들에게 강의되어왔는데, 그동안 정면에서 이의가 제기된 적은 거의 없었다. 그러나 1930년대라는 '위기의 시대'의 극도로 긴박한 분위기 속에서, 황도파에 가까운 많은 학자와 군인들이 미노베의 학설을 '반역적'이라고 규탄했다. 이 문제는 1935년에 미노베도 의원으로 임명되어 있던 귀족원에서 미노베에 대한 악의에 가득 찬 공격이 전개됨으로써 극에 달했다. 귀족원에서의 질의 중 한 의원은 미노베를 '학비'(學匪)[21]라고 비난했다. 국회 양원이 함께 미노베

1933년 도쿄의 시가지. 고층화된 업무 빌딩, 승용차, 노면 전차, 통행인으로 번잡한 거리 등으로부터 도회의 경관이 계속 근대화되고 있음을 엿볼 수 있다. 도쿄에 최초로 지하철이 개통된 것도 비슷한 시기였다. 마이니치 신문사 제공.

에 대한 견책결의를 가결했다. 미노베는 천황의 명예를 훼손했다고 해서 불경죄로 고소당했지만, 그것으로 유죄에 처해지지는 않았다. 그러나 그의 저서 몇 권이 "국체(國體)의 본의(本意)"를 그르친다 하여 발매 금지되었을 뿐만 아니라, 집요한 공격을 받고서 귀족원을 사임했다.

정치상황이 이설을 배제해야 한다는 경향을 점점 강하게 띠어가던 과정에서 다키카와 유키토키(瀧川幸辰)와 가와이 에이지로(河合榮治郎)라는 과격과는 거리가 먼 두 사람의 지식인도 희생되었다. 다키카와는 교토제국대학 법학교수, 가와이는 도쿄제국대학 경영학부 교수로 미노베와 마찬가지로 둘 다 대학교수였다. 다키카와는 자유주의적 견해를 표명했다 해서 1932년에 우익 이데올로그들로부터 공격받았다. 이 압

오노 사세오(小野佐世男)의 풍자만화. 정치와 사회를 풍자하고 비평하는 만화잡지로 큰 인기를 자랑하던 『도쿄팟쿠』(東京パック) 1936년 2월호 표지. 2·26사건 직전에 간행된 이 호의 표지그림 은, 일상생활에 그늘을 드리운 군국화의 영향을 풍자하고 있다. 화가는 마치 군국주의를 하나의 새로운 패션 트렌드로 다루는 것 같다. 필시 영국인으로 생각되는 두 유럽여성을 제재로 하고 있 는 것처럼 보인다. 그러나 게재된 본문 중의 기사의 기조는 일본사회의 군국주의화를 우려하는 비판적 관점을 띠고 있다. 오노 고세이(小野功生)/가와사키(川崎) 시립미술관 제공.

력에 굴복한 문부성은 이듬해 1933년에 다키카와를 교토 대학 교수직에서 해임했다. 영국 자유주의 사상의 연구자인 가와이는 출판법 위반과 '위험한' 서구사상을 수입한 죄로 기소되어 휴직할 수밖에 없었다. 자유주의파에 대한 사상탄압 외에도, 1920년대에 이미 공격대상이 되었던 신흥종교가 이전보다 더 심한 박해를 받았다. 1934년에 오모토교(大本教), 1938년에 덴리교(天理教), 1940년에 여호와의 증인을 비롯해서 많은 종교단체가 다양한 죄목으로 고발당해 해산되었다.[22]

일찍이 1920년대의 양면가치적인 민주사상과 민본사상에서는, 입헌정체와 보통선거에 의한 국민의 정치참여는 천황과 제국을 떠받치는 수단으로 정당화되었다. 1930년대의 보다 편협한 정통파의 시각에서는 천황이 초월적인 존재로서 떠받들어지게 되었다. 문부성은 1937년에 주권자인 천황에 대한 국민의 숭배의무를 설명하기 위해, 유명한 「국체의 본의」(國體の本義)를 간행해서 전국의 학교 등에 배포했다. 「국체의 본의」는 일본이 직면한 사회적·이데올로기적 위기를 초래한 원흉으로서 개인주의에서부터 공산주의에 이르는 다양한 서양사상을 비판하고, 그런 외래사상을 받들 게 아니라 "천황에게 봉사하고, 천황의 마음(大御心)을 자신의 것으로 받아들이는 것(奉體)"이야말로 "우리의 역사적 생명을 오늘날에 살리는 것이고, 거기에 국민 모두의 도덕의 근원이 있다"고 주장했다. 그리고 충의 길을 수행하는 것과 나라를 지키는 정신이야말로 일본국민에게 유일한 삶의 길이고, 장유유서를 중요하게 여기는 가족제도야말로 일본 사회제도의 근간이라고 강조했다.

이처럼 다양한 방식으로 검열의 그늘과 이설을 허용하지 않는 정통파적인 사고의 그늘이 정치생활을 뒤덮었다. 이른바 전통적인 일본 고유의 미덕이 이상할 정도로 찬미되었다. 그러나 여기서 잊어서는 안되는 것은, 1937년에 중국과의 전면전이 발발하고 나서도 일본 서민의 사회생활·물질생활이 많은 면에서 기본적으로 근대적인 특징을 유지하면서,

서구의 영향을 적극적으로 계속 수용했다는 점이다. 사회에 대한 국가의 관여방법으로는, 국가는 재벌이 좌우하는 재계단체나 농촌의 산업조합 등의 기존의 조직과 협력하기도 하고, 애국노동조합이나 국방부인회 같은 새로운 조직의 설립을 후원하기도 했다. 어느 경우도 국가가 계속해서 수행한 것은, 사회를 각각의 기능별 집단으로 조직화하는 근대적인 시도였다.

마찬가지로 물질문화의 기계화도, 특히 중간계급의 가정 내에서 진행되었다. 일본 전국의 도시에 문을 연 미용실에는 파마하려고 수천 명의 중산층 여성들이 방문했다. 1939년에는 이런 모던한 미용실이 도쿄에만 약 850개나 있었다. 많은 사무실과 꽤 많은 수의 민가에 전화가 보급되었다. 전국의 전화가입 총수는 1926년에는 55만 건이었지만, 1937년에는 98만 2천 건으로 늘었다. 도시의 도로에는 버스와 택시가 내달리고, 자전거와 노면전차랑 보행자와 경쟁하는 자가용도 드문드문 눈에 띄게 되었다. 도쿄의 우에노와 아사쿠사를 연결하는 일본 최초의 지하철이 시끌벅적하게 개통한 것이 1927년, 최초의 오사카의 우메다(梅田)—신사이바시(心斎橋)간의 지하철 개통은 1933년이었다. 1939년에는 도쿄의 시부야에서 아사쿠사까지 번화가의 지하를 따라 달리는 현재의 긴자선이 전면개통되었다.

다양한 대중문화도 계속 융성했다. 라디오가 중산계급 생활의 일부로서 녹아들었다. 1932년에는 도시 전세대(全世帶)의 라디오 보급률이 26%까지 늘었지만, 농촌지역에서의 보급률은 5%에도 못 미쳤다. 그런데 1941년에는 660만 대의 라디오 수신기가 일본 전세대의 45% 이상의 세대에 뉴스와 오락 프로그램을 전파해주었다.[23] 라디오 방송과 축음기의 보급에 의해 일본의 가요곡이나 군가뿐 아니라 재즈와 서양 클래식음악이 크게 유행했다. 오즈 야스지로(小津安二郎)를 비롯한 뛰어난 영화감독이 서민생활에서 제재를 찾아 인기작품을 잇달아 발표하는

1934년, 미국 메이저리그 야구선발팀이 일본을 방문하여. 각지에서 일본 선발팀들과 친선시합을 벌였다. 사진은, 메이저리그 선수들로부터 일본 제일의 투수로 불렸던 다테 마사오(伊達正男)와 메이저리그 홈런왕 12회의 베이브 루스. 야구의 인기는 정부에 의한 적성(敵性)스포츠 규제에도 불구하고, 1930년대뿐 아니라 태평양전쟁 중에도 시들지 않았다. 마이니치 신문사 제공.

가 하면, 사무라이를 주인공으로 하는 시대극영화의 인기도 식을 줄 몰랐다. 할리우드 영화도 일본영화 이상은 아니지만 많은 관객을 끌어모았다. 1932년 5월에 있었던 찰리 채플린의 일본 방문은 이누카이 총리가 암살당한 5·15사건과 겹쳐서 빛이 바래긴 했지만, 사람들의 뜨거운 관심을 모았다. 1934년에는 미국 메이저리그 야구선발팀이 일본에 왔다. 이 방문은 1931년에 이어 두 번째였지만, '세기의 영웅' 베이브 루스를 비롯해 루 게릭 등 쟁쟁한 선수들의 일본방문으로 야구팬들이 엄청나게 열광했다. 미국팀이 한 달간 머물면서 12개 도시에서 일본 일본선발팀 등을 상대로 벌였던 친선시합에는 수천, 수만의 관중이 몰려들었다. 도쿄 진구(神宮) 구장에서 치른 제1회전은 6만 5천 명의 관중으로 초만원을 이루었다. 베이브 루스 등의 방일에 의한 야구열기가 하나의 계기가 되어 그해 프로야구팀이 결성되고, 1936년에는 상시적인 리그전이 시작되었다.[24] 이 같은 열광붐에서도 드러났듯이 서양문화를 나쁘게 보는 도덕론적인 비판에 대해서 많은 사람은 시들한 반응이나 냉담한 무시로 답했다.

한마디로 1930년대의 일본에서는 확실히 '전통주의'의 발흥이 보였다. 이 전통주의란 오랜 전통을 갖고 본질적으로 일본 특유의 관행이나 이념이야말로 도덕성과 행동의 비판기준이 되어야 한다는 것을 소리 높여 주장하는 사고방식이라고 정의할 수 있을 것이다. 그러나 1930년대에는 그 이전의 전통적인 사회로의 회귀라고 말할 만한 것은 실제로는 보이지 않았다. 대중문화는 여전히 코즈모폴리턴적인 성격을 띠었고 활기로 넘쳐났다. 물질문화는 글로벌한 다양한 새로운 경향을 받아들였다. 1930년대에 새로운 지배권을 장악하게 된 정치세력조차도 그 대두의 계기가 된 것은 메이지 유신이었다. 양상을 새롭게 한 황실이든, 사회를 잘 꾸려나가고 싶은 강한 포부를 지닌 자긍심 높은 엘리트 관료들이든, 고도의 기술을 갖고 효율성을 자랑하는 군부든 어느 쪽이나 1880년대 이후 근대국가를 특징짓는 상징이 되었다.

이런 연속성을 인정한다고 해서 변화를 부정하는 것은 아니다. 암살, 탄압, 군부·관료의 공동지배를 특징짓는 정치정세, 문화적 정통성에 대한 열띤 주장, 그리고 대륙에서의 일방적인 팽창주의가 맞물려서 빚어낸 상승효과는 일본의 근대경험 특징에 큰 전환을 가져왔다. 그 전환은 그후 수백만에게 비극적인 결과를 초래하게 된다.

우리는 1930년대를 일본적 파시즘 대두의 시대라고 규정함으로써 이상의 서술을 요약해야 할까? 다른 역사가들은 이론(異論)이 있을지 모르지만, 저자의 대답은 굳이 말하면 "그렇다" 이다. 그러나 당시의 역

사를 생각할 때는 정의의 시비를 둘러싼 논쟁에 너무 얽매이지 않아야
한다. 1930년대 일본의 정치질서를 '파시즘적'이라고 규정해야 할까,
'군국주의적'이라 규정해야 할 것인가라는 문제는 그다지 중요하지 않
다. 일본의 정치정세, 문화정세 전개의 실상과 그것이 가져온 영향이,
유럽 파시즘 국가들의 체험과 많은 공통점을 갖고 있다는 것을 인식하
는 것이 훨씬 중요하다.

독일과 이탈리아, 일본의 경험 중에서는, 근대화를 지향한 제2세대
국가들에 공통적인 하나의 반응을 확인할 수 있다. 유럽의 파시즘 모델
은 1930년대의 일본을 지배하게 된 자들에게 영감을 주었다. 세 나라의
지배자들은 (게르만 민족이든 야마토[大和] 민족이든) 어떤 하나의 영광
스러운 민족집단을, 군사적 패권과 외부세계에 대해 폐쇄적인 경제제국
과 반민주적이고 위계적인 국내의 정치·문화·경제를 추구하기 위한 에
너지로 집중화한다는 목적을 공유하고 있었다. 일본과 이탈리아의 지배
자는, 그리고 그들만큼은 아니더라도 히틀러조차도 정치·경제 권력을
지탱하는 기존의 기반들을 모두 해체해서 하나의 전체주의적인 체제로
융합할 정도의 역량을 결여하고 있다는 점에서는 같았다.

일본·독일·이탈리아 세 나라 사이에 중대한 차이가 있었던 것도 사실
이다. 일본에서는 파시즘 정당이 정권을 장악한 적은 없었다. 또 카리스
마 면에서나 수명이라는 점에서 히틀러나 무솔리니에 필적할 만한 인물
은 한번도 일본에 등장하지 않았다. 그러나 세 나라에서 전시체제가 형
성되기에 이르는 과정에서는 큰 공통점이 있다. 세 나라 모두 경제위기,
좌익 대 우익의 첨예한 대립, 공장 내 및 농촌사회에서의 극심한 분쟁,
우익에 의한 흉악한 테러행위를 체험했다. 세 나라의 지식인과 정치 엘
리트는 자국의 국민이 문화적인 무력감에 시달리고 있다는 인식을 하고
있었다. 기존의 성역할 분담이 붕괴되고 있다는 우려도 확산되어 있었
다. 3국의 엘리트와 대중은 하나같이 제국을 건설하려는 자국의 정당한

열망이 영국과 미국의 힘에 의해 봉쇄되고 있다고 보았다. 1930년대의 일본이 직면해 있던 문제는 곰곰이 생각해보면, 획일적인 균질성 또는 봉건사회와 봉건사상에서 유래한 문제가 아니라 근대적 다양성과 긴장에 어떻게 대처하는가에 관련된 문제였다. 이런 문제에 대한 일본의 대응은 전쟁이라는 대참사를 야기했고, 전쟁 후에는 파시즘과 군국주의에 대한 심한 증오를 낳는 계기가 되었다. 그러나 그와 동시에 정치적·경제적인 개혁 및 총동원을 위해 실시된 다양한 조치가 산업정책, 농업정책, 사회정책에서 지속적으로 관전적(貫戰的)인 변화를 일으키게 된 것도 사실이었다.

12장

전시의 일본

1937년 7월 7일 밤, 베이징 남서쪽 교외에 있는 루 거우차오(盧溝橋, 일명 마르코폴로교) 부근에서 일본군과 중국군 사이에 소규모 충돌이 발생했다. 7월 11일에 현지의 교섭으로 양군 사이에 휴전이 성립되었다. 그럼에도 일본정부는 한국과 만주에서 증원부대를 파견했다. 이에 중국측도 강경한 태도를 보였고, 양군 사이에 또다시 소규모 충돌이 벌어졌다. 7월 말에 일본군은 베이 징과 톈진을 공격해 두 시를 점령했다. 루거우차오 사건이 일어나고 채 한 달도 되기 전에 전면전이 시작되었다.

중일 전면전

루거우차오에서 중일 양군 중 어느 쪽이 먼저 발포했는가 는 지금도 분명치 않다. 그러나 만주 점령의 계기가 된 펑톈(현재 선양) 근처의 류탸오후에서 6년 전에 일어난 사건과 비교해보면, 고노에 후미 마로 총리가 이끌던 일본정부가 대규모 공격개시 결정을 승인한 것은 사실이다. 육군 자체는 확대파와, 전쟁이 장기화되는 것을 우려해 정전

협정을 맺어야 한다고 생각한 소수의 불확대파로 갈라져 있었다. 고노에는 확대파에 가세했던 셈이다. 확대파는 북중국의 철강과 석탄의 자원을 지배하고 싶어했고, 일본이 만주와 북중국을 지배하는 데 장제스의 국민당 정권이 늘 위협이 될 거라고 보고 있었다. 확대파는 국민당 정부를 무너뜨리고, 그것을 대신하는 친일정권을 수립하기를 원했다.

고노에는 전쟁을 확대했으나, 그가 애초에 노린 것은 국민당정부와의 강화를 끌어내기 위해 군사적인 압력을 가하는 데 있었다. 1937년 가을에는, 일본군은 베이징에서 남쪽으로 지배지역을 넓히고, 산둥 반도와 황허(黃河)유역 대부분 지역을 점령했다. 해군의 지원을 받아 상하이도 점령한 일본군은 퇴각하는 중국군을 쫓아 진격해 12월 중순에는 난징(南京)을 점령했다. 그러나 중국측과의 교섭은 교착상태에 빠졌다. 1938년 초에는 국민당 정부에게는 만주국을 승인한다든가, 점령지에 대한 일본의 권익주장을 받아들일 생각이 전혀 없다는 것이 분명해졌다. 비록 중국의 세 대도시를 점령당했음에도 불구하고, 장제스는 서남지역으로 퇴각해 항전을 계속할 태세를 취했다. 이에 고노에 총리는 1938년 1월에 평화의 가능성을 열어두고 있던 종래의 방침을 바꿔서, 일본정부로서는 "이후 국민정부를 상대하지 않겠다"고 단언하고 스스로 평화의 길을 차단하고, 국민정부를 "부정 또는 말살하는" 것을 목표로 싸운다는 무서운 방침을 선언했다.

고노에가 이런 성명을 발표하고 있던 와중에도, 20세기를 통해 세계에서 벌어지고 있던 섬뜩한 대량학살의 역사 중에서도 최악의 종류에 속하는 대학살이 난징에서 진행되고 있었다. 1937년 12월 중순, 일본군은 난징에 입성하자마자 일반시민과 항복한 병사들을 닥치는 대로 잡아들이기 시작했다. 그때부터 1월 말까지의 7주 동안 일본군은 수만 명의 중국인을 학살하고, 모든 연령층에 걸친 무수한 여성을 강간했다. 난징 대학살의 규모가 실제로 어느 정도였는지에 대해서는 오늘날까지 논쟁

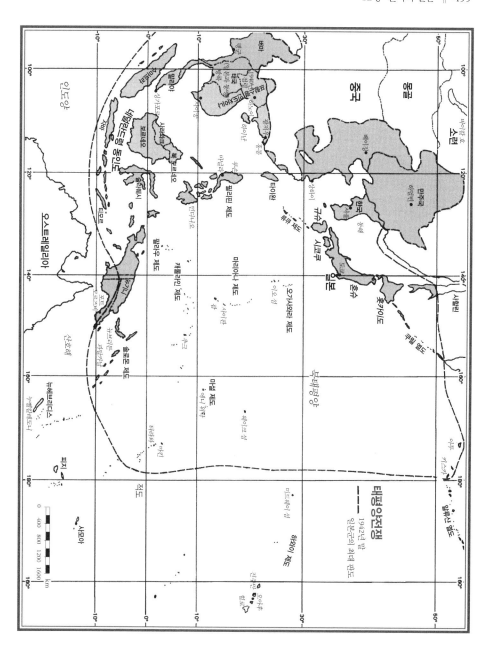

이 계속되고 있다. 일부 일본의 역사가들은 학살의 피해자수는 필시 4만 명 정도라고 '적게' 추정하지만, 중국정부는 30만이 살해되었다고 주장하고 있다. 많은 사람이 타당하다고 생각하는 피해자수가 나올 것 같지는 않지만, 일본군이 극악무도한 대량학살을 자행했다는 것만큼은 부정할 수 없는 사실이다.

이런 학살이 왜 일어났는가, 그 원인을 해명하는 것은 피해자수에 대해 의견일치를 보는 것만큼이나 어렵다. 전선의 병사들이 힘든 전투 끝에 난징에 다다르는 과정에서 많은 고초를 겪었을 것이다. 일본군은 중국군인들과 민간인을 구분하기 어려워 당황했으며, 게릴라들의 습격을 두려워했다. 또한 일본군이 따라야 했던 군사규율도 잔인한 것이었다. 세계 각지의 병사들과 마찬가지로 일본병사는 적을 인간으로 보지 말고 오직 증오하도록 훈련받았다. 그런 조건 아래 놓여 있던 병사가 자제심을 잃고 극심한 공격적·발작적인 분노를 민간인과 무장해제된 적군에게 마구 발산시키는 일이 있을 수 있다는 것은 슬픈 일이긴 하지만, 그리 놀랄 만한 일은 아니다. 근대전쟁의 역사를 보면 그런 예는 무수히 많다.

더 큰 수수께끼, 그리고 더 큰 범죄는 난징의 일본군 최고사령부가 몇 주 동안이나 일제검거, 강간, 살해를 계속 저지르도록 방치했다는 데 있다. 도쿄의 당국자들도 필시 상황에 대해 알고 있었을 텐데, 부대를 억제시키기 위한 어떤 단호한 조치도 전혀 취하지 않았다. 어쩌면 난징의 일본군 상층부도 도쿄의 군 수뇌부와 더불어 유리한 조건으로 평화를 이끌어낼 수 없다는 사실에 낙담해서, 이런 대학살로 본때를 보여주면 중국측의 저항의지가 꺾일 것으로 기대했는지도 모른다. 만약 그랬다면, 그들은 잔학했을 뿐 아니라 엄청난 오판까지 범한 셈이다.

그 후 몇 달 사이에 일본군은 주요 도시와 철도노선을 점거함으로써 더욱 지배를 확대해 나갔다. 그러다 전황은 1938년 가을에 교착상태에 빠졌다. 이미 그 시점에 일본은 60만의 병사를 전장에 투입했지만, 이 정도의 병력을 갖고도 점령지역의 도시와 철도를 방위하는 것은 거의 불가능했다. 농촌지역에서는, 점령군은 거의 지배통제권을 갖지 못했으며, 병사들은 게릴라들의 습격에 위협을 받았다. 전쟁이 계속되는 과정에서, 특히 북중국에서 일본군은 난징 이외의 지역에서도 많은 학살사건을 일으켰고, 중국 병사뿐만 아니라 민간인을 살해했다. 이런 살육으로 민간인을 공포에 빠지게 한 것은, 중국의 국민을 '평정'하기 위한 광대한, 그러나 결국은 성공하지 못하고 끝난, 군사전략의 일환을 이루고 있던 것으로 생각한다.

국민당 정부는 산악으로 둘러싸여 있고, 무엇보다도 주요 도시로부터 밀리 떨어져 있었기 때문에 일본군의 공격을 받을 일 없는 서남부에 깊이 들어간 내륙의 도시 충칭(重慶)으로 퇴각했다. 1939년 여름에는, 중국과 몽골 국경에 위치한 노몬한(Nomonhan) 지방에서 소련과 일련의 대규모 전투――거의 보도된 적이 없었던――가 벌어져 긴장이 고조되었다. 노몬한 사건이라 불리는 이 충돌에서 근대 장비의 소련군은 자긍심 강한 관동군을 압도했다. 일본측은 투입한 6만 명의 병력 중 약 2만 명이 전사하거나 병사했다.[1]

점령지역에 사는 3억 중국인을 보다 효율적으로 지배하기 위해서, 일본은 1940년 3월, 국민당 내에서 장제스의 라이벌이었던 왕징웨이(汪精衛)를 리더로 하는 괴뢰정권을 세우고 그것을 승인했다.[2] 왕징웨이와 일본을 묶은 공통점은 소련과 구미열강에 대한 불신감이었다. 왕징웨이는 자신과 일본군이 함께 이들 비아시아 세력에 맞서 범아시아적인 단결로 대항한다는 비전을 공유하고 있다고 주장했고, 그것으로 일본군과 협력하는 것을 정당화하려 했다. 그러나 일본측은 왕징웨이에 대해, 가령 왕징웨이가 자신에게는 국민의 지지가 있다고 주장해도 그 주장을 뒤흔들어버리는 듯한 굴욕적인 '협정'을 밀어붙였던 것이다. 왕징웨이 정권은 일본군의 군사적 지원 없이는 존립조차 할 수 없을 정도로 약체였다.

1930년대 중반부터 소수파이긴 하지만 참모본부 내의 전략가들이 일본은 병력을 과도하게 투입해서 전선을 확대해서는 안된다고 경고했다. 일본군 최상층부에서 일본이 중국을 지배하는 데는 자원이 충분하지 않다는 이유에서 확전 반대를 가장 강경하게 주장한 인물은 만주점령 계획을 입안했던 이시하라 간지였다. 이시하라는 소련과 서구를 무엇보다도 두려워했다. 정부에 대해 그는 만주 건설에 힘을 쏟으면서, 이들 잠재적인 적에 대처하기 위한 힘을 비축해야 한다고 일관되게 권고했다. 그러나 이런 견해는 지지를 받지 못했다. 1937년 가을, 이시하라는 좌천되어 한직을 전전하게 되었다. 그러나 그가 가장 우려했던 일이 현실화되었다. 일본의 지배자들은 병사들을 대륙에서의 전쟁이라는 수렁에 끌어들여 놓고, 진퇴양난에 빠뜨리고 말았다. 육군은 철군을 원치 않았지만, 적들을 쳐서 거꾸러뜨릴 수도 없었다.

진주만 공격을 향해서

중국에서의 교착상태를 타개할 수 없었던 고노에 총리는 1939년 1월에 총리직에서 물러났다. 그후 18개월 동안 세 명의 총리가 연달아 등장했다. 먼저 사법관료 출신의 국수주의자 히라누마 기이치로(平沼騏一郞)가 고노에의 뒤를 이어 총리가 되었고, 다음으로 군인 출신의 두 정치가, 예비역 육군대장 아베 노부유키(阿部信行)와 해군대장 요나이 미쓰마사(米內光政)가 각각 단명(短命)내각을 이끌었다. 세 사람 다 중국에서의 교착상태 타개에 관해서는, 장제스를 고립화시켜서 항전의욕 내지 능력을 무력화시키는 것을 노린 일련의 전략을 구사했

다. 구미에 대해서는 세 총리 모두 미국과 영국을 설득해 중국 내 일본
의 입장을 이해시키기 위한 외교노력을 펼쳤다. 세 총리가 북방외교에
서 주안점을 둔 것은, 소련의 위협을 무해하게 만들어 관동군이 중국 내
에서 자유롭게 행동할 수 있도록 하는 데 있었다. 남방정책으로서는 세
총리 모두 말레이시아에서의 영국의 지배력, 네덜란드령 동인도(현 인
도네시아)에서의 네덜란드의 지배력을 무해하게 만들거나 배제하는 것
은 두 가지 이유에서 바람직하다고 생각되었다. 하나는 동남아시아가
일본의 지배하에 들어오면, 일본군이 필요로 하는 석유·고무·주석 등
의 전략물자 조달이 가능해질 것이고, 또 하나는 중국의 국민당정부군
을 포위공격하기 위한 기지를 확보할 수 있다는 데 있었다.

히틀러 정권이 유럽에서 전쟁을 일으킬 조짐을 보이자, 히라누마 정
권은 소련과 구미열강에 대항하기 위해서 나치 독일과 동맹을 맺는다는
구상에 이끌리고 있었다. 그것을 위한 기초는 코민테른의 활동에 대항
하는 것을 목적으로 하는 1936년의 일독방공(日獨防共)협정 체결에 의
해 다져졌다. 이 협정으로 일본과 독일(1937년에 이탈리아의 가맹으로 일
독이〔日獨伊〕방공협정이 되고 나서는 이탈리아도)은 공산주의에 대항하기
위해 협력하기로 약속했다. 가맹국은 다른 동맹국의 동의 없이는 소련
과 어떤 협정도 체결하지 않는다고 약속했다. 그러나 일본군이 노몬한
에서 패색이 짙어진 1939년 8월, 히틀러는 돌연 스탈린과 독소불가침
조약을 체결해 방공협정을 위배했다. 대독동맹교섭이 방침대로 진행되
지 않았기 때문에 히라누마의 신용은 추락했다. 히틀러의 배신행위에
화가 난 히라누마는 총리직을 사임했다.

독소불가침조약을 체결한 직후인 9월 초, 독일은 폴란드를 침공했다.
폴란드와 상호원조조약을 체결하고 있던 영국과 프랑스가 즉시 독일에
선전포고를 하고 제2차 세계대전이 시작되자, 독일은 프랑스에도 쳐들
어갔다. 아베 내각과 요나이 내각은 유럽의 전쟁에 불개입 입장을 취하

고 외교방침을 다소 변경하여, 미국과 영국의 협력을 받아 중국에서의 평화교섭 체결을 노린다는 방침을 잠정적으로 추구했다. 그러나 추축(樞軸)동맹 결성을 계속 주장해온 육군은, 영미와의 관계개선을 중시하는 요나이 총리의 자세를 비판하면서 도각운동(倒閣運動)을 일으켜, 1940년 8월 요나이를 사퇴로 몰아넣었다.

이런 국면에서 고노에 후미마로가, 이 사람이라면 강력한 통솔력을 발휘해 나라 안팎에서 '신질서'(新秩序)를 건설해주겠지 하고 엘리트층과 국민 일반으로부터의 큰 여망을 짊어지고 총리로서 또다시 등장했다. 천황가와도 여러 번 인척관계를 맺은 적이 있는 공가(公家) 출신으로 황실과의 관계가 깊다는 것이, 이런 위기의 상황에서 고노에의 존재에 특별한 정당성을 부여했다. 고노에가 취한 최초의 중요한 행동은 1940년 9월 일본·독일·이탈리아 삼국동맹 체결이었다. 이 동맹에 가맹한 추축국은 미국이 참전할 경우에는 서로 협력해서 방위하자고 서약했다. 일본의 지도자들은 이 동맹을 맺음으로써 남진(南進)의 길을 가로막고 있던 장애가 일소되리라 기대했다. 그보다도 이전인 1940년 6월, 히틀러의 군대가 파리를 제압하자 독일은 비시에 친나치정권을 세워 점령하의 프랑스를 지배하게 했다. 프랑스의 식민지들도 비시 정부의 관리를 받게 했다. 삼국동맹을 체결한 덕분에 일본은 비시 정부와 프랑스 식민지인 인도차이나 북부(현재의 베트남)에 일본군 주둔을 인정받는 협정을 체결하는 것이 가능해졌다. 독립된 프랑스 정권이었다면, 이런 일본군 주둔을 받아들였을지 굉장히 의문스럽다.

일본의 남진이 성공할지 어떨지는 미국의 대응에 달려 있었다. 미국과 일본 사이에는 오래전부터 긴장이 고조되고 있었다. 1930년대를 통해 미국은 중국의 민족자결에 대한 지지를 확실히 표명해왔지만, 국민당 정부에 대량의 물질적인 지원을 해주는 정도는 아니었다. 미국 경제계의 일부에서는 일본과 협력해 만주의 경제개발에 참가하기를 희망했다. 그러나 1939년 7월 31일(일본시간 8월 1일), 미국은 중국에서의 일본의 군사행동 확대를 결연히 저지하겠다는 메시지를 전달하기 위해, 루스벨트 대통령이 미일통상항해조약 파기를 단행했다. 이로써 미국은 필요하다면 조약에 얽매이지 않고 대일금수(對日禁輸)를 발동할 수 있게 되었다.

일본군이 인도차이나 북부로 진주하자, 미국은 실제로 대일금수를 서서히 확대하는 대항조치를 취했다. 미국의 대일금수조치는 일본의 전쟁 강경파의 입장에서는 묵과할 수 없는 도발행위나 마찬가지였다. 강경파는 미국과 그 동맹국들에 선제공격을 해야 한다고 주장하기 시작했다. 1941년 6월에 히틀러가 스탈린과의 불가침조약을 파기하고 소련 침공을 개시함으로써 일본 강경파의 계획에 복잡한 영향을 끼쳤다. 일본은 히틀러가 개시한 새로운 전쟁에는 참전하지 않기로 정했다. 일본이 남진의 목표를 달성하는 데는 북방에서의 평화가 불가결했고, 실제로 그보다 2개월 전인 1941년 4월에 고노에는 소련과 중립조약을 체결했다. 고노에는 계속해서 인도차이나에서 일본의 지배를 확대해, 1941년 7월에는 비시 정부로부터 인도차이나 반도 전역에 일본군이 진주해도 된다는 동의를 받아냈다. 이 합의에 따라 일본은 구 프랑스 식민지의 실질적인 지배자가 되었다.

일본군의 인도차이나 남부 진주에 대하여, 미국은 강경하고 협박적인 조치로 응답했다. 루스벨트 대통령은 즉각 국제적인 대일석유수출금지조치를 발동해, 해외에서 일본으로 향하는 석유공급을 완전히 차단했다. 루스벨트는 또 중국에 대해서 원가보다 낮은 가격에 무기탄약 공급을 개시했다. 석유 공급을 차단당해 군대도 경제도 지탱할 수 없게 된 일본정부는 미국이 금수해제의 조건으로 내건 중국에서의 완전철수에 응할 것인지, 그렇지 않으면 강경파가 주장하는 것처럼 미국과 영국을 공격해서 동남아시아의 유전을 무력으로 지배해, 입장을 강화시킨 다음에 평화교섭을 하는 데 희망을 걸 것인지 어려운 선택의 갈림길에 섰다.

한동안 일본정부는 이 두 가능성을 다 모색했다. 일본의 외교 당국은 미국과, 철군을 싫어하는 군부를 동시에 만족시킬 수 있을 듯한 부분적인 철군방식에 의해 타협점을 찾아보려 했지만, 교섭은 수포로 돌아갔다. 한편 일본 군부는 구미열강이, 아시아에서는 일본이 패권국이라는 것을 어쩔 수 없이 인정할 수밖에 없게 할 대담한 공격을 위한 다양한 계획을 짜냈다. 1941년 10월 중순에는, 고노에 대신에 현역 육군중장 도조 히데키(東條英機)가 총리에 취임했지만, 외교적 노력은 늦가을까지 계속되었다. 중신들이 도조를 총리에 앉힌 것은, 전면전이 된 경우에는 군부 지도자가 나라의 조타수가 되는 것이 바람직하다고 생각했기 때문이다. 도조는 총리 외에 육군대신까지, 초기에는 내무대신직까지 겸임해 이상하다고 할 정도로 많은 권한을 자신의 손에 집중시켰다.

11월이 되자 주요 각료의 눈에는, 대미교섭에서 만족할 만한 합의달성의 가능성이 없는 것이 명백해 보였다. 일본은 오직 인도차이나에서 철수하는 데는 응할 태세를 보였지만, 그 이외의 요구는 받아들이려 하지 않았다. 미국은 1931년 이전에 차지했던 남만주지역을 제외한 중국 전역으로부터 일본군의 철수를 요구하고, 한 발도 양보하지 않았다. 11월 5일의 어전회의에서 대미교섭이 최종단계에 이르렀는데도 아시아에서의 일본의 입장을 미국이 받아들이지 않을 경우에는, 육군은 대규모 공격을 벌여서 동남아시아의 영국과 네덜란드의 식민지 및 미국의 속령 필리핀을 강탈할 것, 해군도 동시에 진주만의 미국 태평양함대를 공격할 것 등이 내각의 중심멤버들에 의해서 결정되었다. 최종기한까지 계속된 교섭은 사실상 실패로 끝났다. 외무성은 미국측에 교섭의 종료를 알리는—사실상 선전포고를 하는 —장문의 각서(覺書)를, 진주만 공격 직전에 건넬 계획이었다. 그런데 워싱턴 주재 일본대사관 직원이 이 각서를 암호로부터 해독하고, 번역하고, 타이프하고, 정서하는 데 시간이 너무 걸리는 바람에, 각서가 미국 국무부에 닿은 것은 1941년 12월 7일(일본시각으로는 12월 8일)의 진주만 공격 개시 직후로 예정보다 늦어지고 말았다.

이렇게 해서 외교와 군사 양면에 미친 복잡한 책략은 끝을 보았다. 일본은 아시아 전역의 사람들에게 궤멸적인 결과를 초래하는 전쟁에 돌입해버렸다. 몇몇 중요한 시점에서 일본의 지도자들은 자신들의 행동이 어떤 결과를 초래할 것인가에 대해서 큰 오산을 범했다. 1937년에 일본의 군부·관료·정치가·지식인·언론의 대부분은, 중국인의 저항의 원동력이었던 내셔널리즘의 힘을 오판했다. 마찬가지로 진주만 공격에 이르기 전인 1940-1941년에도 일본의 지도자들은, 미국이 일본과의 무역을 중단하면서까지 영국과 네덜란드의 식민지를 보호할 각오인 것을 인식하지 못했다. 일본의 지도자들은 전쟁에 돌입하기로 한 1941년 가을에, 미국의 강대한 공업력을 참작하면 미국과의 장기전은 승산이 없음을 충분히 인식하고 있었다. 그럼에도 불구하고 그들은 순진하게도 미국은 머나먼 이국땅에서 장기전을 벌일 의욕이 없을 것이라고 굳게 믿었다.

1940년과 1941년에 미국이 일본의 침공을 저지하려고 취한 행동으로 볼 때, 일본의 지도자들이 이미 전쟁은 피할 수 없다고 확신하고 있었음은 틀림없다. 이를 근거로 역사가 중에는 미국이 전쟁으로 이어지는 수순을 밟았다고 비난하는 사람도 있다. 그러나 미국의 대응이 달랐다면 전쟁을 피할 수 있었을 거라는 주장에는 난점이 있다. 미국이 회유적인 태도로 대응했다고 가정할 경우, 팽창주의 논리가 어떻게 작용했을지를 생각해보면, 일본군은 미국의 대응을 약함의 표시로 간주하고 더욱 침략적인 태도를 드러냈을 것이다. 전시 일본의 지배자들은, 이 세상에는 자신들이 말하는 대로 되지 않는 사람들도 있을 수 있다는 가능성을 이해하지 못했다. 1931년 이래 제국의 경계 선상에서 긴장이 발생

했을 때에는, 그들은 그 자리에 머문다거나 일보 후퇴하기보다는 무조
건 앞으로 밀어붙이는 대응방식을 고수했다. 긴장이 거의 사실상 불가
피해진 상황 아래서, 만주 침략은 잔인한 전쟁으로 이어지는 일련의 사
태를 야기한 것이다.

태평양전쟁

　　　　　태평양전쟁 개시 직후의 전투에서는 일본의 육해군은 둘
다 순식간에 극적인 승리를 거두었다. 진주만 공습은 미국 태평양 함대
의 심장부를 파괴했다. 함대가 거느린 9척의 함선 중 6척을 격파했고,
2척에도 심대한 손상을 입혔다. 육군은 말레이 반도를 남하하는 맹공격
으로 영국군을 몰아내고, 1942년 2월 싱가포르를 점령했다. 필리핀 제
압을 노린 군사행동도 5월에 일본측의 승리로 끝났다. 미국의 극동군사
령관 더글러스 맥아더는 오스트레일리아로 퇴각하지 않을 수 없었다.
개전 후 첫 6개월 동안 일본군은 영국으로부터 버마를 빼앗았다. 인도
네시아로부터 보르네오와 술라웨시에 이르는 광활한 네덜란드령 동인
도도 일본군의 손에 떨어졌다. 또 중부 태평양과 남태평양의 섬들도 일
본군이 점령했다.(p.455 지도 참조)
　오늘날에 이르기까지 진주만 공격은, 미국인들의 기억 속에 선전포
고 없이 비겁하게 '불시에 습격한' 것으로 각인되었다. 전후 상황으로 부
터 판단하면, 일본측에게는 미국측에 대해서, 하와이의 방위를 튼튼히
하기에는 도저히 불충분했다고 해도, 최소한 군사통고를 할 생각은 있
었던 것 같다. 그 경위야 어쨌든, 1941년 후반에 미국의 정책결정자들
은 일본이 전쟁을 고려하고 있고, 조만간 아시아 어디에선가 공격을 일
으킬 것 같은 조짐을 나타내는 많은 증거를 입수하고 있었다. 또 일본은

일찍이 1905년의 러일전쟁 때도, 뤼순 항 내의 러시아 함대에 기습공격을 감행해 성과를 거둔 적이 있었다. 미국의 군사전략가들이 1941년에 이전과 같은 전술을 다시 쓸 수도 있다는 것을 예측할 수 있었을 법하지만, 태평양지역의 미군 사령관들은 안일하게 아무런 방비도 하지 않았다. 역설적이지만 1905년에 구미의 관찰자들은 일본군의 놀라운 기습작전을 상찬했던 적이 있다.

이상과 같은 다양한 이유에서, 일본의 공격방식에 대한 비난은 오늘날에는 꽤 공허하게 들린다. 하지만 그 당시에는 불의의 공격을 받은 데 대한 분노와, 그리고 단지 하루 만에 3,700명의 미군이 사상(死傷)한 피해의 심대함 때문에, 미국 내에서는 복수에 대한 열망이 들끓었다. "진주만을 잊지 마라"는 전쟁의 슬로건이 되었을 뿐만 아니라, 일본인은 신용해서는 안될 인종이라는 스테레오타입의 일본인관이 전쟁이 끝난 뒤에도 계속 잔향을 남기며 메아리쳤다. 또 진주만 공격을 받기 전에는 루스벨트 대통령은 참전에 소극적인 국내여론에 밀려 유럽에서 추축국을 상대로 참전해야 할지 주저하고 있었는데, 기습공격에 대해 끓어오른 국민적 분노는 유럽에서의 전쟁 참전에 대한 소극론을 일거에 날려버렸다.

일본 국내에서는 개전 직후의 연이은 승리에 환희했다. 정부와 언론은, 일본은 아시아를 아시아인의 손에 돌려주기 위한 전쟁에 나섰다는 숭고한 주장을 내세우며 개전을 정당화했다. 그러나 일본정부는 실무상의 팽대한 과제를 껴안게 되었다. 일본이 지배하는 제국은, 돌연 남북에 약 6,400km, 동서에 약 9,600km라는 엄청난 범위로 넓어져 버렸다. 어떤 방법으로, 어떤 논리에 의해 이 넓은 제국을 다스릴 것인가? 이미 1938년에 고노에 총리는 일본·중국·만주의 평등호혜의 관계를 축으로 하는 동아신질서(東亞新秩序)를 건설하는 것이 중일전쟁의 목적이라고 주장했다. 1940년에는 인도차이나 진주를 앞두고, 일본정부는 이 구상을 더욱 확대해, 동남아시아도 포함하는 대동아공영권(大東亞共榮圈)

의 건설이라는 목표를 내세웠다. 그러나 새롭게 제국의 판도에 편입된 지역에서 어떻게 지배를 확립할 것인가에 대한 포괄적인 계획은, 군부도 관료기구도 전혀 마련해두지 못한 상태였다.

정부의 관료들은 임기응변식으로 전략을 그때그때마다 짜내가면서 전진했다. 그들은 이전부터 소유하고 있던 식민지에 대한 통치를 유례없이 엄격히 했다. 조선에서는, 총독부는 학생들을 공장에 동원했고, 400만 명이나 되는 성인을 일본본토나 중국으로 강제로 이주시켰다. 이들은 일본 국내의 탄광에서 탄광 노동자로 일해야 했고, 중국에서 형무소의 간수나 활주로를 건설하는 노무자로 일해야 했다. 수천 명의 젊은 한국여성이 아시아 전역으로 보내져 일본병사들을 위한 성적인 봉사를 강제 당했다. 타이완의 남성에게는, 아시아와 태평양의 이곳저곳에서 군사행동이나 지원사업을 위한 '지원부대'(志願部隊)로의 가입모집이 시행되었다. 모집이라고는 해도 실제로는 타이완 남성에게 선택의 여지는 거의 없었다. 지원부대에 응모하지 않고 타이완에 남은 사람들 대부분은 '황민봉공회'(皇民奉公會)에 조직되어 논밭이나 공장의 노동에 동원되었다.

동남아시아의 새로운 점령지에 대한 지배방식은 지역에 따라 차이가 있었다. 일본은 버마·태국·필리핀에서는 반(反)식민주의를 지향하는 듯한 외관을 가장하기 위해 명목상의 독립국 설립을 지지했지만, 인도차이나와 인도네시아에서는 일본군이 보다 직접적인 통치를 했다. 일본정부가 대동아성(大東亞省) 건설계획에 착수한 것은 1942년 봄이 되고 나서부터이고, 대동아성이 실제로 설치된 것은 같은 해 11월의 일이었다. 대동아성이 점령지를 하나의 방침에 따라 총합적으로 지배하기 위한 강력한 기관이 된 적은 없었다. 1943년 11월, 일본정부는 공영권을 구성할 버마, 태국, 왕징웨이 지배하의 중국, 필리핀, 만주국의 5개국 대표를 도쿄에 모아서, 겨우 한 차례로 끝나게 될 대동아회의를 개최했다. 회의에서는 범아시아 연대론을 찬미하고 구미 제국주의를 규탄했을 뿐, 지역 전체를 경제적으로 통합해 개발하기 위한 구체안은 내놓지 못했다.

동남아시아 점령지를 어떻게 운영할 것인가에 대한 방침의 결정은 실질적으로는 군정을 담당한 현지의 일본군사령관들에게 위임되어 있었다. 군정의 담당자들은 일본에 충성을 맹세한 반(反)서양 독립운동에는 지원했지만, 일본을 적대시하는 독립운동은 규탄했다. 일본군은 영국에 반대하는 버마 내셔널리스트들이 이끄는 버마 독립군을 지원했다. 버마 내셔널리스트들은 일본군이 1942년 초에 자국을 점령한 일본군에 협조적이었으나, 1944년에는 일본의 식민지지배에 반발해서 지하저항운동을 개시했다. 싱가포르에서도 마찬가지로 일본군은 포로로 잡은 인도 병사들에게 인도국민군을 결성시켰다. 일본군은 인도에서 영국을 몰아낼 때 협력하겠다는 거창한 약속을 미끼로, 급진적인 반영독립운동가 수브하슈 찬드라 보스를 설득해 인도국민군을 지휘하게 했다. 1944년 봄, 보스가 이끄는 약 1만 명의 인도독립군 부대는 8만이 넘는 일본군 부대와 함께, 버마에서 국경을 넘어 인도 동부의 주도 임팔의 점령을 겨냥한, 이른바 임팔 작전에 참가했지만, 작전은 참패로 끝났다. 일본군이 이들 부대에 보급을 제대로 해줄 수 없었기 때문에, 일본군과 인도군을 합쳐서 병사자와 전사자는 대략 7만 5천 명에 달했다. 이와는 대조적으로 베트남의 일본군은 전쟁이 끝날 때까지 베트남 독립운동을 가혹하게 탄압했다. 육군은 또 필리핀에 진주한 일본군의 식량을 위해 베트남에서 수확된 쌀 대부분을 몰수했다. 그로 말미암아 베트남에서는 심각한 기근이 발생해 100만 명가량이 아사했다.

제국 전역에서 이런 잔혹한 일이 반복해 벌어진 결과, 일본군이 아시아 연대라는 거창한 목표를 내걸고 서양의 지배자들을 축출하며 획득한 초기의 신용은 무너지고 말았다. 인도네시아인·필리핀인·베트남인이 애초에 품고 있던, 일본은 민족해방을 적극적으로 추진해줄 거라는 기대는 배신당했다. 그렇다 하더라도 일본에 의한 점령이라는 짧은 막간극은 장기적으로 큰 영향을 남겼다. 전시 중에 발족한 독립운동은 일관성을 잃고 일본의 협력을 받아 조직되었든, 일본의 탄압 속에서 조직되었든 전후에도 살아남아서 활동을 계속하여, 이윽고 전쟁 이전과 같은 식민지배의 시스템으로 복귀되기를 바라던 프랑스·네덜란드·영국의 희망에 종지부를 찍었다.

대동아공영권은 덧없이 끝났지만, 그 이유의 일단은 전황이 너무나 갑작스럽게 일본에 불리하게 진행된 데 있었다. 1942년 5월 산호해(珊瑚海, 오스트레일리아 북동해안) 제도의 쟁탈을 둘러싼 해전에서 패한 일본군은, 이어서 진주만 공격으로부터 겨우 6개월 뒤인 이듬해 6월에는 미드웨이 해전에서 대패했다. 일본해군은 함대의 주력을 구성하고 있던 항공모함 4대를 잃었다. 그후 미국과 동맹국들은 일본 본토를 향해 조금씩 조여오는 장기에 걸친 잔혹한 진격을 개시했다. 잠수함에 의한 공격과 하늘로부터의 공격에 의해, 일본의 상선대(商船隊)는 궤멸적인 타격을 입었다. 일본 본토는 식민지로부터 분리되어, 국내경제는 마비상태에 빠졌다. 미국은 중국·인도차이나·인도네시아에 진주해 비교적 공격하기 어려운 일본의 팽대한 지상부대에 대해서는 거의 무시하고, 태평양에서의 이면(二面)작전에 전력을 집중했다. 이를테면 극동군사령관 맥아더 장군은 필리핀 탈환을 목표로 뉴기니로부터 진격하는 한편, 태평양함대 사령관 체스터 니미츠가 이끄는 함대가 중앙 태평양의 전략적으로 중요한 섬들을 지배하고 있던 일본군을 공격했다. 1944년 7월에 사이판이 미군 수중에 떨어지자, 미군 폭격기는 사이판에서 일본 본토까지의 왕복비행이 가능해졌다. 일본의 방공체제를 조롱하듯 초고도를 비행하는 B-29 폭격기 편대가 공장뿐 아니라 민가에도 소이탄을 빗발치듯 쏟아부었다. 이 무렵 사실상 일본의 패배는 결판이 났다. 이는 일본이 항복하기 1년도 전의 일이었다.

총력전을 위한 동원

　　동아신질서의 건설을 호소함과 더불어, 관료·군인·정치 활동가·지식인들은 국내에서의 신체제(新體制) 건설의 필요성에 대해서도 소리 높여 주장했다. 다양한 부류의 남성과 정치에 관심을 둔 소수 여성은 일본의 재생을 위해 여러 세력을 통합할 수 있는 인물은 고노에 후미마로 말고는 없다고 생각했다. 신체제 건설의 슬로건은 제1차 고노에 내각 때인 1938년에 널리 유포되었다. 신체제라는 발상은 1920년대 이후에 등장한 다양한 사상 조류에서 나왔다. 즉, 1920년대 이래 자칭 '혁신'론자들이 경제·정치·사회질서의 일신을 목표로 공장 내의 직장과 농업의 재편, 문화생활의 전환을 바라며 주창하던 다양한 구상이 신체제구상에 도입되었다.

　신질서의 제창자들은 일본 고유의 관행이 개화해, 퇴폐적인 구미의 관행을 능가하기를 꿈꾸었다. 그런데 그들은 때로는 의식적으로, 때로는 무의식 속에서 독일의 나치와 이탈리아의 파시스트의 노선과 겹치는 노선을 추구했다. 혼란스러운 다원주의 대신에 경제의 집권적인 계획화와 통제, 한 당으로 통일된 정당을 기반으로 하는 독재적인 통치, 사회 규율 강화 등의 실현을 추구했다. 서구의 파시스트들과 마찬가지로 그들은 전쟁을 위한 동원을 '창조의 어머니'로 찬미했다. 전쟁의 수행은 변혁을 가져오는 촉매인 동시에 또한 그런 변혁의 결과이기도 했다.

　경제신체제는 상공성과 기획원을 중심으로 하는 '경제관료'와 군인들의 아이디어가 토대가 되어 만들어졌다. 그들은 고노에의 측근 싱크탱크인 쇼와 연구회(昭和硏究會) 소속의 지식인들과 협력해서 그 구상에 매진했다. 지도적인 역할을 맡은 관료의 한 사람은, 당시는 상공성의 관료였는데, 전쟁 중에는 도조 히데키 내각의 상공대신을 역임했던 (그리고 상공성이 군수성〔軍需省〕으로 개편되고서는 군수성 차관을 맡았으며, 전후인 1950년대 후반에는 총리를 역임하게 되는) 기시 노부스케(岸信介)였다. 경제신체제를 구상한 자들은 복마전 같은 경쟁이나 이윤추구 대신에 '합리적인' 산업통제를 해야 한다고 생각했다. 산업은 자본의 사사로운 목표가 아니라 국가의 '공적인' 목표에 이바지해야 한다는 것이 그 이유였다. 그들은 자유시장경제에서는 공황이나 사회분쟁이 일어나 필연적으로 국력 저하를 초래하는 데 반해, 국가통제형의 자본주의에서는 만성적인 분쟁이나 위기를 해결할 수 있다고 주장했다.

경제통제는 1937년 6월부터 1939년 1월까지의 제1차 고노에 내각과, 1940년 7월부터 1941년 10월까지의 제2차 고노에 내각 아래서 가장 극적인 형태로 강화되었다. 먼저 중요한 한 획을 그은 것은 1938년에 국가총동원법이 국회에서 성립된 일이었다. 이 법률에 따라 관료는 일단 국가비상사태가 선포된 경우에는 '인적·물적 자원을 통제·운용하기' 위해 필요한 모든 명령을 국회의 승인을 거치지 않고 내릴 수 있는 권한을 갖게 되었다. 이 법률을 성립시키기 위해 고노에 총리는 '만주사변'은 비상사태가 아니므로 법률을 당장 발동할 일은 없을 거라고 공약했지만, 법률 공포로부터 불과 한 달 뒤에 공약을 뒤집고 그 법률을 발동했다. 정부는 이 법률에 따라 '인적·물적 자원'을 동원할 수 있는 막강한 권한을 새로 손에 쥐었다. 사회활동이든 경제활동 영역이든 이 신체제의 영향이 미치지 않는 곳은 거의 없었다.

고노에 내각은 1941년에 총동원법을 이용하여 경제신체제의 총정리를 했다. 즉 중요산업단체령을 공포함으로써 '통제회'(統制會)라는 시스템을 도입했다. 중요산업단체령은 산업마다 통제회라 불리는 거대 카르텔을 만드는 권한을 상공성에 부여한 것이었다. 통제회는 각 산업 내에서 원료와 자본의 배분을 결정하고, 가격을 설정해, 각 기업에 생산량과 시장지분을 할당하는 권한을 가졌다. 실제로는 각 통제회의 이사에 이름을 올린 것은, 재벌계 기업의 사장들과 관료들이었다. 국가와 협력함으로써 대기업은 이들 카르텔과 통제회의 운영에 대해 큰 영향력을 재빠르게 보유했다.

중소기업도 경제신체제의 건설이 선포되고서 몇 년 동안은 일정한 자유를 인정받고 있었지만, 1943년 초에 정부는 일률적인 전국 규모의 제도로서 '공업조합'이라 불리는 통제대행기관을 설립하고, 모든 중소기업에 조합가입을 의무화했다. 수천 개에 달하는 중소기업은 자산을 갹출해서 '공업조합'에 편입되어, 개별기업으로서 활동을 중단할 수밖에 없었다. 또 공업조합의 설립과 더불어 생산활동도 군수생산으로 옮겨가는 것이 일반적이었다. 예를 들어 소규모 섬유회사는 자사의 기계를 세워두고 대기업의 하도급업체로서 비행기 부품을 생산하는 데 전념할 것을 명령받았다.

경제효율을 높이고 사회질서를 확립하는 데는 상명하달식 동원체제가 제일이라고 주장하는 사람들은, 이런 경제면의 개혁과 평행해서 신노동체제의 정비도 추진했다. 1930년대 중반 이래 내무성 관료들과 경찰관료들은 노동자측과 경영자측의 대표로 구성하는 간담회 설치를 공장에 의무화시켜 개별 간담회를 지역연합, 나아가 전국연합으로 피라미드 방식으로 조직한다는 구상을 다듬었다.

1938년 7월, 내무성과 후생성은 표면상은 독립된 자주적인 노동조직이지만, 실제로는 관제 노동조직인 산업보국연맹(약칭 산보)을 발족시켰다. 그때까지 남아 있던 극소수의 노조는 대부분 전쟁을 지지했고 경영자들에게 협조적이었는데, 이들 조합은 산보와 소리 없이 공존했다. 대기업 다수는 1920년대에 노조 대신 발족시킨 기존의 직장간담회의 명칭을 변경해 단위산보조직으로 재편했다. 그때까지 노동조합이나 직장간담회도 없었던 중소기업 경영자들은 산보에 참가하는 것을 꺼렸다. 그들에게는 산보에 참가하는 것은 잘되어도 그때 뿐의 안심이고, 최악의 경우 외부로부터의 협박적인 간섭을 거스를 수 없었기 때문이다. 그래서 각지의 경찰은 중소기업에 산보조직을 설립시키기 위해 자주 개입했다. 그 결과, 1939년 말까지 1만 9,000개의 기업 레벨의 산보조직이 설치되어, 300만 노동자가 가입하기에 이르렀다.

1940년에 제2차 고노에 내각은 산보를 재편해, 정부 직할의 대일본 산업보국회를 창설했다. 정부는 그때까지 여전히 존속하고 있던 500개의 노조(조합원 36만 명)를 강제로 해산시켜 새로운 산보조직에 참가시켰을 뿐만 아니라, 전국의 모든 공장에 산보간담회 설치를 의무화했다. 1942년에는 공장 레벨의 산보조직은 약 8만 7천 개를 헤아리고, 합계 약 600만 명의 노동자를 거느리게 되었다.

산보운동의 추진자들은 산보의 말단 조직인 각 공장의 간담회가 경영자와 종업원의 사기를 고양하고 쌍방의 연대감을 키우는 동시에, 아시아에서 벌어진 '성전'을 위한 생산확대에 기여할 것으로 기대했다. 그들이 산보운동의 모델로 삼은 것은 수년 전에 독일의 나치가 설치한 나치 노동전선이었다. 그러나 실상에서는 직장의 산보간담회에 대한 노동자의 반응은 냉담했다. 전시 중 아직 젊었던 무렵부터 도시바에서 일하고, 전후 얼마 뒤 퇴직한 어떤 샐러리맨은, 당시를 회상하면서 간담회의 내내 대체로 졸고 있었다고 술회했다. 공장의 오너나 경영자들도 마찬가지로 산보간담회에는 별로 기대하는 것도 없었고, 권한도 부여하지 않았다. 정부 내의 관료와 학자들도 산보가 전시의 동원에는 거의 도움이 되지 않는다고 결론지었다.[3] 하지만 산보가 화이트칼라와 블루칼라의 종업원이 함께 가입하는 직장조직의 선례를 세운 것은 적지않은 의미가 있었다. 또 산보는 모든 종업원이 나라에게도 기업에게도 중요한 멤버라고 하는 시각에 공식적으로, 그것도 확실하게 보증해준 것이다. 전후의 노동조합운동은 이 전시 중의 선례를 기초로 해서 출발했고, 선례를 변용해가면서 전개해 나가게 된다.

전시동원은 경영자와 종업원의 행동 자유를 여러 면에서 크게 제약했다. 국가총동원법이 시행된 1938년 이래 내무성과 후생성의 관료들은 각급 학교장들에게, 졸업생을 우선으로 군수산업에 보내도록 공작을 했다. 전쟁이 격화되어 많은 성인남자 종업원이 징병되었던 1941년에는, 정부는 새로운 노동력 징용에 의해 이들 노동자의 결손을 메우게 되었다. 정부는 16세부터 40세까지의 성인남성과 16세부터 25세까지의 미혼여성의 징용을 허용했다. 그후 수년 동안에 약 100만 명씩의 남녀가 징용되어 공장에서 일했다. 여성의 경우는 주로 가사노동을 하다가 공장노동에 투입된 경우가 많았던 반면, 남성의 경우는 '평시'의 직업 대신 군수공장 외의 전략산업에 주로 동원되었다. 1943년부터 1945년에 걸쳐서 300만의 남녀학생이 군수공장에 생산을 위해 동원되었다. 그 밖에 100만 명의 한국인과 중국인이 모국에서 일본으로 강제징용되어, 공장과 광산에서 살벌한 감시와 열악한 조건 아래 혹사당했다.

일단 취로(就勞)한 노동자들에 대한 압박은, 전황의 악화와 더불어 더욱 심해졌다. 1939년부터 1941년에 걸쳐 정부는 국가총동원법의 적용에 따라 직업등록제와 노무수첩 발급을 결합한 복잡한 제도를 도입해 직업의 변경을 금지했다. 동시에 정부는 임금도 점차 엄격한 통제 아래 두었다. 관료들은 인건비를 안정시켜 고용주를 돕고 인플레이션을 완화하려 했다.

관료들이 이러한 통제조치를 구상하게 된 동기의 일단은 자유시장에 대한 불신에 있었다. 그들이 내건 규칙은, 고용관계는 바야흐로 사적인 당사자간의 계약이 아니라, 경영자도 노동자도 함께 무엇보다도 국가에 대한 의무를 최우선으로 해야 한다고 주장하고 있다. 관료들은 노동자의 근로의욕과 생산성 향상을 도모하기 위해, 고용주에게 부양가족이 있는 비교적 나이 많은 노동자의 필요에 부응하는 연공서열적인 '생활임금' 지급에 응하도록 했다. 1943년에 후생성 관료들은 수천 개 기업의 경영자들에게 인사규칙의 개정을 받아들일 것을 강요했다. 주요한 개정은 모든 종업원에게 연2회의 보너스 지급을 의무화하고, 능력을 발휘한 종업원의 보수를 늘이거나, 실적이 나쁜 종업원에게는 페널티를 부과할 때 고용주의 재량권을 한정한 것 등이었다. 이런 규칙의 실시에 의해 높은 고과를 받은 노동자에게 연공서열적인 승급에 따라 대우하는 기존의 비공식적인 관행이 바야흐로 체계화되어 전국의 수백만 노동자에게 적용되었다. 이 개혁도 전후의 노동조합운동을 지탱해주는 하나의 기반이 되었다.

국가는 농업에 대해서도, 공업의 경우와 똑같은 자유시장에 대한 반감을 갖고 평시(平時) 이상의 권한을 행사했다. 먼저 1939년에 농림성은 쌀값과, 지주가 소작인으로부터 받는 소작료를 통제의 대상으로 했다. 임금통제의 경우와 마찬가지로, 그 목적은 소작농 보호를 통해 인플레이션을 줄이고 증산을 장려하는 데 있었다. 국가는 1942년에 식량관리법을 제정해서 쌀과 기타 식량의 매매를 전면적으로 국가의 통제 아래 두었다. 정부는 쌀 도매가를 책정했을 뿐 아니라, 농촌의 생산자로부터 곡물을 수매하여 도시의 소비자에게 판매하기까지 곡물유통의 모든 과정을 정부의 관리 아래 두었던 것이다.

농업부문에서의 이런 통제는 지주층의 희생 위에 실제의 경작자들을 우대했다. 식량관리법 아래서 이중가격시스템이 도입되었다. 한편으로 정부는 지주가 소작인으로부터 징수한 '지주미'(地主米)를 일정한 가격에 사들였다. 또 다른 한편으로 소작농과 소규모 자작농으로부터 직접 사들인 '생산자미'(生産者米)에는 생산장려금을 얹어서 더 높은 가격을 지불했다. 정부는 당초 쌀 1석(石, 150kg)당 쌀값을 50엔으로 하고 '지주미'는 50엔에 수매하고, '생산자미'는 5엔의 생산장려금을 가산해서

10% 할증된 가격에 수매했다. 전쟁이 끝난 시점에는 쌀값은 50엔 그대로였는 데 반해 생산장려금은 200엔으로 뛰어올라 있었다. 요컨대 '생산자미'의 수매가는 '지주미' 수매가의 5배인 250엔이 되어 있었다.[4] 당시 이 통제조치는 쌀의 수확량의 3분의 2에 미치고 있었다. 정부는 경작자의 입지를 강화한 반면에, 지주층의 사회적 명성과 경제적 기반을 약화시켰다.

공업생산과 농업생산의 취급방식을 바꿈으로써 전쟁을 위해 국민동원을 꾀하려던 이런 정책은 모순을 내포하고 있었다. 노동에 관한 규제는 안정적인 '생활임금'의 실현을 목표로 내걸고 있었으나, 현장의 정부 감독관들은 기업이 손 빠른 젊은 노동자를 우대하는 것을 허용했다. 마을 내의 조화를 강조한 농본주의적인 슬로건을 큰소리로 외쳤지만, 우대조치의 차별은 소작농·자작농과 지주와의 사이의 골을 더 심화시켰다. 그런 모순은 여성의 경제적 역할에 대한 국가의 접근방식에서 가장 현저하게 나타났다. 수백만의 남성이 직장에서 군대로 소집된 상황에서, 여성을 노동인구로 끌어들여야 한다는 논리는 설득력이 있었다. 그렇지만 성역할의 분담은 이래야 한다는 뿌리 깊은 관념도 많은 사람에게는 똑같이 설득력이 있었다. 1942년에 후생성은 '일본에서는 가족제도를 고려해 여성징용은 실시하지 않는다'는 방침을 분명히 밝혔다. 도조 총리는 대놓고 다음과 같이 주장했다.

가정을 보호하고 자녀의 양육에 임하며 그 남편을, 또 아들을, 형제를 전선의 총 뒤에서 활동케 하는 따뜻한 원천은 가족제도에 기반을 두고 있다. 이것은 제국여성의 당연한 천직이고, 장래 영구히 보존해두지 않으면 안된다.[5]

1943년 후반에 이르면 정부관계자는, 어떤 관료의 표현대로 "가정에 매여 있는 일본여성의 특성을 살리면서 전쟁경제에 참가시킨"다는 상당히 양립시키기 어려운 것을 어떻게든 양립시키지 않으면 안된다고 인식하게 되었다. 관료들은 최소한 미혼여성을 일터로 보내려고 사실상 강제적인 조치를 마련했다. 이를테면 밑으로는 12세부터 위로는 39세까지의 모든 미혼여성을 잠재적인 노동자로서, 이른바 여자노동정신대에 등록하라는 명령이 내려졌다. 마을 내 조직의 압력이 거셌기 때문에, 이 연령층의 여성에게 정신대 참가는 사실상 강제적인 것이 되었다. 1943년부터 1945년에 걸쳐서 이런 식으로 징용된 여성은 전시 중 여성 고용자수 증가분의 약 3분의 2에 상당하는 47만 명에 달했다.

그러나 여성을 노동력으로 동원하기 위한 노력이 절정에 달했던 1943년에도 도조 총리는 다음과 같이 주장하고 있다. "〔여성의 징용은〕 서양식의 개인주의적인 단견이다. ……서구 각국의 예를 본보기로 삼아 일본 고유의 가족주의를 파괴하는 일이 있어서는 안된다고 생각한다. ……국체의 기초 중 하나라고도 해야 할 가족제도를 파괴할 것 같은 일은 피하고 싶다"[6]고. 최상층부가 이런 생각을 했던 것도 있고 해서, 여성을 생산현장에 동원하는 노력의 진척은 전체적으로 보았을 때 순조롭지는 않았다. 1941년부터 1944년에 걸쳐 150만 명의 청장년층 여성이 노동인구에 가세한 결과, 전시경제의 절정기에 가정 밖에서 일하고 있던 여성의 총수는 1,400만 명으로 늘어났다. 이 수는 문민(文民) 노동인구의 42%를 차지했다. 여성노동인구의 증가는 시장의 요구와 국가에 의한 강제가 반영된 결과였다. 여성과 그 가족은 현금이 필요했고, 공장은 노동자가 필요했다. 확실히 전시 중의 여성노동인구 증가는 눈부신 것이었지만, 증가율로 보면 같은 시기에 50% 증가세를 보인 미국보다 낮았고, 미국 이상의 비율로 증가한 소련·독일·영국과 비교하면 크게 뒤떨어져 있었다.

전시 중의 경제개혁이 계획입안자들이 설정한 높은 목표치를 달성하지 못했다든가, 내부모순 때문에 좌절한 경우가 많았던 것처럼, 경제개혁과 나란히 행해진 정치신체제 건설을 목표로 한 운동도 절반의 성공 내지 절반의 실패로 끝났다. 이 운동은 당초 기존의 정당을, 히틀러의 나치를 모방해 단일한 대(大)정당으로 바꿔놓기 위해, 일부 관료와 장교들에 의해 시작되었다. 하지만 운동은 목표를 반쯤 달성한 채 중도에 끝나버렸다. 활력 있는 대중정당은 결성되지 않았다. 그러나 1940년에 모든 기존 정당의 해산은 실현되었다. 일종의 정치적 응원단이라고도 해야 할 대정익찬회(大政翼贊會)가 기존정당을 대신하는 것으로서 성립되었다.

새로운 대중정당을 만들어야 한다고 주장하는 사람들이 1937년에 고노에 총리 주위에 모여들어 그에게 기존 정당의 타도를 겨냥한 대중운동의 선두에 서달라고 설득했다. 이들이 특히 목표로 한 것은 1937-1938년 당시의 의회에서 여전히 정부를 밀어붙여 법안 제정을 늦춘다거나 내용의 수정을 받아들이게 할 정도의 힘을 발휘하고 있던 민정당과 정우회를 무력화시키는 일이었다. 그들은 또 선거에서의 낮은 투표율을 일종의 저항으로 간주했다. 정치신체제 추진자들의 눈에는, 대중은 개인주의나 사회주의에 중독된 결과 천황의 신하인 각료들이 내놓은 정책이나 방침에 성심으로 따르지 않는 것처럼 보였다. 정치신체제 구축을 내건 운동은 국민의 무관심을 국가에 대한 열렬한 지지로 바꿔 놓으려 했다.

제1차 고노에 내각 때, 고노에는 대립하고 있던 엘리트 파벌들 간의 합의형성에 힘을 쏟았기 때문에, 자신이 선두에 서서 신당결성운동을 이끈다는 대결자세로부터는 후퇴했다. 그후 2년 동안은 신체제 추진파와 반대파 사이에 일련의 복잡한 대립이 전개되었다. 비교적 순수한 파시즘 체제의 건설을 주장한 군부·관료·사회대중당·민간우익 등의 핵심인사들은 고노에 공작한테 기대를 걸었다. 그들은 국민의 경제적·정신적 에너지를 국가적 목표를 향해 규합하기 위한 강력한 대중동원기관이 필요하다고 생각했다. 그들과 대립한 것이 대부분의 정당정치가이고, 재벌의 리더를 중심으로 하는 그 정치가들의 지지자들이었다.

1940년 7월에 제2차 고노에 내각이 출범하자, 고노에는 마침내 대정익찬회를 설립하는 것으로 정치신체제를 선언했다. 모든 정당에 정당해산요청이 내려졌고, 의원에게는 새로 설치되는 익찬회 의원동맹에 개인 자격으로 참가하라는 요청이 이루어졌다. 그러나 재벌들이 경제 통제시스템을 받아들이면서 동시에 이를 자신들에게 유리하게 이용했듯이, 민정당과 정우회는 신체제 아래서도 일정한 특권을 유지했다.

1942년의 총선거는 정치신체제의 성과가 어중간했음을 여실히 보여주고 있다. 총 466석을 놓고 경합을 벌인 입후보자는 약 1,000명이었다. 대정익찬회는 정부가 인정한 466명을 공천했다. 그중에 247명이 현직의원, 20명이 전직의원으로, 과거의 정당정치시대로부터의 연속성은 꽤 현저했다. 대정익찬회의 공인후보 외에 약 550명의 독립후보도 입후보했는데, 그중 150명이 정당정치인이었다. 선거 결과, 대정익찬회 공인후보가 466석 중 381석으로 82%를 차지했다. 대정익찬회 후보자 명부에 기재된 현역의원 전원이 재선되었다.[7] 대부분의 정당정치인은 대정익찬회에 가입해 있든 아니든, 자신들의 지역선거구에서 유권자의 지지를 여전히 받고 있었다. 기존 정당에 소속되어 있던 정당정치인들은 상당한 정도로 새로운 지배·통치 시스템의 구성요소로서 머물러 있었던 것이다.

그렇다고 해도 정당정치인들이 이전과 비교해서 훨씬 순종적인 집단이 된 것은 확실하다. 초선의원의 총수 199명이라는 숫자는, 이전의 선거에서 볼 수 없었던 큰 숫자였다. 바야흐로 모든 의원은 국민의 이익대표로서가 아니라, 국가의 관심을 사람들에게 전달하는 상의하달(上意下達)의 기관으로서 행동하게 되었다. 의원은 더는 조직된 정치세력도, 독립된 정치세력도 아니었다. 의원의 압도적 다수는 도조 총리를 지지했다. 총리를 지지하지 않은 의원들은 의문을 느껴도 입 밖에 내지 않고 마음속에 담아두든가, 아니면 입 밖에 내고 체포되어 투옥되든가 하는 선택지밖에 없었다.

전반적으로 보면 국가의 동원계획은, 계획이 내걸고 있던 국가 '개조'라는 가장 야심적이고, 전체주의적이라고도 할 수 있는 목표에는 도달하지 못했다. 비록 한정된 것이긴 해도 상당한 다원주의가 존속해왔다. 경제신체제도, 산업보국연맹도, 대정익찬회도 일본 신민을 국가의 전면적인 지배하에 둔 것은 아니었다. 그러나 사회를 전쟁을 위해 동원하고 그 과정에서 사회를 변혁한다는 이 운동이 국가와, 사회와, 개인 사이의 관계를 변화시킨 것은 분명하다. 국회는 주변적인 기관으로 전락했다. 사회주의단체, 여성단체, 공장노동자와 소작농민단체, 업계단체와 정당정치인단체 등 비교적 독립해 있던 단체는 해산당하거나 전환될 수밖에 없었다. 국가는 전에 없이 사람들의 내면에 끼어들었다. 정치적 발언은 엄중히 감시당했다.

이런 신체제 추진을 위해 라디오를 비롯해 뉴스영화, 극영화 같은 최신기술이 동원되고 활용되었다. 신체제는 그때까지 근대화를 위한 추진과정에서 구축해온, 다양한 조직을 연결하는 광대한 네트워크를 매개로 해서 국민을 국가와 천황에게 연결시켰다. 청년단, 부인회, 마을회와 도나리구미(隣組),* 부락회, 직장의 산보간담회, 농민이 참가하는 산업조합, 중소기업이 참가하는 공업조합 등의 조직은 바야흐로 국가의 보다 밀접한 관리하에 두어졌다. 전시체제는 천황에 대한 고대로부터의 충성을 찬미하는 전통주의적 레토릭으로 포장되었으나, 여러 면에서 그것은 상당히 근대적이었다.

---

* 1940년대에 제도화된 국민통제를 위한 지역주민조직. 5-10가구를 한 단위로 해서 설치되어 배급·공출·동원 등 행정기구 최말단조직의 역할을 했다.

전시하의 생활

1930년대 내내 중국에서는 엄청난 비용이 수반되는 전쟁이 날로 확대되어 갔음에도 불구하고, 대부분의 일본인은 호경기를 누리고 있었다. 1937년부터 1941년에 걸쳐 공업생산은 15%의 성장을 보였고, 그중에서도 군수생산을 맡고 있던 중화학공업 부문의 성장률은 가장 높았다. 검열체제하에서 사회적 발언은 제약받았지만, 문화생활은 여전히 풍요롭고 활기찼다. 대부분 사람에게 자신의 아주 일상적인 세계에서는 나라의 지도자들이 실시하려는 외교와 내정의 대전환에 대해 의심할 이유는 거의 없었다.

그러나 태평양전쟁의 전황이 일본에 불리해지는 1942년보다도 훨씬 전인 1930년대 말경에 이미 일본이 난국에 접어들었다는 것을 보여주는 징후는 점점 뚜렷해지기 시작했다. 1937년 이후의 경제성장률은 이전 수년간보다도 상당히 둔화되었다. 1937년에 중일전쟁이 발발하자 물가상승률은 그때까지 걱정스럽긴 하나 관리 가능한 수준이던 연 6%대에서 일거에 두 자리 수로 뛰어올랐다. 세금도 1930년대 후반부터 급격히 올라가기 시작했다. 1938년에는 군사지출은 정부 세출의 4분의 3, 국민총생산의 30%를 차지할 정도로 늘어났다. 일본은 이미 그 시점에 1970년대와 1980년대 소련의 경제상황에 필적하는 이상한 적자초과의 불균형재정에 빠졌던 것이다. 그후 수년 동안 사태는 더욱 악화일로였다. 1940년대 초에 경제의 소비재부문은 사실상 활동중단상태에 빠졌다. 자원배분이 국가의 통제 아래 놓인 결과, 섬유산업과 그 외의 소비재산업은 원재료와 자본의 공급이 끊겼을 뿐만 아니라, 국가총동원계획에 의해 소비재부문의 제조업자는 군사생산으로의 전환을 강제 당했다. 물가통제와 임금통제는 예상치 못한 마이너스 효과를 냈다. 즉 소비자도,

고용주도, 노동자도, 물자나 노동력의 조달을 위해 암시장에 의지할 수밖에 없게 되었던 것이다. 삶의 질도 나빠졌다. 일본의 실질임금은 1934년과 1945년 사이에 60% 감소했다. 일본과 대조적으로 같은 기간에 미국과 영국의 실질임금은 20% 이상 상승했으며, 독일은 현상유지했다. 주요 도시가 공습으로 파괴되기 전인 1944년 초에, 이미 시민생활은 수년 전부터 자나깨나 결핍과 제한만이 끝없이 이어지는 우울하기 짝이 없는 나날이었다.

생활필수품이 점점 결핍되어 가던 상황이 어떠했는지는, 남편과 함께 도쿄에서 빵가게를 운영하고 있던 비교적 유복한 여성의, 간결하지만 설득력 있는 다음의 회상으로부터도 미루어 짐작할 수 있다.

> 한동안은 상하이 달걀이라 불리는 분말상태의 건조 계란을 입수할 수 있었습니다. ……진짜 달걀과 비교하면 거품이 잘 일지 않고, 케이크의 부피감도 좋지 않았습니다. 이윽고 그것마저 구할 수 없었기 때문에 샌드위치 가게로 장사를 바꾸어야만 했습니다. 설탕도 떨어지고 말았습니다. 보통 식빵 열 덩이를 사 되도록 그것을 얇게 슬라이스 해, 그 사이에 고래고기 햄을 끼워넣었습니다. 진짜 돼지고기 햄은 이제 구할 수 없게 되어버렸습니다. ……얼마 지나지 않아 우리 같은 서민은 식빵도 구할 수 없게 되어 샌드위치 가게도 그만둘 수밖에 없었습니다. …… 그 와중에 우리 가게의 제빵기가 쇠라고 해서 군사용으로 공출당했습니다. ……남아 있는 물건도 거의 없어졌고 공습도 점점 심해졌기 때문에, 결국에 도쿄를 떠나기로 했습니다. ……몬젠나카초(門前仲町)에 있던 우리 집은 3월 9일의 공습 때 불타버렸습니다. ……그래도 우리는 운이 좋았습니다. 그 전쟁으로 가족을 한 사람도 잃지 않았으니까.[8]

이렇게 서민생활이 총동원과 전쟁에 의해 농락당하긴 했지만, 일본의 대표적인 문화인들은 다양한 역할을 맡았다. 그중에는 자기방어 또는 반감에서 우러나온, 심미적 프로젝트와 비정치적 시도에 눈을 돌린 사람들도 있었다. 예컨대 헤이안 시대의 산문인 픽션『겐지 이야기』(源氏物語)의 구어체 '역'(譯)에 전념해 1938년에 완성한, 뛰어난 작가 다니자키 준이치로도 그들 중 한 사람이었다. 좌익학자 중에도 정치활동으로부터 빠져나와 서구사회과학의 고전번역에 집중한 사람이 있었다. 예컨대 구루마 사메조(久留間鮫造)는 카를 마르크스의 저작에 나오는 용어를 망라하는 완벽한 '용어색인'이라는 어마어마한 작업에 착수했다. 그것은 오늘날 인터넷 세대라면 '마르크스주의 검색엔진'이라 부를 만한 것이지만, 컴퓨터 이전 세대에게는 엄청난 작업이었다.[9]

뿔뿔이 산재해 있던, 상황이 좋지 않다고 생각한 문화인 소수는 자신들의 비판적인 생각을 검열관의 눈을 속여서 공표하려고 애썼다. 다음에 인용하는「쥐」라는 제목의 시는 어쨌든 당국자들이 그 반전적(反戰的) 메시지를 간파하지 못한 덕분에 1944년에 발표되었다.

생사의 생을 내팽개친 듯
쥐 한 마리가 부조(浮彫)인 양
길 한가운데 있었다.
얼마 안되어 쥐는 짓이겨졌다
온갖 차들이
미끄러져 와서는
다리미처럼 쥐를 눌러서 폈다
쥐는 점점 납작해졌다.
납작해짐에 따라
쥐는
쥐 한 마리의

쥐도 아니고 한 마리도 아니게 되어

그 죽음의 그림자조차 사라졌다.

어느 날 한길에 나가 보면

납작한 것이 한 장

햇빛에 얻어맞아서 휘어져 있다[10)]

많은 지식인은, 이 시의 작자 야마노구치 바쿠(山之口獏)와 달리 열렬히 전쟁을 지지했다. 그들은 정부의 주선으로 설립된 예술가나 작가를 위한 익찬단체에 가입했다. 그리고 전시의 동원과 개혁은 '근대의 초극'이라는 장대한 사명을 다하기 위해서 불가결하다고 정당화하는 에세이를 쓰기나 강연을 하는 등 중요한 역할을 맡았다.

　근대와 서양문화에 대한 공격은 전쟁에 대한 지식인들의 반응으로서 가장 중요한 것이었다. 이런 공격의 절정을 이룬 것은 1942년 7월 교토대학에서 개최된 '근대의 초극'을 테마로 하는 유명한 심포지엄이었다. 심포지엄에는 자신들의 학문적 사색과 지정학 사이에는 연관성이 있다고 믿는 일본 유수의 지식인들이 참가했다. 그들은 중국과 태평양에서 벌어진 전쟁의 '세계사적인 의미'를 확정하려고 했다. 그리고 자신들의 지적 투쟁을 당시 한창 진행 중이던 "빛나는 전쟁"을 보완하는 것이자, "우리 지적 활동의 진짜 원동력으로서 작동하고 있던 일본인의 피와, 그것을 지금에까지 보기 흉하게 체계화한 서구지성" 사이의 '상극'(相剋)이라고 자리매김했다. 그들은 또 아시아를 해방하기 위한 전쟁이 서양의 패권을 받아들이는 것보다 나은 것처럼, 근대와 서양에 대한 문화적인 전쟁은 서양의 이념에 굴복하는 것보다 낫다고 주장했다.[11)]

　'근대의 초극'을 해야 한다고 주장한 논자들은 문화적인 적은 그리스인·유대교·그리스도교 등 다양한 기원을 가진 서양의 전통이 낳은 합리적 '과학'이라고 주장했다. 이를테면 서양의 전통에서는 인간은 신과 대립관계에 있다고 간주되어 왔지만, 대조적으로 일본에서는 신과 인간의 사이에는 어떤 대립도 긴장도 없었다. 신도의식 등에서 볼 수 있는 일본적인 정신성(精神性)이야말로 인간존재, 생물, 비생물의 '전체성'을 중시하는 '지(知)의 통일성'의 원천을 이루고 있다고 간주되었다.[12]

'근대의 초극'의 필요성을 옹호하는 이들 지식인은 1880년 이후의 몇십 년을 기나긴 배반의 시대로 보았다. 그들에 의하면 동양이 서양에 대립해서 자기주장을 하겠다는 약속이야말로 메이지 유신이 내포하고 있던 진짜 가능성이었다. 인도가 서양에 압도당하고, 중국이 서양에 의해 갈가리 분할된 것과 대조적으로, 일본이 서양의 맹공격을 버텨냈다는 차원에서 보면 메이지 유신은 분명히 성공적이었다. 그러나 그다음에 무슨 일이 일어났던가? 메이지 시대 일본의 '근대화'는 온 나라를 서양의 물질주의로 가득 채워버렸다. 일본인은 이익추구에 내달리는 이기적인 존재가 되어버렸다. 그리고 일본의 진짜 본질은 계급대립도 없고, 사람들이 자비심 많은 천황 밑에서 사이좋게 살아가는 하나의 공동체라는 점인데, 일본인은 이 본질을 잃어버렸다. 1920년대에는 '모던 걸'과 미국영화, 속도와 에로티시즘으로 상징되는 천하고 상스러운 이윤추구와 쾌락주의가 일본의 특징이 되어버렸다. 이런 견해의 가장 큰 특징은 도쿠가와 시대 민중문화의 대부분도 상업주의에 물들고, 음탕한 성격을 띠고 있었는데 그것에는 눈을 감아버리고, 일련의 새로운 경향을 단순히 서양의 문화적 침략이다. 특히 미국이 만들어낸 해로운 산물이라고 결정지어버린 측면이 있다. 미국의 민주주의는 무지한 대중을 하찮은 물건으로 만족하게 하는 교묘한 속임수에 지나지 않는다고 규탄되었던 것이다.

미일교섭의 진전이 공표되지 않았음에도 불구하고, 사람들이 개전을 예감하고 있던 와중에, 다케무라 고타로(高村光太郎)가 진주만 공격에 앞선 1941년 12월 4일에 쓰고, 공격 당일인 12월 8일의 『요미우리신

문』석간에 발표한「위급한 날에」라는 제목의 시 1절은, 이런 서양비판
의 정신을 요약적으로 보여주고 있다.

> 우리는 의와 생명으로 일어서고,
> 그들은 이익으로 일어선다.
> 우리는 의를 지킨다고 하는데
> 그들은 이익을 위한 침략이라 한다
> 두각을 나타내는 자를 치려는 그들에 비해
> 대동아 가족을 건설하려는 우리들.[13]

이렇게 '대동아전쟁'은 아시아 전체를 서양 주도의 근대주의로부터 해방
하고, 아시아 사회의 조화를 회복하기 위한 것으로서 찬미되었다.
1942년 2월, 평론가 하세가와 뇨제칸(長谷川如是閑)은 『도쿄마이니치
신문』에 실린 글에서 다음과 같이 표현했다. "일본의 대동아전쟁을 계기
로 해서 동양민족은 서양민족이 중세 이래 행해왔던 하나의 종합적 문
명권의 창조를, 지금부터 행하려는 것이다. 그것은 먼저 이미 동아(東
亞)의 천지에 뿌리를 내리고 있는 서양민족의 세력을 소탕하는 것으로
부터 시작해야 하는 것인데, 바야흐로 이 대사업은 완전히 우리 일본의
양 어깨에 맡겨져 있기 때문이다."[14]

　전쟁 중에 정부가 실시한 문화정책은, 이런 정신을 고스란히 반영하
고 있다. 국가는 말 그대로 영국과 미국의 문화적 영향을 배제하려 했
다. 미국과 영국의 영화는 금지되었다. 독일과 프랑스 영화는 허용되었
으나, 전의(戰意)를 고양하는 분위기를 망치지 않기 위해 러브신은 삭
제되었다. 퇴폐적인 재즈를 비롯한 모든 '적성(敵性) 음악'이 금지되었
다. 악단을 통제할 목적으로 정부의 후원을 받고 설립되어, 많은 음악가
와 음악교사를 회원으로 거느리고 있던 일본음악문화협회는, 1943년

1월에 이미 일본의 일상생활에 깊이 침투해 있던 "미국 재즈의 영향을 일본에서 일소한다"는 방침을 발표하고, 매달 셋째 금요일에 "위험한 재즈 음악을 몰아내"는 방법에 대해서 토론하기로 정했다. 1920년대 이래 급증해 있던 미용실이, 여성의 순수성을 오염시키고 있다고 규탄되었고, 파마는 금지되었다. 1890년대 이후 인기를 누려왔던 야구도 규제대상이 되었다. 1943년 4월, 도쿄대학야구연맹은 체육교육에서 군사교련을 우선시하는 문부성의 통달(通達)「임시학도체육훈련실시요강」에 따라 도쿄의 여섯 대학과 동부대학의 야구리그전을 중지했다. 정부는 수십 년에 걸친 영어와 그 밖의 서양으로부터의 외래어 침투로 말미암아 어지러워진 국어(일본어) 정화운동을 개시했다. 일본어화되어 있던 '스트라이크'와 '아웃' 등의 야구용어는 '좋아'(よし) '물러나'(引け) 등으로 바뀌었다. 영미어로 된 잡지명이 금지되어, 이를테면『선데이 매일』은『주간매일』처럼 이름이 바뀌었다. '일본 알프스'가 '중부산악'으로 산이름을 바꾸는 등 외래어가 들어간 지명도 개명되고, 부모를 외국풍으로 '마마'와 '파파'라고 부르는 습관을 고치도록 장려했다.[15)]

방종한 서양적인 방식을 버리고, 순수한 일본정신에 걸맞은 희생정신을 중시해야 한다는 구호가 국민 모두를 향해서, 정부로부터도 지식인으로부터도 소리 높여 끊임없이 터져 나왔다. 소비재 부족으로 생활은 궁핍해졌고, 희생은 불가피했다. 서양풍의 사치품은 상점에서 종적을 감췄다. 도시여성들은 멋진 여성복과 기모노 대신에 작업복인 몸뻬를 걸쳤다. 헤어드라이어는 군수생산용으로 전부 공출되었다.

그러나 문화적 통제는 물자 결핍과 직접적인 군사상의 필요에 의해 강제로 시행된 경우가 아닌 한 별로 효과가 없었다. 문부성은 야구를 규제하고 학생야구를 중지시켰는데, 야구를 즐기려는 사람들의 욕구는 사그라지지 않았다. 학도(學徒)동원이 시작된 1943년 가을, 6개 대학야구가 중지된 날로부터 6개월이 지났음에도 불구하고, 전장에 나가야 하는 학생들을 위한 최고의 송별선물로 와세다 대학과 게이오 대학의 관계자가 생각해낸 것은, 두 학교 간의 친선 야구경기 개최였다. '최후의 와세-게이오전'이라 불린 이 시합에는 엄청난 관중이 모였다. 한편 프로야구는 유니폼을 군복과 전투모 차림으로 바꾸고, 오락에 허기진 팬을 시합당 평균 4,500명씩이나 동원할 정도로 흥행을 이어갔다. 1944년 시즌도 오늘날의 도쿄 돔의 전신인 고라쿠엔(後樂園) 구장의 외야가 고구마밭으로 변하고, 관중석 제일 위 두 단에 고사포가 설치된 상황 아래서 시합당 평균 2,500명의 팬이 '비(非)국민'이라는 비난을 각오하고 관전하는 가운데 시작되었는데, 전화(戰火)가 격렬해지면서 선수들의 징병으로 팀 편성이 불가능해진 11월, 결국 휴지(休止)가 선언되었다.[16]

마찬가지로 재즈금지령이 공포된 당초, 카페의 축음기는 며칠 동안 울리지 않았다. 그러나 카페주인들은 얼마 지나지 않아 오래된 인기곡의 레코드를, 처음에는 낮은 볼륨으로 몰래 틀기 시작하더니 시간이 지날수록 점점 대담해졌다. 군대 내에서조차 '적성음악'은 말살되지 못했다. 예컨대 4명의 가미카제(神風) 특공대원은 출격을 기다리며 훈련을 받거나 대기하는 동안 센류(川柳, 5·7·5의 3구 17음으로 된 짧은 시로 풍자나 익살이 특색) 100구를 합작해서 유고로 남겼는데, 그 가운데 2구를 다음과 같이 읊었다.

　　미국과 싸우는 녀석들이 재즈를 듣고 있네
　　재즈가 그리워서라도 빨리 평화가 오면 좋겠다.[17]

근대문화를 초극하려는 시도는 정치와 경제, 사회신체제를 구축하려는 다양한 운동과 마찬가지로 모순에 가득 차 있었다. 근대의 초극을 위한 일관된 정책이나 제대로 실시된 정책 등은 여태까지 한 번도 없었다. 지적 레벨에서는, 반근대의 주장은 실제로는 니체나 하이데거 같은 사

일본 고유의 가치관 중시와 '전통적' 문화로의 회귀를 장려하던 정책은, 음악에서부터 스포츠, 패션에 이르는 다양한 분야에서 서양문화의 영향을 제한했다. 사진은 1940년 고급 가게가 즐비하던 도쿄 긴자의 길거리에서, 군의 감시관이 파마를 한 여성들에게 국가시책에 따라 '일본적인' 헤어스타일로 바꾸라고 훈계하고 있는 장면. 마이니치 신문사 제공.

상가들이 유럽에서 주창한 서양식 개념과 용어에 의거해 있다. 사실, '근대의 초극'이라는 주장이 중요한 역할을 하고 있는 그 자체가, 일본의 근대화가 얼마나 많이 진행되어 버렸는가를 시사하고 있다. 민중의 레벨에서는, 서양에서 기원한 유행·기호·취미는 이미 일본사회에 깊게 뿌리내려버려 간단히 버릴 수 없게 되어버렸다. '합리적 과학'을 규탄하는 슬로건이 울러 퍼진 것과는 반대로 전쟁을 수행하기 위해서는 비행기를 생산하는 데도, 생산과 전투 외의 모든 측면에서도 '합리적 과학'을 활용하는 것이 절대적으로 불가결해졌다. 사실, 일본의 기술자들은 영식함상전투기(零式艦上戰鬪機)*의 설계로 타국의 기술자들을 능가하는 역량을 발휘했다. 이와 마찬가지로 악명 높은 '731부대'에 가세한 과학자들은 중국인을 실험대상으로 행한 세균전 실험으로 냉철한 '근대적' 합리성을 발휘했다. 최후로 근대에 대한 불안과 자기들의 전통적인 본질을 잃는 것에 대한 불안이 일본에만, 혹은 추축국에만 한정된 것만은 아니라는 사실을 인식해두는 것도 중요하다. 사실, 그런 불안은 지구상 어디에서나 근대생활의 최대 특징이 되어왔다. 전시의 일본도 그 방식은 극단적이었고, 그것이 초래한 결과도 매우 드문 파괴적이었는데, 전형적인 근대의 딜레마들과 격투를 벌이고 있었던 것이다.

종전(終戰)으로

전시 대부분의 기간, 일본인은 마음속에서는 의문을 품고 있었지만, 겉으로는 놀랄 정도의 인내심을 발휘하면서 살아왔다. 그러나 전쟁이 막바지에 이르자 사회의 붕괴를 나타내는 징후가 늘어난다. 공습이 심해지면서 노동자를 소개(疏開)하지 않을 수 없는 상황이 되기 훨씬 이전 단계부터 이미 전국의 도시에 있는 직장에서 항상적인 무단결근율은 날마다 20%에 육박했다. 공습이 본격화된 1944년과 1945년에는 결근율이 노동인구의 50%에 달한 날도 드물지 않았다. 임금과 노동조건을 둘러싼 비합법적인 분쟁도 증가했다. 정부를 비판하는 낙서 등의 소극적인 저항이 무서울 정도로 늘어나 헌병대가 눈알을 부라렸

* zero fighter plane. 제2차 세계대전 당시 일본해군의 주력 함재기.

다. 황실의 한 보좌관은 1943년 12월 말, 시내 전차에 타자 술에 취한 인텔리풍의 남자가 차 내에서 큰소리로 노래를 부르고, "질 것 뻔한 전쟁을 연승하고 있다고 말하더니, 멍청한 자식아. 봐라, 분명히 질 거야. 져서 구주(歐洲)는 적화(赤化)될 거다. 아시아가 적화되는 것도 금방이다. 그날이 오면 내가 나선다"고 계속 고함치는 것을 목격했다고 일기에 기록했다.[18]

정신(廷臣)이나 외교관계자, 재계 수뇌 일부, 소수의 군부 수뇌들은 이러한 경향을 목격하고, 또 전황이 일본에 결정적으로 불리해지고 있다고 인식하고 설령 전면항복에 가까운 형태로 항복한다 하더라도 이 상태로 있으면 피할 수 없는 본토결전이 초래할 결과보다 낫다고 결론 지었다. 이들 지도자 중에서도 가장 저명한 인물은 수년 전에 비교적 래디컬한 개혁주의자들이 기대를 걸었던 전(前) 총리 고노에 후미마로였다. 고노에와 그 밖의 지도자들은 1941년에 체결되어 전시 중에도 그때까지 효력을 갖고 있던 소일중립조약을 소련이 파기하고 일본에 적대해 참전할지도 모른다는 예상 때문에 불안감을 안고 있었다. 고노에를 중심으로 한 그룹이 무엇보다도 우려했던 것은 전쟁의 장기화가 황실의 멸망으로 이어질 가능성이었다. 그들은 외부에서의 공격과, 아래로부터의 사회불안, 위로부터의 혁명 내지 쿠데타계획이라는 세 가지 위협이 있다고 인식하고, 이 세 가지의 상승효과에 의해 그들 세계의 정신적·문화적 중심이 파괴될 가능성이 있다는 것을 간파했다.

이런 공포, 특히 군부와 관료 상층부의 과격파가 이끄는 국내 혁명에 대한 공포는 과장된 것이었다. 전쟁 말기 파벌투쟁으로 고노에 그룹이, 특히 육군 수뇌와 대립하고 있었던 것은 사실이지만, 그러나 그것은 천황을 지지하는 천황 측근의 보수파와 육군 내의 반천황혁명파 사이의 대립은 아니었다. 대립은, 황실이 존속하려면 미국과 소련 어느 쪽이 더 큰 위협이 될 것인가를 둘러싼 것이었다. 미국을 두려워하던 육군장교

전쟁이 막바지로 치닫던 1945년, 천황의 땅을 방위하고 국체를 호지(護持)하기 위해서 결사의 각오로 '본토결전'에 임하자는 구호도, 결전을 위한 군사훈련도 전에 없이 강화되었다. 사진은 다가올 결전에 대비해 죽창을 들고 훈련하는 나가사키 국방부인회 회원들. 마이니치 신문사 제공.

들은 본토결전을 치르는 동안 소련의 보호를 받아서 천황을 아시아 대륙으로 피신시킨다는 궁여지책마저 짜놓고 있었다. 이에 반대하는 그룹은 흥하든 망하든 미국이 제시한 평화조건을 받아들일 수밖에 없다고 생각했다.

　전쟁이 종반에 접어들고 얼마 동안은 육군의 전략이 우세였다. 도조 총리는 궁정(宮廷)과 해군 그리고 자신의 각료멤버들의 지지를 잃고 1944년 7월에 사임했다. 그러나 도조를 퇴진시킨 엘리트들은 자신들이 군(軍)을 다스리는 것은 무리라고 생각했기 때문에, 또 다른 군인인 고이소 구니아키(小磯國昭) 육군대장이 후임 총리가 되었다. 1945년 2월에 고노에는 육군 강경파로부터 주도권을 뺏기 위해 과감하게 도박을 걸었다. 그는 이른바 '고노에 상주문'(近衛上奏文)을 직접 천황에게 제

출해서 전쟁의 조기종결을 진언한 것이다. 고노에는 히로히토에게 무조
건 항복이라는 대가를 치르더라도 미국과의 평화를 추진해야 한다고 강
력히 권유하고, 이것 말고 "국민을 비참한 전화(戰禍)로부터 구하고, 국
체를 호지(護持)하며 황실의 안전을 도모하는" 길은 없다고 주장했다.[19]
천황은 솔깃해하는 듯했으나, 고노에의 진언에 따라 총리의 교체를 도
모해 전쟁의 조기 종결에 의욕적인 인물을 총리에 앉히는 일은 하지 않
았다. 고노에 상주문 작성에 협력한 인물들 가운데 외교관이자 전후에
총리가 되는 요시다 시게루(吉田茂)를 비롯한 몇 명이 짧은 기간이지만
투옥되었다. 고이소는 겉으로는 적극적으로 과감하게 전쟁을 수행해야
한다는 태도에 흔들림이 없었지만, 비밀리에 소련에 평화의 중개를 타
진했다.

소련에 평화의 중개를 의뢰하는 방침이 실패했다는 것은, 1945년 봄
에 이르러 명백해졌다. 미국으로부터 강력한 참전요청을 받았던 소련은
소일중립조약을 연장할 생각이 없음을 공표했다. 고이소는 1945년 4월
에 퇴진했다. 심각한 위기가 봉착한 상황 속에서 해군대장 스즈키 간타
로(鈴木貫太郎)가 총리에 취임했다. 스즈키가 조각을 구성하는 동안,
미국이 오키나와 본도(本島)로의 상륙작전을 개시했다. 미군이 6월에
오키나와 본도를 제압하기까지, 격렬한 전투가 벌어져 미국측 사망자는
1만 2,500명, 일본측 사망자는 무려 25만 명(민간인 15만 명 포함)에 달
했다. 그 시점에 이미 독일은 항복했고, 일본의 도시는 공습으로 폐허가
되었다.

정확한 정보를 접할 수 있었던 사람들이 보기에 계속 전쟁해보았자
절망적이라는 것은 의심의 여지가 없었다. 그럼에도 불구하고 스즈키와
천황 측근의 중신그룹의 다른 멤버들은 전쟁을 계속해보았자 그 끝에
있는 것은 죽음과 파괴가 계속될 뿐이라는 확정적인 사실보다도, 평화
가 천황의 지위 소멸을 초래할지 모른다는 불확정성 쪽을 더 심각하게

우려했던 것이다. 7월이 다 지나고 8월 초에 이르기까지, 그들은 천황의
존속을 보증하는 항복조건을 둘러싼 교섭이 소련의 중개로 가능할지 모
른다는 환상을 믿고 외교공작을 계속 벌이고 있었다.

8월 6일 히로시마에, 이어서 8월 9일 나가사키에 투하된 두 발의 원
자폭탄과, 8월 8일 소련의 대일 선전포고와, 8월 9일 소련의 만주 진공
이 합쳐져서 천황이 직접 전쟁종결의 결단을 내렸다. 이 정도로 대타격
을 받았는데도 항복에 이르기까지는 거의 일주일이나 걸렸다. 8월 9일
낮부터 최고전쟁지도회의와 각의가 열리고 나서, 같은 날 자정이 되어
어전회의가 개최되었지만, 그 시점에도 육군의 참모총장, 해군의 군령
부총장, 육군대신은 무조건항복에 계속 반대했다. 일본은 교섭에 의해
연합국에 의한 점령이나, 연합국에 의한 전쟁범죄재판을 수반하지 않는
항복을 실현해야 한다는 것이 반대이유였다. 어전회의 참가자의 의견은
3대 3으로 갈렸지만, 천황은 스즈키 총리와 최고전쟁회의의 나머지 2명
의 의견을 지지해, 천황의 지위가 보증되는 것을 유일한 조건으로 해서
항복한다는 '성단'(聖斷)을 내렸다. 이에 대해 미국측으로부터 되돌아온
것은, 일본국민은 천황의 운명을 결정하는 것을 허용하겠지라는 일본측
을 동요시키는 반응이었다. 그러나 실제로는 워싱턴의 최상층부는 천황
을 현재의 지위에 머물도록 해서 원활한 점령을 위해 이용할 의도였다.
필시 자신이 받는 대우는 소련의 지배보다는 미국의 지배 쪽이 더 나을
거라고 판단한 천황은, 8월 14일의 어전회의에서 또 해도 다람쥐 쳇바
퀴 돌 듯 되풀이될 게 뻔한 논의에 결착을 지으라는 요청을 받았을 때
미국이 제시한 항복조건을 수락하기로 했다. 다음날 천황은 이 결정을
라디오 방송을 통해서 전 국민에게 직접 전달했다. 9월 2일에는 도쿄 만
에 떠 있던 미주리호 함상에서 항복문서 조인식이 거행되었다.

전쟁의 상처와 유산

이 전쟁은 복잡하게 착종된 유산을 남겼다. 그것은 일본의 국내와 국외에 깊은 물리적·육체적인 상처와 정신적인 상처를 남겼다. 전쟁이 끝나고 50년 이상이 지났음에도, 상처는 아직까지 치유되지 않았다. 그런데 동시에 이 전쟁이 전전과는 꽤 다른 전후세계의 기초를 만든 것도 사실이다.

동남아시아와 필리핀을 지배하고 있던 영국·네덜란드·프랑스·미국을 이들 지역에서 일시적으로 쫓아냄으로써, 일본의 지배자들은 의도적이든 아니면 우연이든 아시아에서 식민주의의 종언을 앞당겼다. 또한 한국에서부터 만주, 타이완에 이르는 식민지에서 근대산업을 개발함으로써, 이들 지역에서 전후의 공업화가 촉진되었다. 그러나 대동아공영권의 지휘감독자들이 감사를 받는 적은 거의 없었다. 오히려 그들은 식민지 지배와 전시 중의 점령지배 때 행한, 특히 한국과 중국에서 행한 압제로 언제까지나 사라지지 않을 엄청난 증오를 샀다. 수백만 명이 집요한 제국의 확대와 전쟁수행 때문에 고난을 당했다. 파괴와 유린행위의 목록에는 난징 대학살을 비롯하여 중국 각지에서 저지른 수많은 잔학행위, 베트남의 기근, 인도 국민군을 끌어들여 치른 무모한 임팔 작전 등이 포함된다. 게다가 포로가 되어 포로수용소에서 죽은 영국 및 미국의 병사 3만 6천 명도 포함된다. 이 숫자는 전쟁포로 총수의 4분의 1 이상에 상당한다.[20] 살아남은 포로들은 수십 년씩이나 격렬한 분노를 계속 품고 있었다.

전쟁희생자들 중에는 이 사람들에 비하면 전시 중에도 전쟁 직후에도 거의 세상의 주목을 받지 못한 사람들이 있었다. 즉 그들은 전선 근처에 설치된, 완곡하게 '위안소'로 불리던 시설에 강제로 끌려간 수천 명의 젊은 여성들이다. 그 약 80%는 한국인이었으며, 나머지 20%는 중국인과 일본인이 대부분이고 소수이지만 유럽 여성도 포함되어 있었다. 여성 중에는 웨이트리스나 하녀가 되지 않을래 하는 모집인의 꼬임에 넘어가서 모집에 응한 사람들도 있었다. 또 개중에는 총으로 위협당해 납치된 사람들도 있었다. 전선에 보내지면, 여성들은 모두 일본병사를 상대로 매춘부로서 일해야 했다. 병사들은 통상 여성의 성적 서비스에 대해 대가를 지급하도록 의무화되어 있었다. 병사들의 눈으로 보면, 위안소는 일본 본토의 각지에 있던 정부의 공인 매음굴과 별로 다를 바가 없었다. 그러나 여성들 대부분은 임금을 받지 못했다. 그중에는 '수당'이라고 해서 군표를 받은 사람도 있었지만, 군표는 비누나 식품 등의 일용품을 사는 데 말고는 사용할 길이 없었다. 따라서 여성들은 매춘이라기보다 노예에 가까운 상태에서 일해야 했다. 게다가 '위안부'가 놓였던 상황과, 일반 여성이 병사를 상대로 매춘한다는 전시 중에 자주 보였던 현상을 구분 짓는 결정적인 차이는, 일본 정부당국자들이 직접적으로 관련되어 있다는 점이다. 정부관료로부터 현지의 사령관에 이르기까지 국가공무원들과 군 관계자들은 위안소 설치를 정식으로 인가하고 위안소를 관리감독했을 뿐만 아니라, 그들이 직접 위안소를 운영한 사례도 있었다.[21] 수많은 대학살의 정확한 피해자수를 잘 모르는 것과 마찬가지로 성적 노예를 강제 당한 여성들의 정확한 수가 명백히 밝혀지는 일도 결코 없을 거라 생각되지만, 그 수는 10만 명에서 20만 명 정도로 추정되고 있다.

전쟁은 일본인에게도 큰 마음의 상처를 남겼다. 1937년부터 1945년까지 170만 명의 일본병사가 전사했다. 전쟁이 끝난 뒤 소련의 포로수용소에서 죽은 병사는 30만 명에 달했다. 공습은 적어도 900만 명의 집과 민간인 18만 명의 목숨을 앗아갔다. 두 발의 원자폭탄은 그 외에 20만 명의 목숨을 순식간에 앗아갔다. 폭탄이 투하된 지점으로부터 반경 3km 이내에 있던 모든 사람은 불타 죽었다. 히로시마와 나가사키는 화재와 죽음으로 생지옥이 되었다. 피폭 후의 수개월, 수년 뒤에도 좀처럼 사라지지 않았던 방사선 피폭의 영향으로 추가로 10만 명 이상이 목숨을 잃었다. 이처럼 합계 250만에 가까운 일본인이 전쟁으로 목숨을 잃은 것, 그리고 무엇보다도 인류 최초의 원폭투하를 경험한 것이, 살아남은 일본인에게 자신들은 전쟁의 가해자가 아니라 피해자라는 강한 인식을 안겨주게 되었다. 패전의 체험은 수백만 일본인에게 모든 전쟁에 대한 강한 증오감을 심어주었다.

전시 중에 시행된 일련의 정책은 전후에도 계속된 이른바 '1940년체제'의 기초가 되었다. 다만 '1940년체제'는 전전·전중·전후에 걸쳐 계속되는 일련의 '관전적'(貫戰的)인 방침이라 부르는 것이 더 정확하다고 할 수 있다.[22] 전후에 정착해 유명해진 산업정책의 뿌리는 쇼와 공황기부터 1945년까지 수년에 걸친 시기에 행해진 시행착오였다. 이 시행착오를 거쳐, 관료들은 민간의 경제부문을 이끌고 통제하기 위한 항구적인 제도를 구축했다. 또한 관료들은 전후에 계승되는, 대규모 제조업자와 하청납품업자들을 연결하는 복잡하고, 장기적으로 계속되는 네트워크도 육성했다. 마찬가지로 전쟁수행을 위한 국가총동원이 시행된 것이 계기가 되어 토지소유, 작업조직, 성역할 등의 시스템에 다양한 변화가 생겨났다. 지주들의 힘은 쇠퇴했고, 블루칼라 노동자들은 경영자와 대등하게 대접한다는 알맹이는 없지만 이데올로기적으로는 큰 의미 있는 약속을 받았고, 여성은 유례없는 높은 비율로 직장에 동원되었다. 일본의 항복이 근대사의 큰 분수령이 된 것은 확실하다. 그러나 사회적·문화적 생활에서부터 정치와 국제관계에 이르는 모든 분야에서의 극적인 전후의 재출발은 이런 전쟁 중의 체험이라는 기초 위에 복잡한 형태로 이루어지게 된다.

13장
점령하의 일본 : 새로운 전개와 불변의 구조

19 45년 8월 15일, 일본 천황은 일찍이 없었던 일이 지만, 직접 라디오 전파를 통해, 일본이 연합군에게 항복한다고 발표했다. 이 옥음(玉音)방송을 듣고 깜짝 놀란 일부 일본국민은 훗날 그 8월 15일의 정오를 '재생'(再生)의 순간으로 회상하게 된다. 이들에게 항복은 과거의 체험과 가치관의 정당성이 허물어진 순간일 뿐이었다. 그리고 개인적으로든, 국민 전체를 위해서든, 또는 양자를 위해서든 어쨌든 완전히 새로운 진로를 모색하기로 했다. 이미 공습으로 불타버린 도시에서 하루하루의 먹을거리나 하룻밤을 보내기 위한 잠자리를 찾느라 기진맥진해버린 국민 중에는, 이 방송을 듣고 절망과 무기력상태에 빠져버린 사람도 있었다. 그 밖에도 특히 권력자에게 많았는데, 자신들에게 익숙한 세계를 어떻게 해서든 지켜내야겠다고 결의를 다진 사람도 있었다. 패전 자체는 모든 국민이 공유하는 사건이었음에도 불구하고, 개개인의 체험은 천차만별이었다.

전쟁이 끝나기 이전 단계부터 많은 황실 관계자, 일부 정치가, 기업인, 고급관료는 패전에 이어서 혁명이 일어나 천황의 주권이 무너지고 소련식 국가사회주의로 바뀌는 것은 아닐까 두려워했다. 항복 후에는 미국이 혁명의 담당자로 보였지만, 혁명에 대한 공포심은 점점 더 심해졌다. 혁명이 일어나 대변화가 생기는 일은 없을까라는 묵시록적인 전망—두려워하는 사람이 있는가 하면, 기대하는 사람도 있는 등 저마다 달랐지만—은 현실화되지는 않았다. 심각한 긴장과 대립은, 그후에도 일본사회의 변함 없는 특징이 되어 오늘날에도 여전히 계속되고 있다. 그러나 20세기 후반의 역사를 고찰할 때, 하나의 중심적인 과제가 되어야 하는 것은, 그러한 긴장을 안에 가둬놓은 안정화 프로젝트에 대한 해명이다. 다시 말해 1945년 이래 보수적인 정치적·사회적 질서는 어떻게 해서, 그리고 왜 출현했고, 그후 수십 넌에 걸쳐 계속 유지되었는가 하는 문제이다.

참기 어려운 것을 참으며

항복방송을 청취했던 수백만 일본인들이 천황의 목소리를 들은 것은 그때가 처음이었다. 사람들은 찌지직거리는 라디오의 잡음 속에서 겨우 알아들은 목소리의 높은 톤에 놀랐지만, 메시지 내용으로부터 받은 충격은 그것의 몇 배나 컸다. 그때까지 8년씩이나 일본의 지배자들은 국민을 향해 아시아가 '귀축(鬼畜) 영미'의 압제로부터 해방되기 위해, 위대하고 확실한 승리를 위해 몸과 마음을 바치라고 천황의 이름으로 끊임없이 독려했다. 일본군이 아시아 각지에서 수백만의 병사와 민간인을 죽였을 뿐만 아니라, 7천만 명의 일본 신민 가운데 약 250만 명이 목숨을 잃었다. 그런데 느닷없이 일부러 내용을 이해하기 어렵게 하는 듯한 딱딱한 표현을 써가면서, 천황은 국민을 향해 전쟁이 끝났고 일본이 졌다고 말하고 있는 게 아닌가.

히로히토는 항복을 결정하게 된 이유를 '항복'이라든가 '패배'라는 표현을 쓰지 않고, 단지 "전국(戰局)이 확실히 호전되지도 않고, 세계의 대세 또한 우리에게 이롭지 않다"는 것만 전하는, 역사상 그 예를 찾기 어려운 절제된 표현으로 설명했다. 그리고 "적은 새로운 잔학한 폭탄을 사용해서 끊임없이 무고한 사람을 살상하고, 참담한 피해는 참으로 측량할 수 없는 지경에 이르렀다. 그럼에도 교전을 계속하는 것은 끝내 우리 민족의 멸망을 초래할 뿐이고 게다가 인류의 문명까지도 파괴할" 것이라고 말하고, 원폭의 파괴력의 무시무시함을 강조했다. "동아(東亞)의 해방을 위해" 일본에 협력한 아시아의 나라들에는 유감의 뜻을 표명했다. 이어서 천황은 "만세(萬歲)를 위해 태평을 여"는 것이 전쟁종결의 목적이라고 선언했다. 그리고 신민들에게 "견디기 어려운 것을 견디고 참기 어려운 것을 참으며," "세계의 진운(進運)"에 뒤처지는 일이 없도록 총력을 다해 노력하라고 명령하며 조서를 마무리지었다.[1]

이 발표는 막 끝난 전쟁을 해방을 위한 전쟁으로 정당화하고, 곧 뒤바뀔 세상에서 자신들의 권위를 계속 지키려는 천황과 측근들에 의한 최초의 주목할 만한 노력이었다. 그것은 일본국민을, 나아가 일본국가조차도 전쟁과 잔학한 무기의 희생자로 묘사했다. 라디오 방송을 마무리지으면서 히로히토는 서구세계의 진보를 보고 배우려 했던 메이지 시대의 레토릭을 끄집어내 사용했지만, 방송 전체를 통해 국민에게 변혁이 아니라 인내를 호소하는 데 역점을 두었다.

소수의 사람에게 패전이라는 것은 생각하는 것만으로도 견디기 어려운 일이었다. 옥음방송이 있고 나서 얼마 안되어 약 350명의 군 장교가 스스로 목숨을 끊었다. 그러나 군부 수뇌가 병사들에게 죽을 각오로 싸움에 임하고 국가를 위해 목숨을 바치라고 귀에 못이 박이도록 집요하게 요구했고, 종전 때 병사가 약 600만에 달했던 사실을 고려하면 350명이라는 숫자는 결코 많은 게 아니었다. 민간인 대부분과 병사의 반응은 보다 현실적이거나 소극적이었고, 좌우지당간 그만큼 극적이지는 않았다.

관청, 군부, 기업 사무실에서는 즉각 대단히 현실적인 조치가 취해졌다. 전투가 끝난 8월 15일부터 9월 초에 맥아더 원수와 점령군이 도착하기까지 2주 동안 도쿄 곳곳에서는 수백의 화톳불이 끊이지 않고 피어올랐다. 점령군의 보복을 불러올 우려가 있는 전시 중에 자신들이 행한 활동의 증거를 인멸하기 위해 수천 명의 관료와 기업의 관리직 직원들이 온갖 종류의 자료와 문서를 소각시킨 것이다.

신속하게 시행된 또 하나의 현실적인 조치는, 정부가 전시 중에 취한 방침을 모방해 "일본민족의 순결을 지키고 육성"하기 위해서 창부로 일할 여성을 모집한 것이었다. 점령군 병사를 위한 공적인 위안시설을 설치하는 계획은 8월 18일에 내무성이 전국의 경찰에 발한, 위안시설의 특설에 대한 지시에 근거해서 실행되었다. 1945년 말에는 매춘부로 일한 경험이 없던 수천 명의 여성이 일본 각지의 도시에 마련된 수십 군데의 '특수위안시설'에서 연합군 병사를 상대로 일했다. 1946년 1월에 총사령부는 공창제도를 여성의 인권침해라고 비난하고, 그 폐지를 명했다. 창부를 유곽에 매어두는 제도가 폐지되고 공창은 사창이 되었다. 그러나 성병이 만연하는 문제가 생겼기 때문에, 일본정부는 같은 해 12월에 사창의 단속과 성병대책의 편의를 도모할 명목으로 예전의 유곽에 '특수음식점'으로 영업을 허가하고, '특수음식점가'(特殊飮食店街, 통칭 赤線地帶)라고 부르는 집창구(集娼區)를 지정하고, 구역 내의 '특수음식점'에서 일하는 사창의 자유의지에 의한 매춘행위를 허가함으로써 사실상 공창제도를 부활시켰다. 그런데 점령 당국은 일본정부에 의한 이 조치에 이의를 제기하지 않았다. 점령군 병사들은 특수음식점의 단골손님이 되었다. 점령군 병사를 상대로 몸을 팔고, 경우에 따라서는 특정 남성과 장기적으로 밀접한 사이가 된 여성들은 이중차별에 직면했다. 미국 점령 당국은 적선지대나 특수음식점의 존속을 묵인했으나, 미군병사(GI)가 일본여성과 결혼하는 것은 강력히 반대했다. 이런 여성을 어머

종전 후 궁핍했던 첫 2년 동안, 도시주민들이 먹을 것을 구하기 위해 농촌행 기차에 앞다투어 올라타려는 이런 장면을 심심치 않게 볼 수 있었다. 그들은 야채나 쌀과 교환할 기모노 따위의 개인 소지품이 든 가방을 메고 다녔다. 마이니치 신문사 제공.

니로 해서 세상에 태어난 아이들은 일본사회에서 극심한 차별을 받았다.

합법·비합법 사업을 모두 포함하는 활발한 창업활동도 패전에 대한 하나의 두드러진 현실적인 대응방법이었다. 옥음방송이 끝나고 몇 시간도 지나지 않았을 때, 오가와 기쿠마쓰(小川菊松)라는 이름의 편집자는 조만간 영어회화책에 대한 수요가 늘어날 게 틀림없다는 데 생각이 미쳤다. 그가 서둘러 만들어낸 『일미회화수첩』(日米會話手帳)이라는 소책자는, 그해 말까지 350만 부가 팔렸다. 『일미회화수첩』은 1981년에 그 기록이 깨지기 전까지 일본 최대의 베스트셀러였다.[2] 훨씬 전형적인 사업활동은 암시장에서 벌어졌다. 전시 중의 배급제와 가격통제는 전쟁이 끝났는데도 계속되었기 때문에, 많은 남성과 소수 여성—그중에는 많

은 한국인과 타이완인도 포함되어 있었다——이 암시장에서 희귀한 식
료품이나 가정용품을 필사적으로 구하려는 사람에게 팔아 돈을 벌었다.
이런 매매가 이루어지는, 비합법이지만 공공연히 묵인되던 '노천시장'
을 장악하고 있던 야쿠자들은 자신의 구역을 지키려고 필사적으로 싸웠
다. 1945년 10월까지 전국의 도시와 마치에 출현한 노천시장은 1만
7천 곳에 달했다. 판매상들은 상품을 농가, 일본군의 은닉군사물자를 비
축하고 있던 자들, 미군기지 내의 풍부한 공급선으로부터 물건을 받을
수 있는 매춘부와 미군병사 등 모든 공급선으로부터 조달했다. 상품 중
에는 시체에서 벗겨 낸 의복과 모피도 포함되어 있었다고 한다.[3]

　전후 수년간 수백만 일본인이 굶주림에 맞서 싸워가면서 살아가고 있
었다. 실제로 아사자가 수천 명에 달했다.[4] 1946년 봄에는 농작물의 흉
작에다 배급제도가 마비상태에 빠진 결과 도시지역에서는 심각한 식량
위기가 발생했다. 1946년의 평균적인 세대의 소득에서 식비가 차지하
는 비율, 즉 엥겔계수는 68%에 달했다. 초등학생의 평균신장과 평균체
중은 1948년까지 계속 줄어들었다.[5] 뉴스영화는 심각한 표정의 후생성
관리가 영양부족으로 마르고 배만 불룩한 아이들을 검사하고 있는 비참
한 광경을 보여주었다. 어른도 아이도 남자도 여자도 의복 등과 물물교
환으로 양배추나 그 밖의 야채나 쌀을 얻기 위해 만원열차를 타고 농촌
지대로 돌아다녔다. 일본을 점령통치한 연합국 최고사령관총사령부
(GHQ)의 노동과장과 경제과학국(ESS)의 경제계획고문을 역임한 시어
도어 코언은 회고록에서 "식량을 사기 위해 의류를 내놓는 생활은 '죽순
생활'이라고 명명했다. 또 썰렁한 유머를 담아서 탈피를 반복하는 뱀에
비유한다든가, 눈물 없이는 볼 수 없었기 때문에 양파의 껍질을 까는 것
에도 비유했다."[6]

　심신의 소모를 의미하는 의학용어인 허탈(虛脫)은 종전 직후 일본인
의 정신상태를 규정하는 단어가 되었다. 알코올과 약물에 대한 의존은

큰 사회문제로서 대중매체에 보도되었다. 신문은 밀주에 의한 사망사건을 수차례 보도했다. 강도나 절도의 발생률은 1920년대나 1930년대에 비해 급증했다. 한편 살인사건 발생률의 증가는 보이지 않았다. 사회질서의 혼란을 우려하는 정부와 대중매체 내의 관찰자가 남긴 기록에 있는, 사회질서의 혼란이라는 인식은 어쩌면 과장된 것이었는지 모른다.

이 시대에 특유한 또 하나의 말은 가스토리(カストリ) 문화이다. 가스토리란 술 지게미를 원료로 해서 만드는 서민용 값싼 소주나 조악한 밀주를 가리키는 말이지만, 한편으로는 센티멘털한 자기연민이라든가, 다른 한편으로는 앞날의 전망이 절망적인데도 하루하루 꿋꿋하게 살아가는 넉살 좋은 결의라든가, 간신히 균형상태를 유지해가는 심리상태를 시사하는 말로 쓰였다. 한 암거래상은 막일로 돈을 벌긴 하지만 목표 없는 허무한 생활을 다음과 같이 표현했다. "샐러리맨 한 달 급료를 하루에 버는 훌륭함은 나를 취하게 했다. 그러나 돈을 모아서 이러니저러니 할 기분은 조금도 생기지 않았다. 다음날 매입자금 말고는 전부 유곽에서 탕진해버렸다. 흠뻑 젖을 정도로 퍼마셨다. 이도 저도 아닌 부초 같은 삶을 잊고 싶어서 마셨다." 몇 명인가의 유명한 작가, 특히 다자이 오사무(太宰治)와 사카구치 안고(坂口安吾)는 작품에서도 사생활에서도 전시 중의 천황과 국가에 대한 충성이라는 비인간성과는 대조적인 평화시의 퇴폐주의적 인간성을 찬미했다. 「타락론」이라는 제목의 훌륭한 수필에서 사카구치는 다음과 같이 말했다.

특공대 용사는 단지 환영에 불과하고, 인간의 역사는 암거래상이 되는 곳에서부터 시작하는 것은 아닐까. 미망인이 사도(使徒)인 것도 환영에 불과하고, 새로운 면모를 품은 곳에서부터 인간의 역사가 시작되는 것은 아닐까. 그리고 혹시 천황도 단지 환영에 불과하고, 단지 인간이 되는 곳에서부터 사실상 천황의 역사가 시작되는 것인지도 모른다.[7]

미국의 어젠다: 비군사화와 민주화

　　1945년 9월, 일본에 도착하기 시작한 미점령군은 일본국민과 극히 대조적으로 식량도 풍부하고, 장비도 우수하고, 자신감도 넘쳤다. 점령군은 위대한 개혁의 전망을 가지고 들어왔다. 그로부터 거의 7년에 걸쳐 일본인은 법률을 개서(改書)하고, 정치제도와 경제제도를 개조하는 권한을 휘두르고, 문화와 가치관을 재정의하는 것조차도 지시하려는 외국의 권력에 의한 점령이라는 유례 없는 경험을 하게 되었다.

　일본 점령은 표면상으로는 연합국에 의한 공동사업이었다. 연합국군 최고사령관(SCAP)의 자문기관으로서 4개국에 의한 연합국 대일이사회가 1946년 초에 설치되었다. 또 점령정책의 책정과 SCAP의 활동의 평가검토를 하기 위한 11개국(나중에 13개국) 대표로 구성된 극동위원회도 설치되었다.[8] 그러나 사실상 위풍당당한 더글러스 맥아더 원수가 맡은 최고사령관과, 거의가 미국인으로 구성된 최고사령관총사령부의 스태프는 결국 미국정부의 지시에 따라 움직이고, 이 두 기관에는 거의 주의를 기울이지 않았다. 본래는 최고사령관을 가리키는 SCAP라는 약칭은 편의상 얼마 지나지 않아 맥아더 자신과 그의 밑에 있던 팽대한 관료기구의 의미로 쓰이게 되었다.[9]

　미국이 애초에 추구한 일본점령의 전략은 비군사화와 민주화라는 두 단어로 요약할 수 있다. 첫 번째 목표를 달성하기 위해 GHQ는 즉각 육군과 해군을 해체했다. 11월 30일을 기해 일본군대를 공적으로 폐지한다는 명령이 발포되었다. 이 명령을 실행에 옮기는 것은, 엄청난 수의 일본군병사를 제대·복원(復員)시켜 해외로부터 690만의 사람들을 본토에 송환해야 하는 정신이 멍해지는 작업이었다. 전쟁이 끝났을 때, 370만의 병사와 320만의 민간인, 합해서 당시 일본인의 약 10%에 상당하는 690만 명이 한국, 만주, 타이완, 중국 본토, 그리고 남방으로 광범위하게 뻗어 있던 일본제국의 점령지에 머물고 있었다. 소련에 포로로 억류되어 있던 약 40만의 사람들과, 수는 그보다 적지만 만주에 남아 있던 일본인을 제외하면, 동원해제와 국내송환은 1948년 말에 완료되었다. 그것은 비교적 단기간 내에 원활하게 진행되었지만, 그 정도의 많은 사람을 수용하고 흡수하는 작업은 아주 복잡한 것이었고, 그 전모는 아직 충분히 해명되지도 않았고 이해되지도 않았다. 귀환한 사람들은 민간인이든 군인이든, '고향'에 돌아와서도 어려운 처지에 빠진 것에 대한 연민과, 이제 와서 보면 희망 없는 것이 명백해진 전쟁에 관여한 것에 대한 멸시가 뒤섞인 시선을 받으며, 마음 둘 곳 없고, 못 올 곳에 온 듯한 기분이 든 사람도 적지않았다. 1950년대 이래 재무장과, 점령기에 미국의 강압으로 실시된 다양한 개혁의 수정을 정부에 요구하는 정치운동이 조직화되는 데, 동원해제된 퇴역병사들이 적지 않게 이들 운동의 중심적인 역할을 맡았다.

비군사화를 향한 조치 중에는 군 외부에서 전쟁체제를 지탱하던 자들에게 초점을 맞춘 것도 있었다. 1945년 10월, 미점령 당국은 사상탄압을 맡고 있던 특고(特高)경찰(서양의 비평가들은 '사상경찰'이라고 부른다)을 해산시켰다. 1945년부터 1948년에 걸쳐 GHQ는 전쟁수행에 주도적인 역할을 했다고 판정한 20만 명 이상을 공직과 재계의 요직에서 추방했다. 또 신도도 폐지하고, 국가가 신도와 얽히는 것도 금지했다. 전중부터 전후 초기에 걸쳐 연합국은 포로학대 등의 통상의 전쟁범죄를 저지른 죄로 약 6천 명의 군인을 재판에 회부하여, 유죄가 된 900명 이상을 사형에 처했다. 연합국은 또 배상에 관한 장대한 계획을 실행에 옮기기 위해 움직이기 시작했다. 그것에 의하면 일본 공업생산설비의 상당 부분을 선적해 전시 중에 일본의 침략으로 피해를 본 나라들로 싣고 가 배상금 조로 넘겨주게 되었다.

가장 중요한 보복의 무대가 된 것은 극동국제군사재판, 다른 이름으로
도쿄 재판이었다. 1946년 5월부터 1948년 11월까지 계속된 재판에서는
일본의 전시통치자들이 재판을 받았다. 도조 히데키 등 28명의 A급전범
용의자가, 통상의 전쟁범죄와 새로 추가된 '평화에 대한 죄'로 기소되어
전원이 유죄판결을 받았다. 도조를 비롯한 7명은 교수형에, 16명은 무
기징역형에 처해졌다.[10]

1945년에 미국은 일본을 비군사화해서 그 지도자들을 처벌하는 데
그치지 않고, 더 많은 것을 완수하려고 구상하고 있었다. 미국은 일본도
포함해서 전세계를 자신들과 비슷하게 만들어 바꾸려고 했다. 이런 정
신에 입각해, GHQ는 1945년 가을부터 1946년에 걸쳐 일련의 개혁정
책을 쏟아냈다. 이런 정책의 바탕을 이룬 논리는 다음과 같이 단순했다.
독점과, 압제와, 빈곤이 군국주의를 낳은 온상이다. 이에 따라 평화로
비군사화된 일본을 건설하기 위해서는 군대를 해산시키는 것으로는 불
충분하다. 권위주의적인 정치지배를 타파하고 정치적 권리, 그리고 나
아가서는 부를 평등화하고, 가치관을 전환하기 위한 광범위한 개혁이
필요하다는 것이었다.

GHQ는 1945년 10월에 표현의 자유, 출판의 자유, 집회의 자유, 노
동조합과 농민조합을 결성할 권리를 보장하는 여러 선언을 하고, 몇 가
지 대규모 개혁에 착수했다. GHQ는 또 일본정부에 시민적인 권리와
정치적인 권리를 여성에게도 인정하라고 명령했다. 얼마 후인 12월에
는 소작농이 경작지를 사서 소유하는 것을 가능하도록 하는 농지개혁을
시행하도록 명령하는 지령을 내보냈다.

이런 조치들을 통해, 점령군 당국은 민주주의야말로 신생 일본의 기
초가 되지 않으면 안된다는 명확한 메시지를 발포했다. 이런 노력의 절
정은 헌법개정이었다. 신헌법의 초안은 1946년 겨울에 GHQ 내의 위
원회에 의해 기초되었다. GHQ 측의 초안에 근거한 헌법개정 초안요강

은 같은 해 가을, (신헌법하의 국회에 의해 대체되기 전까지 존속했던) 제
국의회에서의 활발한 심의 끝에 채택되었다. 신헌법은 1946년 11월
3일에 공포되어 1947년 5월 3일에 시행되었다.

신헌법은 천황의 지위를 절대군주에서 "일본국의 상징이자 일본국민
통합의 상징"으로 격하시켰다(1조). 일본국민에 대해서는 표현의 자유,
집회의 자유, 신앙의 자유 등 미국의 권리장전이 내건 시민적 자유를 비
롯한 일련의 "기본적 인권"을 보장했다(11조). 신헌법은 또 권리의 개념
을 사회적 영역으로까지 대폭 확대하여, 모든 국민에게 "능력에 따라 평
등하게 교육을 받을" 권리를 보장하고(26조), "건강하게 문화적인 최저
한도의 생활을 영위할 권리"를 보장했다(25조). "근로의 권리(와 의무)"
를 보장하고(27조), "노동자의 단결권 및 단체교섭과 그 밖의 단체행동
권"을 보장했다(28조). 신헌법은 모든 국민이 법 앞에서 평등하다는 것
을 강조하고, "인종, 신조, 성별, 사회적 신분 또는 지위에 의한 차별"을
금지했다(14조). 여성에 대해서는 배우자의 선택, 재산권, 상속, 주거의
선정, 이혼 그리고 "혼인 및 가족에 관한 그 밖의 사항"에 관한 평등을
명확히 보장했다(24조). 마지막으로 중요한 점으로서, 신헌법은 제9조
에서 일본국민이 "정의와 질서를 기조(基調)로 하는 국제평화를 성실히
희구하고, 국권의 발동인 전쟁과 무력에 의한 위협 또는 무력의 행사는
국제분쟁을 해결하는 수단으로서는 영구히 이것을 방기하는" 것을 서약
한다고 강조했다.

이처럼 광범위한 자유와 권리를 보장하는 헌법 초안을 본 일본의 엘
리트들은 경악을 금치 못했다. 그러나 이들 보장을 일본정부 자신의 안
으로 국민에게 제시해야 한다고 GHQ가 주장했기 때문에 그 경악은 특
히 컸다. 그러나 국민은 이 헌법 초안에 열광적인 반응을 표했다. 헌법
의 야심적인 조항은 공식적으로 인가된 목표 내지 이념으로서 그 이후
오늘날까지 현대일본사회의 담론과 제도의 틀을 규정해왔다.

1945년부터 1947년 말까지, GHQ는 다른 부분에서도 몇 가지 변혁을 시행했다. 감옥에 갇혀 있던 공산당원을 1945년 10월 4일이라는 이른 시점에 석방했다. 나아가 검열제도를 폐지하고, 당시 미국에서 허용되는 것보다 더 광범위하게 정치적 표현을 허용했다. 그와 동시에 GHQ는 새로 '해방된' 일본의 문화계에서 군부에 대한 지지와 전시체제에 대한 지지가 계속되지 않도록 예방하기 위해서 독자적인 검열제도를 시행했다. 그러나 당시 GHQ에게는, 일본측의 검열은 금지하면서 그들 독자의 검열을 하는 것이 얼마나 모순적인 일인지에 대한 인식은 전혀 없었다.

GHQ의 개혁가들은 끝도 없이 확산되어 있던 재벌의 비즈니스제국을 공격했다. 그들은 각 재벌의 오너 일족(미쓰이·스미토모·야스다·이와사키·아사노[淺野] 등등)에게 지배하고 있는 지주회사를 통해서 계열사의 주식을 소유하여 지배하는 것을 금지했다. 또 각 재벌계의 기업군 중에서도 비교적 거대한 몇몇 기업을 분할시켰다. 더욱이 노동조합 결성을 장려하고 조언을 해주었을 뿐만 아니라, GHQ 관계자는 애초 눈에 띄는 기세로 조합의 조직화가 진행되고 파업이 늘어난 것을 환영했다. GHQ의 명령에 의해 시행된 농지개혁은 일본농촌에서 사회적·경제적 권력의 분배를 혁명적으로 바꾸었다. 이 농지개혁의 결과를 요약하면, 지주로부터 소유지를 사들여 이전의 소작농에게 분배해 소규모 가족농업경영으로 구성된 농촌지대를 출현시켰다고 말할 수 있다.

학교 역시 개혁의 대상이 되었다. GHQ는 1945년 10월 11일에 발표한 '인권확보에 관한 5대 개혁'의 일환으로 문부성에 명령해서, 전쟁을 찬미하는 수업과 국가에 대한 충성을 촉구하는 수업에서, 평화와 민주주의에 대해 가르치는 수업으로 바뀌게 했다. 실은 문부성은 이 방침이 발표되기도 전에 자신들의 권위를 가능한 한 지키려고 전시에 사용되던 교과서에서 군국주의가 언급된 부분을 지워 없애라고 명령했다. 이 명

학교에서는 학생과 교사가 그때까지 사용하고 있던 교과서에서 일본군과 전쟁을 찬미한 부분을 먹으로 덧칠해서 사용하도록 명령받았다. 이것은 처음에는 일본정부의 명령으로 시작되었고 얼마 안 있어 GHQ의 지령으로 더욱 철저해졌다. 그 중에는 이 사진처럼 사용하지 못하게 될 정도로 온통 먹칠된 페이지도 생겼다. 교과서의 먹칠이 미국과 일본 어느 쪽의 명령에 의한 것이었는가와 상관 없이 이처럼 고압적인 검열이 민주주의라는 이름에 의해 행해졌다는 아이러니 내지 위선에 대해서는 많은 학생들이 훗날까지 교훈으로서 기억에 담아두고 기록하게 되었다. 쇼가쿠간 (小學館) 제공.

령에 따라 학생과 교사는 사용하고 있던 교과서에서 전차나 전함이 언급된 부적절한 곳을 먹으로 안 보이게 칠해서 사용하게 되었는데, 그중에는 한 바닥이 완전히 먹으로 칠해져 새까맣게 되어버린 페이지도 있었다. 하지만 그후 문부성의 대처로는 불충분하다고 판단한 GHQ는 1946년 1월, 문부성에 부적절한 곳의 삭제와 변경을 보다 체계적으로 철저하게 실시하라고 명령했다. 1947년에 의무교육이 9년간으로 연장되었다. 대학제도는 대폭 확대되었다. 엘리트 육성을 위한 소수 국립대학은 종래 '제국대학'이라 부르고 있었는데, 명칭에서 '제국'이라는 문자가 빠지고, 도쿄 대학 또는 교토 대학 등 단순한 명칭으로 개칭되었다.

여기에 덧붙여 전국 각지에 수십 개의 4년제 대학이 신설되거나 증설되었다. 1947년에 사립과 공립대학의 문호가 여성에게 열렸다. GHQ는 지역 기반의 교육위원회를 설치하여, 학교를 지역의 관리하에 둔다는 미국형 제도 도입을 도모했다.

이런 다방면에 걸친 단호한 조치는 일본의 사상(思想)환경을 일신하고, 경제적·사회적 힘의 분포를 변화시켰다. '민주화' 열풍이 일본 전체를 휩쓸었다. 민주주의와 평등을 추진하기 위한 다양한 계획을 창도한 사람들은 민주주의와 평등이라는 것을, 선거라든가 농지개혁을 넘어선 꽤 넓은 의미로 이해했다. 많은 사람은 민주주의와 평등을 추진한다는 것을―그것은 약속임과 동시에 위협이었지만―인간의 혼을 다시 만드는 일이라고 받아들였다. 지식인은 어떻게 하면 진정한 민주적인 자립인간으로서의 주체성을 함양하는 것이 가능할까를 둘러싸고 주도면밀하면서도 고상한 논쟁을 벌였다. 지식인 대부분은 마르크스주의 사상에서 발상의 힌트를 찾았고, 일본공산당이 지도력을 발휘할 것을 기대했다. 그리고 좌익 정당과 사상가들이 과거에 없던 광범위한 지지를 받았다. 식량뿐 아니라 지식에 대해서 굶주렸던 많은 사람은 헌책방의 서가를 휘젓고 다니면서 책을 낚았다. 『니시다 기타로 전집』(西田幾多郎全集)이나 정치사상에 관한 대저(大著)의 발매일에는, 며칠 전부터 대형서점 바깥에서 밤샘으로 줄을 서서 반드시 손에 넣으려는 사람들도 있었다. 일본이 한창 혁신과 개조, 변혁의 화제로 들썩거렸다.

더글러스 맥아더 원수는, 이런 대규모 개혁을 밀어붙여 추진하는 미국의 힘을 인격적으로 상징하는 존재였다. 그는 유례가 드물 정도로 자신만만하고 카리스마 넘치는 지도자였다. 자신의 이미지를 극도로 절제해 상징적으로 사용할 줄 알았던 맥아더는, 일반 일본국민과 직접 접하는 장소에 나타나는 것을 극력 피했지만, 그래도 일본사 혹은 세계사에서 가장 주목해야 할 정치적인 사진 하나를 공개했다. 이를테면 1945년

1945년 9월 27일, 맥아더 원수와 히로히토 천황은 도쿄의 미대사관에서 첫 회견을 가졌다. 이 사진은 다음날 모든 주요 신문에 게재되었다. 자그마한 히로히토와 거대한 맥아더의 현저한 신장차이뿐만 아니라, 천황이 조례자세를 취하고 있는 데 반해, 겉옷도 걸치지 않은데다 첫 번째 단추도 채우지 않고 두 손을 허리에 대고 있는 원수의 캐주얼한 모습이라는, 패자와 승자의 대비를 뚜렷이 묘사한 사진의 이미지는 패전의 사실과 일본국민이 점령군에게 복종해야 하는 입장에 있다는 것을 일본국민에게 분명하게 이해시킬 정도로 엄청난 영향을 미쳤다. 마이니치 신문사 제공.

9월 27일, 맥아더와 천황이 최초의 회견——맥아더가 황거로 찾아간 것이 아니라, 최고사령관 공저(公邸)였던 미국대사관 공저에 천황이 방문했다——을 가졌을 때 촬영되고, 주요 신문에 게재된 사진이다. 이 사진은 일본국가와 일본국민이 패자로서 종속적인 상황에 있다는 것을 모든 국민에게 굉장히 충격적으로 전해주었다.

여기서 분명히 알아두어야 할 중요한 사실은, 최고사령관은 분명히 강렬한 개성과 제왕적인 이미지를 갖고 있었지만, 그가 결코 스스로 정책을 고안해 그 실행을 지시하는 자립된 지배자는 아니었다는 점이다. GHQ가 실시한 정책은 이미 전시에 워싱턴의 정책입안자들이 입안해, 해리 트루먼 대통령의 승인을 받았다. 점령 초기에 실시된 다양한 개혁과, 1947년부터 현저화되기 시작한 미국정책의 전환은, 거의 다 큰 틀 안에서 미국의 주류를 차지하고 있던 정책결정자들의 의향을 반영하고 있었다.

맥아더가 개인적인 행동지침으로 강하게 집착한 하나의 예외적인 영역은 신앙이었다. 독실한 그리스도 교인으로서 맥아더는 일본인을 그리스도교로 개종시켜 정신적으로 전환하기 위해서 자신의 명성과 힘을 이용하고 싶다고 생각했다. 그리고 서양선교사들에게 일본으로 돌아오도록 촉구했다. 또 일본어 성서 1천만 부를 일본인에게 배포해 달라고 요청했다.[11] 결과적으로 맥아더의 노력은 거의 결실을 보지 못했다. 개중에는 전쟁이 초래한 비참한 상황 앞에서, 위안이나 상황의 해석을 찾아서 그리스도교에 귀의한 사람이 있었던 것은 확실하다. 그러나 일본의 인구에서 점하는 그리스도교 신자의 비율은 별로 변하지 않고, 약 1퍼센트에 계속 머물러 있다.

장기적으로 보아서 한층 더 중요한 의미가 있는 것은, 맥아더의 개인적 견해가 천황의 지위에 관한 미국의 방침을 결정지은 것이다. 워싱턴에서 중요한 위치를 차지하고 있던 일본과의 '원만한 평화'를 주장하는 대일온건파는, 천황을 존속시켜 그 권위를 이용해서 점령군의 개혁을 정당화해야 한다는 의견이었다. 그러나 점령을 개시한 시점에서는, 천황의 처우를 어떻게 할 것인가가 아직 확실히 정해지지 않았다. 1945년 가을, 맥아더는 천황을 옹호하는 태도를 분명히 드러냈다. 맥아더는 가령 히로히토 천황이 전범으로서 서게 되는 일이 생겼을 때는 물론이고, 단지 퇴위를 강제 당하는 일이 생기는 경우에도 사회질서와 미국의 점령정책은 위협받게 될 것이라는 불길한 보고서를 몇 번씩 써서 워싱턴에 보냈다. 이런 로비 활동 덕분에 전후 일본의 정치제도는, 일부 사람들이 '천황제 민주주의'라는 이름을 붙이게 되는 혼성형태를 취하는 게 보장되었던 것이다.[12)]

일본측의 반응

외견상은 점령하의 일본에서 미국이 절대적인 힘을 휘두르는 것처럼 보였지만, 엘리트들뿐 아니라 일반시민도 GHQ의 개혁을 자신들 나름대로 해석할 여지를 확보하고 있었다. 일본의 기존 관료기구를 통해서 변혁을 추진했다는 의미에서 GHQ의 통치는 간접적이었다. 이 통치형태를 취한 것은 어쩌면 불가피했을 것이다. 미국에는 방대한 개혁을 실행하기 위한 통치기구를, 전원 미국인으로 채울 만큼 충분한 인재도 언어능력도 없었다. 대신 GHQ는 일본정부의 관료기구에 평행한, 보다 소규모의 부국(部局)으로 구성된 그림자 정부라는 형태를 취했다. GHQ가 일본측 정부기관에 내리는 명령은, 영어에 능통한 일본측 관리로 구성된 종전연락사무국을 통해서 전달되었다. 이런 시스템은, 정부관료와 그 밖의 전중(戰中)의 엘리트들이 교묘하게 행동하면, GHQ의 지시에 저항한다든가 혹은 지령내용을 변경시킬 수 있는 여지를 남겼던 것이다.

일반시민도 마찬가지로 GHQ의 방침에 대해 자유자재로 즉흥적으로 대응한다는, 상당한 행동의 자유를 누렸다. 이런 맥락에서 보면, 개혁의 성패는 GHQ가 어느 정도 일관되게 개혁을 추진하는가에 달려 있었다고 말할 수 있다. 더 중요한 것은 개혁의 성패가 전전과 전중의 역사가 남긴 관전적(貫戰的)인 유산에 의해서도 규정된 것이다. 일본의 근대적인 제도의 형성에 오랫동안 관계해온 일본사회와 일본정부 내의 개인들과 집단은 서로 충돌해 부딪침과 동시에 점령군과도 충돌해가면서 종래부터의 작업을 계속했던 것이다.

예컨대 농지개혁은, 점령기에 실시된 개혁 중에서 가장 철저하고 가장 장기간 계속된 개혁의 하나였다. 지주는 1920년대부터 1930년대 초에 이미 수세에 몰려 있었다. 조직화된 소작농 집단이 소작료 경감이나 소작권 보장 등의 요구를 내걸고 자주 지주와 대결해 요구를 관철시켰다. 많은 지주는 소유지를 매각하는 형태로 대응했다. 전쟁 중에는 정부가 사회개혁 추진이라는 목적을 위해서가 아니라, 식량증산의 필요 때문에 개입했다. 정부가 소작농의 공출미를, 생산장려를 위한 할증가격으로 구입하는 방침을 취한 결과, 지주의 경제적인 힘은 한층 약해졌다. 더구나 농림성 내의 관료도 농촌사회를 안정시키기 위한 수단으로서, 1930년대부터 농지개혁의 필요성을 강조했다. 그리고 말할 것도 없이 소작농은 자신의 경작지를 갖고 싶어했다.

따라서 농지개혁은 이처럼 관전적인 작업이었던 것이고, 역사적인 맥락을 보면 GHQ가 손댄 다양한 개혁이 왜 거대하고 지속적인 영향력을 가질 수 있었는가가 분명해진다. 동시에 GHQ가 일본 관료의 의도를 넘어서는 듯한 개혁을 추구한 것도 사실이었다. 일본정부는 1945년 12월에 독자적으로 책정한 농지개혁법인 농지조정법을 제정했다. GHQ는 이것으로는 아무래도 불충분하다고 판단해 정부에게 이 법을 개정해 제2탄의 농지개혁조치를 내놓으라고 명령했다. 1946년 10월, 개별 지주에게 가족이 경작하기 위한 약간의 토지를 제하고, 소유농지를 1945년 가격에 소작인에게 팔아넘길 것을 의무화하는 보다 강력한 법이 제정되었다. 사태를 지켜보고 있던 사람들은 토지대금 지급이 완료될 무렵에는 소작농이 실제로 지급한 대금은 인플레 덕분에 담배 한 보루 값으로 줄어들 것이라고 농담했는데, 이 표현이 맞지 않은 것도 아니었다.

사회정책 영역에서도 관전적인 연속성은 중요한 의미가 있었다. 일찍이 1920년대 후반에 내무성 핵심 관료 몇 명인가가 노동조합법 제정을 추진한 적이 있다. 그들은 1945년에도 같은 자리를 지키고 있었다. GHQ가 일본 국내에서 압제의 산실이라고 간주했던 내부성은, 군대를 빼면 점령기에 해체된 유일한 정부기관이었다. 그러나 이들 관료는 1947년에 설립된 노동성으로 자리를 옮겨 배치되었다. 새로 얻은 안전한 직장으로부터 점령군이 손대는 노동개혁을 지켜보게 된 그들은 노사 간의 협조가 중요하다는 것을, 때로는 전시의 산업보국회와 마찬가지의 논리를 펴며 강조했다. 그러나 그들은 이와 동시에 1920년대에 자신들이 내걸었던 주장, 즉 노동조합과 단체교섭의 제도는 제대로 관리만 잘한다면, 장기적으로는 사회의 안정을 극대화키고 경제생산성의 최대화를 가져다줄 것이라는 입장으로 되돌아갔다.

이에 못지않게 중요했던 것은, 산업노동자 중에는 소수이지만 전전에 노동조합운동의 경험자가 있었다는 사실이다. 이들은 노동조합, 단체교섭, 파업을 긍정하고 장려한다는 부산한 활동의 추진에 일조했다. 저임금이나 불안정한 고용신분, 매일 노동현장에서 결정권을 행사할 수 없는 데 불만을 품고서 다시 활동적으로 변한 수백만의 남녀가 잇달아 조합에 가세했다. 전시에 제로로 떨어졌던 노조원수는 1946년 말에는 거의 500만 명 가까이 불어났다. 임금노동자에서 차지하는 조합원의 비율은, 1949년의 최고조 때는 56% 이상에 달했다.

재계 지도자들에게 전쟁 직후인 1945-1947년에는 이처럼 강력해진 노동운동에 양보 외에는 선택의 여지가 없었다. 경영자측은 단체교섭에서 큰 폭의 임금인상에 응했다. 또한 조합 대표도 참가하는 형태로 새로 마련된 노사협의회에서 경영자측이 큰 실권을 부여한다는 것을 약속하는 수천의 노사협약도 체결되었다. 대기업 중에는 경영이 정말 힘든 상태에 있었음에도 불구하고, 파업의 위협에 직면해서 해고계획을 철회한 경우도 있었다.

그러나 농지개혁과 비교하면 노동개혁의 경우는 대항세력이 강력한 힘을 유지하고 있었다. 재계의 리더들과 다수의 정부 관계자는, 노동측에게 양보를 강제당하고 있는 와중에도 전투적인 조합주의가 그대로 공산주의로 직행하는 것은 아닐까 우려하고 있었다. 그리고 노사의 역관계를 바꾸어 조합의 체질을 전환시킬 필요를 통감하고 있었다. 1947년부터 1948년에 걸쳐, 미국이 점령정책의 역점을 민주화에서 경제부흥의 촉진으로 바꾸자, 이들 경영자는 다시 우위에 섰고, 노사협조를 지향하는 조합간부와의 영속적인 동맹관계를 구축할 수 있게 되었다.

여성의 권리에 관해서는 GHQ 내부의 개혁파와, 1920년대 이래 여성의 참정권과 그 밖의 시민적 권리의 획득을 목표로 투쟁해온 소수의 일본인 여성과의 협력 덕분에 몇 가지 중요한 정치개혁이 정착했다. 1945년, 헌법 개정에 앞서서 GHQ는 일본정부에 대해서 여성의 참정권을 인정하도록 명령했다. 전후 첫 총선거에서는 약 10%에 달하는 39명의 여성의원이 탄생했다. 여성참정권의 실현은 꽤 호평을 얻은 개혁이었다.

정치개혁 외에도, GHQ는 여성의 사회적·법적 평등에 관한 강력한 규정을 헌법에 포함시켰다. 이 조항이 세상에 나온 것은, 1930년대에 어린 시절을 일본에서 보내고 일본어에 능통했던 베아테 시로타라는 젊고 비범한 여성의 공적이었다. 대학을 막 졸업한 시로타는 1945년, GHQ의 조사관이 되어 일본에 돌아왔다. 1946년 겨울에 시로타는 돌연 일본의 신헌법 초안을 기초하는 GHQ 내 기초위원회의 멤버에 임명되었다. 시로타는 이 기회를 살려서 혼인과 상속 및 가족에 관한 법적 사항에 대해서 "양성의 본질적 평등"을 보장하는 취지의 규정을 기초한 것이다.

이 경우에 기존의 역관계와 사상상황은, 급진적인 변혁에 호의적이지는 않았다. 성역할과 역관계를 근본적으로 바꾸어야 한다고 생각하고 있던 일본인 페미니스트도 다소는 있었지만, 가정 내와 사회 속에서 남성의 지배적인 지위는 헌법이 개정되었다고 해서 달라진 것은 아니었다. 그럼에도 시로타가 기초(起草)한 규정은, 헌법조항으로 남았고, 이후 수십 년에 걸쳐 성역할 관계를 보다 평등한 것으로 바꾸는 것의 의의에 대해서 여성과 남성이 서로 토론할 때 새로운 논의의 틀을 제시하게 되었다.

일부 영역에서는 점령군의 개혁이 일본인의 지지를 거의 얻지 못한 경우도 있었다. 미국 점령 담당자들은 팽창주의와 전쟁을 초래한 주요 책임은 재벌의 기업연합에 있다고 확신하며 일본에 왔다. GHQ가 당초 내세운 방침은, 재벌 오너들에게 자산을 매각시키고, 재벌 산하의 각 기업에 대해서는 그것을 해산시켜 보다 소규모의 독립된 기업으로 나누는 것이었다. 그러나 전후의 경제문제를 담당하는 임무를 맡은 관료는, 대공황기부터 시작해 전시동원의 실시에 이르기까지 재벌과 밀접한 관계를 형성해온 장본인이었다. 이들 관료는, 국가관료와 대기업의 협력이야말로 경제부흥을 위한 최선의 전략이라고 생각했다. 그들이 보기에, 재벌해체를 지향하는 미국의 방침은 너무도 단순하기 그지없었다. 전후의 정치지도자들도 같은 의견이었다. 동시에 좌익 정당들도 분명히 자본주의적인 독점기업에는 반발했지만, 대규모 경제조직 자체에 반대한 것은 아니었다. 좌익 정당은 오히려 강력한 국가가 산업을 국유화해 노동자와 국민의 이익을 증진시키기를 바라고 있었다. 시장에 있어서 자유경쟁을 철저히 실현한다든가 재벌에게 경제력이 집중되지 못하게 한다든가 하는 것은 지식인들한테서도, 일반국민한테서도 그다지 지지를 받지 못했다.

따라서 재벌해체라는 사업은 잘 진척되지 않았다. 미국의 주안점이 개혁에서 부흥으로 옮겨갔을 때, 재벌에 대한 압력은 약해졌다. 최종적으로는 개인 소유의 지주회사의 힘은 해체되었지만, 재벌계의 기업군은 해체된 연합체의 멤버였던 은행을 중심으로 해서 그룹으로서 재결성하게 되었다. 또한 이들 옛 재벌 기업군은, 국가관료와의 협력에도 적극적이었다. 이렇게 해서 그후 수십년간 존속하게 되는 은행 중심의 자본주의와 관료의 경제활동 지도(指導)라는 하나의 패턴이 정착했다.

마찬가지로 경찰제도와 교육제도의 지방분권화를 추구한 미국의 주도권도 오래가지 못했다. 지방분권화 구상은 지방자치를 중시하는 미국적 발상을 반영한 것이었지만, 일본 국내에서는 지방분권을 중시하는 토착적인 사상기반이 약했다. GHQ는 시(市)·정(町)·촌(村)에 독자의 자치체 경찰을 재정적으로 유지시켜 운영을 맡긴다는 방침을 세웠다. 보수적인 정치인들은 자치단체마다 제각각인 경찰조직으로는 좌익의 도전을 제대로 감시하지 못할까 봐 우려했다. 지방의 납세자, 특히 소규모 자치체의 납세자는 자치체 경찰을 재정적으로 지원하기 위한 자금을 각출하는 데 적극적이지 않았다. 점령이 끝나자, 정부는 자치체에게 자치체경찰을 위한 자금각출을 중지하는 권한을 인정했다. 대부분의 자치체가 바로 자금각출을 중단했다. 그리고 1954년에는 전국의 경찰을 통괄하는 경찰청이 설치되었다. 교육제도의 경우도 마찬가지로, 1948년의 개혁은 일본 전국에 자치체마다 선거에 의한 교육위원회 설치를 강구했지만, 정부는 그 실시를 늦추었다. 점령이 끝난 후 교육관계법 개정에 의해 교육위원의 선출제는 임명제로 변경되었다. 교육의 내용에 관해서는 격렬한 논쟁이 수십 년에 걸쳐 벌어졌지만, 보수적인 의견, 리버럴한 의견, 래디컬한 의견, 그 어느 쪽도 자립된 지방단위에서 논의를 벌이는 데는 별로 관심을 나타내지 않았다.

그런 논쟁의 정치적 배경으로서 혁신정당과 보수정당 사이에 첨예한 대립이 있었다. 이 대립의 뿌리도 전전(戰前)으로까지 거슬러 올라간다. 대정익찬회 설립에 의해 정당정치가 5년 동안 중단된 후, 전전의 2대 정당은 각각의 새로운 당명 아래 재발족했다. 옛 정우회에 소속되어 있던 정치가들이 자유당에 결집하고, 옛 입헌민정당에 속해 있던 정치가 대부분은 (훗날 민주당의 모체가 되는) 일본진보당에 결집했다. 점령시대 내내 이들 정당은 정권을 계속 유지했지만, 창립 멤버의 대부분이 전시에 정치 엘리트의 일원으로서 전쟁지도의 역할을 맡았다는 이유로 추방되고 나서는 앞날이 험난했다. 이들 정당의 지배력은 전전과 비교하면 대폭 약해졌다.

전전에 임금노동자와 소작농의 이익을 대변하던 좌익정당 가운데 공산당 이외의 정당은 전중에는 사실상 정부를 열렬히 지지했다. 이들 정당의 지도자 다수도 추방되었다. 그럼에도 불구하고 전전의 사회주의 진영을 이끈 사람들 가운데 추방되지 않고 남은 지도자들이 중심이 되어 1945년 말에 일본사회당을 결성했다. 이들은 전시체제를 비판하고, 또 전시체제의 후계자인 기업인, 관료, '기성' 정치인 등의 엘리트를 비판해서 많은 지지를 얻었다. 한편 역사상 처음으로 일본공산당이 공개적이고 합법적으로 활동할 수 있게 되었다. 공산당은 전전과 전중의 제국주의와 팽창주의에 대해 일관되게 (지하에서) 반대의 자세를 관철해 온 유일한 정당이었다. 공산당은 그런 자세로 해서 광범위한 도의적 지지를 얻었다.

1920년대와 1930년대의 선거에서는 정우회와 입헌민정당은 합쳐서 총투표수의 대략 80-90%를 획득했다. 프롤레타리아 정당들의 득표율은 제1회 남성보통선거에서는 3-4%에 불과했으나, 1930년대 중반에는 거의 10% 가까이까지 올라갔다. 전후는 사회당과 공산당이 이 증가경향을 이끌었다. 1946년에 치러진 전후 첫 총선거에서는, 사회당은 92석으로 총투표수의 18%를 얻었다. 그 다음 번 1947년 4월의 총선거에서는, 143석에 28%의 득표율을 차지했다. 공산당은 국민전체에서는 노동조합 내부와 지식인들 사이만큼은 지지를 얻지 못하고, 전후 초기의 선거에서는 겨우 3-4%의 득표율로 4-5개 의석을 차지했을 뿐이다. 이들 외에 상당수의 무소속 후보자가, 득표수에서도 의석수에서도 1946년 4월의 전후 최초의 총선거에서 20%나 획득했다. 좌익과 이들 무소속이 약진했기 때문에, 기존정당의 득표수는 총투표수의 거의 50%로 감소했다.(상세한 선거결과에 대해서는 부록B를 보라.)

　이처럼 야당세력의 약진이 있었다고 해도, 요시다 시게루가 이끌던 일본자유당은, 1946년 총선거가 끝난 뒤 또 하나의 보수정당과 제휴해 정권을 잡을 수 있었다. 요시다는 1930년대 후반에 주영대사로 재직한 적이 있고, 중국에서 일본의 패권을 인정하도록 영국에 강력하게 공작을 벌이는 등, 예전에는 일본 제국의 확대를 열렬하게 지지했다. 그러나 전시에 요시다는 군부와 일정한 거리를 두었다. 1945년에 고노에 공작이 전쟁의 조기 종결을 위해 천황에게 상주했을 때에는 고노에를 지지한 중심적인 인물이었다. 그리고 고노에 상주문에 연루되었다는 이유로 1945년 4월에 단기간이지만 헌병대에 의해 투옥되었다. 이 투옥경력이 전시에 군부에 반대한 자유주의파로서, 전후 요시다에게 정당성을 부여했다.

　그러나 요시다의 정권기반은 약했다. 사회당과 공산당은 그후 1년 동안 조합의 조직화, 파업, 항의데모라는 거대한 물결을 배경으로, 정부의 부패와 경제운영의 실패를 중심으로 정부비판을 전개했다. 광범위하게 조합이 결집해 결성된 전국노동조합공동투쟁위원회(全鬪)가 1947년 2월 1일에 전국 규모의 '총파업'을 거행할 것을 결정했다. 파업의 목표는 요시다 내각의 타도였다. 1월 31일 늦은 밤, GHQ는 극적인 형태로 이 파업의 중지를 명령했다. GHQ의 이 조치는, 공산주의자와 좌익 사회주의자들이 품고 있던 혁명에 대한 기대에 심각한 타격을 입혔다. 그럼에도 두 달 뒤인 1947년 4월 신헌법하에서 치러진 최초의 총선거에서 사회당은 제1당으로 약진했다. 사회당은 당위원장 가타야마 데쓰(片山哲)를 수반으로 하는 민주당, 국민협동과의 3당 연립내각을 조직했다. 1948년 2월, 가타야마 내각은 성립된 지 겨우 8개월 만에 총사퇴를 하지 않을 수 없었다. 총사퇴의 직접적인 원인은 공무원의 생활보조금 재원을 확보하기 위한 보정예산안이 중의원예산위원회에서 부결된 것이었지만, 근본적인 원인은 탄광의 국가관리화 구상 실현을 위해 연립 3당간의 절충과정에서 양보에 응한 가타야마 등과, 이것을 비판한 당내 좌파 사이의 대립에 있었다. 그래도 사회당은 가타야마 내각의 퇴진 후에도 아시다 히토시(芦田均) 자유당 총재를 수반으로 해서 1948년 10월까지 지속된 3당 연립내각 내에 머물러 있었다. 일본의 정치동향에서는 조만간 사회주의 정권의 성립이 가시화될 것 같았다.

하지만 현실에서 가타야마 정권은 사회당의 정권 참가라는 짧은 막간극으로 끝났다. 요시다가 이끄는 자유당은 1949년 1월의 총선거에서 중의원 의석의 과반수를 획득하고, 단독으로 정권을 꾸려가게 됨으로써 화려하게 복귀했다. 그 뿌리가 전전으로 거슬러 올라가는 이 '기성 정당'이 이렇게 눈부시게 복귀한 것은, 그에 앞서 야당인 사회당이 대약진을 보여주었던 것 못지않게 인상 깊은 일이다. 1931-1932년에 일본이 팽창주의로 치닫던 당시, 정권을 담당하고 있던 것이 자유당의 전신인 정우회였다는 사실이 있었음에도 불구하고 자유당은 정권을 되찾았다. 그리고 물론 전중에는 조기 항복을 주장했다고 해도 자유당 정권을 이끄는 요시다 시게루 총리는, 1930년대에는 국가의 충실한 외교관이었다. 이런 정치인은 수백만 명에게 죽음과 파멸을 초래한 전시(戰時) 엘리트의 일원이었으므로 책임을 져야 할 상황에 있다고 많은 사람이 규탄하는 모습을 연상하는 것은 가능하다.

그럼에도 전전 정당들의 지구력은 상당했다. 아마도 그 힘의 원천은, 미지의 것에 대한 공포와 아주 익숙한 어떤 종류의 '정상상태'로 복귀하고 싶다는 강한 욕구였을 것이다. 1930년대부터 1940년대에 걸쳐 정치의 주변부로 밀려나 있었던 자유당과 민주당으로서는, 자신들은 전시에는 본의 아니게 전쟁에 협력하지 않을 수 없는 입장에 있었다고 주장하는 것이 가능했다. 자신들은 온건한 개혁의 담당자이고 평화로운 일본을 재건할 결의는 갖고 있지만, 너무 과격한 변화를 초래하는 일은 결코 바라지 않는다고 주장하는 것이 가능했다. 어쩌면 무엇보다 더 중요하다고 생각된 것은, 이 구(舊)세력이야말로 중소기업과 대기업, 전후 자작농이 된 옛날의 소작농을 비롯하여 농민에 이르기까지, 전전의 많은 지지자에게 국가의 보조금과 보호라는 이익을 가져다줄 것을 약속할 수 있었던 것이다.

점령기를 통해, 그리고 또 그 이후에도 기성 보수세력은 이처럼 전전의 경험을 바탕으로, 그리고 정상상태로의 복귀와 정치적 이권의 배분에 대한 약속을 지렛대로 삼아 정권으로의 복귀를 이루어냈다. 사회당과 공산당은 전투적인 야당세력의 리더로서 대두했지만, 거의 항상적으로 소수파의 위치에 머무르게 된다.

점령정책의 전환: 역코스

일본에서 개혁이 절정에 달했던 시기는 미국과 소련 간의 긴장이 극에 달했던 시기이기도 하다. 1946년에 영국의 윈스턴 처칠 총리는, 유럽에서는 동서 양진영을 가로막는 철의 장막이 드리워져 있다고 지적하는 유명한 연설을 했는데, 그 즈음부터 국제정치에서는 냉전이 표면화되었다. 1947년에 미국의 조지 마셜 국무장관은 유럽의 부흥을 촉진하기 위한 막대한 경제원조 실시를 강구한, 이른바 마셜 플랜을 발표했다. 아시아에서는, 중국의 국민당정권이 오랫동안 미국에 의해 아시아의 전후질서를 지탱해줄 구심점으로 기대되어 왔지만, 1947년경부터 공산당의 공세에 밀리고 있었다. 일본에서는, 사회당이 선거에서 약진하고, 가두에서 대규모 데모가 일어난다든가, 공산당이 선명한 정치목표를 내건 파업을 계획하던 노조를 좌지우지하고 있었다.

이런 추세는 미국 정부당국 내의 세력관계와 사고방식에 중요한 변화를 가져왔다. 일본이 항복하기 전의 점령계획 입안과정에서조차 워싱턴의 정책입안자 중에는, 광범위하게 걸친 개혁을 실시하는 것이 과연 신생일본을 안정화하는 최선의 길인가 하고 의심하는 사람들이 있었다. 이 의문을 제기한 사람은, 워싱턴에서는 전직 일본대사였고 종전 때는 국무차관이었던 조지프 그루를 리더로 하는 이른바 친일파 인사들이었다. 그들은 아주 온건한 개혁을 주장했다. 도쿄에서는 맥아더의 주요 측근들, 특히 정보 부문의 장으로 맥아더가 '나의 귀염둥이 파시스트'라고 불렀던 찰스 윌러비 장군이 같은 의견이었다.

그들 생각에는, 태평양전쟁은 비교적 건전하고 운행도 순조로웠던 국가라는 배가, 소수 군국주의자에게 강탈당해 일어난 경미한 일탈에 지나지 않은 것이고, 군대를 해체해서 민주정치의 기본적인 법률을 제정하기만 하면 충분했다. 그런데 필요한 최소한의 개혁 이외의 다양한 개혁이 도를 넘어버려, 사회적인 기반에 선 대중민주주의라는 위험한 방향으로 달려가 버렸다. 거기서 그들은 재계 리더들과 시데하라 기주로나 요시다 시게루 같은 비교적 서구에 우호적인 전직 외교관 등의, 전전파(戰前派) 엘리트 가운데 '책임능력이 있는 분자'의 손에 권력을 되돌려줘야 한다고 주장했다. 친일파는 일본사회를 보수적으로 유지하고 통합하기 위한 구심점으로서 천황을 이용하는 것을 지지했다.

1947년 이래 워싱턴과 도쿄의 정책결정은 이런 세력의 의도에 따라 행해졌다. 이 점령의 방향전환은 이윽고 '역코스'(reverse course)라고 불리게 된다. 1948년, GHQ는 구 재벌계 기업의 해체·축소계획의 규모를 대폭 축소하고, 1949년에는 배상청구권을 모두 단념했다. 1948년, GHQ는 일본정부에 손을 써서, 전후 막 제정된 노동관계법을 개정하여 공무원의 파업을 법으로 금지하고, 노동자보호를 강하게 규정하고 있던 노동기준을 완화했다. GHQ는 또 한국전쟁 발발 직후인 1950년 여름부터, 일본정부에 국가경찰을 설치하도록 명령하고, 그후에는 일정한 한도 내에서 일본의 재군비(再軍備)를 촉진했다.

GHQ는 한층 일본공산당에 대한 탄압을 장려한다. 1950년, 일본정부는 GHQ에게 등 떠밀려 이른바 공산당원 추방을 단행했다. 공산당원으로 간주된 약 1만 3,000명이 점령정책의 목적달성에 방해가 되는 정치활동을 벌이고 있다는 이유로 공직과 기업에서 추방되었다. 점령정책의 목적달성에 방해가 되기 때문에 추방한다는 정당화의 논거는 GHQ가 1945-1946년에 전시의 지도자를 추방했을 때와 같았다. 점령 초기에 추방된 전쟁지도자의 일부는, 공산당원 추방과 반대로 추방해제되어 눈 깜짝할 사이에 정계의 요직에 복귀했다. 이는 확실히 '역코스'의 가장 드라마틱한 예였다.

이런 미국의 정책전환은 당시도 상당한 논란을 불러일으켰는데, 오늘날에도 역사가들 사이에서, 특히 일본역사가들 사이에 논쟁거리로 남아 있다. 역사가 중에는 역코스라는 것은 진정한 민주주의를 건설하겠다는 전쟁 직후의 약속에 대한 미국의 배신이고, 그 결과 점령이 종료된 후 일본의 엘리트가 반동과 역행의 정책을 계속하는 것을 가능케 했다고 규탄하는 사람도 있었다. 또 다른 한편에서는 새로 강구된 방향은 안정을 확보하고 초기의 다양한 개혁의 장기적인 성공을 보장했기 때문에 꼭 필요한 사려 깊은 조치라고 보는 사람도 있었다.

천황의 존속을 인정한다는 결정이 점령 당초에 내려진 것에 더해 이 미국의 방침전환이 있었던 결과, 일본의 전후 개혁은 처음 기대한 것보다 철저하지 못한 것이 되어버렸다. 공산당원 추방이, 많은 노동단체와 문화단체 내부의 정치적 세력관계를 바꾼 것도 사실이다. 그러나 역코스에 의해서도 신헌법이나 농지개혁을 비롯해 점령 초기의 중요한 개혁 몇몇은 변경되는 일이 없었다. 역코스에 의해 선거가 조작된다든가 신문이 폐간에 내몰린다든가, 헌법의 평화조항(제9조)의 옹호자가 계속 활동하는 것이 방해받는다든가 하는 일은 없었다. 역코스는 정치환경을 바꾸기는 했지만, 정치의 영역과 문화의 영역에서 정력적인 행동 주체들 사이에서 벌어지고 있던, 진행 중인 논쟁의 결착을 간단히 방기해버리는 일은 없었다. 미국이 추진하는 개혁의 코스가 변하기 쉬웠던 것은 안정화를 지향하는 처방전이 즉흥적으로 만들어졌다는 사정과 관련이 있었다. 그래서 처음에는 정치의 문호를 유례없을 정도로 활짝 개방했다가, 그 다음에는 구질서의 수많은 잔당들에게 그들을 지지하는 듯이 불쑥 버팀목을 대주었던 것이다.

부흥과 독립을 향해: 불평등조약의 재현인가?

경제부흥도, 전후 일본의 안정화에 빼놓을 수 없는 기본 요인이었다. 점령이 시작된 애초 GHQ는 일본경제의 재생에 협력한다는 책임을 떠맡는 일을 일체 거부했다. 장래의 전망이 불확실한 상황에서 단독으로 어떻게라도 하지 않으면 안되는 입장에 놓인 재계의 리더들은, 공포심과 금전욕을 비참한 형태로 결합시켰다. 전후 초기에 정부는 대기업에 경제부흥을 위한 보조금을 지급하면서, 그것이 생산 재개에 사용되기를 기대했다. 그런데 보조금 지원을 받은 기업은, 그 자금을 제품생산에 쓰지 않고 원료를 사들였다가 암시장 브로커에게 부정유출해서 손쉽게 큰돈을 버는 길을 선택했다. 공습을 면한 공장 대부분은 유휴화된 상태였다. 1945년부터 1949년에 걸쳐, 인플레이션은 손을 댈 수 없을 정도의 기세로 치솟았다. 당시 일본에서 상황을 목격한 어떤 미국인은 다음과 같이 기록했다. "전쟁이 끝나고 나서 4년 사이, 엄청난 인플레이션은 마치 커다란 뭔가가 덮쳐 누르듯이 일본을 엄습하고 있었다. ……인플레이션이 최종적으로 진정된 1949년까지의 4년 동안 물가는 무려 150배나 상승했다."[13]

신뢰회복과 생산재개를 향한 노력에, 한 가닥 희망의 빛이 비치기 시작한 것은 1947년의 일이었다. 경제정책 입안에 관계하는 관료들은 석탄부족이 다른 산업, 특히 부흥의 열쇠를 쥐고 있는 철강산업의 회복을 방해하고 있고, 철강산업 회복의 지체가 석탄에 대한 수요를 여의치 않게 하는 악순환이라는 데 주목했다. 그들이 이 사태를 타개하기 위해서 내놓은 것이 경사(傾斜)생산방식이었다. 전시의 경험을 바탕으로 상공성 관료들은 석탄과 수입연료를 철강회사에 우선으로 배분했다. 이것에 의해 철강산업의 생산회복에 탄력이 붙어 석탄산업으로의 철강 공급이 가능해지고, 그것이 나아가 탄광 인프라의 정비와 생산성 향상을 가능케 했다. 경사생산방식은 철강산업과 석탄산업을 활성화하고, 그 밖의 산업용 석탄공급을 확대하는 데 다소의 성과를 거두었다.

그러나 1948년을 통해, 경제는 비교적 정체된 상태에 머물러 있었고, 인플레이션의 앙진(昂進)은 계속되었다. 이 무렵 미국은 케네스 로이얼 육군장관이 말한, 아시아에 있어서 '반공의 방파제'로서의 일본을 지지하는 코멘트를 하기에 이르렀다. 그리고 일본의 경제부흥을 촉진하기

위해 열심히 매진했다. 대중국 봉쇄정책을 주장하는 등, 미국의 전후전
략 책정에 가장 중요한 지위를 차지하고 있던 조지 케넌은, 1949년
10월에 다음과 같이 노골적으로 표현했다.

> 남방에서 어떤 종류의 제국을 다시 시작하지 않는 한, 일본으로서는 어
> 떻게 해서 살아갈 것인가가 큰 문제이다. 명백하게 우리로서는 일본을
> 위해서 무역의 가능성, 통상의 가능성……열어줄 필요가 있다. 그
> 러나 그 가능성은 일본이 일찍이 경험한 것보다 훨씬 더 대규모적이어
> 야 한다. 그것은 진짜 힘든 작업이다.[14]

이 방향을 위한 일보로서 미국은, 1949년 2월에 디트로이트의 은행가
조지프 다지를 특별재정고문으로 도쿄에 파견했다. 다지는 정부에 의한
지원이나 경제통제를 싫어하는, 정통적인 경제사상을 가진 사람이었다.
GHQ는 그의 충고에 따라 재정의 균형화, 산업계에 대한 모든 정부융
자의 정지, 모든 정부보조금 폐지라는 세 가지 극약을 일본에 복용시켜
철저한 긴축재정정책을 단행했다. GHQ는 또 일본의 수출을 증진하기
위해 다지의 조언을 받아들여 환율을 1달러=360엔으로 일본에 유리하
게 설정했다. '다지 라인'이라 불리는 이 긴축재정정책에 의해 확실히 인
플레이션은 잡았지만, 산업계는 자금 부족에 허덕이게 되었다. 이 디플
레이션 경제정책이 시행되고 1년 뒤인 1950년 봄, 일본은 부흥 직전은
커녕 심각한 공황에 직면하는 듯이 보였다.

　1950년 6월, GHQ의 거친 치료에 의해 환자의 숨이 멎는 것은 아닌
가 하고 생각될 즈음 마침 한국에서 전쟁이 발발했다. 해협 건너편의 불
행은 일본에게 엄청난 혜택을 가져다주었다. 전쟁이 시작됨과 동시에
물자와 용역을 조달하기 위한 미군의 특별수요(特需)의 주문이 전선 가
까운 곳에 위치한 일본의 다양한 산업에 쇄도했다. 1951~1953년의 특

수의 합계는, 같은 기간 일본 총수출의 거의 60%에 상당하는 약 20억 달러에 달했다.[15] 일본의 지도자들, 특히 요시다 총리는 '천우신조'라고 표현하면서, 또 기업인들은 '하늘에서 내려온 은총의 비'라고 비유하면서 경박스럽게 노골적으로 축하했다.[16] 1949년부터 1951년에 걸쳐서 일본의 수출은 거의 3배나 늘고, 생산도 약 70% 증가했다. 기업은 패전 이래 처음으로 이윤을 내게 되었고, 이와 더불어 설비투자도 급속히 늘기 시작했다. 국민총생산은 두 자리 수의 신장을 나타내기 시작했다. 일본은 부흥의 길을 걷고 있었다.

일본의 개혁이 순조롭게 진행되고 경제도 회복되어가고, 미국의 군사자원을 한국전쟁에 전용할 필요가 커지는 가운데, 워싱턴에서는 일본의 점령을 끝내야 한다는 목소리가 높아졌다. 점령의 종료는 많은 사람이 예상했던 것보다 빨리 찾아왔다. 1945년 당시 미국 정부의 최상층부 중에는 일본을 20년, 심지어 100년 동안 점령하는 것이 필요할 거로 예측한 사람도 있었지만, 실제로 공식 점령은 7년도 채 안되어 끝났다.

연합국 중에는 강화조약을 맺어 점령을 끝내는 것은 시기상조라고 해서 강화에 소극적인 나라도 있었다. 영국과 중국, 동남아 정부들은 일본에 배상의무를 지게 하고 일본군의 재생방지를 확실히 보증하는 강경한 강화를 주장했다. 당시 미국 국무부 고문으로 1953년에는 아이젠하워 정권의 국무장관이 된 존 포스터 덜레스의 진두지휘 아래, 미국의 외교당국은 대일강화의 조기실현을 위해 다각적인 외교를 정력적으로 전개했다. 미국은 필리핀·오스트레일리아·뉴질랜드가 느끼고 있던 방위상의 불안을 해소하기 위해 이들 국가와 방위협정을 체결했다. 아시아 국가들에 대해서는, 대일강화조약이 체결된 후 각국에 일본과 이국간 배상협정 체결을 위한 교섭권을 인정한다는 보장을 해주었다. 1951년 9월, 샌프란시스코에서 개최된 대일강화회의에 48개국 대표가 출석해 그때까지 공식적으로 계속되고 있던 일본과의 교전상태를 정식으로 종결하는 조약에 조인했다. 연합국의 일본 점령은 1952년 4월의 강화조약 발효와 함께 정식으로 끝났다.

몇 가지 중요한 안건이 해결되지 않은 채로 남았다. 하나는, 대부분의 일본인이 오키나와를 일본 고유의 영토로 간주하고 있었음에도 불구하고, 미국이 무기한으로 오키나와의 지배권을 갖게 된 것이다. 둘째는, 중화민국(타이완)과 본토의 중화인민공화국이 둘 다 강화조약 체결을 바라고 있었음에도 불구하고, 어느 쪽도 샌프란시스코 강화회의에는 초청받지 못했으며, 독자적으로 일본과의 평화조약을 체결하라는 지시를 받았던 것이다. 셋째는 소련과 동유럽 공산권 국가들이 강화회의를 도중에 보이콧한 것이다. 이들 국가는 점령이 끝난 후에도 방대한 규모의 미군이 일본에 주둔하는 데 대해 분개했다. 홋카이도의 네무로(根室) 반도 앞바다에 위치한 이른바 북방4도(島)가 영유권 분쟁을 남긴 채 계속 소련의 지배하에 놓이게 되었다.

샌프란시스코 강화조약 체결로부터 2시간 뒤에, 미국과 일본은 광범위한 논쟁을 불러온 미일상호안전보장조약(미일안보조약)에 조인했다. 이 조약은 미국이 일본 국내에 기지를 확보하여 군대를 주둔시키는 것을 인정하는 것이었다. 주일미군의 임무는 극동의 평화와 안전의 유지로, 조약 전문은 이 임무의 일환으로서 일본방위에 대해서도 언급하고 있다. 그러나 조약 본문에서는, 일본의 기지제공을 의무화했을 뿐, 주일미군에 일본방위를 의무화한 것은 아니었기 때문에, '편무적'(片務的)이라고 비판받았다. 이에 더해 조약이 일본 국내에서의 '대규모 내란 및 소요의 진압'을 주일미군의 출동목적으로 규정한 것과 편무적인 조약의 기한이 명시되지 않았던 것도 이런저런 논란을 불러일으켰다. 그러나 미국정부와 여러 아시아 국가의 시각에서 보면, 주일미군은 일본을 포함하는 극동의 평화와 안정을 유지하는 동시에, 일본을 봉쇄시키는 기능도 담당하는 존재였다.

일본 국내에서는 당연히 예상된 것이기는 하지만, 미일안보조약에 대한 격렬한 반대운동이 일어났다. 좌익진영의 일부 사람들은 이 조약이 일본의 중립을 침해하고, 헌법이 내건 비무장평화의 원칙을 범하는 것이라고 아주 논리적인 입장을 취했다. 그들은 주일미군이 존재함으로써, 일본은 피뢰침이 벼락을 끌어당기듯이 오히려 미국의 적들로부터 공격을 초래하게 될 거라고 우려했다. 좌익 진영의 또 다른 사람들은 보수파의 다수와 마찬가지로 미일안보조약이라는 것은 일본의 중립을 침해한다기보다 오히려 일본의 주권을 침해한다고 생각했는데, 이런 관점에도 꽤 정당성은 있었다. 이들은 '종속적인 독립'을 받아들인 요시다 총리를 비난했다. 사실 요시다는 강화조약이 체결되기 수년 전부터 미국의 군사적 현존과 팍스 아메리카나(미국에 의한 평화) 체제 내에서 종속적이긴 해도 안정적인 위치를 확보하는 것이야말로 일본으로서는 달성 가능한 최선이라고 확신하고 있었던 것이다. 요시다는 생각해왔던 것을 실현했다. 그러나 일부 사람들이 '제2의 불평등조약'이라고 형용한 미일안보조약은, 그후 수십 년에 걸쳐 격렬한 논쟁과 정치투쟁의 초점이 되었다.

*　　*　　*

점령군은 일본의 발본적인 변혁을 완수하겠다는 결의를 하고 1945년에 도착했다. 그리고 많은 것을 바꾸었다. 그러나 미국 점령자들이 1952년에 물러났을 때, 제국 일본의 구질서와, 전시동원에 의해 변경된 질서의 꽤 많은 부분이 방기된 채로 남아 있었다.

점령자들은 군국주의를 떠받치는 자금원과 유력 재벌을 파괴할 작정이었다. 또 교육과 경찰 등의 중요한 영역에서 관료가 쥐고 있던 중앙집권화된 지휘통제력도 파괴할 작정이었다. 아울러 육해군의 군국주의자들, 군국주의자를 지지한 정치인, 기업가, 지식인 등의 민간인을 영구히 공적 생활로부터 추방할 작정이었다.

일본을 지배한 미국의 점령당국자들은 이들 각각의 영역에서 그 나름의 정책을 시도했다. 그러나 1950년대 초가 되자 전전 재벌의 자회사들은 지주회사가 아니라 구재벌계의 은행을 중심으로 재결집을 시작했고, 살아남은 전전의 정당은 국회와 내각을 지배하기에 이르렀으며, 문민으로 된 관료기구는 종래와 같은 정도로 강력해지거나 아니면 종래 이상으로 훨씬 강력해졌다. 일본의 정치와 경제의 방식을 규정하는 이런 영속적인 특징을 가리켜, 어떤 역사가는 구세력이 전전에서부터 전중을 거쳐 전후에 이르기까지 '무사히 난관을 빠져나왔다'고 평했다.[17]

그러나 전후 일본을 상대적으로 안정시키고 있던 요인으로서는 이미 본 것처럼 여러 관전적인 연속성이 중요하다고는 하지만, 구세력의 힘이 지속적이었다는 것 외의 다른 요인도 중요했다. 전후질서는 신헌법 아래서의 다양한 시민적 권리 보장, 농지개혁, 노동개혁이라는 성과 속에서, 그리고 일본의 지배자가 도저히 제정할 것 같지 않던 범위에까지 미친, 즉 여성의 권리를 보장하는 법률의 정비라는, 그후에도 지속된 각종 주요 개혁의 성과 속에서 뿌리를 내리고 있었던 것이다. 이들 성과에 의해 보다 많은 사람이 전후체제의 존속에 유례가 없었을 정도의 심대한 이해관계를 갖게 되었다. 전후 일본의 안정은 거의 개혁이라는 것을 수반하지 않은 정적인 과정과는 크게 달랐다. 그것은 분명히 엄청난 변화의 결과였다. 많은 개혁이 이미 진행되고 있던 다양한 변화에 박차를 가했고, 새로운 투쟁에 시동을 걸었다. 정치적인 영역과 사회적인 영역은 안정적으로 제자리를 잡았다. 사회·문화·정치의 중심에는 큰 긴장이 남아 있었고, 때때로 폭발한 적도 있지만, 그런 긴장도 결국은 봉합되었다.

그 후 수십 년에 걸쳐 경제가 계속 성장함에 따라 대기업, 체제측의 정당, 관료기구라는 상호 결부된 세 조직은 놀라울 정도로 지속적인 헤게모니를 확립했다. 이런 전후의 안정은 무엇보다도 구세력이 '무사히 난관을 빠져나온' 데 그 근거가 있었다. 그러나 점점 늘어난 폭넓은 중간층이 교육을 통해 또 공장과 사무실 빌딩에서의 노동을 통해, 전후시스템에 이해관계를 갖고, 그 이해관계자가 되는 데 자기의 에너지를 집중한 것도 사회의 안정화를 떠받친 중요한 요인이 되었다. 그것은 전후개혁이 남긴 유산이었다.

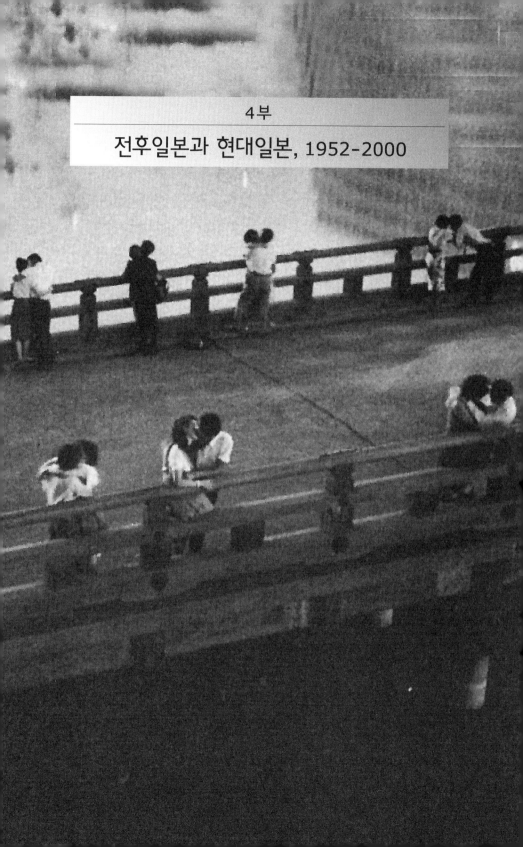

4부
전후일본과 현대일본, 1952-2000

14장
경제와 사회의 변용

일본경제는 1950년부터 1970년대 초까지, 줄곧 경이적인 속도로 확대를 계속해왔다. 한국특수 붐으로 시작된 이 20년간을, 역사가들은 '고도성장기'라 부른다. 일본은 파괴와 빈곤의 땅에서 번영의 땅으로 미증유의 스피드로 빠르게 변신했다. 이 변화는 어떻게 일어난 것일까? 기적의 경제성장이라 불리는 이 변용은, 일면에서는 사물을 변질시키는 시장의 마력에 의해 초래된 것이었다. 그러나 동시에 그것은 일본국가에 의해 유도되고 관리된 기적이라는 거대한, 그리고 현저한 특징도 지니고 있었다. 고도성장의 체험은 많은 희생을 동반한 것이기도 했다. 노동은 장시간 해야 했고 규율도 엄하여 고통스러운 일이 많았다. 경제성장의 성과는 도시와 농촌 사이, 남성과 여성 사이, 대규모 직장과 소규모 직장 사이에 불균등하게 배분되었다. 환경파괴도 엄청났다. 이 장에서 논하는 것처럼, 성장에 따르는 비용과 모순을 둘러싸고 온갖 정치투쟁이 벌어졌다.

사회적 경험이라는 영역에서는, 변화는 훨씬 더디게 일어났다. 그러나 전후 경제가 이륙(離陸)하고 나서 몇 년 지나자—대략 1950년대 말부터 1960년대에 걸쳐—전중부터 전후 초기에 이르는 관전기 일본과는 전혀 다른 전후사회가 출현했다. '신중간계급'이라 불리는 사람들의

생활양식이 돋보이게 되었다. 일본에서 중간계급은 어떤 전형적인 생활
에 대한 표준화된 일련의 다양한 이미지를 하나의 세트로 만들어 강력
하게 제시했다. 전례가 없을 정도로 많은 사람이 그때까지 중간계급 또
는 사회의 '주류'에 속하는 사람들의 것이라고 간주되던 경험을 공유하
게 되었다. 그럼에도 불구하고 사람들을 구별 짓는 몇몇 중요한 사회적
차별은 여전히 뿌리 깊게 남아 있었고, 모양만 바꿔서 재등장한 것도 있
었다.

　일본의 관료기구와 여당의 지도자들은, 기업의 간부들과 협력해서
이런 시대 풍조를 중간계급의 사회생활 패턴으로 보다 표준화시켜 관리
하는 데 힘을 쏟았다. 특정 형태의 가족과 가정생활, 학교교육, 직장 등
을 조장하는 다양한 정책과 계획이 시행되었다. 전후 일본의 사회사는
경제사와 마찬가지로, 보통시민의 사상과 행동에 영향을 미치는 무수한
국가계획에 의해 형성되었다.

경제성장의 기적

　　　　1950년부터 1973년까지 23년간 일본의 국민총생산
(GNP, 1년에 생산된 재화와 용역의 총 가치)은 해마다 평균 10% 이상 증
가했다. 그만큼 장기간에 걸쳐 그만큼의 고도성장이 계속된 것은 세계
경제사에서는 일찍이 볼 수 없었다.(1980년대 이래의 중국의 경제성장률
이 이것에 필적한다.) 이 기간의 GNP의 움직임을 그래프로 보면, 한국전
쟁 종료와 더불어 1954년에 GNP가 떨어진 것을 비롯해 몇 번의 경미한
감소가 보이지만, 이런 감소는 가파르지만 부드럽게 오른쪽으로 올라간
그래프상에서는 극히 작은 우묵한 곳으로서 나타날 뿐이다.(그림14.1 참
조) 미국 달러로 환산하면, 1950년 일본의 GNP는 110억 달러에 불과

그림 14.1 **실질 GNP와 실질민간자본 형성, 1951-1976년**

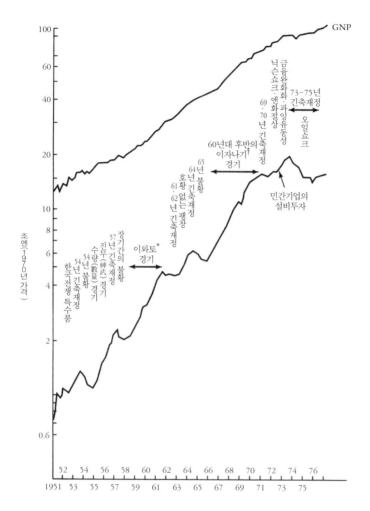

출전: 일본 경제기획청(經濟企劃廳)의 『국민소득통계연보』(1951); Nakamura Takafusa, *The Postwar Japanese Economy: Its Development and Structure* (Tokyo: University of Tokyo Press, 1981), p. 50. 허가를 받아 복제.

* 1958년 7월부터 1961년 12월까지 42개월간 계속된 호경기.

† 1965년 11월부터 1970년 7월까지 57개월간 계속된 호경기.

표14.1   **주요 5개국의 명목 GNP, 1951-1980년**   (단위: 억 미국 달러)

	일본	미국	서독	프랑스	영국
1951	142	3,284	285	351	414
1955	227	3,980	430	492	539
1960	391	5,038	707	600	719
1965	888	6,881	1,151	992	1,002
1970	2,031	9,927	1,846	1,455	1,240
1975	4,982	15,492	4,182	3,390	2,345
1980	10,401	26,331	8,165	6,571	5,255

출전: Japan Institute for Social and Economic Affairs, *Japan: An International Comparison* (東京: 經濟廣報センター, 1983), p. 5.

했다. 1955년에는 그것이 두 배 이상 불어나 약 250억 달러에 달했다. 1973년에 이르자 다시 13배나 증가해 3,200억 달러가 되었다. 구미와 비교해보면, 1955년에 일본경제의 규모는 미국의 7% 수준으로, 주요 유럽 국가의 규모에 크게 못 미쳤다. 그러나 1975년에 이르자 일본의 GNP는 미국 GNP의 3분의 1 정도까지 증가했다. 미국과 소련에 이어 세계 3위의 규모에 도달했다.(표14.1 참조)

경제성장 못지않게 두드러졌던 것은 새로운 기술과 생산설비에 대한 막대한 투자가 지속적으로 이루어졌다는 사실이다. 그러한 기본적인 투자를 계측하는 표준적인 척도로서 이용되는 총 고정자본형성률은, 일본 고도성장기의 중심적인 시기였던 1955-1973년에 평균 22% 이상에 달했다. GNP와 마찬가지로 이렇게 높은 총 고정자본형성률은 역사적으로도 국제적으로도 단연 두드러진 수치이다.

이상과 같은 경제성장은 전례 없는 일이었지만, 경제구조의 변화에는 역사적 뿌리가 있었다. 전후 경제성장을 주도한 것은 철강·조선·자동차·전기전자 등의 제조업부문의 기업이었다. 이런 중공업 대부분은——이들 산업 내의 많은 개별기업은——일찍이 1930년대에 군사화된 경제의 약진을 이끌었던 같은 기업들이었다. 이들 기업은 전시에 번영할 수 있었던 것과 마찬가지로, 바야흐로 평화 시에도 번영을 구가할 수 있는 역량을 발휘했다. 공업생산에서 차지하는 중공업 부문의 비율은 1955년에는 45%였지만, 1970년에는 62%로 높아졌다. 한편 섬유산업을 비롯한 경공업의 비중은 급격히 떨어졌다.

1962년이라는 이른 시기에 영국의 잡지 『이코노미스트』는 전후 일본의 경제성장을 '기적의 경제성장'이라고 부르고 특집기사를 게재했다.[1] 그것이 계기가 되어 '기적의 경제성장'이라는 표현이 정착했다. 그것은 전후 20년 내외에 이르는 고도성장의 약칭이 되었다. 역사가나 경제학자들 사이에서는 이 놀랄 만한 경제현상을 논리적·세속적으로 해명하는 것 자체가, 각각의 전문분야에서 성장산업이 되었다.

이 전후의 성공담을 구성하는 하나의 중요한 요인은, 국제환경이 이상할 정도로 일본에 유리했다는 점이다. 다른 나라들에서도 경제는 호조였다. 관찰자들은 일본에 대해서뿐만 아니라 독일에 대해서도 '기적의 경제성장'이라는 표현을 썼다. 세계경제 전체도, 1950년대와 1960년대에는 연평균 5%라는 이례적인 속도로 성장했다. 미국은 1947년에 조인된 '관세 및 무역에 관한 일반협정'(GATT)을 비롯한 더욱 개방적인 무역시스템을 구축하기 위한 일련의 국제협정체결을 향한 교섭을 솔선해 추진했다. 그 결과, 국제무역 총액은, 1950년대 초부터 1960년대 끝날 때까지의 20년 동안 세 배 이상 증가했다. 게다가 중동과 그 외 지역에서 원유라는 값싸고 신뢰도 높은 에너지 공급이 이루어졌기 때문에 비교적 저비용으로 산업의 확대가 가능했다. 마지막으로, 이렇게 더욱 개방된 세계경제에서 비교적 싼 값에 선진기술의 라이센스협정을 체결할 수 있었기 때문에, 일본기업(과 그 외 나라의 기업)에게 트랜지스터에서 제철용 용광로에 이르는 각종 신기술로의 접근이 이상할 정도로 용이했다. 신기술 도입은 생산성의 급속하고 꾸준한 상승을 가능케 했다.

그러나 이런 국제적인 행운의 인연은 자본주의세계 전체에 미소를 던졌는데, 왜 일본경제만 유달리 빠른 속도로 성장한 것일까? 국제적인 요인 몇 가지는 다른 나라보다 일본에 유리하게 작용했다. 미군이 계속 주둔한 것과 일본의 재군비가 헌법의 제약을 받고 있었기 때문에 일본이 거액의 군사비지출을 면한 것이 하나의 요인이었다. 만약 일본이 1950년대 이래 서독과 같은 수준의 군사력을 유지하기 위해 세금을 징수하고 국방비를 지출했다면, 1974년을 기준으로 그 경제규모는 실제의 70%에 불과했을 것이라는 설도 있다.[2] 일본경제가 다지 라인의 긴축정책으로 인해 빈사상태에 빠져 있을 때 한국전쟁이 발발하여 특수 외의 수출을 자극한 것도 또 하나의 요인이었다. 그리고 1949년부터 1970년대 초까지 일본에 유리했던 엔-달러 환율은 일종의 수출보조금적인 기능을 했다.

그러나 경제성장을 충분히 해명하기 위해서는 국내적 요인에 대해서도 검토하는 것이 꼭 필요하다. 국내적 요인의 하나는 기업가정신이다. 비교적 연령대도 낮고, 새로운 세대의 대담한 경영자들이 기존의 기업경영을 계승해 새로운 기업을 일으키곤 했다. 전시경제의 운영에 관여했던 최고 경영자 대부분이 점령기의 추방에 의해 조기 은퇴를 강요당했던 사정도, 이들 신세대 경영자들의 등장을 촉진한 요인이었다. 몇 가지 유명한 사례에서는, 이들 젊고 대담한 경영자들이 조심성 많은 정부 관료들의 충고를 뿌리치고, 이미 경험 풍부한 글로벌한 경쟁상대가 존재하고 있었음에도 불구하고 새로운 분야와 신기술로의 투자를 단행했던 것이다.

예컨대 정부는, 자동차회사들에 디트로이트의 빅3(GM, 포드, 크라이슬러)와 경쟁하기 위해서는 기업합병을 해서 체질을 강화하는 것이 불가피하다고 조언했다. 그러나 도요타(豊田), 닛산(日産), 이스즈, 도요코교(東洋工業, 마쓰다의 전신), 미쓰비시는 모든 차종을 생산하기로 결정했다. 더욱 놀라운 것은 혼다 소이치로(本田宗一郎)가 설립한 신참 오토바이 제조회사가 관료들의 경고를 무시하고, 1963년에 자동차시장에 뛰어들어 장기적으로 대성공을 거둔 예도 있다. 이와 비슷한 방식으로 가와사키 중공업의 대담한 중역 니시야마 야타로(西山弥太郎)는, 1950년에 가와사키 중공업의 제철부문을 분리독립시켜 가와사키제철 회사를 창립했다. 니시야마는 최신기술을 투입한 완전일관식(完全一貫式) 제철소를 건설하는 계획을 세웠다. 정부관료들이 국내자금 조달의 길을 막아버리자, 니시야마는 국외에서 자금원을 찾았고, 세계은행으로부터 융자를 받았다. 1961년까지 가와사키 제철(川崎製鐵)은 일본에서 네 번째로 큰 철강업체로 입지를 굳혔다. 그리고 1953년에 두 젊은 이단아 모리타 아키오(盛田昭夫)와 이부카 마사루(井深大)는 좀처럼 응낙하지 않는 정부관리들을 상대로 몇 달 동안 끈질기게 교섭한 끝에 마침내 트랜지스터 제조를 위한 라이센스 구매허가를 얻었다. 1950년대에 라디오 생산에서 출발한 두 사람의 회사 도쿄통신공업은 소니(SONY)로 발전해 소비자용 전자기기 생산에서는 품질과 기술혁신 면에서 세계적인 리더로서 이름을 떨치게 되었다.

일반적으로 일본의 민간기업은 신속하고 과감하게 약진을 이루어냈다. 기업은 은행에서 거액의 대출을 받는 등 많은 돈을 빌렸다. 민간은행과 일본흥업은행 같은 공적 금융기관은 개인의 예금을 자금원으로 해서 크고 작은 기업에 자금을 공급했다. 고도성장기 일본기업의 전형적인 부채 대 주주(株主)자본비율은 75대 25였지만, 일반적으로 부채가 자기자본의 40%이던 전전(戰前)과는 확연히 달랐다. 생산과 수익의 향상도 (인플레이션의 영향도 있어서) 엄청났기 때문에, 기업은 거액의 차입을 해도 연체 없이 변제하는 것이 가능했던 것이다.

인적 자본의 질이 높았던 것도 전후 경제를 약진시킨 또 하나의 중요한 국내 요인이었다. 점령하에서 의무교육 연한이 중학교졸업까지 9년간으로 연장된 결과, 일본의 젊은 노동자의 교육수준이 점차 높아졌다.
모든 연령층의 종업원은 사태가 정상화될 전망, 군대를 위해 희생을 강
요당하지 않고 자기 자신을 위해 일할 수 있게 될 장래를 환영했다. 노
동인구에서 차지하는 조합가입자의 비율은 유례없을 정도로 높았고, 절
정기 때인 1940년대 말부터 1950년대 초에는 50%를 상회했다. 조직노
동자는 행동 면에서도 요구 면에서도 때때로 전투적이었다. 그러나 그들
은 직장에서도 기꺼이 장시간 노동을 소화했고, 열심히 새로운 기능을
습득하는 등 일에 임하는 태도도 적극적이었다. 새로운 기술이 도입되어
효과적으로 사용됨에 따라 생산성은 대폭 상승했다. 제조업의 노동생산
성은 1955년부터 1964년에 이르는 10년간 88% 상승했다.

　생산자로서 열심히 일한 것 외에도, 보통의 일본인은 예금자로서도
소비자로서도 중요한 역할을 했다. 전전과는 달리 전시(戰時) 이래 풍
조로 일반 임금노동자는 소득의 상당 부분을 저축했다. 일본의 평균세
대의 저축률은 1950년대 초에는 10% 미만이었지만, 경제성장과 더불
어 점점 높아져 1960년에는 15%에 이르렀고, 1970년에는 20%를 넘어
섰다. 이후 가계의 평균저축률은 계속 20% 이상을 웃돌았다. 보통은행
의 예금계좌나 정부가 운영하는 우체국에 예금된 이런 자금은, 기업의
투자를 받쳐주는 방대한 자금원이었다.

　그러나 일반서민은 저축에만 열심인 것이 아니라, 계속 오르는 봉급
의 일부를 이런저런 소비재를 구매하기 위해 기꺼이 지출했다. 분명히
수출시장은 일본경제의 부침(浮沈)을 쥐고 있었고, 외국의 기술을 계속
도입하기 위해서는 수출로 달러를 벌어들이는 것이 중요했다. 그러나
1950년대부터 1970년대까지 수출은 GNP의 11%밖에 차지하지 않았
다. 그것과 비교하면 같은 기간 서구 자본주의 국가들의 수출 대(對)
GNP비의 평균은 21%에 달했다.[3) 따라서 소매시장을 비롯한 국내시장
의 소비재 수요는 일본경제 성장의 중요한 원동력이었던 것이다. 소비는

공업생산과 마찬가지로 전쟁으로 중단된 1920년대, 1930년대의 추세를 이어나갔다. 세탁기, 전기밥솥, 라디오, 전축, 텔레비전 등 점점 늘어가는 가정용 전자제품과 오락용품을 취급하는 상점 앞은, 이들 상품을 사려는 소비자로 북적거렸다. 가전제품은 어느 것이나 상당히 비쌌다. 전형적인 신제품 텔레비전 소매가격은 1957년에는 도시의 평균세대의 월수입의 약 두 달 반분에 해당하는 8만 5,000엔이었다. 그럼에도 불구하고 1963년에는 텔레비전 보급률이 전국적으로 세대의 80% 이상에 달했다. 전체적으로 보면 1955년부터 1973년까지 1인당 실질 국내소비는 평균 7.5%씩 증가했다.[4]

전후 경제사에서 그 평가를 둘러싸고 가장 의견이 갈리는 국내 요인은 국가의 역할이다. 일본정부는 소련형의 '명령경제'를 운영한 것은 아니었다. 민간기업은 때때로 정부의 조언에 반하면서까지 상당한 주도권을 발휘했다. 그러나 그렇게 말해도 전후 일본의 경제사는 자유시장의 기적으로서 단순히 정리할 이야기는 아니다. 전전과 전중에는 필요에 몰리면 이런저런 관행이 임기응변식으로 만들어졌는데, 그것들을 계승해 발전시킨 국가에 의한 관리는 다방면에 광범위하게 미쳤다. 이 관행은 한마디로 산업정책이라는 말로 표현되는데, 그 유무는 큰 차이를 가져왔다.

일본정부(점령기에는 GHQ의 지원도 있었다)는 외환이나 기술라이센스 같은 귀중한 자원으로의 접근에 대해서는, 전시 이래 큰 통제권한을 가지고 있었다. 정부는 이 권한을, 민간기업이 벌이는 사업계획 중 어떤 것을 지원하고, 어떤 것을 지원하지 않을지를 선별하기 위한 수단으로도 이용했다. 전후 초기에는 이런 공적인 지원을 얻을 수 있는가 어떤가는 큰 의미를 가졌다. 시간이 경과하면서 국가에 의한 개입의 중심은, 법에는 명시되지 않은 이른바 '행정지도'라 불리는 비공식적 관행으로 옮겨갔다. 지도를 실시하는 가장 중요한 정부기관은 통상산업성(通商産

業省, 줄여서 통산성)이었다. 통산성의 전신은 상공성(商工省)이었고, 전쟁이 격화되고 나서는 상공성은 군수성(軍需省)으로 재편되었다. 1945년 패전 직후에 군수성은 본래의 상공성이라는 명칭을 쓰게 되었고, 1949년에 다시 한번 이름이 바뀌어 통산성이 되었다. 통산성 이외에 중요한 역할을 한 성청(省廳)으로는 대장성·운수성·건설성·우정성·경제기획청 등을 들 수 있다.

가장 일반적인 차원에서, 정부는 소리 높여 경제를 응원하는 치어리더로서, 또 경제가 나아가야 할 목표나 방향을 지시하는 간판장이로서 경제에 대한 신뢰감을 조성했다. 경제기획청은 1948년부터 일련의 '5개년계획'을 책정했지만, 이들 계획에는 어떤 구속력도 없었다. 그러나 5개년계획은 정부가 어떤 산업을 성공시키고 싶다고 생각하고 있는지, 그리고 그것을 위해 자금의 제공자로서, 외환·원료·기술라이센스에 대한 접근의 중개자로서, 또는 문제가 생긴 경우 구조자로서 개입할 용의가 있는지 여부를 민간투자자에게 신호해 알려주는 기능을 했다. 이렇게 정부가 기업을 후원하는 것에 대해서는 외국으로부터 (아마도 시기어린) 경멸을 샀다. 유명한 에피소드로서 1962년에 프랑스를 공식 방문한 이케다 하야토(池田勇人) 총리가 샤를 드골 대통령에게 '저 트랜지스터 세일즈맨'이라고 놀림을 당한 사건이 있었다.

정부기관들은 훨씬 직접적인 형태로 미성숙한 산업의 보호와 육성에 관여했다. 1960년대 말까지 정부는 수입제한을 위한 하나의 수단으로서 수입관세라는 오래된 방식을 사용했다. 게다가 전후 초기에는 일본 기업이 외국으로부터 수입하는 경우, 수입대금을 지급할 달러를 사들이기 위해서 정부의 인가가 필요했는데, 정부는 수입을 저지하고, 국내시장에서 일본기업을 외국의 경쟁상대로부터 보호하기 위해서 이 인가제도를 이용했다. 또 정부는 온갖 특혜조치를 동원해서 유망한 일본기업의 육성을 도모하려고 했다. 예컨대 정부계 금융기관은 타깃으로 삼은 산업에 저금리대출을 해주었다. 관료들은 유망한 성장산업의 기업을 위해서 기술 라이센스 취득의 중재를 한다든가, 감세조치를 강구하기도 했다. 유망한 부문에서 투자가 과열되면, 설비가 과잉되고 유휴화되는 일이 더러 있었는데, 그런 사태가 벌어지면 특정산업 내의 모든 대기업이 함께 살아남기 위해서 보조를 맞추어 감산(減産)을 하도록 산업규모의 감산협정, 즉 '불황 카르텔'이 통산성의 중개로 결성된 적이 자주 있었다.

이런 관행은 기업에게 굉장히 이롭게 작동되는 경우가 있었다. 그런데 그 은혜를 받는 것은 특정 일부 기업만은 아니었다. 일례를 들면 1950년대에 통산성은 큰 철강회사들에게 첨단기술이었던 염기성산소제강법(鹽基性酸素製鋼法, BOF 轉爐法)의 라이센스 계약을 공동으로 맺어서 비용과 편익을 공유하라고 압력을 가했다. 자유시장에서의 라이센스 취득은, 관심 있는 개별 회사가 오스트리아의 특허권자와 각자 별도의 라이센스 계약을 맺어 따로 특허사용료를 지불하는 것이 일반적이었다. 그런데 일본의 철강회사들은 동종업계의 타사와 공동으로 라이센스계약을 맺음으로써, 미국의 철강회사가 부담한 비용의 극히 일부만으로 이 매우 중요한 기술을 취득한 것이다.[5] 그후 일본철강회사는 세계 각지의 경쟁상대보다도 신속하게 신세대의 생산설비를 건조하고, 맹렬한 기세로 그들의 경쟁상대를 제압해 선두에 나섰다.

정부가 이렇게 경제에 비공식적으로 개입하는 메커니즘은 행정지도라고 불리게 되었다. 그것은 관전적인 정치경제체제를 떠받치는 하나의 토대였다. 본래 행정지도의 출발점이 된 것은, 1920년대부터 1930년대에 주요 산업에서 카르텔 결성을 장려 또는 강제해서 공업생산의 합리화를 도모한다는 계획이 실시될 때 임기응변식으로 형성되어 정착된 관계나 관행이었다. 전후에 관료들은 이 관리자본주의의 관행을 더욱 다듬었지만, 고압적인 설득방법은 전시와 비교하면 덜 사용했다. 관료들은 정부의 지원을 효과적으로 이용한 업체들에 보답하기 위한 여지를, 시장에 종래 이상으로 더 많이 남겨놓게 되었고, 그들과 기업가들의 교류방법도 종래와 비교해서 꽤 건설적이었다.

사회·가족·학교·일

'관전기 시스템'(transwar system)이라는 개념은, 쇼와공황기에 시작해 전중(戰中)을 거쳐 전후에 이르는 기간에 임기응변적으로 형성된 산업정책, 기업집단의 재편성, 노사관계, 노동력에서의 여성의 역할 변화, 농지개혁 등 일련의 정치적·경제적 구조의 특징을 묘사하는 개념이라고 할 수 있다. 또 관전기의 일련의 사회적 패턴에 대해 논하는 것도 가능하다. 제2차 세계대전이 끝난 뒤 약 10년 동안, 사회구조와 사람들의 생활에 나타난 본질적인 특징은 대략 1920년대에서 1950년대에 걸치는 관전기의 그것과 많은 것을 공유했다. 다양한 멤버로 구성된 사회는 지역사회의 생활, 가족생활, 학교, 직장에서의 영속적인 다양성과 비균질성을 특징으로 하고 있었다.

전시의 물자부족과 공습, 소개(疏開)에 의해 1940년대 초 일시적으로 도시사회는 황폐화되었다. 그러나 활기 넘치는 도시생활은 경제가 부흥하기 전에 되살아났다. 19세기 이래 계속되어온 대도시로의 인구 유입도 다시 시작되었다. 1950년대와 1960년대에 농촌을 떠나 도시로 이주한 사람은 매년 약 100만 명에 달했다. 도시근교생활의 완만한 확대는, 이미 1910년대부터 1920년대에 걸쳐 통근용 전차의 노선이 개설되어 새로운 주택지가 개발되면서 시작되었다. 도쿄와 오사카 같은 대도시에서는 1950년대와 1960년대가 되어서도 스프롤 현상이 계속되었다. 대도시는 밝고 새롭고 근대적인 생활을 바라고 있던 사람들을 자석처럼 끌어당겼다. 일본의 총인구에서 도시인구의 비율은 1950년에는 38%였지만, 1975년에는 75%로 높아졌다.

　도시로의 인구유출이 곧바로 농촌의 과소화(過疎化)를 초래한 것은 아니었다. 전쟁이 끝나자 수백만의 군인이 고향에 돌아와, 가족과의 생활을 재개하고 새로운 가정을 꾸렸다. 그 결과를 말하면, 일본에서도 다른 나라에서와 마찬가지로 공전의 베이비붐이 도래했다. 베이비붐이 절정에 달한 1947년부터 1949년까지 매년 탄생하는 신생아가 거의 270만 명에 달했다. 전체적으로 보면 1945년부터 1955년까지 일본의 인구는 1,860만 명이나 증가했다. 총인구가 급증한 덕분에 농촌에서 도시로 수백만의 인구이동이 있었음에도 불구하고 농촌인구는 높은 수준에 머물렀다. 제2차 세계내전이 끝났을 무렵, 농촌인구는 3,600만 명으로 총인구의 약 50%였지만, 10년 뒤인 1955년에도 비록 그 비율은 저하되었으나 절대수는 1945년과 다르지 않았다. 도시사회와 농촌사회의 양방이 다이나믹했던 것이, 관전기 일본사회를 비균질적인 것으로 만든 하나의 요인이었다.

　관전기 사회양식에서 또 하나의 특징적인 것은, 사람들이 교육을 받고 생계를 꾸려가는 방법의 다양성이었다. 점령기에 다양한 개혁이 실시되었음에도 불구하고, 학교제도는 1950년대 말까지 중학교 졸업, 고등학교 졸업, 전문대 또는 대학 졸업이라는 확실히 다르지만, 각각 사회적으로 인정받고, 낙오의 딱지와는 관계없는 세 출구로 구분되는 위계구조를 유지하고 있었다. 1940년대 후반부터 1950년대가 끝날 무렵에 고등학교에 진학하는 중졸자의 수는 확실히 늘어났다고 해도, 1955년 시점에서도 청소년의 절반 정도는 중학교 졸업이 최종학력이었다. 고등학교를 졸업하는 사람은 같은 세대의 약 3분의 1이었고, 대학과 전문대에 진학하는 사람은 약 15%에 불과했다.

　전전과 전중에 뿌리를 두고 있는 이런 학력에 근거한 위계구조는, 그대로 1950년대의 직장과 완전한 대응관계에 있었다. 중졸자는 남녀 모두 장래성이 비교적 한정된 공장노동자로 취직했다. 고졸 남자에게는 적어도 중견관리직으로의 승진이 거의 확실했고, 경우에 따라서는 그 이상의 승진도 가능했고, 숙련을 요하는 생산현장의 기술직, 혹은 사무직으로 취직의 길이 열려 있었다. 고졸 여성에게는 일류기업의 사무실에서 비서나 사무직으로 일하는 길이 열려 있었다. 대졸 남성은 기업이나 관청의 엘리트 관리직의 길로 나아갔다. 그러나 전후 초기의 자본주의 공업국가들에서도 그랬던 것처럼, 여성 대졸자가 남자와 같은 커리어를 얻으려고 하면 공립학교 교직 등의 소수 예외적인 직종을 제외하면 터무니없는 장벽에 가로막혔다. 성역할과 학력의 조합에 의해서 사람들은 책임의 경중과 보수의 액수에 따라 몇 층씩이나 뚜렷이 구분된 여러 직종으로 나뉘어 있었던 것이다.

전전과 마찬가지로 직업의 세계는 굉장히 다양했다. 공장, 탄광, 관청 혹은 크고 작은 민간기업 등 어디서 일하든 학업을 마친 뒤에 가정 밖에서 임금을 받고 일하는 사람의 수가 많았다고는 해도 전체로 보면 소수였다. 도시에서도 농촌에서도 성인의 과반수는 소규모 가족경영 사업에 종사하든가 농업에 종사하고 있었다. 1950년대에는 전전과 마찬가지로 일본 노동인구의 절반 이상은 가족끼리 운영하는 농장이나 어선, 또는 가족소유의 소규모 소매점·도매점·마을공장에서 일하는 가족구성원이었다. 이런 가족경영에서는 남편이 사업주로 간주되는 게 보통이었다. 한편 남편과 함께 일하는 농가의 주부, 야채가게의 주부, 이발소의 주부는 '가족노동'으로 간주되었다. 정부의 통계에서는 이들 주부를 '종업원'으로 잡지 않았다. 가족의 일원으로서 총수입은 공유해도 임금을 받지 않는 것이 일반적이었던 것이다. 1930년대부터 1950년대까지 여성노동자의 3분의 2 이상이 가족노동의 범주에 속해 있었다. 이들 여성과 그 가족은 소매점주, 소규모 사업주, 소규모 공장주 등 전전과 관전기의

스물한 살 된 농가 며느리의 손(1963년 촬영). 거칠게 갈라지고 튼 손은 집안과 논밭에서 얼마나 고된 일을 하며 살았는지를 말해준다. 이 사진은 20세기 초부터 1950년대 말까지 농촌사회와 농업기술에 별다른 변화가 없었음을 입증해준다. 농촌사회에서 하루의 작업일과가 크게 변한 것은 고도성장의 성과가 농촌에까지 널리 퍼져 농업의 기계화가 진행된 1960년대 이후의 일이었다. 미나미 요시카즈(南良和) 제공.

'구중간층'의 중핵을 이루고 있었다. 그리고 그들은 전후 초기 일본의 크고 작은 도시의 지역사회에서도 가장 큰 집단으로서 살고 있었다.

가족유형이 다양했던 것도 관전기의 사회형태를 특징짓는 요인이었다. 1920년대에 핵가족은 이미 전체 가족의 54%를 차지했다. 나머지 가족의 대부분은 3세대가 한 지붕 아래 사는 확대가족이었다. 관전기 사회는 이 두 가지 가족형태의 공존을 특징으로 했다.

1950년대 일상생활의 물질적인 조건도 새로운 전후세계보다는 과거 관전기 세계의 특징을 띠었다. 1950년대에 촬영된 사진은 1970년대보다도 1930년대에 촬영된 사진과 더 비슷하다. 농촌사람들의 일상적인 옷차림은 게다를 신고 기모노를 입은 스타일이었다. 집은 여전히 초가집이 많았고 도로는 비포장이었으며, 논밭의 쟁기질에는 소를 이용했다. 농사일은 거의 기계화가 이루어지지 않았다. 농가의 젊은 여성의 손을 촬영한 1963년의 사진은, 20세기 훨씬 이전에 촬영되었다고 해도 이상하지 않을 정도다. 농사일은 과혹했고, 상처가 아물 새가 없었다. 도시에서도 농촌에서도 소비생활에 신기축을 가져온 몇 가지 소비재가 흥분을 일으키며 보급되었다. 그러나 1950년대 후반에 이르기까지 이들 소비재는 기본적으로 1920년대와 1930년대의 그것과 변하지 않은 조명기구, 라디오, 오디오, 전화 등이 중심이었다.

일상생활에서 반복적으로 해야 하는 잡일도 전전부터 1950년대까지 변하지 않았고, 코즈모폴리턴적인 요소와 로컬한 요소의 조합도 그대로였다. 1950년에 도쿄에서 '노동세대'를 대상으로 실시한 사회조사에 의하면 여성이 바느질하는 데 보내는 시간은 평균적으로 매일 두 시간 이상이었다. 이 바느질 작업의 일부는 시판되는 옷을 본떠서 바느질로 새로운 옷을 만드는 데 할당되었다. 그것은 20세기 초 이래 백화점에서 현란하게 선전되던 상업적 패션세계와 이어져 있었다. 그러나 바느질작업의 중심을 이룬 것은 손바느질이든 재봉이든 상관없이 오래된 의복을 수선하는 일이었다. 그래서 가사담당자의 일은 종래와 마찬가지로 상당한 솜씨를 요하는 것이었고, 시간도 많이 걸렸다. 기성복이라는 근대적인 소비의 영역은 가정을 기반으로 하는 비상업적인 재생산활동의 광범위한 영역과 공존했던 것이다.

다른 몇 가지 점에서도 가정을 기반으로 하는, 부분적으로 상화업된 활동이 전개되던 지방의 세계는 대규모적인 관료화된, 이윤추구를 위한 기관으로 이루어진 세계와 공존하고 있었다. 1950년대 말까지의 문화활동과 여가활동은 전전과 마찬가지로 지역사회의 신사나 사원의 제례

등의 고장 축제와 엮어 이루어지든가, 혹은 가까운 데로 휴가를 떠나든
가, 고향에 내려간다든가 했다. 탄생·결혼·사망 같은 개인의 인생과 가
족의 생활에서 큰 의미를 갖는 경조사는 가까운 친척 등 비교적 좁은 범
위의 사람만 모여서 치렀다. 1950년대 후반까지도 출산은 대부분 병원
에서가 아니라 자택에서 의사가 아닌 산파의 도움으로 이루어졌다. 또
한 대부분의 사람들은 자택에서 죽음을 맞았다. 장례식과 결혼식은 장
례식장이나 결혼식장이라는 상업시설이 아니라 자택이나 가까운 신사
나 사원에서 행해졌다.[6]

경험의 공유와 생활양식의 규격화

　　　　그후 고도성장이 진행된 20여 년 사이에 크고 많은 사회
변화가 일어났다. 공습과 GHQ에 의한 농지개혁, 노동개혁에서부터 전
전 엘리트들의 재산 대부분을 파괴해버린 무시무시한 인플레이션에 이
르기까지, 전중과 전후 초기의 이런저런 사건에 의해 이미 경제적인 지
반은 상당한 정도로 균일해져 있었다. 이런 상황을 배경으로 해서 경제
성장과 더불어 생활양식이 표준화되는 경향이 급속도로 강해졌다. 농촌
과 도시의 생활격차도 줄어들었다. 확대가족이 아닌 핵가족으로 생활하
는 사람들은 꽤 이전부터 이미 인구의 절반을 상회하고 있었는데, 핵가
족에서 자란 사람들이 점점 압도적인 다수를 차지하게 되었다. 고학력
자와 의무교육수료자 사이의 격차도 좁혀졌다. 많은 직장에서는 위계도
이전과 비교해서 완화되었다. 이처럼 사회적인 격차나 차이가 약해진
것을 과대평가해서, 일본이 1970년대 이래 균질적인 낙원이 된 것처럼
보는 부정확한 고정관념을 퍼뜨려서는 안될 것이다. 그러나 1950년대
부터 1970년대에 걸쳐, 관전기 사회가 전후 사회에 자리를 내줌에 따라

일본인이 경험을 공유하는 영역이 넓어진 것은 부정할 수 없는 사실이
다.

경험 공유의 확대는, 사람들이 이전보다 더욱 쉽고 빠르게 교류할 수
있는, 풍경의 물리적 변화에 의해 가속화되었다. 1946년에는 총연장
90만km에 달하던 일본의 도로 중, 포장도로는 겨우 1%를 상회하는 데
그쳤다. 1970년에는 총연장 640km라는 그다지 많지 않은 고속도로를
포함해서 포장도로의 비율은 15%로 늘어났다. 1980년에는 세 배로 늘
어나 46%가 되었다. 도쿄와 오사카를 연결하는 도카이도신칸센(東海
道新幹線)이 1964년에 개통되었다. 신칸센에 의해 그때까지 두 대도시
를 이동하는 데 걸린 8시간이라는 소요시간은 3시간으로 단축되었다.
국외에서는 탄환열차라고 불린 데 반해, 일본어로는 '새로운 간선,' 즉
'신칸센'(新幹線)이라는 보다 평범한 이름이 붙었는데, 이 열차는 평범
과는 차원이 달랐다. 일본의 2대 도시 사이의 거리감을 바꿈과 동시에
세계적인 철도기술 진보의 최첨단을 개척한 기술적 성과라는 자랑스러
운 상징이기도 했다.

국토가 불도저로 밀어버린 듯이 급속한 기세로 평평하게 정지됨에
따라, 농촌은 비유적인 의미로도 지반침하를 일으키기 시작했다. 전업
농가의 수는 절대적으로도, 또 농가총수에서 점하는 비율에서도
1955년의 210만 세대에서 1970년에는 그 반수 이하인 83만 세대로 급
격히 지속적으로 감소했다. 노동인구에서 농업취업자의 비율은 1970년
에 20% 미만으로 떨어졌다. 그러나 이와 동시에 겸업농가의 수는 늘어
났다. 농업의 기계화가 진행된 것, 평균경작면적이 좁아진 것, 거기에
지방으로의 공장진출 등으로 인해 지방에서의 새로운 고용기회가 생겨
난 것 등이 겸업화를 가능케 했다. 오토바이나 자동차를 살 수 있게 된
현역세대의 농민들은 가까운 도시의 공장이나 사무실에 일자리를 얻어,
포장이나 개보수에 의해 좋아진 도로를 이용해 마을에서 새로운 직장으

로 통근하게 되었다. 집에서는 조부모가 손자들을 돌보고 텃밭이나 논밭을 일구곤 했다. 주중에는 직장에 다니는 자식세대도 주말에는 집안일을 거들었다. 주중에는 한창 일할 나이의 성인 남녀의 모습이 뜸해진 농촌은, 교외의 베드타운과 비슷해져 갔다. 이런 농촌의 변용은 1970년대에 농촌·도시·교외에 사는 사람들을 갈라놓는 라이프스타일의 차이를 줄이기에 이르렀다. 극단적인 경우에는 도시로의 인구이동으로 마을이 무인화되는 예도 있었다. 하지만 지방의 농촌이 모양새를 바꾸긴 했어도 살아남은 쪽이 더 일반적이었다.

전국적인 사회경험의 표준화의 중심에 있었던 것은 대규모적이고 관료적이고 상업적인 다양한 시설이 사람들의 생활에 유례없을 정도로 밀접하게 연관되기에 이른 것이었다. 19세기 이래, 공교육과 병역이 근대적인 사회경험을 규정했지만, 전후가 되자 이들 이외의 다양한 기관이 사람들의 생활과 굉장히 밀접한 관계를 갖게 되었다. 병원은, 사람이 거기서 태어나고 죽기 때문에 거의 보편적인 장소가 되었다. 1955년에는 출산의 82%가 자택에서 이루어졌지만, 1975년에는 겨우 1.2%밖에 안되었다.[7] 결혼식은 정력적으로 영업활동을 하는 전국의 수천 개나 되는 호텔이나 결혼식장에서 전문가의 손에 의해 현란하고 능숙하게 진행되는 값비싼 사치스러운 쇼로 변했다.[8] 장례와 사십구재 같은 상중(喪中)에 행하는 불교의 법사(法事)도 전문업자가 도맡아서 치르는 일이 점점 많아졌다. 신칸센·자동차·항공기를 중간계급이 이용할 수 있게 되자, 단체로 국내여행이나 해외여행을 즐기는 규격화·표준화된 상업적인 패키지여행이 인기를 끌었다. 1960년의 해외도항자(渡航者)는 겨우 12만 명에 불과했지만, 1970년에는 거의 100만 명 가까이 늘어, 1980년에는 약 400만에 달했다.

이런 사회경험의 표준화가 일어난 두 중요한 장소는 학교와 직장이었다. 1950년대부터 1960년대에 걸쳐 교육은 크게 변했다. 1955년에

는 약 50%였던 고교 진학률이, 1970년에는 82%, 1980년에는 94%로
크게 높아졌다. 또한 2년제 전문대학이나 4년제 대학에 진학하는 사람
의 비율도 늘었다. 1975년에 이르면 매년 고졸자 중 대학에 진학하는
비율은 35%에 달했는데, 이런 대학 진학률은 대부분의 유럽국가들을
상회하는 것이며, 미국에 육박하는 수준이었다. 고등학교에 진학하지
않고 학업을 마치는 사람은 극소수였다. 학력에 근거한 사회계층은 중
졸·고졸·대졸의 세 층에서 고졸과 대졸의 두 층으로 압축되었다.

국립대학이 엘리트 지위와 직결되는 관문으로서 가장 높게 평가된
것은 종래와 마찬가지였다. 그러나 고도성장기의 대중적인 고등교육에
는, 관전기와 크게 다른 하나의 중요한 특징이 있었다. 그것은 고등교육
을 접할 수 있는 기회가 놀라울 만큼 평등해졌다는 것이다. 1960년대에
는 대학입학자 중 극빈층 출신 학생의 비율이 전인구 중 극빈층의 비율
과 정확히 같았다.(표14.2 참조)[9] 이는 학생의 출신계층별 구성이 놀라
울 정도로 평등했다는 것을 보여준다. 그것은 미국에서 실시되고 있는
것 같은 차별철폐조치에 의해서가 아니라, 전국의 공립학교에서 수업의
질이 높은 수준으로 표준화된 덕분이었다. 그것은 아직 실력 본위의 입
학시험 아래서 부유한 부모가 큰돈을 기부해서 자녀를 마음에 드는 대

표14.2 **일본 고등교육으로 가는 접근의 평등성, 1961~1974년**
(전체 국립대학입학생 중 각 소득계층별 학생의 비율)

국립대학	1961	1965	1970	1974
I (최저소득층)	19.7	16.3	17.3	14.4
II	20.2	15.1	13.9	11.2
III	15.4	18.6	17.7	16.0
IV	18.5	22.5	21.2	24.3
V (최고소득층)	26.2	27.6	29.2	34.1

* 최저소득층(I)에서 최고소득층(V)까지의 각 소득계층은 전세대를 소득수준별로 5등분한 20%에 상
  당한다.
출전: Thomas Rohlen, "Is Japanese Education Becoming Less Egalitarian?" *Journal of Japanese Studies* Vol.
      3, No. 1 (Winter, 1977): 41.

학에 '뒷구멍으로 입학'(裏口 入學)시키는 길이 막혀 있었다는 사실의 반영이기도 했다. 또 하나의 요인으로서는 아마도 전쟁에 의한 황폐화와 전후 초기의 인플레이션이 구 엘리트층의 지위를 침식해서 부의 분배를 평등하게 만든 것을 들 수 있을 것이다.

새롭게 평등성을 강화한 교육제도는 중간층 대중을 선별하는 장치가 되었다. 그 결과는 악명 높은 '수험지옥'(受驗地獄)이라는 현상이었다. 일류 고등학교에 진학하고, 이어서 일류 대학에 진학할 수 있는가 없는가는 전적으로 입학시험 성적에 달려 있었다. 학생들은 입학시험에 대비해서 몇 년씩이나 열심히 공부했다. 희망하는 엘리트 대학의 입시에 실패하면, 수험생은 더러 합격을 목표로 1년(내지 2년) 더 입시공부에 몰두했다. 고등학교와 대학 사이에서 소속이 정해지지 않아 표류하는 이 수험생(재수생)들은, '섬길 주군이 없는 사무라이'라는 의미의 근세적 단어인 '로닌'(浪人)이라고 불렸다. 수험공부 이외의 학습을 중시하는 교사 중에는 입시 중심의 커리큘럼을 아주 넌더리난다고 생각하는 사람도 적지 않았지만, 그런 커리큘럼은 젊은이들을 선별해냈을 뿐 아니라 단련시키는 기능도 했다. 빈번하게 치르는 모의고사 등의 무미건조한 시험을 위해 끝없이 계속해야 하는 공부를 견뎌낼 수 있는 것은, 젊은이들, 특히 남학생들에게 어른이 되고 나서 매일 힘든 일과 치열한 경쟁을 이겨낼 수 있도록 해주는 준비과정이었던 것이다.

일본의 직장도 표준화된 새로운 '전후적' 특징을 갖추게 되었다. 노동자 대부분은 가족끼리 운영하는 자영사업장에서 일하는 것이 아니라 가정 외에서 임금노동에 종사하게 되었다. 노동력인구에서 차지하는 가족종사자의 비율은 1950년대 후반 3분의 2였던 것이, 1960년대 말에는 2분의 1 이하로 감소했다. 이 변화는 남성뿐 아니라 여성에게도 영향을 미쳤다. 1960년부터 1970년까지 가정 외에서 고용된 여성노동자의 비율은 42%에서 53%로 늘어났다.[10]

　전후 직장에서 일어난 두 번째 중요한 변화는 학교에서 일어났던 변화와 유사했다. 계층이 압축되고 줄어든 결과 종래보다도 평등주의적인 분위기가 강해졌다. 1960년대부터 1970년대에 걸쳐 고등학교 진학률이 거의 100%가 되자, 옛날에는 중견층의 직에 취직하기 위한 자격으로서 특권적인 의미가 있던 고졸이라는 학력은 최저수준을 나타내는 것이 되었다. 그것이 가져온 하나의 결과는 노동력인구의 교육 정도가 전체적으로 높아지고, 더 잘 훈련되어 질서정연해졌다. 또 하나의 결과는 남성들에게 들어맞는 것이지만, 화이트칼라 노동과 블루칼라 노동을 구분하는 격차가 줄어든 것이었다. 전전에 대졸 출신 과장이랑 공업전문학교 졸업의 기술자가, 중졸 혹은 소졸의 공원들을 감독하던 당시는 감독하는 측과 당하는 측의 경험과 승진의 전망에는 큰 차이가 있었다. 1970년대에 이르자 종업원 대부분이 18세까지 취학한 경험을 갖게 되었고, 대학교육 자체로부터 얻을 수 있는 새로운 지식이나 기능도 비교적 적어져서, 고졸로 블루칼라가 된 신입사원과 대졸로 화이트칼라가 된 신입사원이 습득한 기능의 차이는 종래보다 훨씬 적어졌다.

　고도성장기의 새로운 사회질서에서는 가정생활의 표준화도 크게 진전되었다. 1960년대를 거치면서 핵가족의 비율은 증가를 계속하여, 1975년에는 전 세대의 약 3분의 2까지 되었고, 거기서 별 변동이 없었다. 동시에 독신자 세대─전형적인 것은 회사 기숙사나 아파트에 살던 미혼의 젊은 급여생활자 세대─의 비율도 1955년에는 3%였던 것이 1975년에는 14%로 늘었다. 확대가족의 비율은 전체의 3분의 1에서 5분의 1로 줄어들었다. 다만 '확대가족'의 정의는 애매모호하다. 자식세대와 동거하지 않는 고령의 부모 대부분은, 자식이나 손자 세대로부터 걸어서 갈 수 있는 거리, 혹은 차로 몇 분 거리에 살았다.[11] 고령의 부모 세대와 그 자식 세대가 각각 가까운 데서 핵가족을 꾸려가는 이런 형태는 '확대 핵가족'이라고 부를 수 있을지 모른다. 그러나 독신자세대가 늘

고 확대가족이 줄어든 결과, 2대가 함께 사는 세대가 당연한 가족의 형
태로 돋보이게 되었다.

핵가족은 1950년대 후반에 식자들이 일본의 '신중간계급'이라 부르
게 된 사회계층의 중심부분을 차지했다.[12] 여기서는 '신'(新)이라는 접
두사가 농촌에서 가족농업을 경영하는 농민과 도시의 소규모 자영업자
로 이루어진 구중간층과 차이를 두드러지게 한다. 계속 확대되던 이 신
중간계급은 도쿄·요코하마·나고야·오사카와 여타 도시들의 주변으로
넓어지고 있던 교외에 집을 마련했다. 1950년대 후반부터 1980년대까
지 계속된 호황기에는, 과거 농지나 구릉지대였던 토지에 단지라고 불
리는 거대한 집합주택군이 잇달아 출현했다. 일본주택공단을 비롯한 공
적인 기관에 의해 100만 가구분 이상의 중층주택이 건설되었다. 중간계
급 중에서도 비교적 부유한 시민을 위해서 민간 부동산개발업자가 건설
해서 판매한 단독주택들도 이들 도시의 교외에 사방팔방으로 산재해 있
었다.

이들 중고층단지나 단독주택의 새로운 건축양식에는 '근대적인' 주거
공간의 실현을 추구한 전전(戰前)의 혁신이 활용되었다. 침실과 다이닝
/키친용의 공간이 분리되었다. 밥상 대신 식탁과 의자가 도입되었다. 별
도의 아이들 방이 갖추어진 경우도 많아졌다. 그런 교외의 집에 사는 남
편은 매일 사무실이나 공장으로 전차로 통근해 힘든 풀타임 일을 해내
고, 한편 아내는 파트타임 일을 하는 경우가 많았는데, 거의 절대 둘을
넘지 않는 자녀를 돌보느라 하루해가 저무는 것이 고도성장기의 이런
핵가족의 전형적인 라이프스타일이었다.

사람들은 이런 새로운 가정상을 동경만 했던 것은 아니고, 그때까지
와는 다른 방식으로 배우자를 구해 만나게 되었다. 20세기 초 일본의 상
류·중류계급사회에서는 결혼을 전제한 연애가 없으면 안된다는 소수파
의 이념, 즉 약간 반항적인 이념도 이미 나타나고는 있었지만, 결혼이라

고 하면 중매결혼이 일반적이었다. 1950년대에도 화이트칼라 봉급생활
자로 구성되는 신중간계급 사이에서도, 중매결혼은 여전히 꽤 뿌리 깊
게 남아 있었다. 젊은 두 사람은 부모·친척·친구 혹은 중매쟁이 등의
소개로 선을 보고 나서, 서로 결혼상대로서 적합한지를 판단한 다음 결
혼했다.[13] 그러나 그 즈음부터 대학생이나 일하는 젊은이들 사이에서
는 데이트의 관습이 널리 퍼지게 되어, 영어에서 취한 '데토'(デート)라
는 단어도 일본어로 정착했다. 서서히 그러나 착실히 '연애결혼'이라는
사고방식이 우세하게 되었다. 그리고 그런 결혼을 축하하기 위한 결혼
식은 점점 호화로워졌고, 전후 일본의 표준적인 가정의 출발을 알리는
의식으로서 정착했다.

동시에 많은 중간계급의 남녀에게 일의 세계와 가정은 여전히 별개
의 것이었다. 남자에게, 특히 화이트칼라 직장인에게 회사에 대한 소임
을 다하기 위해서는 동료와 술을 한잔한다든지 거래처 관계자를 접대한
다든지 하는 근무시간 외의 만남의 자리도 일의 한 부분으로서 당연히
가져야 한다는 것이 일반적이었다. 많은 경우 근무시간 후의 사교장소
가 된 것은 여성 호스티스가 시중드는 바 등이었다. 여성 접대원들이 종
사하는 이른바 물장사는 1920년대 카페 문화의 요소와, 접객의 프로인
게이샤가 고도로 세련된 서비스를 베푸는 엘리트적인 세계의 요소가 조
합된 것이었기 때문에, 일반적으로는 물장사가 바로 매춘은 아니었지
만, 호스티스가 가끔 손님과 육체관계를 맺는 경우도 더러 있었다.
1960년대 이래 일본에서는 이런 물장사가 크게 번창했으며, 수천 명의
술집주인(그 대부분은 호스티스 출신의 나이 든 여성이었다)과 그 종업원
은 많은 수입을 올렸다.[14]

정부에 의한 공공주택 건설의 투자와 베이비붐 세대 부모들에 의한 무거운 주택대출 부담을 감내한 주택구입과 맞물려, 전후의 주택건설 붐이 일어났다. 사진은 오사카 교외의 히라카타(枚方)시에 일본주택공단이 1950년대 말에 조성한 최초의 아파트 단지(1961년 촬영). 이와 비슷한 아파트 단지들이 일본 전역에 들어섰다. 마이니치 신문사 제공.

격차의 잔존과 재편

전후사회에서 사람들이 경험을 공유하는 영역이 이렇게 대폭 늘어난 것을 인식하는 것은 중요하다. 그럼에도 중요한 사회적 골과 격차가 사라지지 않고 남아 있었고, 또는 새로운 형태를 취해 나타나곤 했다는 것을 이해하는 것도 마찬가지로 중요하다. 가령 신구 중간계급간의 격차, 일류대학 진학률을 자랑하는 진학교에 입학하는 고교생과 그 대열에 끼지 못해 취직을 위한 '실업고등학교'에 입학하는 고교생 사이의 격차, 남녀간의 격차, 다수파로서의 일본인과 재일한국인, 부라쿠민, 홋카이도의 선주(先主)민족인 아이누, 남쪽의 오키나와인 등의 민족적 소수자나 '타자' 사이의 격차 등이다.

뿌리 깊게 남은 하나의 분단(分斷)은, 도시와 농촌간의, 신구 중간계급간의 분단이었다. 고도성장기에 농촌생활이 크게 변하면서도 없어져 버리지 않은 것처럼, 도시에서도 대부분의 자영업자의 가족은 소멸되지 않았다. 구중간계급이 양적으로 많이 남은 채 신중간계급이 늘어난 것이다. 지방의 상점주를 비롯한 자영업자들은 열심히 일해서 각자의 집을 '샐러리맨' 세대와 똑같은 소비재로 채웠다. 자영업자의 자녀는 샐러리맨의 자녀처럼 기초교육을 받고, 평판 좋은 상급학교로 진학할 때도 거의 비슷한 기회를 얻었다. 고장의 상점주와 소규모 자영제조업자들을 엮어내는 긴밀한 다양한 네트워크가, 도시의 지역사회를 연결해 일체화시키는 사회적 접착제 역할을 해낸 덕분에, 그런 지역사회는 사람들이 맘 놓고 살며 시장도 볼 수 있는 안전하고 활기찬 장소로서, 또한 도시생활에 활력을 부여하는 에너지원으로서 기능 하는 것이 가능했다.[15] 그러나 신구 중간계급의 라이프스타일이 일정한 공통의 패턴을 향해서 어느 정도 수렴된 것은 확실하지만, 그럼에도 불구하고 구중간계급에게 장래의 경제적인 전망은 대기업 종업원만큼은 확실하지 않았다. 수많은 소규모 사업이 파산했다. 고도성장기를 통해 중소영세 기업의 3-5%가 해마다 도산했다.[16]

교육의 영역에서는 몇 가지 분단이 새로운 형태로 출현했다. 고교진학률이 거의 백 퍼센트에 달하자, 의무교육밖에 받지 않은 사람과 상급학교에 진학한 사람 사이의 격차는 좁아졌다. 그러나 고교간에, 대학간에 새로운 격차가 생겨났다. 고교와 대학의 입학시험이 실력본위인 것과 초등·중등 공립의 질이 비교적 균일해진 것이, 고등교육으로의 경쟁을 종래 이상으로 평등하게 만들었다. 그러나 이런 기회의 평등화는 개인별로나 집단별로나 결과의 불평등화와 동시에 이루어졌다. 전국 주요 도시에 있는 공립고교 몇몇은 일류 진학교로서의 평판을 얻었고, 평판

데이트와 '연애결혼'은 1950년대 후반 이래 점점 일반적으로 되었다. 1960년대에 촬영된 도쿄 황거의 와다쿠라바시(和田藏橋) 위의 광경. 거의 일정한 간격으로 나란히 떨어져 서서 두 사람만의 세계에 몰두하고 있는 연인들. 도미야마 하루오(富山治夫) 제공.

대로 실적을 올렸다. 치열한 입시경쟁을 뚫고 그런 진학교에 입학한 학생은, 일류대학 입시합격을 목표로 3년 동안 입시지도를 착실히 받는다. 다른 고교들에는 입시에 흥미도 없고 '학업의 낙오자'가 된 학생들을 위한 '이류학교'라는 현실을 정확히 반영한 딱지가 붙었다.

  이와 연관된 격차가 급격히 성장해가던 일본의 제조업에서 새로운 형태를 취했다. 교육제도가 변한 것, 노조가 힘을 얻은 것, 기업이 경영방침을 전환한 것 등과 더불어, 대기업의 블루칼라와 화이트칼라 남성 노동자의 대우가 대폭 평등해졌다. 그러나 노동인구의 5분의 1 내지 4분의 1에 불과한, 대기업에서 일하는 운 좋은 사람들과 나머지 노동자를 분리하는 격차는 없어지지 않았다. 1960년대에 중소기업 남성노동자의 임금은 대기업 남성노동자 임금의 50-60%에 불과했다.[17] 중소기업에서 일하는 노동자의 고용신분도 대기업 노동자와 비교하면 상당히 불안정했다.

전후의 가장 중요한 사회적 격차는 아마도 성역할에 관련된 영역에서의 격차일 것이다. 예컨대 고도성장기의 직장에서는 남녀 간의 성별에 의한 분업은 거의 변한 것이 없었다. 전전기 제조업에서는 중공업에서 일하는 노동자의 압도적 다수는 남성이었던 데 반해, 여성노동자의 3분의 2는 섬유산업에서 일하는 여공이었다. 1950년대 초에도 제조업에서 일하는 여성노동자 중 섬유공장에서 일하는 비율은 55%나 되었다. 마침 이 무렵 전자기기업체가 급속도로 대량생산을 전개해 많은 젊은 여성노동자를 고용했다. 1950년대 중반부터 1960년대에 걸쳐 트랜지스터 라디오의 조립라인이, 이어서 TV 조립라인이 일본의 기적적인 경제발전의 상징으로서 국제적으로 알려지게 된다. 여성노동자 중 섬유산업 노동자의 비율은 1955년에는 50%를 웃돌았지만, 1965년에는 18%로 급감했다. 그러나 전자산업에서 일하는 여성노동자는 의무교육 수료와 동시에 채용되어 회사의 기숙사에 살며 가족주의적인 경영방침의 모토에 의해 자유를 속박당한 점에서는 과거 섬유공장에서 일한 여성노동자들과 거의 비슷한 상황에 부닥쳐 있었다. 또 텔레비전 조립라인에서 이루어지는 노동집약적인 일의 내용도 과거 섬유노동자들이 하던 일과 질적으로 별로 다르지 않았다.

확대를 계속하던 기업의 사무실에서 여성 사무직원을 채용할 때 기대한 것은, 출세코스에 있는 남성동료를 위해서 직장을 화사하게 만드는 '직장의 꽃'으로서의 역할이었다. 여성사원은 승진의 가망도 거의 없는 말단의 지위에서 근무시간에 직장이 활기차도록 늘 밝게 미소 띤 얼굴을 하라는 교육을 받았다. 채용조건으로서 결혼과 동시에 퇴직하겠다

1958년 세이코 시계공장 조립라인에서 일하는 여성들. 중학교를 갓 졸업한 수십만의 젊은 여성은 기존의 섬유산업에도 종사했지만, 호황을 누리던 하이테크 산업에 뛰어들어 전자제품이나 정밀기계를 제작하는 공정에 투입되기도 했다. 마이니치 신문사 제공.

는 약속을 미리 받는 곳도 적지않았다. 여성 중에는 단체교섭을 통해, 또 가장 중요한 사례로는 재판을 통해 이런 유의 차별대우에 도전한 사람들도 있었다. 스미토모(住友) 시멘트의 차별대우사건에 대한 1966년의 판결이 주목을 받은 것을 필두로, 여성노동자에게 결혼과 동시에 퇴직을 강요하는 것은 부당하다는 판결이 다수 내려졌다. 그러나 직장에서 성역할 구분을 유지하는 데 열심이었던 많은 고용주는 신입사원의 채용방침을 바꿈으로써 법을 한발 앞서 나갔다. 그런 기업은 4년제 대학을 졸업한 여성을 비롯하여, 결혼 후에도 그 새로운 권리를 행사하며 계속 일할 가능성이 클 것 같은 여성의 채용을 기피하게 되었다. 그 대신 그때까지의 경험을 통해 강요당하지 않아도 결혼과 동시에 퇴직할 가능성이

큰 2년제 대학 졸업생을 채용했다.[18]

신앙도 전후 일본인의 생활을 분단한 요인의 하나였다. 성공과 부를 향한 경쟁에서 뒤처진 사람 중에는, 눈이 어지럽도록 다종다양한 신흥종교에서 정신적·사회적으로 기댈 곳을 구한 사람들이 있었다. 신흥종교 대부분은 19세기 중에, 또는 20세기 초에 창설되었는데, 그중에는 전후 초기에 시작된 것도 있고 규모가 작아서 단명으로 사라져버린 것도 적지 않았다. 세속의 외부인의 눈에는 신흥종교는 아주 색다르게 보였다. 카리스마적인 교주가 손을 댄다든가, 그 몸에서 신성한 활력을 발한다든가 하는 것에 의한 신앙요법을 강구하는 종파도 있었다.

신흥종교 중에는 소수이지만, 수백만의 신자를 모은 것도 있었다. 최대의 종파는 소카갓카이(創價學會)이다. 1930년대 후반에 니치렌종(日蓮宗)계의 작은 분파로 발족한 소카갓카이는, 1950년대에 들어서부터 비약적으로 성장하기 시작해 1960년대 후반에는 700만 신자를 거느리게 되었다. 전후에 백만 단위의 신자를 보유하게 된 주요 신흥종교로는 역시 니치렌종계의 종파인 릿쇼코세이카이(立正佼成會)와 덴리교(天理敎)가 있었다. 기존의 불교사원이나 신도의 신사가 대다수 사람의 소극적인 충성심을 끌어모은 데 비해, 이들 신흥종교는 신자들에게 기도 면에서도 금전적인 지원 면에서도 아주 적극적인 헌신의 자세를 취하도록 지도했다. 현세에서의 위안과 내세에서의 구원을 주는 것이 이들 종파의 특징이었다. 그 중 소카갓카이는 강제적인 절복(折伏, 상대의 악이나 실수를 공격함으로써 진실의 가르침으로 복귀시키는 교화법)으로 악명을 떨쳤을 뿐만 아니라, 신자들에게 매일 불단 앞에 앉아서 30분간 경을 읊도록 주문했다. 이런 하루의 의무를 제대로 실천하는 것이 경제문제든 마음의 문제든 눈앞의 문제를 해결하기 위한 열쇠로 간주되었다. 신입신자에게, 소카갓카이는 크레디트 카드 같은 것으로 "지금 사고 나중에 갚는" 대신에 "지금 기도하면 나중에 믿게 된다"고 말했다. 다시 말해 처음에는 의심 반으로 기도해도 그러는 사이 이런저런 좋은 일이 일어나면 믿게 된다는 것이다. 가족처럼 힘이 되어주는 신자 동료의 긴밀한 네트워크 덕분에 신입 신자들의 기도가 일자리를 찾았다든가 교우관계가 넓어지는 등의 좋은 일이 생기는 것으로 알려져 종파는 더욱 번창했다.

민족적·인종적 소수자에 대한 차별도, 전후사회에서 분단의 지속을 특징지은 문제였다. 전쟁이 끝날 때까지 일본으로 이주했거나 강제로 끌려왔던 한국인이 약 200만에 달했다. 전후에 그 대부분은 한국으로 돌아갔으나, 미국에 의한 점령이 끝났을 무렵 일본에 남아 있던 사람은 약 54만 명이었다. 이들의 법적 지위는 이미 일본 천황의 신민에서 재일 외국인으로 바뀌어 있었다. 한국인은 공동체로서의 강력한 유대를 이어가고 민족학교의 네트워크도 유지하고 있었지만, 경제적 고난과 차별에 직면했다. 그들 중 일본사회 전체가 풍요로워지고 있는 가운데 그 번영의 혜택을 받은 사람은 극히 드물었다. 대다수 사람에게 공사현장 등에서의 일용직 막노동 같은 힘든 저임금 노동 외에 선택의 여지는 거의 없었다.

두 번째 '민족적'(ethnic) 소수자는 부라쿠민(部落民)이었다. 과거 천민으로서의 지위는 명목상으로는 메이지 시대에 철폐되었으나, 차별은 그때로부터 1세기 후에도 계속되고 있었다. 1950년대부터 1960년대에 걸쳐 일류 기업 사이에서는 구직자의 호적을 조사해서 '미해방 부라쿠' 출신 지원자를 떨어뜨리는 일이 일반적으로 행해지고 있었다. 왜 이런 떨어뜨리기가 가능했는가 하면 미해방 부라쿠민은 소행정구역으로 붙여진 옛날부터의 부라쿠 이름에 의해 특정할 수 있었고, 메이지 시대 이후 시행되어 온 호적제도의 공적인 기록에는 그런 사회적 태생이 기재되어 있었기 때문이다. 아주 강고한 조직을 가진 전투적인 압력단체인 부라쿠해방동맹은 호적제도가 차별의 수단으로 악용되는 일을 막기 위해서 강력한 정치적인 압력을 가했다. 여기에 정부는 1960년대 후반에 제3자에 의한 호적 열람을 제한하는 법을 개정하는 것으로 대응했다. 그러나 몇몇 민간단체가 뿌리 깊은 차별의식에 편승해서 '미해방 부락쿠' 지명리스트를 작성해서 민간기업에 판매했다. 정부는 그런 리스트의 판매는 부당한 행위라고 비난했지만, 법으로 금지하지는 않았다. 1970년대 후반에 유통되고 있던 리스트는 8개 종류에 달했다.

이런 차별에 직면해서 부라쿠해방동맹은 미국에서 1950년대 중반에 연방최고재판소에서 위헌으로 판정되기까지 행해졌던 '분리는 해도 평등'을 취지로 한 인종차별정책의 모토를 방불케 하는 개혁운동에 힘을 쏟았다. 동맹은 피차별부라쿠의 주민들을 동원해서 보조금 지급, 각종 건설프로젝트의 실시, 학교의 개선 등에 의한 피차별부라쿠민의 거주구역 전체의 대우개선을 쟁취했다. 이들 지원사업은 1969년에 제정된 동화(同化)대책사업 특별조치법에 명시되었다. 시간이 지남에 따라서 피차별부라쿠민의 거주구역의 생활수준은 대폭 향상되고, 주류사회의 수준에 근접했다. 그러나 차별이 없어진 것은 아니었다. 피차별부라쿠민에게 일류 기업에 직장을 얻는다거나 그런 직장에서 승진하는 것은 여전히 굉장히 어려운 일이었다.[19]

사회적 긴장의 완화와 변화의 제어

정권을 담당하는 여당과 관료기구는 자주 경제계의 엘리트들과 협력해가면서, 사회적 긴장을 완화함과 동시에 사회변화의 과정을 제어하는 데 관심을 쏟았다. 사회를 관리하기 위한 많은 계획 및 운동이, 경제를 관리하기 위한 계획 및 운동과 함께 추진되었다. 예컨대 동화지구(同化地區) 내 슬럼의 재개발과 더불어 정부는 주택정책을 통해 (미국과 마찬가지로) 중간계급의 세대를 위한 주택구입자금의 저금리

대출을 실시했다. 정부는 또 고층의 집합주택이 즐비하게 늘어선 대규모 '뉴타운'을 건설할 기관으로서 일본주택공단(公團)을 설립했다. 1970년대 초반까지 주택공단이 건설한 주택은, 집합주택과 단독주택을 합해서 거의 200만 호에 달했다. 정부의 보조금에 의해 임대료가 낮게 책정된 공단의 임대주택에는 입주를 희망하는 중간계급 시민의 신청이 쇄도해 추첨경쟁률이 100:1에 달한 적도 있었다.

사회정책과 경제정책의 접점에서 추진된 운동의 하나로서 저축장려 운동이 있었다. 전전과 전중의 경험을 살려서, 대장성은 1950년대에 저축장려를 위한 대대적인 캠페인을 시작했다. 이 캠페인은 몇몇 여성단체의 긴밀한 협력을 얻어서, 주로 가계를 맡고 있는 가정주부를 겨냥해, 저축을 늘리도록 설득하는 식으로 전개되었다. 1960년대가 되면 일본의 가구당 평균저축률은 가계(家計)의 15%에 달했다. 이것은 저축률로서는 당시 세계에서 최고였고, 전전의 저축률보다 훨씬 높았다. 일본의 은행은 이렇게 모은 많은 자금을 호황을 맞고 있던 경제에 투자할 수 있었다. 저축률을 높인 요인은 복합적인데, 평균수명이 늘어남에 따라 노후를 위해 저축의 필요성이 생긴 것도 요인의 하나지만, 저축을 장려하는 호소가 일본 전국 방방곡곡에 울려 퍼진 것도 분명히 중요한 요인의 하나였다고 생각된다.[20]

교육은 사회정책을 추진하는 데 중요한 영역이었다. 1960년대 초 기업인들로 구성된 몇몇 자문위원회는 문부성 관료들과 하나가 되어, 급증하고 있던 장래의 노동자예비군에게 기본적인 기능을 전수하기 위해, 공교육은 시험에 중점을 두어야 한다고 주장했다. 그 목적은 생산기술, 사무기술의 급속한 변화에 적응할 수 있는 블루칼라 노동자, 화이트칼라 노동자를 육성하는 데 있었다. 그들은 또 고등학교 졸업증, 2년제 대학의 수료증, 대학의 학사학위라는 학교교육의 서열화에 따라서, 젊은 남녀들을 직장 내의 적절한 위계나 역할에 투입할 수 있기를 바랐다. 기업은 대체로 자신들이 원하던 인재를 얻었다. 영업규모가 확대됨에 따라 기업은 신규 졸업자를 장기고용의 대상으로 해서 종래보다도 훨씬 체계적으로 채용하게 되었다. 학교와 기업의 입학·입사의 난이도나 인기를 순위화한 상세한 리스트가 다양한 잡지에 실리게 되었다. 이런 미디어도, 인생에서 성공하기 위한 정통파의 인생코스가 어떤 것인가에 대한 이미지를 표준화하는 데 일조했다.

강력한 국가기관과 재계는, 성역할은 '어떠해야 하는가'를 정해놓고, 그 역할을 제대로 수행하게 하는 데 많은 관심을 두고 행동했다. 문부성과 재계의 수뇌들은 표준적인 가정생활과 근로생활은 이래야 한다고 하는 성역할을 반영한 시각을 강하게 드러낸 수업 커리큘럼을 편성했다. 중학교와 고등학교에서는 여학생에게만 가정과목과 보건과목을 이수하게 하는 성역할 구분이 이루어졌다. 가정과목 수업에서 여학생은 현모양처에게 필수적인 기능을 익혔다. 고도성장기의 고등교육에서는 2년제 대학에 다니는 학생의 약 90%가 여학생이었다. 이 여학생들은 가정학, 교육, 문학 등 여성에게 적합하다고 여겨지는 학과를 일반적으로 전공했다. 이와 대조적으로 4년제 대학 재학생의 4분의 3분은 남학생이었고, 이들 대부분은 공학과 사회과학 계열을 전공했다.

정부는 직장과 가정에서 성역할 구분을 뒷받침하는 몇 가지 정책을 경제적인 인센티브의 형식으로 실시했다. 1950년대부터 1970년대에 걸쳐 사회보장제도가 확충되었는데, 이 제도는 남편을 주요 근로소득자로 상정한 급여구조를 설정해, '표준적인' 핵가족에서 성역할에 따른 분업을 지지했다. 또한 배우자(아내)의 파트타임이나 풀타임에 의한 근로소득이 연간 100만 엔 이하이면, 소득세를 비과세로 하고, 주근로소득자(남편)의 소득에 부양공제를 인정해 남편의 소득에 대한 과세율을 인하했지만, 그 일정 수준을 넘어서면 본인의 소득에 대해서도 과세할 뿐만 아니라 남편 소득에서 부양공제를 감액해 과세율을 일거에 올라가게

하는 제도가 도입되었다. 이 제도는 기혼여성이 파트타임 이상의 장시간 일자리를 갖는 것을 망설이게 하는 강력한 힘을 발휘했다.

　정부와 기업이 내놓은 계획이나 조치 중에는, 여성에게 자신의 주된 역할은 노동자로서 일하는 것이 아니라 가사를 맡는 데 있다는 인식을 갖도록 아주 적극적으로 공작한 것도 있었다. 1940년대 후반 이래 정부 부처가 여성단체와의 협력 아래 신생활운동이라 불리는 운동으로 발전해가게 되는, 상호 느슨하게 연관되어 있던 몇몇 운동을 선도했다. 전후, 이 운동은 농촌에서 시작되었다. 내용은, 본래는 1920년대에 도시여성을 대상으로 했고, 이윽고 1930년대에는 농촌마을까지 확대되었던 전전과 전중의 다양한 '일상생활개선'운동을 기초로 했다. 부엌의 설계와 배치, 쓰레기의 위생적인 처리에 역점을 두었기 때문에, 이 운동은 주로 파리 잡는 여성들의 것이라는 비아냥도 들려왔다. 강연회, 팸플릿, 그리고 무엇보다도 지역마다 조직된 학습회를 통해 위생상태를 개선하기 위한 새로운 방법이나 습관(음식을 해충으로부터 방호한다든가 음식쓰레기를 신속히 처리하는 것), 부엌의 설계개선(부엌에 햇볕이 잘 들도록 하는 것), 가계부를 정확히 기장하는 습관 등이 보급될 수 있도록 했다. 이처럼 농림성·후생성·문부성의 관료들은 농촌지대의 지역 레벨의 여성단체의 협력을 얻어서, 그들이 구상한 '열린' 세대(世帶) 운영과 '근대적'인 세대 운영의 보급에 매진했다. 1955년부터는 신생활운동을 추진하기 위한 다양한 활동을 조정하는 협의회에 총리부(總理府)로부터 자금이 교부되었다. 대기업도 이 운동에 편승했다. 1950년대부터 1960년대에 걸쳐, 종업원 100만 명 이상을 고용하고 있던 일본의 대표적인 50여 개 회사가 직원의 부인들을 대상으로 하는 신생활그룹을 조직했다. 어떤 제철회사의 인사과장은 이 그룹의 목적을 다음과 같이 말했다.

　직장과 가정이라는 것은, 한 사람의 인간생활에서 표리일체의 불가결

한 관계에 있고, 가정에서의 생활은 다음날 직장생활의 바로미터가 된
다. 그리고 가정생활은 원칙적으로 주부가 주재하고, 그 주동성(主動
性)에 의해 움직이고, 남편은 그 속에서 휴식과 활력을 찾는다고 해도
맞다. 거기서 주동력이 되는 주부의 향상을 도모하고, 밝은 가정을 만
들고, 나아가서는 밝은 사회를 만들고, 더 나아가서는 밝은 직장을 만
드는 기반으로도 삼고 싶은 것이다.[21]

기업과 정부가 추진한 신생활운동의 주요 관심사는 가족계획이었다. 전
후 초기부터 관료들과 재계 수뇌들은 인구가 계속 증가한다면 전후 부
흥의 경제적 성과가 말 그대로 먹어치워서 없어져 버리지는 않을까 우
려했다. 이 우려에 대한 하나의 대응책으로서 1948년에 낙태가 합법화
되었다. 1950년대 후반 정점에 달했을 때, 낙태건수는 연간 100만 건을
넘었다. 이렇게 낙태를 산아제한의 최후수단으로서가 아니라, 최초의
수단으로 손쉽게 사용하는 데 대해 비판의 목소리가 높아졌다. 도의적
인 이유에서 하는 비판도 있었고, 여성이 불필요하게 건강상의 위험을
떠안아야 하는 데 대한 우려의 목소리도 높았다. 그런 비판에 대한 하나
의 실제적인 대응책은, 콘돔 이용을 장려하고, 콘돔을 남편이 아니라 신
생활그룹에 소속된 부인들에게 배포해서 보급을 도모하는 것이었다. 신
생활운동은 비록 위에서부터 조직된 것이었으나, 거기에 참가한 사람들
은 생활에 직결된 새로운 지식을 얻는다든가, 가정 내에서의 발언권을
강화한다든가 하는 다양한 형태로 역량을 키웠다. 이윽고 환경문제에서
부터 핵무기 반대에 이르는 다양한 문제에 열중하는 시민운동에 참가하
게 된 많은 여성에게, 신생활그룹에의 참가는 시민운동에 눈 뜨게 한 최
초의 계기가 되었다.

안정과 변화, 다양한 이미지와 이데올로기

　　1920년대와 1930년대에는 여러 사회적 긴장——지주와 소작농 사이, 재벌 오너와 빈궁한 노동자 사이, 도시와 농촌 사이의 긴장 등——은 일본을 파멸적인 전쟁으로 치닫게 한 일촉즉발의 불안정요인의 일환을 이루고 있었다. 제2차 세계대전 뒤의 고도성장기가 되면, 신구의 사회적 분열은 이전과 비교해서 일촉즉발적인 것은 아니었다. 이전부터 계속되어온 격차나 형태를 달리해 나타난 격차는 정부의 정책에 의해 제어되었다. 또 일본은 균질적인 사람들이 사는 국가이고, 거기서는 확대를 계속하던 근대적인 중간계급의 생활의 은혜와 사회보장의 혜택이 거의 모두에게 돌아갈 정도로까지 보증되어 있다는 강력한 문화적인 이미지도 그런 격차를 완화하는 데 한몫을 했다.

　　매스미디어는 일본국민이 안고 있는 이런 경험의 공유의식을 증폭시킴으로써 전후 사회사에서 중요한 역할을 했다. 이 역할 자체는 결코 새로운 것은 아니었다. 이미 19세기 말부터 신문과 서적을 포함한 출판산업이, 계속해서 1920년대부터는 뉴스영화·영화·라디오도 가세해서, 하나의 공통의 국민적 공동체에 대한 꽤 강한 귀속의식을 사람들의 마음속에 심어주었다. 1930년대와 전시에는 정부 관리하에 있던 미디어가, 전쟁을 위한 동원에 응해야 하는 국민적 사명을 일일이 설명했고, 이어서 미국의 점령하에서도 GHQ의 감시하에 있던 미디어가 민주주의를 받아들여야 하는 국민적 사명에 대해서 분명하게 설명했다. 고도성장기에 들어가고 나서부터는, 미디어의 형태는 이전보다도 다양해졌지만, 미디어가 퍼뜨린 '일본인'의 이미지는 눈에 띄게 규격화·표준화되었다.

　　출판산업은 호황을 누렸다. 종전 무렵에는 잡지가 겨우 몇 개밖에 없었는데, 그후 몇십 년 사이에 보도 중심의 주간지와 오락 중심의 주간지가 폭발적인 성장을 보였다. 새로운 잡지는 젊은 여성, 젊은 남성, 주부, 성인남성 등 특정 독자층을 겨냥했다. 1960년에는 주간지의 발행부수가 매주 평균 1,150만 부에 달했다. 게다가 신문의 발행부수는 매일 2,400만 부에 달했다. 같은 해 신간서적은 2만 4천 종, 발매부수는 총 1억 2,500만 권이었다. 이들 숫자를 보면, 일본의 독자는 세계에서 가장 활자에 굶주리고, 독서욕이 왕성한 사람들이었다. 일인당 판매부수로 비교하면, 일본과 거의 비슷하거나 약간 웃도는 규모의 출판산업을 보유한 나라는 영국·독일·소련·미국뿐이었다.

이와 동시에 TV 방송도 텔레비전 보유대수의 급증에 따라 빠르게 성장했다. 정부의 관할하에 있는 일본방송협회(NHK)는 1953년 초에 텔레비전 방송을 개시했다. 최초의 민간텔레비전 방송도 이것보다 다소 늦게 같은 해에 시작되었다. 1960년대에는 TV는 일본의 가정에 없어서는 안되는 존재가 되어, 이런저런 여론조사 결과에 의하면 시청시간은 하루 평균 2시간 반에 달했다.

이렇게 미디어에 흠뻑 젖어 있는 환경 속에서, 중간계급의 생활은 이래야 한다는 표준화된 이미지가 광범위하게 확산되었다. 특별한 이벤트에 대한 보도는 서민의 꿈을 명확하게 하는 것을 조장했다. 1959년에 치러진 아키히토(明仁, 히로히토 천황의 장남으로 현재의 천황)의 혼례 보도는 정말 좋은 예였다. 황태자는 황실의 전통을 깨고 구 화족 출신이 아닌 쇼다 미치코(正田美智子)라는 여성을 결혼상대로 직접 선택했다. 그녀는 부유한 사업가의 딸이었으나 서민 출신임에는 틀림없었다. 혼례의 TV 중계를 보고 싶다는 희망이 강했던 덕분에 TV 매출이 대폭 늘었다고 하는 것처럼, 매스미디어는 이 국민적 체험을 공유하는 수단을 제공했다.[22] 이 행사를 보도한 아나운서들이 지적한 대로, 황태자와 황태자비의 결혼은 사랑을 위해 결혼하고, 보다 큰 가족의 고리와 밀접한 접

촉을 가지면서 새로운 핵가족을 구축한다는 전후의 근대적인 이상을 상징하는 것이었다.

미디어가 흘려보내는 일상의 프로그램도 교육수준 높은 도시의 중간계급의 일가족이 살아가는 방법을, 모든 일본인이 경험하고 있는 전형인 것처럼 묘사해냈다. 이런 역할을 수행했던 가장 중요한 가공의 가족의 하나는, 여성만화가의 개척자인 하세가와 마치코(長谷川町子)가 종전 직후에 묘사하기 시작한 '사자에 씨'(サザエさん) 일가의 생활이다. 1940년대 후반부터 1974년 초까지는 신문에 게재되는 4단 만화로서, 1969년 이래 2005년 말 현재도 계속되고 있는 장수 연속텔레비전 애니메이션으로서도 '사자에 씨'는 사람들의 상상력을 포착해서 형상화했다. 이 작품은 중간세급의 3대가 함께 사는 가족의 생활을 유머러스하고 따스하게 그려낸다. 아버지들은 아주 평범한 사무직 샐러리맨으로서 교외의 집에서 매일 통근하고, 저녁 퇴근길에는 도중에 하차해서 한잔 마시고 귀가한다. 어머니들은 요리와 집안일을 하고, 이웃들과 사는 살림살이를 가지고 서로 경쟁하며, 왁자지껄하게 놀고 있는 아이들에게 공부하라고 잔소리를 한다.

통상의 프로그램도 빅 이벤트의 보도도, 일본 전후의 근대적인 생활이 선진자본주의 세계에 공통되는 글로벌한 근대문화의 한 부분을 이루고 있음을 분명히 밝혀주었다. 1960년대와 1970년대에는 일본이 정규의 그리고 당당한 멤버로서 국제사회에 복귀한 것을 상징하는 몇 개의 빅 이벤트가 열렸다. 정부는 그런 이벤트 개최에 편승해서 사회질서 강화와 애국심 함양에 힘썼다. 1970년에 오사카에서 개최된 만국박람회와 1972년에 삿포로에서 개최된 동계올림픽이 그 대표적인 예에 속하지만, 뭐니뭐니해도 최초의, 그리고 가장 중요한 이벤트는 1964년의 도쿄올림픽이었다.

몇 가지 면에서 도쿄 올림픽은 기대에 미치지 못하고 끝났다. 올림픽의 자금계획을 둘러싼 분쟁이 일어났을 뿐만 아니라, 일본을 방문한 외국인 관광객도 예상보다 훨씬 적었다. 그러나 사회를 관리하는 데 의욕만만했던 정부는 올림픽 개최를 기회로 삼아서 다양한 사회개혁 캠페인을 펼쳤다. 예컨대 시민에게 공중위생이나 하수처리 개선을 당부했고, 상점주에게는 비신사적인 상거래 근절을 권고했다. 문부성은 학교교육에서 '애국심'에 관한 수업시간을 늘리다든지, '도덕교육' 수업의 의무적 성격을 강화시키기도 했다.

그러나 올림픽을 강렬한 문화적 임팩트를 가진 문화이벤트로 만들어 낸 것은 매스미디어, 특히 TV였다. 올림픽 시합중계는 높은 시청률을 기록했다. 개막식의 시청률은 84%, 여자배구 결승전은 85%에 달했다. 여자배구팀은 금메달을 따냈고, 국민적 영웅이 되었다. 94개국에서 7,500명의 선수단이 참가한 것, 건축가 단게 겐조(丹下健三)의 기념비적 작품으로 여겨지는 요요기 체육관(실내수영장)과 요요기 제2체육관이 만들어지고, 도쿄와 오사카 사이를 연결하는 신칸센이 개통하고, 그것과 더불어 고속도로망도 개통되기 시작했으며, 일본선수단이 금메달 16개(은·동을 더한 메달 합계는 29개)를 획득하는 유례없는 우수한 성적을 거두었다. 이들 성과가 미디어에 의해 증폭되어 전달되자, 경제·기술·스포츠·문화 분야에서 많은 성과를 평화리에 집단적으로 달성한 데 대한 국민적 자긍심이 일거에 높아졌다.

거대한 광고산업은 '일본인'이 하나의 공통된 사회문화적 세계를 공유하고 있다는 인식을 강화시키는 데 일조했다. 광고산업의 매출은, 1950년대에 9배의 신장을 보였고, 1950년대 말에는 일본 GNP의 약 1.5%를 차지하기에 이르렀다. 활자 미디어를 통해, 라디오와 TV를 통해 뿌려진 광고와 선전이 소비자를 일본 각지의 공장에서 홍수처럼 쏟아져 나온 가전제품을 비롯한 다양한 상품을 구입해서 현대의 '빛나는 신생활'에 참가하도록 유혹했다. 1970년대가 되자 20세기 초두에 출현

1964년 도쿄 올림픽에서 금메달을 확정짓고 승리를 환호하는 일본 여자배구팀. 선수들은 일약 국민적 영웅이 되었다. 올림픽 개최는 일본이 전쟁의 폐허로부터 놀랄 만한 부흥을 이루었다는 것을 전세계에 알리는 계기가 되었을 뿐만 아니라. 올림픽 개최 직전의 신칸센 개통 등 이런저런 성과와 더불어 일본인의 자긍심을 일거에 고양시켰다. 마이니치 신문사 제공.

했던 대량소비주의를 노래하는 상업문화——처음에는 주로 중간계급의 도시거주자에게만 한정되었던——가 국민의 압도적 다수를 사로잡게 되었다. 일본사회는 바야흐로 대다수 사람이 의식주의 기본적인 필요를 채우려고 아등바등 일하는 그런 곳이 아니었다. 가계소득 중에서 식비가 차지하는 비율인 엥겔지수는 1950년대 초에 약 50%였던 것이, 1970년대 후반에는 25% 이하로 떨어졌다.[23]

대중에 조준을 맞춘 광고·선전의 주문(呪文)이 사람들의 욕구나 욕망을 '풀어헤쳐 놓은' 것을 전후로 해서, 꿈에도 생각하지 못할 사치품이라고 여겨 포기하고 있던 일련의 내구소비재가 손에 닿을 듯한 꿈으로 가까이 다가왔다. 1950년대 중반에, 식자들은 황위의 표장(標章)으로서 역대 천황이 계승해왔다고 여겨지는 삼종신기(三種神器, 곡옥·거울·칼)에 빗대어, 텔레비전(흑백)·세탁기·냉장고 세 가지를 근대생활을 상징하는 '삼종신기'라고 불렀다. 1960년대 중반에는 이들 내구성 소비재의 보급률은 90%를 넘었다. 그러자 식자들은 다음으로 카(자동차), 쿨러(에어컨), 컬러 TV를 '신삼종신기' 또는 '3C'로 부르게 되었다.

점점 많은 사람이 이런 내구소비재로 상징되는 '전형적인' 근대생활을 누리게 되면서, 혹은 적어도 그런 생활을 자기 자신들이나 자녀가 손에 넣을 수 있을 것 같은 확신을 갖고 기대할 수 있게 되면서, 대다수 일본인은 자신을 사회의 본류 혹은 중간계급의 일원이라고 간주하게 되었다. 이런 사회의식의 변화는 1950년대부터 시작된 일련의 사회조사 결과에 잘 반영되어 있다. 이들 조사결과는, 자신이 '중류'의 상·중·하 어딘가에 속한다고 생각하는 사람들의 비율이 급증한 것을 보여주고 있다. 1970년대 중반에 한 권위 있는 사회조사에 의하면 자신이 중류에 속한다고 답한 사람의 비율은 75%를 상회했다.(그림14.2 참조) 총리부(總理府)에 의한 조사를 포함한 몇 개의 조사에서는 자신이 중간계급에 속해 있다고 생각하는 사람의 비율이 90%를 넘은 일도 있다. 아마도 가장 주목해야 할 것은 1950년대 중반부터 1970년대 중반에 이르는 시기에 자신을 '중류의 하'라고 여기는 사람의 비율이 대폭 감소한 반면, 자신을 '중류의 중'으로 생각하는 사람의 비율이 약 35%에서 60%로 급증한 사실이다. 이들 조사결과나 유사한 조사결과를 본 관찰자들은 얼마 전까지만 해도 사회적 지위, 재산, 권력의 큰 격차를 특징으로 하고 있던 사회에서, 중류계급의식이 거의 보편적이라고 말할 수 있을 정도의 확산을 보인 데 깜짝 놀랐다.[24]

저술가나 지식인 중에는 전후에 일어난 이상과 같은 다양한 사회변화를 긍정적으로 보는 사람도 있었다. 그들은 개인이 자유롭게 자신의 욕구를 추구해 달성할 수 있을 것 같은, 개인에게 가능성으로 가득 찬 빛나는 신생활의 등장에 대해서 서술했다. 정치적 스펙트럼에서 좌익에 위치한 이단의 사상가 요시모토 다카아키(吉本隆明)는 마루야마 마사오 등이 사적 이익을 우선시하는 의식을, 정치 무관심파의 의식으로서 부정적으로 평가하는 것을 비판하면서 1960년에 다음과 같이 썼다. "실은 완전히 거꾸로이고, [이 사적 이해 우선의 의식]이 전후 '민주'(부르주아 민주주의)의 기저를 이루고 있는 것이다. 이 기저에서 좋은 징후를 인정하는 것 외에, 대전쟁 후의 일본사회에서 인정해야 하는 진보는 존재하지 않는다. 여기에서는 조직에 대한 물신감각도 없다면, 국가권력에 대한 집중의식도 없다." 일본과 미국을 묶어주는 미일안보조약에 대한 대규모 반대운동이 한창 벌어지던 와중에 집필된 이 문장 속에서, 요시모토는 전후 물질적 욕구의 추구가 '개인화된' '정치적 무관심' 쪽으로 흘러가 버려, "액티브한 혁신운동의 '봉쇄'를 바라는 지배층에게는 아주 좋게" 작용한다고 하는 마루야마 마사오 같은 리버럴한 지식인들의 견해에 이의를 제기한 것이다.[25]

한편으로 평론가 중에서는, 좌편향인 사람도 우편향인 사람도 포함해서, 마루야마와 마찬가지로 현상에 대한 비판과 장래에 대한 우려를 표명한 사람들도 있었다. 좌파 사상 조류의 하나는, 유럽 프랑크푸르트 학파의 사회이론가들의 이론을 원용해서, 일본형 '관리사회'를 엄격하게 비판했다. 그리고 매스미디어가 대기업이나 학교를 비롯한 국가기관과 협력해서 성실한 시민이 걸어가야 할 인생의 코스가 어떤 것인가를 규정하고, 개인의 충동이나 다양성을 억제하는 것을 개탄했다. 그들은 사회적 연대의 구축, 환경보호, 지방문화나 자아의 함양을 희생해서, 그것을 바탕으로 실현된 GNP 성장을 찬미하는 것을 비판했다. '탈(脫)샐

그림14.2
중류의식의 강화:
전국적인 사회조사에서 회답자 자신에 의한 사회계급 분류의 변화

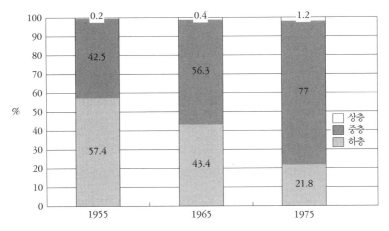

출전: 全國調査報告委員會 編, 『社會階層と社會移動 1975年 SSM 全國調査報告』(東京,
　　　1978), p. 310.

러리'라는 말이 1970년경부터 널리 쓰이게 되었다. 그것은 조직인간으
로서 개성을 버리고 일하는 것을 강제 당하는 샐러리맨 생활로부터 도망
치고 싶어하는 사람들의 이의제기를 가리키는 말이었다. 요시모토 자신
도 사적 이해를 우선하는 서민의 자립의식을 존경하고 싶다는 생각과,
그 같은 서민이 "막연히 무엇이든 재미없다는 기분 때문에 물질적인 생
활이 팽창하고, 생활수준이 상대적으로는 나아지고 있어도 절대적으로
는 궁핍화가 진행되고 있어서, 끊임없이 감각적으로 증대해오는 부담을
느끼"고 있음에 틀림없다는 생각 사이에서 찢겨 있었던 것처럼 보인
다.[26]

　우파 평론가들 사이에서는 일본의 경제력이 강해지는 것을 상찬하면
서도 인내와 보다 큰 집단을 위한 희생을 중시하는, 그들이 말하는 일본
의 전통적인 가치관이 풍요로움에 의해 잠식되고 있다고 한탄하는 목소
리가 터져 나왔다. 그러나 응석받이로 키운 자기 아이들이 자기 차를 갖

고 싶다고 졸라댄다고 푸념했다는 자동차회사 중역들의 태도를 통해 생각해보면, 이러한 분개는 그저 아이러니하고, 심지어 우스꽝스럽기까지 하다. 좌우 양측의 관찰자 대부분은 실은 되살아난 내셔널리즘의 가치관이든, 인간의 얼굴을 한 자본주의라는 가치관이든, 특정한 정치적 가치관에 대한 약속이라는 것이 물질주의와 대량소비주의에 맞서보지도 못하고 완전히 압도되어버린 사실에 대한 한탄을 공유했을 것이다.

전후 문화변용에 관한 논쟁의 초점이 된, 전후 초기의 대표적인 에피소드 하나는, 전술한 1959년의 황태자 성혼이었다. 이 에피소드는 전후의 사회변화를 비판하는 조류와 그것을 평가하는 조류가 복잡하게 얽혀 있음을 보여준다. 좌익 중에는 '미치코 붐'을 황실숭배의 재생을 나타내는 불길한 것으로 비판하는 사람들도 있었다. 한편 이 붐을 '대중천황제'가 이미 민주화되었음을 나타내는 건전한 징후라며 환영하는 사람도 있었다. 후자의 사람들은 이제 황실은 사람들한테 경외나 공포가 아니라, 따뜻한 친근감을 주는 존재가 되었다고 강조했다.[27]

그로부터 10년 후, 작가 미시마 유키오(三島由紀夫)의 극적인 자살은, 근대화를 추진한 물질중심적인 일본의 전후문화에 대한 래디컬한 비판에 다시 한번 사람들의 이목을 집중시켰다. 1940년대부터 1970년까지 쓴 소설들을 통해, 미시마는 사랑, 집착, 남성다움, 동성애적 열망 같은 다양한 주제를 다루었다. 그는 또 '전통적인' 일본의 미적 가치관을 정의하고 수호하려 했으며, 이것들을 천황과 민족에 대한 군국주의적인 숭배와 결부시켰다. 1960년대 후반에 미시마는 보디빌딩과 무술연마에 열중하는 소규모 우익민간군사조직 '방패(盾)의 모임'을 설립했다. 그러다가 1970년 11월, 미시마는 조직의 멤버들과 함께 자위대 동부방면대 총감부에 침입하여, 100명 전후의 자위대원을 모아놓고 연설을 한 뒤, 전전의 정치질서 재현을 목표로 반란에 나서자는 격문을 돌렸다. 하지만 청중은 관심을 보이지 않았다. 그러자 미시마는 '하라키리'(腹切)라 불리는 의식화된 자살양식에 따라 할복자살을 했다. 일본국민은 충격을 받았지만, 옛 가치관으로의 회귀를 호소하는 이 과장된 행위에는 동정을 보이지 않았다.

반동적인 문화를 추종하는 미시마의 정치적 호소에 따르려고 하는 사람은 거의 없었지만, 1970년대에는 전후에 일어난 변화를 둘러싸고 여전히 남아 있던 응어리 더불어 논쟁의 초점이 되었다. 두 가지 에피소드가 그 중심에 있었다. 아주 이상한 일이었지만, 일본의 패전으로부터 25년 이상이 지난 후, 황군의 '최후의 병사' 두 명이 아직 전쟁 중이라고 믿고서 비참한 고독상태 속에서 전투를 계속하고 있다가 발견되었다. 1972년에 요코이 쇼이치(横井庄一)가 괌에서 귀환했고, 이어서 1974년에 오노다 히로오(小野田寬郎)가 필리핀에서 귀환했다. 둘 다 종전시에 소속부대를 놓치고 뒤에 남아, 그 이후 마을에서 떨어진 산이나 정글에 숨어서 가끔 인근 마을을 급습하기도 했고, 야생과일을 따 먹거나 야생동물을 잡아먹으며 살아남았다. 두 번에 걸친 일본병사의 귀환을 알리는 미디어의 보도를 계기로, 이 병사들의 군은 결의와 무사무욕의 헌신과, 개인주의와 물질주의적 소비확대주의에 중독된 전후 일본 젊은이들이 얼마나 다른지에 대해서, 안타까운 마음으로 논하는 작은 붐이 일어났다. 이 논의는 자주 일반화된 일본인의 인격적 특징과 전후에 있어서의 그 변질과 영락을 둘러싼 논쟁이라는 틀 속에서 전개되었다. 그러나 그 경우, 논자들은 실제로는 일본의 고유한 문제를 논하기보다도 풍요의 성과가 어떻게 향유되고 공유되어야 하는가, 남아돌 정도로 물건이 넘쳐나고 있는데도 격차는 계속되고 있는 시대에 어떤 사회적 가치관과 공약이 사람들을 하나로 묶어줄 수 있을까 하는 근대성에 관련된 글로벌한 문제를 논하고 있었다.

15장

고도성장기의 정치투쟁과 그 귀결

전후 일본의 정치사와 경제사는, 다양한 대비의 역사였다. 고도성장기의 30년 동안 경제성장이 너무도 급속했을 뿐만 아니라 일관성을 유지했기 때문에 미국조차도 '일본 모델'로부터 성공의 비결을 배우려고 할 정도였다. 이와 대조적으로 정치세계에서는 갖가지 첨예한 투쟁이 일어났다. 사람들은 경제성장의 성과배분방법을 둘러싸고 논쟁을 벌였다. 국제적인 제휴방법을 둘러싸고 국론이 양분되는 듯한 대립도 일어났다. 1960년대부터 1970년대 초까지의 정치적 대립은 그 이전의 10년간과 비교해서 다소 약화되었다. 그러나 풍요의 대가와 딜레마를 둘러싼 몇 가지 새로운 문제가 부상했다. 국내에서는 경이로운 성장이 환경에 엄청난 부담을 가한 결과, 일본은 사람들을 어떻게 공해로부터 보호할 것인가 하는 문제에 직면했다. 국제적으로는, 자본주의와 사회주의라는 두 진영 사이의 냉전 속에서 일본이 어떤 입장을 취해야 할 것인가라는 문제는 종래만큼 논쟁을 불러일으키지 않았던 것에 비해서, 자본주의 진영 내에서 무역 불균형과 경제마찰을 둘러싼 긴장이 한층 고조되었다. 전후 경제사는 정치투쟁과 그 귀결이 펼쳐내는 기복 심한 전후의 정치사와 불가분의 관계였다.

정치투쟁

점령이 종료되었을 때, 일본의 정치세력 분포도는, 당시의 표현을 따르면 '보수'와 '혁신'의 양대 진영으로 갈라져 있다는 특징을 띠고 있었다. 양 진영은 서로 격렬하게 대립했으며, 양자의 전면적인 충돌이 1950년대를 장식하는 가장 중요한 정치적 이벤트였다. 그러나 양 진영 모두 내부에 깊은 대립을 안고 있었다. 보수·혁신 양 진영 사이에서 싸워온 몇몇 정치투쟁과 그후의 결착이 가져온 결과에 대해 이해하는 데는, 각 진영 내의 분열에 대해서 인식하는 것이 불가결하다.

보수세력의 선두에 서서, 관료와 재계 엘리트들과도 밀접한 유대를 맺고 있었던 것은 자유당*이었다. 당수 요시다 시게루는, 1951년 9월에 샌프란시스코 강화조약과 미일상호안전보장조약을 총리로서 체결했다. 1952년 10월에 치러진 점령종료 후 첫 총선에서는, 자유당은 총투표의 48%와 의석수의 52%를 획득했다. 그러나 자유당 당내는, 주도권과 정책을 둘러싸고 분열되어 있었다. 당내 반대파의 리더 하토야마 이치로(鳩山一郎)는, 요시다에 비판적인 좌익과 마찬가지로 미국의 패권 아래서 '종속적인 독립'을 기꺼이 수용하려고 하는 요시다의 방침에 특히 강하게 반발했다.

전전의 민정당의 혈통을 이어받은 민주당은 같은 보수파라고는 해도, 훨씬 사회적인 관심이 많고, 국가 중심적인 발상이 강한 것이 특징이었다. 민주당은 단기간이긴 했지만, 1948년에 사회당과 연립정권을 구성한 경험이 있었다. 몇 번인가의 재편을 거쳐 1950년대 초에, 그때까지의 민주당이 중심이 되어 개진당(改進黨)이 결성되었다. 1952년

---

* 1950년 3월 1일 요시다 시게루가 이끄는 민주자유당과 민주당 내 연립파가 연합하여 결성한 정당.

10월의 총선에서 개진당이 얻은 표와 의석은 둘 다 20%에 조금 못 미쳤다. 자유당과 달리 미키 다케오(三木武夫) 같은 리더들은, 사회당 내 인사들과 제휴하는 것도 마다하지 않았다. 그런데 1954년에 하토야마가 37명의 의원과 함께 자유당을 탈당해 개진당과 손잡고 일본민주당을 결성했다. 일본민주당은 좌우사회당의 협력을 얻어 요시다 총리를 퇴진으로 내몰고 하토야마를 수반으로 하는 내각을 성립시켜야 한다는 요시다 내각 불신임안을 회의에 부치는 공작을 벌였다.

혁신진영도 보수진영 못지않게 분열되어 있었다. 1951년부터 1955년까지 일본사회당은 '좌파'와 '우파'라는 별개의 조직으로 갈라져 있었다. '좌파'는 일본 내에서 자본주의를 혁명적으로 전환할 것을 주장하고, 편면강화와 미일안보조약에 모두 반대했다. '우파'는 자본주의를 개혁하는 데는 찬성했지만, 편면강화는 수용하되 미일안보조약하에서의 미군 주둔은 반대한다는 방침을 취하고 있었다. 두 파는 총선거에 독자의 후보를 내보냈고, 세력은 거의 비슷한 수준이었다. 1952년과 1953년 총선거에서, 양파는 총투표의 4분의 1 정도를 균등하게 나누어 가졌다. 1955년 총선거에서 양파는 여전히 대립상태였지만, 양파를 합한 지지율은 총투표의 29%, 의석의 4분의 1이 조금 넘게 늘어났다.[1]

일본공산당의 당세(黨勢)는 1950년대에 파멸적으로 감퇴했다. 1949년 총선거에서는 총투표의 10%, 35석을 획득한 미증유의 약진을 이룩했다. 그러나 1950년 초, 소련이 일본공산당의 의회중시노선을 신랄하게 비판했다. 스탈린은 일본의 동지들은 좀더 전투적인 행동을 지향해야 하며, 폭력적인 행동도 피해서는 안된다고 주장했다. GHQ가 이 틈을 타 공산당원 추방을 단행했고, 공산당 간부는 지하로 잠행할 수밖에 없었다. 이어서 한국전쟁이 발발하자, 일본공산당은 실제로 테러행동과 파괴행동을 일삼기 시작했다. 이 전략전환은 어처구니없는 결과를 가져왔다. 당은 국민의 신뢰를 완전히 잃었다. 1950년대가 끝날 때까지 선거에서 공산당이 3%를 웃도는 득표와 2석 이상의 의석을 획득한 적은 없었다. 그렇다 하더라도 지식인 사이에서 굳건한 지지를 받고 있었기 때문에, 공산당은 이들 숫자가 나타내는 이상으로 큰 존재감을 가지고 있었다.

정치세력의 분포도는 1955년에 상당히 단순화되었다. 사회당은 좌우 양파가 합쳐 다시 하나가 되었다. 그것과 거의 동시에 사회당의 통일에 대응해서, 자유당과 민주당이 합쳐 자유민주당이 결성되었다. 이 보수합동은 하나 된 사회당에 대한 지지가 높아지는 것을 우려하던 재계의 엘리트들이, 보수계 후보를 지지하는 주요한 자금줄인 자신들의 영향력을 행사함으로써 촉진된 것이었다. 그후 자민당은 38년에 걸쳐 정권을 쥐게 된다. 그리고 재계 지도자들과의 사이에서뿐만 아니라, 관료들과의 사이에서도 영속적인 동맹관계를 구축했다. 관료기구는 당에 대해서 정책의 입안과 실행에 관한 전문지식과 인재를 공급했다. 관료들은 자민당이 의회에서 성립시킨 법안 대부분을 기초했다. 우수하고 지도력이 있는 관료는, 출세코스의 과정으로 퇴직하고 자유당 후보로 선거에 출마했다. 이런 관료 출신의 정치인들은 당내에서 중요한 역할을 담당했다. 1950년대 후반 이래 여러 명의 관료출신 정치인이 총리의 자리까지 오르게 된다. 상호 끈끈한 관계를 맺고 있던 정치인·기업가·관료라는 3자로 된 엘리트 집단은 일본의 '철의 삼각형'이라 불렸다. 자민당이 우위를 점하고 있던 40여 년간은 일당지배의 시대라고 불렸다.(전후 총선거 결과에 대해서는 권말의 부록B를 참조)

1955년 이후 보수와 혁신의 양 진영은 형식적으로 제각기 통일되었지만, 큰 의견의 차이가 양 진영을 갈라놓았을 뿐만 아니라 양 진영 모두 내부에 의견대립이 계속되었다. 모든 보수파는 경제를 안정시키고 성장시키는 것을 희구했지만, 관료들, 자민당 정치인들, 경제고문들 사이에서는 그것을 달성하기 위한 구체적인 정책을 둘러싸고 기본적인 의견대립이 있었다. 1950년대를 통해 정책논쟁의 가장 중요한 쟁점이 되었던 것은, 일본은 자국 경제의 성쇠를, 하나로 통합된 세계경제와 어느 정도로 밀접하게 연결시켜야 할 것인가 하는 문제였다. 아리사와 히로미(有澤廣巳)나 쓰루 시게토(都留重人) 같은 저명한 경제학자는, 경제기획청 관료들과 함께 국내에서 석탄과 수력발전이라는 천연자원, 에너지 자원을 개발할 필요를 강조하고, 미국의 테네시 강 유역개발공사(TVA) 같은 국가의 지원에 의한 개발방식을 모델로 삼았다. 국외에서의 분쟁에 의해 석유공급이 위험해지는 것을 우려한 이 그룹은, 수출입에 대한 의존도를 최소화하는 정책을 주장했다. 오늘날 돌이켜보면 이 견해는 선견지명이 없었던 것처럼 보이지만, 제2차 세계대전에 이어 한국전쟁이 막 일어난 시점에서, 전쟁의 무서운 기억이 아직 생생한데 또 새로운 전쟁이 일어날 조짐이 농후했던 당시의 상황하에서는, 일본경제는 국제경제로부터 비교적 거리를 두고 자립을 이루어야 한다고 하는 이 그룹의 의견은 강력한 지지를 모았다. 해외로부터의 수입, 특히 에너지와 식량을 수입에 의존하는 데 대한 불안감은 그후 수십 년 동안 강한 심리적·정치적 영향력을 가지고 있었던 것이다.

그것에 대해 최종적으로 승리를 거둔 것은 무역과 상호의존의 중요성을 설명했던 사람들이었다. 이 그룹의 최선봉에 섰던 사람은, 전후의 정책입안에 관여한 경제학자 중 가장 중요한 인물이었던 나카야마 이치로(中山伊知郎)이다. 1940년대부터 1960년대 후반에 이르는 시기에, 노동과 경제 분야에서 국가의 이런저런 자문기관에서 일한 나카야마는, 위험이 있다고 해도 일본에는 글로벌경제를 받아들이는 것 외에 선택의 여지는 없다고 주장했다. 자립을 하기에는 일본의 보유자원이 너무 적다는 게 그 이유였다. 나카야마는 1950년대 일본의 상황을, 100년 전 영국의 상황에 비유해서, 일본에 경제성장으로의 길은 원료를 수입해서 공업제품으로 만들어 수출하는 데 있다고 보았다.[2]

보수진영 내에서도 정치전략을 둘러싼 의견의 대립은 마찬가지로 격렬했다. 하토야마와 그 지지자들은 미국으로부터의 자립노선을 취하고 싶어서 소련과의 국교정상화를 지향했는데, 이 노력은 1956년에 결실을 보았다. 이 그룹은 중국과 경제관계를 수립하는 데도 매진했지만, 그다지 성과를 거두지 못했다. 요시다의 지지자들은 미국의 고압적인 태도에 분통을 터뜨리면서도, 미국을 좇아서 공산권의 '봉쇄'에 가세하는 데 대해서는 하토야마파보다도 적극적이었다.

국내에서 가장 중요한 문제는 헌법이었다. 자민당의 정치인 대다수는 그들의 표현대로라면 강요에 의해 받아들인 '맥아더 헌법'을 개정해야 한다는 데 강한 의지를 갖고 있었다. 하토야마 총리(1954-1956)는 가장 강경한 헌법개정론자 중 한 명이었다. 그가 특히 강하게 바란 것은 천황의 지위를 명실상부한 '원수'로 높이는 것과, 국가의 교전권을 부정한 제9조를 개정하는 것이었다. 좌익과격파를 경계한 하토야마의 지지자들은, 비상시 내각의 긴급명령권에 관한 헌법상의 규정을 마련해 시민적 자유를 제한하는 것도 내심 바랐다.

1956년 국회의원 30명과 헌법전문가 20명으로 구성된 헌법재검토를 위한 심의기관을 내각에 설치하는 것을 강구한 헌법조사회법이, 자민당 내의 하토야마파의 주도로 성립되어 1957년에 헌법조사회가 발족했다. 예상대로 단호하게 개헌저지를 주장한 사회당은 조사회의 참가를 보이콧했다. 조사회 멤버의 대부분은 어느 정도의 개헌은 필요하다고 인정했지만, 조사회의 미적지근한 보고서는 개헌찬성론과 반대론을 병기하는 데 시종일관했다. 자민당으로서는, 헌법개정을 국회에서 성립시키기 위해서는 개정내용에 상관없이 중참의원에서 3의 2 이상의 찬성을 얻지 않으면 안되었는데, 자민당이 제일 잘 나가던 1960년(의석의 63% 점유)에도 3분의 2에 이르지 못했다. 그러나 이에 못지않게 중요한 것은 보수진영 내의 제법 많은 세력을 가진 소수파가, 전후 헌법을 지지하고 나섰다는 사실이다. 이 소수파 그룹은 천황의 지위를 국민통합의 상징으로 하는 헌법의 규정은, 천황을 정쟁과 무관한 곳에 두면서도, 국가로서의 정체성과 질서의 상징으로서 위치짓고 있어 적절하다고 생각했다. 그들은 군사력에 관한 금지조항을 너무 이상주의적이라고 보는 점에서는 거의 일치했지만, 동시에 개헌에 수반되는 정치적 비용이 훨씬 많이 들 것이라고 비판했다. 1960년대로 접어들자 개헌론은 점점 그 열기가 수그러들었다. 다만 개헌문제는 언제 어느 때고 불꽃 튀는 격렬한 논쟁을 불러일으킬 수 있는 불씨로 오랫동안 남아 있게 된다.

사회당이 헌법조사회를 단호히 보이콧한 일은, 1950년대에 좌익진영과 우익진영 사이에서 벌어진 격렬한 투쟁 중에서도 중요한 하나였다. 국회 밖에서는 좌익진영의 지지기반이 되고 있던 서로 중첩되는 몇몇 집단이, 미일동맹을 비판하는 동시에 국내에서의 전후 개혁의 성과를 지키고 강화하는 운동의 선두에 섰다.

그 중 최대의 집단은 노동운동이었다. 전후 노동운동의 전성기였던 1949년에는, 고용노동자의 56%에 상당하는 670만의 남녀노동자가 조합에 참가하고 있었다. 노동조합은 중요 문제에 관해서 의견이 갈려 있었다. 조합원 중 꽤 많은 수에 달했던 소수파는, 경영자 측의 요청을 받아들여서 임금인상요구를 자제하고 유연한 인원배치나 신기술 도입에 응했다. 이렇게 협력하는 것이 생산성 향상과 이윤 확대로 이어지고, 나아가서는 장기적으로 직장과 임금을 지키는 유일한 길이라고 생각했던 것이다. 이들 협조적인 조합원들은 자신들이 속한 조합이 미일안보조약 반대하는 정치투쟁에 적극적으로 가담하는 데도 비판적이었다. 1950년대의 몇몇 대표적인 쟁의에서는, 조합 주류파에 비판적인 이들 노동자가 개별 기업에서 제2조합을 결성해서 경영자 측과 손을 잡고 임금인상과 고용보장을 요구하는 파업행동의 기세를 꺾는 케이스도 보였다. 쟁의가 실패로 끝나면, 제2조합이 승리자가 되는 것이 전형적인 패턴이었다. 이런 노사협조파가 서서히 노사협조형의 새로운 조합운동의 다수파를 형성해 갔다.

그러나 직장의 패권을 둘러싼 이 쟁탈전은 1950년대 말까지도 결말이 나지 않았다. 과반수의 노조는 어느 쪽인가 하면 전투적인 태도를 보이고 정치적인 깃발의 색깔도 비교적 선명하게 표명했다. 이들 조합이 소속된 일본노동조합총평의회(總平)는 1950년에 공산당에 비판적인 몇몇 노동조합의 전국중앙조직이 모여서 결성되었다. 총평의 결성 애초는 GHQ도 이들을 지지했고, 총평 자체도 공산당으로부터 일정한 거리를 두고 있었다. 그러나 미국측의 기대와 달리, 총평은 곧 미일안보조약을 맹렬히 반대하는 적으로, 좌파 사회당의 동맹자로, 직장에서 전투적인 전술의 지지자로 대두했다.

제철소, 조선소, 국철과 사철, 화학공장, 자동차공장, 탄광 등 이런저런 직장에서 총평은 1950년대 내내 이른바 '직장투쟁'을 전개했다. 노조 활동가들은 일반 조합원들에게 작업 안전성 확보, 인원배치와 잔업 배분 등의 문제에 관해서 직장에서의 발언권을 요구하도록 호소했다. 총평은 많은 대기업에서 이러한 풀뿌리 전술로 활발한 조합을 만들었다. 총평 산하의 조합은 조합이 직장의 관리에 참가하는 정치질서의 구축을 지향했다.

이들 조합은 동시에 대폭의 임금인상도 요구했다. 쟁의는 빈발했고, 노사간에 격렬한 공방이 거듭되었다. 1955년에 총평은 무수한 회사와 산별 노조를 느슨한 형태로 규합하여 전국 규모의 임금인상투쟁을 조직화하기 시작했다. 경영자측은 개개의 산업을 망라하는 정규의 교섭에 응하는 것을 거부했지만, 노동조합이 매년 봄에 일제히 임상인상투쟁을 벌이는 춘투(春鬪)의 관행은 정착되었다. 1950년대 말에 이르자, 조합은 기업별 춘투의 임금인상요구의 실효적인 목표를 설정할 수 있게 되었다.

1950년대의 '혁신'파의 공세에서 제2의 핵심축은 평화운동이었다. 노동조합과 사회당, 공산당에 더해 굉장히 다양한 시민·여성·학생 단체가 전후 평화운동의 기치를 내걸었다. 평화운동을 활성화시킨 두 가지 문제는 미일안보조약과 이 조약이 인정한 미군기지의 존속이었다. 미일안보조약 반대투쟁이 가장 격렬했던 1960년에 주일미군은 일본 본토의 수백 군사시설에 4만 6천 명이, 그리고 오키나와에 3만 7천 명이 주둔하고 있었다.

미군기지 근처에 사는 주민들은 기지의 소음, 미군병사가 저지르는 폭력범죄와 강간 등이 끊이지 않는 것을 정말 싫어했다. 1952년부터 1970년대 말까지 미군 관련 교통사고가 수만 건 발생한데다, 비번의 미군병사와 일본 민간인이 연루되어 발생한 사건은 10만 건 이상이있다. 사건 대부분은 강간이나 살인을 포함한 폭행사건이었다. 이 18년 동안, 사건이나 사고로 미군병사에게 목숨을 잃은 일본인은 약 500명에 달했다. 미군 주둔에 비판적인 사람들이 특히 분노했던 것은, 이런 미군병사 관련 범죄의 수사권과 재판권이, 미군 관할하에 있다는 것이었다. 미군기지의 존재는 이처럼 19세기 불평등조약을 떠올리게 하는 치외법권의 상징이었다. 기지 주변에는 술집과 풍속점이 줄지어 있어서, 기지를 비판하는 사람들은 일본여성이 외국인에게 능욕당하는 강렬한 이미지를 떠올렸다. 미군 주둔에 반대하는 사람들은 또 미군기지를, 소련과 미국 간에 전쟁이 발발하면, 기지의 존재 자체가 이유가 되어 핵 공격을 초래해 일본이 또다시 핵 공격의 피해자가 될 가능성이 있고, 핵 공격의 목표물이 될 수 있다고 생각했다.

평화운동이 추구한 두 번째 목표는, 원수폭(原水爆) 반대였다. 원폭 투하에 의해 히로시마와 나가사키가 파괴되고, 살아남은 수만의 피해자가 피폭의 후유증으로 여전히 고통을 겪고 있는 무거운 현실이 일본의 반핵운동에 특유한 힘을 부여했다. 1954년에는, 일본 어선 제5 후쿠류

(第五福龍) 호가 태평양에 떠 있는 마셜 군도의 비키니 환초(環礁) 근해에서 실시된 미국의 수폭실험에 의해 발생한 강회(降灰)를 뒤집어쓰고 피폭을 당했다. 이 사건이 계기가 되어 핵무기와 핵실험 금지를 요구하는 원수폭금지운동의 조직화가 큰 물결을 이루게 되었다. 1950년대에 결성된 원수폭금지운동 조직 중에서도 가장 돋보였던 것은 원수폭금지 일본협의회(原水爆禁止日本協議會, 줄여서 원수협〔原水協〕)였다. 원수협은 매년 히로시마와 나가사키의 원폭기념일에 원수폭 금지를 요구하는 대규모 국제회의를 주최했다. 좌익 정당간 대립의 영향을 받아, 평화운동단체의 내부에도 분열과 충돌이 생겼다. 그러나 대립관계에 있는 각양각색의 단체의 멤버에게만 그치지 않고, 일본의 대중 사이에서는 반전·반기지·반핵의 의식이 뿌리 깊게 자리 잡았다. 후쿠류 호가 피폭된 직후에 실시된 원수폭 금지서명운동은 3천만 명 이상의 서명을 받았다.

여성과 학생도 독자적인 각종 정치단체를 조직했고, 미군기지반대운동이나 원수폭금지운동을 비롯해서 좌익이 벌이고 있던 중심적인 정치과제에 열중했다. 여성과 학생은 메이지 시대 이래 적극적으로 정치에 관심을 둬온 역사가 있다. 중요한 여성단체 중에는, 일본 그리스도교 부인교풍회처럼 19세기에서 20세기로 넘어가는 때에 결성된 것도 있었다. 한편 새롭게 결성된 단체 가운데 중요한 것으로는, 1948년에 결성된 주부연합회와, 1955년에 다양한 단체의 연합체로서 결성된 일본모친(母親)대회가 있다. 모친대회에 가맹한 단체의 관심은 노동자의 권리, 평화, 교육에서부터 마약중독문제, 쓰레기문제, 소비생활의 안전에 이르기까지 광범위했다.[3]

전세계의 페미니스트들과 마찬가지로 이런 단체에 가입한 여성들도 자신의 요구를 보편적 인권의 관점에서 호소해야 할 것인가, 아니면 여성의 고유한 관심과 특징이라는 관점에서 호소해야 할 것인가라는 아주 중요한 문제를 둘러싸고 서로 의견을 달리하고 있었다. 이 문제는, 여성

은 평등한 임금과 여성이 모든 일자리를 가질 권리를 요구해야 할 것인
가, 아니면 사실상 특정한 힘든 일로부터 여성이 배제된다고 해도 여성
노동자를 위한 특별한 보호를 중시해야 할 것인가라는 선택을 둘러싼 문
제이다. 일본의 페미니스트들은 어떤 경우에는 여성의 권리에 대한 요
구를 보편적 인권의 개념을 근거로 해서 설정했다. 그러나 이런 활동가
들조차도 자신의 주장을 어머니로서의 여성의 고유한 역할을 근거로 하
는 '모성주의적'인 시각과 결부짓는 경향이 강했다. 특히 반전·평화단체
는 원수폭실험이나 미일안보조약에 반대하는 성명을 발표할 때, "아이
들의 행복을 지키는" 어머니로서의 특별한 바람을 강조하는 경우가 많
았다.[4] 이런 호소는 전전에 국가가 강조해 마지 않았던 '현모양처'라는
수사를 내걸고, 그 논리를 효과적으로 거꾸로 바꾸어서 여성을 위한 새
로운 역할과 권리를 주장하는 논리로 전환한 것이다.

　여성들은 노조운동에서도 활동적이었다. 전투적인 남성 조합원들이
목표를 달성하지 못하는 것도 적지않았던 1950년대에, 여성조합원들은
몇몇 주목할 만한 성과를 거두었다. 1954년에 오미 견사방적회사(近江
絹絲紡績會社)의 여성노동자 1,500명은 조합을 승인할 것, 엄격한 기숙
사 규칙을 철폐할 것, 회사에 의한 편지 및 개인소지품 점검을 그만둘
것, 결혼 후에도 계속 일할 권리 등을 요구하고, 이른바 '인권 파업'을 벌
였다. 그녀들이 행동을 통해 얻으려 한 것은, 많은 사람이 전후 민주주
의 아래서 남녀를 불문하고 일본국민의 기본적 인권이라고 간주하기에
이르렀던 것들이었다. 이 쟁의는 폭넓은 주목과 지지를 받고서 노동자
측의 승리로 끝났다. 1960년과 1961년에는 도쿄와 그 밖의 지역에서
일하는 간호부(당시. 현재는 간호사)를 비롯한 의료노동자의 조합이 같
은 성과를 거두었다. 임금인상뿐만 아니라 여성 의료노동자는 명주실노
동자와 똑같이 자유와 권리, 특히 결혼 후에도 계속 일할 권리를 요구하
며 싸워 성공했다. 그 결과 모든 간호부 중에서 기혼 간호부의 비율은

1958년에 겨우 2%에 불과했던 것이, 1980년대에는 69%로 증가했다. 의료노동자의 투쟁에 의해, 종래는 젊은 여성이 결혼과 동시에 '은퇴'하기까지의 단기간 일하는 것으로 여겨졌던 간호일은 성인에게 일생의 직업으로 바뀌었다.

학생운동도 혁신파의 공세를 뒷받침해준 하나의 중요한 요소였다. 학생운동의 중심적인 조직은 1948년에 결성된 전일본학생자치회총연합(全學連)이었다. 흡사 종업원이 전원 자동으로 조합에 가입하는 클로즈드 숍제를 취하는 직장처럼, 거의 모든 대학에 설립된 '학생자치회'는 전교생을 멤버로서 거느렸다. 당초는 일본공산당의 학생 당원들이 전학련을 좌지우지했다. 1950년대 초에 공산당의 무장투쟁노선이 비판을 받아서 당의 인기가 떨어지자 전학련도 타격을 입었다. 그러나 후쿠류호 사건을 계기로 학생운동도 평화운동도 되살아났다. 1950년대 말까지 학생들은 캠퍼스를 벗어나서 정치운동과 시위의 중요한 담당자가 되었다.

1950년대가 끝나갈 무렵, 앞에서 언급했던 다양한 '혁신'세력은 자신감으로 넘치고 활기차, 그 기세가 상승기류를 타고 있는 것처럼 보였다. 다소의 좌절을 맛보았다고 해도 많은 노조는 전투성을 잃지 않았다. 학생단체와 여성단체는 열성적인 지지자들을 거느렸다. 평화운동은 수백만의 동조자라고 하는 광범위한 기반에 의해 뒷받침되고 있었다. 사회당은 재결합을 이루어냈다. 도시뿐 아니라 마치(町)나 마을에도 소규모 시민그룹이, 온갖 종류의 '서클'을 조직하고 있었다. 이들 서클의 대부분은 음악 감상이나 단가(短歌)나 하이쿠(俳句) 창작 등의 문화활동을 중심으로 꾸려졌지만, 조합이나 정당과 연계가 있는 큰 네트워크에 조직되어 있는 경우도 적지않았다.

풀뿌리 차원의 에너지가 이렇게 1950년대 후반에 민중의 항의행동을 고조시켰고, 그것이 나아가 1960년의 일대 위기상황 아래서 분출한 것이다. 이 드라마의 제1막이 된 것은 1958년에 자민당정권이 제안한 경찰관직무집행법(警職法) 개정에 대한 반대운동이었다. 자민당은 이 법 개정에 의해 경찰이 데모를 규제한다든가 좌익을 감시할 수 있도록 하는 등 비상사태에 대비하기 위해 경찰의 권한을 강화하려고 했다. 그러기는커녕 아이러니하게도, 이 법안은 억제하려던 바를 유발시키고 말았다. 노동조합과 혁신정당은 일련의 데모를 활발하게 조직했다. 국회 밖에서 반대의 목소리가 높아지자, 국회 내에서 야당 공동의 반대에 눌려서 자민당은 양보했고, 개정법안은 심의를 통과하지 못했다. 자민당은 그후 이 개정법안을 두 번 다시 제출하지 않았다.

　이어서 1960년은, 항의행동의 두 갈래의 거대한 물줄기가 하나로 합쳐져 전후 역사에서 으뜸가는 격동의 한 해가 되었다. 충돌은 먼저 미일안보조약 개정을 둘러싸고 일어났다. 1951년에 체결된 때부터 미일안보조약은 일본의 혁신파뿐만 아니라, 많은 보수파로부터 서로 다른 이유이긴 하지만 비판을 받아왔다. 특히 하토야마와 기시 같은 보수정치인들은, 미일안보조약의 편무(片務)적인 성격을 불만스러워했다. 1956년 당시 하토야마 총리는 미국의 존 포스터 덜레스 국무장관에게 '일미 대등'의 원칙에 입각해서 안보조약을 개정할 것을 제안했지만, 하토야마의 제안은 일축되어버렸다. 1957년에 총리가 되어 자민당 내각을 이끌게 된 기시(岸)는, 안보조약 개정을 기시 내각의 최우선과제로 삼았다. 기시는 전 연합국 총사령관 맥아더의 조카로 주일대사를 역임하고 있던 더글러스 맥아더 2세에게, 국내에서 달아오르고 있는 안보조약비판을 가라앉히는 데는 조약의 대폭적인 개정이 중요하다고 설득해 납득시켰다. 그때로부터 3년여에 걸친 교섭을 거쳐 미일양국은 조약을 개정하는 데 합의하고, 1960년 1월 신안보조약에 조인했다.

　구(舊)조약이 미국에 일본 방위를 의무화하지 않고 일본에게만 미국에게 기지 제공을 의무화한 것과 달리, 신조약은 미군기지에는 일본을 방위할 의무가 있으며, 일본에는 이들 기지의 유지비용을 분담하고 비상시에는 기지를 방위할 의무가 있음을 규정했다. 또 구조약은 미국이 일본 국내의 기지에서 보유하는 무기의 종류와 기지에서 실시하는 작전 행동의 종류에 대해서 제한을 두지 않았지만, 신조약은 미국측에 대해서 주일미군이 일본 국내의 기지에서 실시하는 해외출동, 일본의 항만이나 영토로의 핵무기 반입에 대한 모든 계획에 대해서 일본측과 사전 협의를 의무화하도록 했다. 하지만 이런 규정을 피해서 빠져나갈 수 있는 구멍은 남아 있었다. 그리고 신구조약이 또 하나 크게 다른 점은, 기한규정이 없었던 것이 구조약의 문제점의 하나로 간주되고 있었던 데 비해, 신조약은 유효기간을 10년으로 하고, 10년이 경과한 후에는 어느 쪽이든 한쪽의 국가가 폐기를 제기하지 않는 한 자동으로 연장되는 것으로 명시한 점이었다.

아이러니하게도 기시가 말한 '쌍무적인' 조약 체결을 위한 노력은, 안보조약에 대한 반대를 누그러뜨리기는커녕 엄청나게 격렬한 반대운동을 불러일으켰다. 1960년 1월 워싱턴에서 미일 수뇌가 신안보조약에 조인했을 때, 미일수호통상조약 체결 102주년 기념일인 6월 19일에 맞춰서 아이젠하워 대통령의 방일이 정해졌다. 그 6월이 가까워지면서 신안보조약에 반대하는 여론의 물결도 고조되었다. 사회당, 학생단체, 여성단체뿐만 아니라 자민당 의원의 일부조차도 미국의 패권 아래서 반영구적으로 '종속적 독립'을 계속 감수해야 할 가능성에 이의를 제기했다. 그들은 일본이 지금까지보다 더 큰 전쟁에 휘말려들 위험이 커지는 것에 대해서도 반대했다. 4월부터 시작된 안보조약을 반대하는 데모대가 수십 차례 도쿄 거리를 누볐다. 국민의 성난 목소리가 높아지는 가운데 5월 19일 늦은 밤, 기시(岸) 정권은 중의원에 의한 신안보조약의 추진을 문자 그대로 강행채결(採決)에 의해 성립시켰다. 국회경비와 소집된 경찰대가, 꼿꼿하게 경직된 중의원 의장을 양옆에서 끼고, 진로를 막으

자유민주당이 1960년 5월 19일 한밤중 중의원 본회의에서 미일안보조약개정안을 문자 그대로 강행채결했을 때, 중의원 의장을 보호해 의장석에 앉히려는 경찰대와, 저지하려는 일본사회당 의원들이 밀치락달치락했다. 안보조약의 개정을 둘러싼 공방은 전후의 가장 격렬한 정치투쟁이었다. 마이니치 신문사 제공.

려 하는 야당 의원 무리를 뚫고 의장석까지 모셨다. 의장은 개회를 선언하고, 그 자리에서 채결을 강행하여 신안보조약을 통과시켰다.

이런 강행채결에 반발하는 데모의 규모와 강도는 걷잡을 수 없이 거세졌다. 그때로부터 몇 주 동안 국회의사당 주변에서는 연일 대규모 항의행동이 벌어졌다. 가장 큰 시위에는 어림잡아도 10만 명 이상이 참가했으며, 어쩌면 20만 명을 넘었을지도 모른다. 앞에서 잠시 언급한 것처럼, 미국의 아이젠하워 대통령은 일본정부의 초청을 받아들여, 신안보조약 성립에 맞춰 6월 19일에 일본을 방문하는 데 동의했다. 그것은 현직 미국대통령으로서는 최초의 방일이 될 것이었다. 6월 10일, 대통령의 공보비서관 제임스 헤거티가, 대통령의 방일일정을 논의하기 위해서 도쿄를 방문했다. 헤거티가 차로 하네다 공항에서 미국대사관으로 향하려는 것을 데모대가 에워쌌다. 까딱하면 차가 데모대에 의해 뒤집힐 상황에, 헤거티는 미군 헬기에 의해 구출되었다. 그로부터 며칠 뒤인 6월 15일 심야에, 국회 구내에 돌입한 전학련의 데모대와 경찰대가 충돌했을 때, 도쿄 대학 여학생 간바 미치코(樺美智子)가 사망한 것을 비롯해 다수 부상자가 나왔다. 데모대는 경찰의 과잉진압이 간바의 사인이라고 경찰을 규탄했고, 경찰은 데모대가 퇴각하면서 여학생을 밀치고 쓰러뜨려 밟아 죽인 것이라고 주장했다. 신변안전이 보장되지 않을 거라고 판단한 아이젠하워는 결국 방일을 취소했다. 기시 노부스케의 신뢰성은 땅에 떨어졌고, 결국 기시 내각은 퇴진했다. 그러나 기시는 목표를 달성했다. 신안보조약 성립에 의해, 그후 장기간에 걸쳐 존속하게 되는 미일 군사동맹이 뿌리를 내렸다.

신안보조약이 6월 19일에 자연성립하여 효력을 갖자, 시위는 점차 진정되었다. 그러나 반대파의 정치적 에너지는, 마침 도쿄로부터 아주 먼 서쪽 규슈의 미쓰이 광산주식회사 미이케 탄광(三池炭鑛)에서 진행 중이던 정리해고반대쟁의를 지원하는 데로 향했다.

일본의 석탄산업은 이미 수년 전부터 완만했지만 고통스러운 쇠락의 과정에 들어서 있었다. 경기가 좋아짐에 따라 에너지 수요도 늘었다. 1950년대 말에는 석탄과 비교해서 석유가 비용이 덜 든다는 것이 밝혀진데다, 해외에서의 석유공급도 상당히 신뢰할 수 있는 것처럼 보였다. 미쓰이 광산을 비롯한 탄광회사들은, 새로운 시설의 도입과 인원정리에 의한 합리화로 생존을 도모하려고 했다. 이런 앞날이 완전히 깜깜해 우울해지려는 상황에서, 미이케 탄광노조는 총평 산하의 전투적인 노조들이 벌이던 직장투쟁의 최전선에 서 있었다. 미이케 탄광노동자들은 지역

전투적인 노동조합과, 조합을 괴멸시키기로 작정한 경영측의 대립은 1959-1960년의 미이케 쟁의에서 승패를 판가름할 기회를 맞이했다. 고용보장과 직장의 지배권을 둘러싼 노사간의 1년에 걸친 공방에는 탄광노동자의 가족과 전지역사회가 동원되었다. 사진은 1960년 4월, 미이케 광산의 간부직원과 대치하는 미쓰이 탄광노조의 주부회 멤버들. 아사히 신문사 제공.

의 다른 지구로부터 고립된 탄광주택에 살면서 비교적 균질적인 독자의 공동체를 형성하고 있었다. 그리고 1950년대에 몇 번의 쟁의를 경험하면서, 이 공동체의 연대라는 기반 위에서 강력한 조합을 구축했다. 예컨대 조합이 직장마다 설치한 직장위원회는, 직무와 잔업의 배분과 성과급 규제에 대해서, 나아가서는 안전성의 확보에 대해서 발언권을 획득하고 있었다. 탄광노동자들의 풀뿌리 레벨의 이런 전투성은 다른 조합에게는 하나의 모델이 되었고, 전국의 경영자에게는 커다란 위협이 되고 있었다. 이런 연유로 1960년의 미이케 쟁의에 한층 광범위한 의의를 부여하고 있었다. 전시의 정치용어를 원용해서 관찰자들은 이 쟁의를 '총자본과 총노동의 대결'이라고 표현했다.

쟁의의 발단이 된 것은, 약 1만 3천 명의 조합원 중 2천 명을 해고하려는 계획을 회사측이 세운 일이었다. 미쓰이 광산은 새로운 설비의 도입과 인원감축에 의해 '합리화'를 단행하겠다는 결의를 확고히 했을 뿐 아니라, 노조활동가에게 해고통보를 해서 조합을 와해시켜 직장의 지배권을 회복하고자 했다. 1959년 10월, 노조는 이런 합리화 방안에 반대하고, 그후 몇 번에 걸쳐 벌이게 되는 부분파업의 첫 번째 파업을 실시했다. 12월, 회사측은 조합활동가를 겨냥한 지명해고를 통보하고, 1960년 1월에는 직장폐쇄를 단행했다. 조합측은 파업을 선언해 이에 맞섰다. 약 3천 명의 탄광노동자가, 회사측의 후원을 받아 회사와의 협조를 기치로 내걸고 제2노조를 결성해 현장복귀를 시도했다.

그러나 대다수의 노동자는 제1조합에 남았다. 조합원들은 조합이 지급한 통상임금의 거의 3분의 1에 불과한 생활임금으로 10개월간 근근이 버티며, 놀랄 정도의 일사불란함과 불굴의 의지로 싸움을 전개했다. 신안보조약이 성립된 후인 6월부터 7월에 걸쳐, 안보투쟁의 참가자나 조합지지자 등 1~2만 명 정도가 쟁의 지원을 위해 미이케에 결집했다. 수개월에 걸쳐서 피켓대는 제2조합원들의 출근을 저지했다. 피켓대와 파업 파괴를 강행하려는 제2조합원들의 충돌이, 대규모 난투극으로 비화할 만큼 긴장이 팽팽해진 적도 수없이 많았다. 회사측이 고용한 폭력단이 휘두른 칼에 제1조합원 한 명이 목숨을 잃었다. 쟁의기간 동안 부상당한 제1조합원은 1,700명에 달했다.

질서 유지를 위해 정부는, 전국경찰관의 10%에 상당하는 1만 5천 명이나 되는 기동대를 미이케에 동원했다. 미쓰이 광산의 다른 탄광과 다른 회사의 탄광에서는 연대파업이 일어나는 일 없이 생산이 계속되었을 뿐만 아니라, 이들 탄광은 자신들의 단골거래처와의 공급계약 이행을 희생하면서까지 파업기간 중의 임시조치로서 미이케의 단골거래처에 석탄을 공급했다. 이런 경영자들간의 연대와 국가에 의한 암묵적인 지원을 받아서 미이케 광산은 노조보다 더 오래 버텨 이길 수 있었다. 1960년 가을, 제1조합은 지명해고를 인정한 중앙노동위원회(中勞委)의 결정을 어쩔 수 없이 받아들였다. 313일에 걸친 쟁의가 끝나고, 회사측은 합리화계획을 전면 실시하는 권리를 획득했다.

같은 해 10월, 일본사회당 아사누마 이네지로(淺沼稻次郎) 위원장이, 극우단체 소속 소년에게 칼에 찔려 피살되는 사건이 발생했다. 민중에게 인기가 많았던 아사누마는, 전년에 베이징에서 행한 연설에서 신미일안보조약과 미국을 비판하면서, "미제국주의는 중국과 일본 인민의 공동의 적"이라고 발언해서 물의를 빚은 바 있었다. 아사누마가 칼에 찔린 것은 총선 직전에 열리고 있던 여야 당수의 합동연설회에서의 일이었고, 연설회가 TV로 방송되고 있었기 때문에, 테러사건의 충격은 더욱 증폭되었다. 때마침 미이케 쟁의가 수습되어가고 있을 무렵에 이 테러사건이 일어났기 때문에, 정치상황은 앞으로 점점 위기양상으로 치달을 것처럼 보였다.

화해의 정치

1960년의 정신적 충격과 드라마가 끝나자, 정치정세는 차츰 조용해졌다. 보수진영측에서는, 자민당, 관료, 재계 엘리트 내부의 주요한 논조는, 헌법개정과 조합과의 대결에 역점을 두었던 것을 그만두고, 대신 경제를 성장시켜서 국민의 복리를 증진시키는 정책을 중시하는 것으로 반대세력의, 적어도 일부의 지지를 획득하는 데 매진하게 되었다. 보수파는 국회 내에서의 전술도 변경해서 많은 법안에 대해서 야당과의 비공식적인 협의에 응한다든가, 야당의 지지를 얻으려고 사소한 수정에 동의하게 되었다. 혁신진영측에서는, 노사협조를 주장하는 (혹은 경영자측과 한통속이 되어버린) 노동운동 내의 소수파와 사회당 우파는, 직장에서의 대결노선과 국제문제를 둘러싼 강경방침을 방기하는 것으로 이것에 응했다. 그 결과 고도성장을 중시하는 새로운 화해와 타협의 정치가 등장했다.

자민당의 새로운 자세를 상징한 것은, 이케다 하야토(池田勇人) 총리가 주장한 '국민소득배증계획'이었다. 1960년 9월에 발표되어 12월에 각의에서 결정된 이 계획은, "국민생활수준의 현저한 향상과 완전고용의 달성"을 목표로 해서, 1970년까지 실질국민총생산을 2배로 확대한다는 고도성장의 실현을 내걸었다.[5] 경제학자들에 의하면, 이른바 '발전국가'[6]의 최대 특징은 국가에 의한 시장경제의 유도라는 관점이긴 하지만, 이 계획은 그런 발상을 구현한 것이었다. 국민소득배증계획은 주요 산업에 대한 투자액에 대해서 구체적인 목표를 내걸고, 기업간 합병이나 협력의 중요성을 강조하고, 그 목표를 달성하기 위해서 정부가 적극적으로 민간부문을 유도해 가는 것을 약속했다. 이케다 내각은 나아가 경기를 자극하기 위해서 세금과 금리의 인하를 실시했다. 예정보다도 거의 3년이나 빨리 일본의 경제규모는 두 배나 커졌다.

소득배증계획은 격동하는 정치상황의 수면 아래서 약 10년에 걸쳐서 보수진영이 추진해왔던 정치전략의 일환을 달성하는 것이었다. 1950년대에 자민당은 전전의 지지기반이었던 지주와 경영자층 이외의 다양한 사회계급과의 동맹관계를 모색했다. 자민당은 새로운 지지계층과의 암묵적인 사회계약을 몇 가지 맺었는데, 최초의 계약은 농지개혁에 의해서 자신이 경작하는 경지의 소유권을 손에 넣은 수백만 농민과의 사이에서 맺어졌다. 정부는 1950년대 내내 쌀값을 통제함으로써 농민을 시장의 변동으로부터 보호했다. 다음으로 1961년에는 새롭게 제정된 농업기본법 아래서 종래보다도 훨씬 후한 가격지지제도가 도입되었다. 그 덕분에 자민당은 농촌유권자들의 강력한 지지를 얻었다. 게다가 도시로의 인구이동이 진행되는 와중에도, 자민당 지도부가 선거구 개편에 소극적인 태도를 취했기 때문에, 농촌지역 선거구는 국회의 의석에서 불균형하게 높은 비율을 점했다.

자민당을 밀어준 제2의 중요한 기반은, 수많은 중소기업 경영자와 그 가족이었다. 전후에 제조업·소매업·도매업 부문의 종업원 30인 미만의 중소기업은, 비농업부문 노동인구의 절반 이상을 차지해왔다. 전전부터 동업단체의 기반 위에서 이들 중소기업은 일련의 강력한 로비단체를 형성했다. 이들 단체의 로비활동에 대해서 자민당은 1950년대 초이래 다양한 중소기업우대책을 강구함으로써 대응했다. 정부는 중소기업에 대해서는 과세를 적당히 하고, 세금 징수에서도 엄격하게 실시하지 않았다. 더욱이 1956년에는 백화점법을 제정해서, 대규모 소매점포나 슈퍼마켓이 온갖 소형 점포가 즐비한 수천의 시가지나 교외의 상업지구에 입점하는 것을 거의 불가능하게 만들었다. 이런 소규모 점포는 고도성장기에 어지럽게 뻗어 있는 일본의 도시경관에 오래된 작은 마치의 분위기를 띠게 했다. 그리고 점포의 경영자와 종업원들은 도시지역에서 자민당의 중요한 지지기반이 되었다.[7]

자민당의 지배를 뒷받침한 제3의 사회적 기반이 된 것은, 다소 의외지만 조직률이 굉장히 높은 대기업의 화이트칼라와 블루칼라 모두를 아우른 샐러리맨이었다. 자민당, 기업경영자, 조직노동자 3자 사이의 협력관계를 추진하는 데 한몫한 것은 미국이었다. 1953년 이래 미국은 일본정부와 협력하여 반민간기관으로서 일본생산성본부(JPC)를 설치하고, 그 운영자금을 원조했다. 생산성 향상에 의해 "시장의 확대, 고용의 증대, 실질임금 및 생활수준의 향상을 도모하고, 노사 및 일반소비자의 공동이익을 증진하는 것"을 목적으로 내건 생산성본부는, 설립 직후 일

본 전역의 공장을 대상으로 하는 생산성 향상을 위한 캠페인을 신속히
전개했다.[8] 1955년 설립 후 첫 2년 동안, 생산성본부는 경영자와 조합
지도자 53명으로 구성된 소그룹을 생산성운동을 위한 연수목적으로 미
국에 파견했는데, 그후에도 미일교류는 빠른 템포로 진행되었다.

몇 개의 중요한 노동조합이 생산성 향상운동을 지지했는데, 이들 노
동그룹은 머지않아 지배체제의 일각을 점하는 비공식적인 부분이 되었
다. 노동조합의 전국중앙조직 가운데 총동맹(日本勞働組合總同盟)과
전노(全日本勞働組合會議)라는 비교적 보수적인 두 단체는, 고용보장
과 생산성 향상의 성과를 노동자에게 배분해준다는 약조를 받아내고,
대신에 신기술 도입에 동의했다. 이들과 대조적으로 총평은, 직장에서
의 노동환경 설정에 대한 조합의 발언권이 강해지지 않으면 생산성 높
은 신기술의 도입은 실제로는 고용의 감소와 노동조건의 약화를 초래하
게 될 것이라고 주장하면서 생산성본부와 격하게 대립했다. 그러나 큰
제조기업에서는 "생산성향상운동에 대한 추상적인 원칙적 태도결정으
로부터 현실적으로 대처하는 방안이 모색되면서 조합측에 견해의 분화
가 보이게 되었다"고 1957년에 노동성이 절찬한 것처럼, 노동조합의 전
반적인 태도는 생산성운동 용인으로 기울어졌다.[9]

그렇다고 해서 이런 협조정신이 즉각적으로 승리한 것은 아니었다.
1957년과 1959년에는 철강노련이 조직한 격렬한 임금인상투쟁은 생산
을 중지시켰고, 말할 것도 없이 1960년의 미이케 탄광 쟁의도 생산을
중지시켰다. 총평이 내건 전투적인 전술과 혁신적인 정치방침은, 공공
부문 노동자 사이에서는 상당한 지지를 얻고 있었다. 국철·우체국·지
자체의 노동자들과 공립학교 교사 등의 조합은, 임금인상과 노동의 속
도나 조건에 대한 발언권을 요구했다. 이들 공공부문 노동자들은
1949년 이래 파업권을 박탈되어 온 것에 대해 불만을 품고 있었다.
1950년대와 1960년대에는 공공부문 노동자는 춘투의 일환으로 대놓고

파업을 하지는 않았지만, 효과적인 일련의 준법투쟁전술을 고안해냈다. 국철노동조합은 직제(職制)의 권위에 대해서, 또 임금의 결정이 실적과 연공을 어느 정도 감안해 이루어져야 하는 점에 대해서 일정 정도 통제력을 장악함으로써 직장을 '민주화'하는 데 힘을 쏟았다. 실제로 1967년에 국철노동조합은 작업배분과 승진의 결정에 대해서 조합이 통제력을 행사하는 것을 인정한 현장협의제(現場協議制)를 경영측이 받아들이도록 하는 데 성공했다. 1970년대 초에는, 경영자측을 압박하여 근속연수를 승진과 임금인상 결정요인의 변수로 부활시키는 데 동의하도록 했다.[10]

그러나 1950년대 후반부터 1960년대 말에 걸쳐, 민간부문에서는 생산성 운동의 매력에 압도당해 노동운동의 전투성은 약해졌다.[11] 격렬한 투쟁이 끝나면, 협조노선을 주장하는 지도자들이 민간부문 조합의 대부분을 지배하에 두었다. 이들 지도자들은 국내와 국외에서의 경쟁이 치열해지는 마당에, 장기적인 고용과 임금의 안정을 실현하기 위해서는 단기적으로는 임금인상 요구를 억제한다든가, 노동조건이나 기술도입에 대해서도 유연하게 대응하는 것이 필요하다고 주장했다. 업무상 세계경제와 직접적인 관계가 없는 공공부문 노동자는, 대체로 이런 호소에 반발했다. 그러나 눈앞에서 당근과 채찍이 어른거리는 것을 보는 민간부문 노동자는 대부분의 경우 협력을 받아들이는 수밖에 없다고 판단했다. 대기업 인사담당자는 노동자를 회사에 협력시키기 위해서 사원복지사업을 광범위하게 펼치는 등 다양한 방책을 강구했다. 복지사업의 확충은 노조가 똑같은 복지사업을 펼쳐도 효과가 없도록 노조의 기선을 제압하는 것, 그리고 사원에게 회사에 대한 소속감과 애사심을 갖게 하기 위해 의식적으로 실시되었다. 복지사업 중에는 전전 혹은 전시에 시작된 것도 있었는가 하면, 전후에 도입된 것도 있었다. 1960년대에 대부분의 대기업은 회사 직영의 병원이나 진료소, 매점, 독신사원을 위한 기숙사,

기혼 종업원을 위한 사택, 휴양지의 요양소를 갖추었고, 야구를 비롯한 다양한 기업팀을 보유했으며, 사원여행, 사내운동회, 콘서트 등을 주최하고 사원의 부인회를 조직하는 등 종업원의 생활을 요람에서 무덤까지 극진하게 지원하는, 눈이 휘둥그레질 정도의 설비와 연금제도 일체를 갖추었다. 다른 한편, 기업의 방침을 거스르는 종업원은 승진이나 승급에서 회사측으로부터 차별을 당하여 기를 펴지 못하는 사태를 각오해야 했다.

경영자는 암묵적인 고용보장도 해주었다. 몇 번의 예외적인 경우를 제외하면, 고도성장기(또 그후에도)를 통해 경영자는 경기가 안 좋을 때도 노동자를 바로 해고하지 않았다. 회사측은 노조와 협의해가면서 잉여인력을 다른 부문에 배치시키거나 자회사로 전근시키는 등 고용을 지키기 위해서 상당한 노력을 게을리하지 않았다. 이런 고용정책은 종종 종신고용이라는 약간 헷갈리는 단어로 구분되어 왔다. 일본 대기업의 남성노동자가 '생애'에 걸친 '항구적인' 고용을 향유하게 되었다고 하는 관점에는 몇 가지 난점이 있었는데, 그 중 하나는 그런 '종신고용'상태에 있어야 할 종업원의 많은 수가 실제로는 자기 자신의 판단으로 이직하는 것이었다. 1960년대 제조업 부문에서는 젊은 신입사원의 3분의 1에서 3분의 2가 취직 후 5년 내에 첫 직장을 그만두었다. '종신고용'이라는 용어가 안고 있는 또 하나의 문제점은, 기업이 불필요해진 종업원과 문제 많은 종업원을 표면상으로는 해고하는 일 없이 내보내기 위한 수단으로 '희망퇴직'제도라는 전술을 고안해낸 것이다.

이런 기업측의 방침이 서서히 시행되면서 직장에서 노사간의 반목은 약해졌다. 기업 레벨에서의 변화와 더불어 국가 전체의 정치 레벨에서도 협조노선의 강화를 지지하는 그룹이 대규모적인 정당 재편을 단행했다. 1960년 1월, 일본사회당 내의 '우파'가 다시 탈당하여 민주사회당(民社黨)을 결성했다. 민사당 결성 당시 기존 사회당 쪽은 중의원에서

125석을 보유해 혁신진영 내 다수파세력을 유지하고 있었지만, 민사당의 중의원 의원은 41명이었다. 노동조합운동 내의 연합조직 중에서는, 보수적인 일본노동총동맹(總同盟)과 전일본노동조합회의(全勞)가 이 움직임을 지지했다. 1962년, 이 두 조직은 새로운 전국중앙조직으로서 전일본노동총동맹조합회의(全日本勞働總同盟組合會議, 약칭 동맹회의)의 결성에 합류했다. 동맹회 산하의 조합원수는 140만 명으로 총평의 410만 명과 비교하면 상당히 적었다.[12] 정당조직 면에서도 '혁신'세력은 좌파 다수파와 우파 소수파로 분열되어 버렸다. 그렇다 하더라도 자민당의 잠재적 파트너로서의 이 보수 지향의 소수파는, 그 숫자 이상의 힘을 가지고 있었다.

비공식적인 중도파 연합조직의 결성을 향한 이 시도는 1964년 5월에 크게 진전되었다. 총평 진영 내의 몇몇 민간조합도 포함한 자동차·조선·전기·철강 부문의 협조적인 조합들이, 기존의 전국중앙조직의 틀을 뛰어넘는 연합체로서 국제금속노련일본협의회(1975년에 전일본금속산업노동조합협의회로 개칭, 둘 다 약칭은 금속노협)를 결성했다. 북미와 서유럽에 영향력을 받고, 반공을 내건 국제자유노련계의 국제금속노련과 제휴한 금속노협은 대폭적인 임금인상 요구를 자제한다든가, 단체교섭의 전술로서 파업에 호소하는 것을 최대한 자제하는 일의 중요성을 강조했다.

자민당의 전략가들은 자신의 동맹세력을 키우기 위해 한층 힘을 쏟아부었다. 농촌지역에서 도시로, 농업에서 공업이나 서비스 부문으로 거센 인구이동이 일어나고 있는 것을 잘 파악하고 있던 그들은, 이 추세가 계속 유지되면 사회당에 유리하게 작용할 것으로 예상되지만, 반드시 그렇게 되도록 정해져 있는 것은 아니라고 생각했다. 그리고 그들은 자민당은 '협조적인' 노조와의 관계를 구축하는 것, 그리고 근로대중에게 생활의 보장과 생활수준의 향상을 약속하는 '노동협약'을 제시하는 것이 중요하다고 주장했다.[13] 1964년 4월 때마침 춘투에서 전국 일률 최저임금파업과 공공부문에서의 임금인상을 둘러싸고 노사가 대립하고 있던 때에, 금속노협 설립 움직임에 고무된 이케다 총리는 총평의 오타 가오루(太田薰) 의장에게 호소해 임금문제를 둘러싼 이례적인 수뇌회 담을 열었다. 이 회담에서는, 관공 부문의 임금인상을 민간부문의 조합 이 획득한 임금인상에 연동시키는 것이 합의되었다. 이케다는 공공부문 조합보다도 협조적인 민간부문 조합을 조수로 이용함으로써 공공부문 조합에 요구를 완화시키고 싶다고 생각했다. 오타는 이 회담을 계기로 장래, 나아가 정부에 대해서 발언권을 강화하기 위한 첫걸음으로 이용 하고 싶어했다. 자민당은 폭넓은 정치적 견해를 허용하는 큰 텐트 형의 정당이 되어갔다. 정치의 세계는 대결의 정치에서 화해의 정치로 전환 해가고 있었다.

그렇다 하더라도 여전히 상당한 긴장이 남아 있었던 것은 사실이다. 총평은 전술한 동맹회의가 발전적으로 해소해서 1964년 11월에 결성 된 전일본노동총동맹보다도 여전히 훨씬 큰 규모를 유지하고 있었다. 사회당도 여전히 민사당보다 훨씬 큰 규모를 자랑하고 있었다. 사실 선 거에서 민사당의 성적은 신통치 않았다. 결당(結黨) 후 처음 치른 1962년 총선거에서 민사당은 사회당에 지반을 빼앗겼다. 민사당 의석 이 선거 전 41석에서 17석으로 격감한 데 비해, 사회당 의석은 145석으 로 대폭 늘었다. 그후의 선거에서도 민사당이 결당할 때의 세력을 만회 한 적은 없었다. 전투적인 조합은 활발한 춘투를 전개했고, 정치적인 주 장도 계속 했다.

게다가 새로운 대규모 분쟁이 발생해, 다양한 새로운 형태의 정치행 동이 세력을 얻게 되었다. 관찰자들은 이 정치현상을 '시민운동'의 대두 라고 명명했다. 시민운동은 무당파의 정신과 비교적 중앙집권적이지 않 은 풀뿌리 수준의 조직화를 특징으로 하는, 새로운 형태의 직접행동주의 운동이었다. 시민운동의 파고는 1960년대 후반부터 1970년대 초반에 최고조에 달했으나, 그중에는 그후에도 활동을 계속한 그룹도 있다.

일찍이 평화를 바라는 정서와, 일본의 주권이 제약되는 것에 대한 분노가 1950년대의 안보조약 반대운동을 고조시키는 힘이 되었는데, 그와 마찬가지의 힘이 다시 새로운 시민운동의 에너지원이 되었다. 평화를 희구하고 나라의 주권이 유린당하는 데 분개하는 정서가 1960년대 중반 하나의 흐름으로 모여, 일본이 베트남전쟁에서 미국의 공격을 위한 중계기지 역할을 하는 데 대한 항의행동의 일환으로서, 창의성이 풍부한 새로운 형태의 저항운동을 탄생시켰다. 항의의 목소리를 높인 사람들은 일본이 보다 대규모적인 전쟁에 휘말리지 않을까 우려했다. 그리고 미국은 타국의 내전에서 잔인한 제국주의적인 개입을 하고 있다고 비난했다. 1965년, 수많은 풀뿌리 시민단체들이 모여서 '베트남에 평화를! 시민연합'(베헤이렌〔ベ平連〕)[14]이라는 느슨하고 비위계적인 네트워크를 형성했다. 도쿄에서 간행되는 몇몇 간행물이 전국 각지의 그룹을 연결시켰는데, 한창때인 1960년대 후반에는 그 수가 500개에 달했다. 베헤이렌은 공식 회원명부도 없고 내규도 없으며 회비도 징수하지 않는 좀 특이한 조직형태를 띠었다. 어떤 추정에 의하면 베트남 반전운동의 최전성기인 1967년부터 1970년까지 4년간에 누계 1,800만 명 이상의 사람들이, 이런저런 반정부데모에 참가했다고 한다. 최대 규모의 데모는, 1970년 6월에 각양각색의 다양한 단체의 호소로 각지에서 행해진 미일안보조약의 자동연장에 반대하는 데모였는데, 참가자는 경찰청 발표로 77만 명 이상에 달했다. 이들 데모만큼 널리 알려지지는 않았지만, 빼놓을 수 없는 중요한 활동으로서 베헤이렌 관계자들은 미군 탈영병을 지원했을 뿐 아니라, 미군기지 내 미군병사들의 반전활동을 지원하기도 했다.[15]

베헤이렌은 1974년에 베트남전쟁이 끝난 직후에 해산했다. 베헤이렌의 활동에 참가한 많은 사람이 원통하게 생각한 것은, 1970년에 미일 안보조약이 최초의 유효기간 10년을 맞아서, 그 자동연장을 저지하는 유효한 대처를 하지 못한 일이었다. 1960년의 안보투쟁 때는 '편무적'이었던 구안보조약을 '쌍무적'인 것으로 바꾸는 조약의 개정이 문제의 초점이었고, 정부와 자민당은 신조약에 대한 국회의 승인을 얻지 않으면 안되었다. 1970년의 안보투쟁 당시 안보조약은 최초 10년간의 유효기간이 경과하는 데 맞춰, 일본국회나 미국의회 어느 한 쪽이 파기를 결정하지 않는 한 자동으로 연장되는 것으로 되어 있었다. 이렇게 기존의 조약을 신조약으로 개정하지 않고 기존 조약의 자동연장을 저지하기 위해서는, 조약 파기를 요구하는 측이 국회에서 주도권을 쥘 필요가 있었다. 몇 번의 대규모 데모를 벌였음에도 불구하고, 1970년대의 안보투쟁이 거의 성과를 거두지 못하고 끝난 주요한 원인은, 1960년과 1970년의 안보문제 사이에 이런 구조상·절차상의 다른 점이 있었던 데 있다. 그러나 이들 반전, 반기지활동에 참가한 많은 학생이나 시민은 훗날 다른 문제들과 다른 시민운동에 관심을 기울이게 되었다.

베헤이렌의 저항과 더불어, 1960년대 후반 일본의 대학생들은, 세계 각국의 대학생들과 마찬가지로 격렬한 저항운동, 많은 경우는 과격한 저항운동을 벌였다. 그때까지 10년 이상에 걸쳐, 대학의 학생자치회의 전국조직인 전학련 산하의 학생운동 중심세력은, 공산당계 그룹과 비공산당계 '신좌익' 그룹 사이의 파벌투쟁으로 분열되어 있었다. 그러나 반전운동의 절정기였던 1968~1969년에는, 전국의 반수 이상의 대학에서 정치분파에 속하지 않은 래디컬한 학생들이 중심이 되어, 전학련조직과는 별개로 '전학공투회의,' 일명 전공투(全共鬪)라 부르는 학부와 분파를 초월한 연합체를 조직해서 공전의 동맹휴학과 수업거부투쟁을 벌였다. 학생들은 수업료 인상에 반대하고, 대학의 교육·연구내용이 당시 미국과의 협력 아래서 진행되고 있던 일본의 경제대국화에 용이하도록

1968년 분쟁 때문에 도쿄 대학은 1년 이상씩이나 마비상태에 빠졌다. 사진은 캠퍼스 중앙부에 위치한 야스다(安田) 강당 앞에서 열린 '가쿠마루'(革マル, 혁명 마르크스)파 학생들의 집회모습. 마이니치 신문사 제공.

재편되는 이른바 '대학의 제국주의적 재편'에 반대하고, 또 대학운동에 대한 발언권을 요구했다. 1969년 봄, 많은 대학은 폐쇄된 것이나 다름 없었다. 전공투와 신좌익 분파는 헬멧과 각목으로 무장해서 경찰기동대 등과 대결하는 전술을 취하고, 그것을 폭력 내지 권력을 의미하는 독일어의 Gewalt를 참조하여 '게바루토'라고 불렀다. 헬멧을 쓰고 지그재그 행진을 하는 데모대가 대학의 건물이나 기숙사를 점거했다. 그해 봄, 도쿄 대학은 그 오랜 역사에서 처음으로 입학시험을 중지해 4월부터 시작된 신학기의 입학생이 한 명도 없었다. 1969년 여름에 전공투운동은 쇠퇴했다. 학생들이 폭력적인 전술을 가속화시킨 데 대한 여론의 비판도 높아졌다. 사태의 '정상화'를 위해, 정부는 각지의 대학에 기동대를 투입해 대학을 점거하고 있던 학생들을 강제해산하고, 중심적인 활동가들을 체포했다.

항의행동이 이렇게 과격화되고 탄압받게 되기 이전에는, 주요 대학에서 학생운동을 경험한 사람들이 졸업 후에 기업체나 관청에서 출세하는 경우가 드물지 않았다. 대기업은 가령 반체제적인 저항운동을 이끈 것이긴 해도, '지도력'을 발휘할 수 있는 학생을 높이 평가했다고 한다. 그러나 1969년의 위기 이후, 기업측의 이런 태도는 변했던 것 같다. 기업이 학생운동 활동가의 블랙리스트를 작성하고 있다는 공공연한 소문이 나돌았다. 잔존해 있는 과격 그룹들은 조직 내부에서 자기들끼리 야만적이고 때로는 죽음에 이르는 극단적인 파벌투쟁의 시대에 돌입함에 따라, 1970년대 이후 학생운동의 힘과 범위는 격감했다.

시민의 직접행동 중에서 아마도 가장 눈부신 성장을 보인 것은, 환경문제에 매달린 시민운동이었다. 부단히, 그러나 때로는 무모하게 추진된 공업화에 의해 대기오염과 수질오염이 심각해졌다. 환경파괴의 비용, 노동자와 주변주민의 건강파괴의 비용은, 기업이 책임지지도 정부가 부담하지도 않은 채 방치되고 있었다. 이런 비용은, 증가를 계속하던 GNP에서도 차감되지 않았다. 오히려 환경파괴가 심해져 정수시설의 건설이나 공해피해자의 치료활동이 늘면, 환경파괴대상을 위한 재화나 서비스의 증가가 GNP의 수치를 더욱 밀어올릴 뿐이었다.

이미 1950년대 무렵부터, 공해와 관련된 몇몇 무서운 질병의 징후는 나타나고 있었다. 구마모토 현 미나마타(水俁) 시의 화학공장과 니가타 현 아가노(阿賀野) 강 유역의 화학공장 근처에서 수은중독에 의해 주민이 쓰러진다든가 사망하는 사건이 일어나고 있었다. 도야마(富山) 현의 진즈 강(神通川) 유역에 위치한 후추마치(婦中町)의 주민들 사이에서는, 광산에서 유출된 카드뮴 공해에 의해, 온몸에서 심한 통증을 느끼는 '이타이이타이 병'(아픈 병)이란 질병이 많이 발생했다. 일본 중부 미에

(三重) 현 욧카이치(四日市) 시의 이세 만에 면한 임해석유화학단지 주변에서는, 대기오염에 의한 '욧카이치 천식'이 빈발했다. 이와 유사한 질병이 도쿄에서 가까운 요코하마와 가와사키, 오사카에 인접한 아마가사키(尼崎) 등지의 중공업지대 주민들에게서 나타났다. 이들 공해사건과 그 밖의 사건에서 피해자들은 즉각적인 보상과 구제를 요구했으나, 1950년대부터 1960년대 초까지의 공해고발의 노력은 성과를 거두지 못했다. 공해의 원인제공자인 기업이, 자신들에게 책임이 없다고 부인한다든가 조사를 방해하는 게 일반적이었다. 지방자치체도 정부도 공해방지에는 비교적 소극적이었다.

그러다가 1960년대 중반부터 1970년대 초반에 걸쳐, 각지의 공해피해자 그룹은 반전운동 참가자가 했던 것과 마찬가지로 서로 협력할 것을 설득하고, 외부를 향해서 지원을 호소함으로써 여러 강력한 네트워크를 구축했다. 피해자 그룹은 연좌항의와 보이콧 등의 전술을 고안해 냈다. 또 가해기업의 주식을 한 주 또는 거래의 최소단위만 구입해 주주가 되어, 그들 기업의 주주총회에서 기업의 경영자세를 비판하며 보상을 요구하는 이른바 '한 주(株) 운동'도 전개했다. 나아가서는 보상을 요구하기 위한 소송도 제기했다. 1971년부터 1973년까지, 미나마타의 수은중독, 니가타의 수은중독, 이타이이타이병, 욧카이치 천식, 이른바 '4대 공해소송'에 잇달아 획기적인 판결이 내려졌다. 이들 판결은 정부와 가해기업에게, 개선조치와 더불어 예방조치의 강구를 의무화하는 중요한 선례를 확립했다.

일부의 학생운동과 통상이라면 보수적이어야 할 농민이 연대한 하나의 강렬한 항의행동이 전개되었다. 그것은 도쿄의 도심으로부터 동쪽으로 65km 정도 떨어진 지바(千葉) 현 나리타(成田) 시 교외의 산리즈카(三里塚)에서 신도쿄국제공항 건설에 반대하는 장기간의 투쟁이었다. 공항건설계획은 기존 하네다(羽田) 공항의 수용능력으로는 급속히 늘

몇년에 걸친 나리타의 신도쿄국제공항 건설반대투쟁에서는 공항반대동맹의 농민들과 반대투쟁을 지원하는 학생들 사이에 이례적인 아주 강고한 동맹관계가 맺어졌다. 사진은 공항부지로 강제수용의 대상이 된 농지에 바리케이드를 치고 강제수용을 저지하려는 농민과 지원자들. 마이니치신문사 제공.

어나고 있던 항공수송량을 처리할 수 없는 것이 명백해진 1966년에 시작되었다. 정부가 이 산리즈카를 신공항 예정지로 선택한 것은, 필요한 부지의 절반을 황실의 어과목장(御科牧場)이 점유하고 있고, 나머지 절반의 토지취득도 간단할 것으로 판단했기 때문이다. 그러나 정부는 상대의 기분을 무시한 고압적인 태도로 농민들에게 나머지 용지를 매각시키려 했다. 학생활동가들과 농지 매각에 반대하는 농민들 사이에 강한 동맹관계가 눈 깜짝할 사이 형성되었다. 학생들은 이 대결을 전후 자본주의체제의 중핵을 점하는 억압적인 관료국가의 오만을 쳐부술 절호의 기회라고 보았다. 한편 농민들은 농지를 계속 소유하고, 지역사회를 지킨다는 단순한 목적으로 투쟁을 개시했다. 이윽고 대부분의 농민은 학생들이 내건 광범위한 체제비판을 지지하게 되었다. 시위대는 말 그대로 장기전에 대비해 동굴 파기를 했다. 그들은 강제수용 예정지의 지하에 복잡하게 뒤얽힌 터널망을 파고들어가 퇴거를 거부했다. 1969년부터 공항건설이 시작되었다. 그러나 시위대는 활주로 건설을 당초 예정되어 있던 1971년에서 1975년으로 지연시켰고, 공항 개항을 1978년까지 3년이나 더 늦어지게 했다. 공항 개항은 중무장한 기동대와 공항건설을 단호히 반대하는 농민과 학생들 사이에서, 세세하게 매스컴이 보도한 격렬한 전면충돌 끝에 드디어 실현되었다. 시위대가 취한 과격한 전술에 대해서는 비판적인 시민도 있었지만, 산리즈카 투쟁이 정부에게 시민이 안고 있는 걱정에 제대로 대처하지 않으면 안되고, 장래 비슷한 프로젝트를 실시할 때는 더 우호적인 태도로 임해야 한다는 것을 통감시킨 계기가 된 것은 확실하다.[16]

이것들 외에도 1960년대부터 1970년대에 걸쳐 제품의 안전성을 감시하는 운동, 신선하고 안전한 식품을 적절한 가격에 구입하는 것을 지향하는 생활클럽생협 같은 민중참가형의 생활협동조합 네트워크를 비롯해서 몇몇 중요한 시민운동이 출현했다.[17] 반전운동, 학생운동, 환경운동 등 다양한 시민운동에는 남성과 나란히 여성도 적극적으로 관계해 왔는데, 가정생활에 관련된 분야에서는 여성이 특히 중요한 역할을 담당했다. 먹을거리의 안전 등의 소비자보호 관계자들은 무비판적인 물질만능의 '소비주의'를 지지하지 않고, 가격이 저렴한 것보다도 제품의 질과 안전성이 중요하다고 강조했다. 이런 소비그룹은 농업협동조합과 국산품 보호에 종사하는 정부기관과도 밀접한 관계를 구축했다. 사실, 안전성 기준에 대한 엄격함은, 형태를 달리한 보호주의라고 해서 해외로부터 엄청난 비판을 받았는데, 그러한 비판 중에는 상당히 근거가 있는 것도 적지 않았다.

이들 다양한 시민운동이 만들어낸 새로운 정치 조류가, 1960년대 후반부터 1970년대에 걸쳐 구래의 정당정치와 손을 잡았다. 전국의 크고 작은 도시에서 환경문제, 공공주택 개선요구, 반기지투쟁 등 다양한 주제를 놓고 결집된 주민들이 사회당이나 공산당의 정치인을 지방자치체의 단체장으로 선출했다. 1975년의 통일지방선거에서는 혁신계의 단체장이 탄생함으로써 절정에 달했다. 1976년 4월에 도쿄·오사카·교토 등의 10도도부현(都道府縣)의 지사와, 요코하마·나고야·가와사키·고베 등의 대도시를 포함한 159시(市)의 시장이 혁신계였다.[18]

혁신자치제의 출현은 '혁신자치체' 시대의 도래라고 형용되었다. 혁신자치제시대는, 지방자치체가 중앙정부에 앞서서 다양한 시책을 강구한다는, 일본의 근대사에서도 보기 드문 시대였다. 이들 자치체는 환경조례 제정에서부터 사회복지수급에 이르는 다양한 분야에서 주도권을 발휘했다. 이런 조류를 이끈 혁신계 단체장 중에서 아마도 가장 유명했던 인물은, 대학교수에서 정계로 옮겨가 1967년부터 1980년까지 도쿄도(東京都) 지사를 지낸 미노베 료키치(美濃部亮吉)일 것이다.[19] 미노베는 고령 저소득자의 의료무료화 등 다수의 선구적인 시책을 실시해서 뜨거운 지지와 광범위한 주목을 받았다.

중앙정부와 자민당은, 혁신자치체가 달성한 미증유의 성과에 반대하지는 않고 보조를 맞추는 식으로 대응했다. 자민당은 지방자치체의 선구적 시책을 나라의 방침으로 수용했다. 1973년, 자민당 정권은 '복지원년'을 선언하고, 연금제도와 건강보험제도의 대폭적인 확충을 도모했다. 정부는 또 같은 해 공해건강피해보장법을 제정하여 공해 관련 법률의 충실을 도모했다. 이 법률의 제정으로 공해 피해자가 일정 정도의 경제적 지원과 의료혜택을 받는 것이 이전보다 훨씬 쉬워졌다. 이런 조치는 보수세력이 도시에서 세력을 만회하는 데 효과가 있었다. 다만 정부의 성청(省廳)과 자민당은, 1970년대 후반 경기에 그늘이 드리워지자, 새로 막 도입한 비교적 수급수준이 높은 신제도에 대해 보험료 인상과 수급수준을 낮추어서 이들 제도의 규모축소를 도모했다.

　정치무대에서 중도정치의 진전을 촉구한 또 하나의 새로운 정치적 요인은, 소카갓카이(創價學會)라는 제법 많은 신자를 거느린 신종교를 지지기반으로 두는 종교정당 공명당(公明黨)의 등장이었다. 이 종교의 지도층 일부가 1950년대 중반부터 '공명'한 정치를 기치로 내걸고, 정계 진출을 지향했다. 1964년, 소카갓카이는 종교정당으로서의 공명당을 정식으로 결성했다. 1960년대 말에 공명당은 국회에서 자민당과 사회당에 이어 제3의 정치세력으로 약진했다. 이 무렵 공명당이, 헌법이 규정하는 정교분리의 원칙을 위반하고 있다는 비판여론이 들끓었다. 비판에 부응해서 공명당은 소카갓카이와의 조직적인 관계를 전부 끊었다. 그러나 실제로는 공명당의 많은 후보자가 소카갓카이 신자이고, 소카갓카이의 신자가 공명당의 지지기반이라는 사정은 그후에도 전혀 변하지 않았다. 공명당은 '중도(中道)정당'을 자처했다. 복지제도의 충실을 지지하고, 신헌법의 옹호를 주장하는 한편, 자본주의체제의 기본적인 방식을 수용한다는 입장을 취했다. 공명당은 지방선거에서는 종종 사회당의 혁신적인 후보를 지지했다. 또 사회당과 자민당이 공명당 지지자들의 표를 놓고 경쟁한 결과, 공명당이 두 당을 중도로 유인하는 기능도 했다.

　1960년대에 풀뿌리 시민운동의 활성화는, 좌파나 중도파에만 국한되지 않았다. 우파에 의한 풀뿌리 레벨의 운동으로서 가장 두드러졌던 것은 일본의 '건국' 기념일을, 국민의 휴일로 다시 제정하여 달라고 요구하는 운동이었다. 메이지 국가는 일찍이 1870년대에, 상당히 자의적으로 전설적인 진무(神武) 천황이 기원전 660년에 궁정을 창설했다고 간주되는 2월 11일을 기원절(紀元節)로 하고, 축제일의 하나로 지정했다. 이 축제일은 전후 1948년, 점령군에 의해 폐지되었다. 1950년대부터 1960년대에 걸쳐서, 기원절의 부활을 요구하는 운동이 전개되었는데,

이 운동에서 주목해야 할 것은, 1951년에 요시다 시게루가 이를 지지한 것을 비롯해, 보수파의 정치지도자들이 예외 없이 지지했다는 사실만이 아니다. 하나 더 주목해야 할 것은 이 운동이, '시민운동'의 전술을 배워서 광범위하게 구축된 네트워크를 통해 지지자를 동원한 일이었다. 이 운동에서는 시정촌(市町村)의 보수파 단체장 및 의원들과 나란히 전국 신사의 신직(神職)이 가맹되어 있는 신사본청(神社本廳)이 중심적인 역할을 수행했다. 1966년, 국회가 2월 11일을 건국기념일 휴일로 제정하는 법률을 가결한 것으로 이 운동은 일견 성공을 거둔 것처럼 보였다. 그러나 비교적 확실한 이데올로기적인 목적을 갖고 이 운동에 관여해왔던 사람들의 기대와 달리, 새로운 국민의 휴일이 제정되긴 했어도, 전전 같은 강력한 천황숭배와 같은 풍조가 재현된 것은 아니었다.

글로벌한 연관: 석유쇼크와 고도성장의 종언

일본이 두 자리 수 경제성장을 향유한 미증유 고도성장의 시대는, 1973년 가을에 갑자기 종언을 맞았다. 그해 10월에 중동전이 발발함에 따라, 아랍의 주요 산유국들이 일본을 포함해 이 전쟁에서 이스라엘을 지지하던 국가들에 대해 원유수출 제한조치를 취했다. 몇 주 만에 원유가격은 4배나 폭등했다. 일본정부는 재빨리―관점에 따라서는 비겁하게―이스라엘과 거리를 두었다. 그리고 일본은 팔레스타인이 조국을 가질 권리를 지지할 이유를 별안간 찾아냈다. 이렇게 해서 아랍의 산유국들이 일본으로의 원유수출 재개에 응하게 함으로써 당면한 위기를 넘겼다. 그러나 원유수입비용의 급증은 국제수지 적자를 초래했다. 에너지 가격의 고등(高騰)은 심각한 불황을 초래했고, 1940년대 이래 최악의 인플레이션을 불러왔다. 1974년에 소비자물가는 25% 상승했다. 같은 해 GNP는 전년대비 1.4% 감소하고, 일본경제는 1940년대 이래 처음으로 마이너스 성장을 기록했다.

　'석유쇼크'로 불리게 된 이 사태는, 심각한 사회적·문화적 영향을 미쳤다. 일본경제를 지탱하는 혈액인 석유의 공급이 끊어질 위기에 처했을 때, 경제적인 자급자족의 중요성을 주장하는 사람들이 지적하던 최악의 사태가 실제로 일어날 수 있다는 사실이 실증되었다. 상호의존적인 세계에서, 자원을 갖지 않은 나라가 얼마나 취약한가라는 것도 새삼 명백해졌다. 수백만의 40세 이상의 사람들은, 아직 기억에 선명하게 남아 있던 전시와 전후 초기의 필수품 부족상황을 생생하게 떠올렸다. 소비자들은 돌연 세탁용 가루비누 등의 석유제품을 비롯해서 온갖 종류의 상품을 사려고 슈퍼마켓으로 달려갔다. 수많은 주부가 슈퍼마켓에 쇄도해, 패닉에 사로잡혀 일상생활에 필수적인 화장지를 사재기하는 이른바 '화장지 소동'이 전국으로 확산되었다.

　석유위기는 일본정부가 에너지정책을 재검토하도록 촉구했다. 정부는 일본의 전반적인 석유의존도, 그중에서도 중동산 석유의존도를 줄이기 위한 장기계획 책정에 서둘러 임했다. 관료들은 원자력발전소의 건설계획과 수력발전소의 증설계획을 앞당겨 시행했고, 혈암유(頁巖油)와 태양발전, 파력(波力)발전 등 대체에너지원의 개발프로젝트에 자금배분을 늘렸다. 관료들은 또 전시에 대단한 기세를 떨친 검약장려 슬로건을 방불케 하는 듯한 '에너지 절약'도 호소했다. 통산성 대신과 관료들은 솔선수범해서 겨울에는 난방온도를 내리고, 여름에는 에어컨 설정온도를 올렸다. 그들은 또 학교와 관공서 건물에도 에너지 절약을 의무화했고, 민간기업이나 그 밖의 사람들도 정부시책에 따라 달라고 당부했다. 그래서 여름에는 사무직근로자를 위해 디자인된 노 넥타이와 반소매, 이른바 '절약 룩(look)'이라 일컬은 차림으로 출근했다. 에너지 소비절약과 에너지원의 다각화라는 조합은 어느 정도의 성과를 거두었다.

일본의 석유 총수입에서 차지하는 중동산 석유의 비율은, 1970년에는 85%였지만 1980년에는 73%로 떨어졌다.

두 자리 수 인플레이션에 내몰려서, 노동자의 전투적인 시위는 잠시나마 되살아났다. 1960년대를 지나면서 조직노동자는 요구 면에서도 전술 면에서도 꽤 온건해졌는데, 1974년 춘투에서는 많은 산별 노조가 진짜로 파업에 돌입하려는 태세를 보였다. 노조는 초임급(初任給)으로 평균 33%라는 역사상 최대의 임금인상을 획득했다.

공공부문 노동자들은 특히 강경했다. 민간부문 노조와 대조적으로 공공부문 노조는 1960년대를 통해서 전투성을 강화했고, 1970년대 초에 절정에 달했다. 그러나 국민들 사이에서는 조합의 전투적인 자세에 대한 비판이 거세졌음을 보여주는 징후가 확실히 나타났는데도, 조합지도부는 그것을 무시하고 말았다. 1973년 춘투에서 국철 노동자들이 준법투쟁을 했을 때, 러시아워의 열차운행시간이 완전히 불규칙해지고 열차가 도착해도 초만원이라 다 탈 수가 없는 등의 혼란이 생기자 승객들이 난폭하게 분통을 터뜨렸다. 다카사키(高崎)선의 아게오(上尾)역을 비롯해 27개 역에서 성난 승객들이 기관사를 폭행하고 역사(驛舍)의 기물을 파손했다.

전환점은 1975년 말에 찾아왔다. 100만 이상의 관공서 노동자들이 파업권 쟁탈을 위해 파업을 벌였는데, 이들의 시도는 실패로 끝났다.[20] 이들의 노동운동은 폭넓은 전선을 구축하지 못했다. 예컨대 사철(私鐵)의 노동자들은 파업에 참가하지 않았고, 사회의 반응도 냉담했다. 15년 전의 미이케 쟁의 때와 다르게 학생들의 지원도 거의 없었다. 파업 개시 일주일 뒤 노조는 아무런 소득도 얻지 못한 채 파업을 철회했다. 정부는 약 100만 명의 노동자를 징계에 회부해, 비합법파업을 주동한 1,015명을 해고했다. 이를 계기로 공공부문 노조의 장기적인 완만한 쇠퇴가 시작되었다.[21]

　이와 동시에 민간부문의 주요 노조들은 전년의 춘투에서 보인 강경한 자세에서 크게 후퇴했다. 경영자와 정부 수뇌는 인플레이션을 억제하고 기업수익을 회복하며 장기적인 고용안정을 확보하기 위해서는, 임금인상요구를 자제하는 것이 불가결하다고 지속적으로 호소했다. 이 호소에 응해서 금속노협 산하의 노조를 중심으로 하는 중요한 수출산업의 노조지도자들이, 민간부문 춘투의 임금인상요구 수준을 설정하게 되었다. 1975년 춘투에서 이들 조합은 전년의 3분의 1 수준에 불과한 평균 13% 임금인상을 수용했다. 불황으로 심각한 타격을 받은 조선을 비롯한 산업에서는, 노조가 대폭적인 인원정리를 받아들였기 때문에, 수천의 장기근속노동자가 조기퇴직을 해야 했다. 노조는 남은 조합원들을 위해서 고용안정과 이익공유라는 장기적인 약속을 받아냈기 때문에, 일부 동료에게 희생을 강요한 것이었다. 일반 조합원들로부터도 이렇게 순순히 경영측에 협력해야 하는지 의문을 표시하는 목소리가 더러 있었지만, 이의를 제기해도 노조지도부가 내린 결정을 뒤집는 것은 불가능했다. 환경정책에서부터 복지정책, 노사관계에 이르는 다양한 분야에서 타협과 화해·협조를 특징으로 하는 정치시스템이 이미 뿌리를 내리고 있었던 것이다.

　빈곤에서 번영으로, 대립에서 화해·협조로라는, 1950년대부터 1970년대 말에 이르는 기간에 일본이 밟아간 궤적은, 분명히 전후 글로벌한 역사의 일환을 이루고 있었다. 전쟁으로 황폐화된 유럽제국의 경제, 특히 독일과 이탈리아 경제도 같은 시기에 저마다 '기적적인' 부흥을 이룩했다. 미국은 세계무역시스템을 보다 개방적인 것으로 만드는 데 주도적인 역할을 담당했는데, 전후 초기 유럽제국의 부흥에서도 미국의 원조가 결정적으로 중요한 역할을 했다. 일본과 마찬가지로 유럽에서도, 미국의 텔레비전과 영화는 풍요의 꿈과 중간계급 소비자들의 밝은 신생활의 꿈을 널리 전파했다. 미국이 행한 기술수출과 냉전시대에 펼

친 반공정치세력에 대한 다양한 경기부양 활동은 전세계 경제사와 정치
사에 영향을 미쳤다.

미국이 일본에게 행한 이런 경기부양 활동과 공작활동 중에는 비밀리
에 이루어진 것도 있었다. 예컨대 미국 CIA는 1950년대에 자민당 내의
반공동맹자들에게 자금을 제공했다.[22] CIA 요원들은 경영측에 붙은 노
조지도자의 입장을 강화한다든가, 래디컬한 사고를 가지고 전투적인 전
술을 주장하는 지도자를 방해하는 활동을 펼쳤다. 전후 일본에서, 그리
고 세계의 많은 지역에서 미국이 비밀리에 행한 활동의 전모를 아는 것
은 불가능하다. 그렇지만 그런 활동이 상황전개를, 어찌 되었든 서서히
나타나고 있던 정치적 화해·협조에 유리한 방향으로 기울게 하는 작용
을 했다고 말해도 과언은 아닐 것이다.

냉전의 절정기에 행사된 정치적인 부양활동 중에는 좀더 공개적인 것
도 있었다. 새 대통령으로 선출된 존 F. 케네디는, 1961년에 에드윈 O. 라
이샤워를 주일 대사에 임명했다. 일본사를 전공한 대학교수를 대사에 발
탁한 것은 이례적인 인선이었다. 그러나 라이샤워는 안보조약을 둘러싼
대규모 데모와 미국 대통령의 방일중지 등의 위기적인 상황이 끝난 뒤
에, 일본과의 사이에 '중단되어버린 대화'의 재개 필요성을 주장한,
1960년에 발표된 논문의 필자로서,[23] 그 이전부터 케네디의 눈을 끌고
있었던 것이다. 라이샤워는 1966년까지 대사를 역임했는데, 그 사이 일
본의 좌우 양파의 반미감정을 누그러뜨리려 정력적으로 활동했다. 그는
문화적·지적인 면에서 영향을 미치는 데도 힘을 쏟았다. 예를 들면 공산
화의 길을 밟지 않고 근대화한 성공모델로 일본을 평가할 수도 있다는
보다 밝은 견해를 내놓음으로써, 일본의 역사와 사회를 비판적으로 보는
마르크스주의적 시각에 반대했다.

많은 일본인이 베트남 전쟁에서 미국의 역할에 강하게 반발하고 있
었기 때문에, 미일관계 개선을 향한 라이샤워의 노력은 금방은 열매를

맺지 못했다. 게다가 일본 내에 미군이 계속 주둔하는 것, 특히 미국에 의한 오키나와 지배가 계속되는 것에 대해 많은 일본인은 정치적 신념의 차이를 초월해서 분노했다. 1969년 미국 대통령 리처드 닉슨은 오키나와를 일본에 반환하기로 약속했다. 일본 본토에 대한 점령이 끝나고 20년이 지난 1972년, 오키나와가 일본에 반환되었다. 오키나와 반환은 미일관계 개선을 향한 중요한 가교였다. 그러나 반환 후에도 대규모적인 미군의 오키나와 주둔은 계속되었다. 오늘날까지도 미군기지는 오키나와 본도의 중부와 남부의 농업용지로서 가장 적합한 땅의 약 20%를 차지하고 있다.[24] 그리고 이 점은, 오키나와에서도 일본의 본토에서도 미일관계에서 심각한 문제로 남아 있다.

따라서 일본인은 자신들이 미국의 전략적 우산 아래 종속적 독립이라는 부자연스럽고 불편한 상태에 놓여 있는 것에 분노했다. 동시에 일본인은 미국이 지배하는 경제환경 아래서, 상품을 만드는 역량과 그것을 비공산세계 전역에서 판매하는 역량을 발휘해서 번영을 누렸다. 요컨대 국제적으로 본 일본 고도성장기의 의의의 일단은 이런 정치적으로는 제약적이지만 경제적으로는 해방적인 제휴관계가 가진 힘 속에서 찾아내는 것이 가능하다.

그러나 일본사람들이 단순히 워싱턴이나 월스트리트에서 기획된 대로가 아닌, 근대의 공통된 경험에 참가하고 있었다는 사실을 인식하는 것도 중요하다. 그들은 1950년대부터 1970년대 말에 형성되고, 상호의존성을 새롭게 강화한, 그러나 여전히 분단된 상태의 세계질서 전체에 공통하는 다양한 문제와 씨름해왔다. 학생운동·여성운동·환경운동은 세계 각지에서 거의 동시에 표면화되었다. 전세계의 많은 노동조합은 그 입장을 반역자에서 정통적인 단체교섭세력으로, 나아가 경우에 따라서는 연립정권의 구성원으로 바꾸었다. 그와 거의 동시에, 일본도 이미 진입해 있던 선진자본주의국가 정부들은 중간층에게도 사회복지 수급을 확대하기 위해서 사회복지제도의 확충을 도모했다. 일본의 정부와 시민은 다른 나라의 정부나 시민과 마찬가지로 이윤의 추구와, 안정적으로 건강하고 유의미한 생활을 영위하고 싶다는 바람과의 균형을 이루려 했던 것이다.

16장
다극화된 세계 속의 글로벌한 대국
1980년대의 일본

일본이 부유하고 자신감에 넘치는 평화로운 국가가 된 것은, 전후 세계사에서 하나의 획기적 사건이었다. 국내에서는 1970년대부터 1980년대 말까지의 시기, 일부 사람들은 국가 전체가 달성한 이런 성과를 자랑스러워한 나머지 오만이라고 말하고 싶을 정도의 건방지게 행동했다. 외국인의 반 질투 어린 비판에 신경을 곤두세우기도 했다. 또 그중에는 옛날 좋았던 시절의 풍습을 그리워하면서 그것이 사라져가는 것을 한탄하며, 젊은 세대가 구세대처럼 목적의식을 갖고 일에 몰두하지 않게 되어버린 세태에 대해 안타까워하는 사람도 있었다. 나아가 또 일본은 세계에 대해서 좀더 문호를 개방해야 하고, 다양성에 대해 보다 관대해야 하며, 다양한 분야에서 남녀평등을 더 추진해야 한다고 주장하는 사람들도 있었다. 그들은 장시간 노동과 살기 불편한 좁은 집에서 원거리 출퇴근에 시달리는 보통의 일본인이 풍요의 열매를 충분히 향유하지 못하고 있다고 비판했다.

외부에서 일본을 보는 시각에는 선망과 상찬이 뒤섞여 있었다. 일부 사람의 눈에는 일본의 이미지는 경제적 기적에서 경제적 위협으로 크게 변했다. 또 '일본식 모델'을 서구식 모델보다 잘 되어가고 있는 자본주의의 한 방식이라고 보는 사람도 있었다. 이런 의미에서 특히나 1980년대라는 시기는, 전후 초기에는 상상도 하지 못했던, 그러나 지금 돌이켜보면 그렇게 단정하기에는 시기상조였던, 눈부신 지복(至福)과 경하(慶賀)의 순간이었다.

세계에서의 새로운 역할과 새로운 긴장

1972년에 오키나와의 시정권(施政權)이 일본에 반환되어, 미국의 대일점령이 남긴 주요한 법적 문제는 해결되었다. 비록 미군과 미군기지가 오키나와에 남아 있다고는 해도, 오랜 현안이었던 주권의 일본반환을 계기로 미일관계는 그때까지 없었던 새로운 평등을 향해서 날개를 펼칠 것으로 기대되었다. 그런데 그 전년에 일어난 이른바 '닉슨 쇼크'라 불리는 두 사건이 이 전망을 어둡게 해버렸다. 1971년 7월, 미국대통령 리처드 닉슨은 이듬해 봄이 되기까지 중화인민공화국을 방문할 계획이라는 충격적인 발표를 했다. 그후 미중관계 개선은 신속하게 진행되어, 1972년 2월에 닉슨이 방중하여, 미중 국교정상화가 실현되었다. 또 하나의 쇼크는, 1971년 8월, 닉슨 대통령이 달러와 금의 교환정지와, 달러의 변동환율제로의 이행을 발표한 것이었다. 이것으로 일본의 경제력을 반영해서 엔의 가치는 급상승했지만, 동시에 엔고는 일본의 수출경쟁력을 대폭 떨어뜨렸다.

닉슨에 의한 이 두 가지 발표는 일본에 심각한 영향을 미쳤다. 닉슨이 일본과 사전협의는커녕 일본에 사전통고도 없이 그런 발표를 한 것은, 일본정부와 국민을 화나게 했다. 일본 정부와 국민은——그러는 것도 당연하지만——미국정부가 일본을 충분히 신용하지 않거나, 대등한 파트너로 간주하지 않는다고 판단했다. 가장 불쾌하게 여겼던 것은, 그때까지 20년에 걸쳐 일본정부가 국내의 상당히 강한 반대를 억눌러가면서

까지 중국의 공산당 정권을 고립시키고 '봉쇄하는' 미국의 정책을 충실
히 따라왔다는 사실이었다. 미국의 대중국정책 급전환으로, 일본은 찜
찜해하면서 서둘러 미국의 뒤를 따라가지 않을 수 없는 처지에 처했다.
일본과 중국의 국교는 1972년에 정상화되었다. 경제관계도 1970년대
에 점점 두터워지기 시작했다. 1980년대에 중국이 실질적인 자본주의
화정책으로 전환함과 더불어 중일간의 경제관계는 비약적으로 심화되
고, 중국은 일본에게 주요한 무역상대국이 되었다.

이처럼 오키나와가 반환되었음에도 불구하고, 두 가지 닉슨 쇼크를
경계로 미일 파트너십, 특히 경제상의 파트너십은 만성적인 긴장상태에
빠졌다. 일본의 대미무역수지는 1965년부터, 그때까지의 만성적인 수
입초과로부터 조금이지만 수출초과로 바뀌어, 1970년대에 접어들자 일

그림16.1 **미일의 무역수지, 1963-1979년**

출전: U.S. Department of Commerce, *Statistical Abstract of the United States* (Washington, D.
C.: U.S. Government Printing Office, 1963∼1979).

본제품이 미국시장에 홍수처럼 유입되어 미국의 대일수출을 압도하기 시작했다.(그림16.1 참조) 1980년대 중반에는 일본의 대미수출액이 미국의 대일수출액의 두 배를 넘어섰고, 매년 미국의 대일무역적자는 대략 500억 달러에 달했다.

기본적인 패턴은 이후에도 지속되었다. 일본은 대량의 원유·원료·식량을 수입하는 한편, 공산품 수출을 늘렸다. 그런데 이들 공산품은 점점 고부가가치에다 고품질적인 것이 되었다. 그 결과, 일본은 무역 면에서 선진자본주의세계에 대해서 만성적인 수출초과가 되었을 뿐만 아니라, 정치면에서도, 특히 미국과의 관계가 만성적인 긴장상태에 빠졌다. 미국의 대표적인 제조기업이, 경쟁력 있는 일본제품과 가격 면에서도 품질 면에서도 대항할 수 없게 되었다. 가령 가전산업의 경우, 1955년 시점에는 미국 내 텔레비전 제조업체는 27개사나 있었다. 그런데 1980년대에는 미국 내에서 텔레비전의 국내생산을 계속하고 있는 회사는 제니스사뿐이었다.

이런 힘겨운 경쟁에 직면한 미국의 기업경영자와 노동조합은 빠르게는 1960년대부터 불공정한 무역의 시정을 소리 높여 요구하는 캠페인을 벌이게 되었다. 미국의 노사는 일본의 제조회사에 비판의 화살을 향하고, 일본기업이 자국시장에서는 보호를 받아 높은 가격을 매겨 팔고 있으면서 해외에서는 원가 이하로 판매해 시장점유 확대를 도모하는 것은 부당하다고 비난했다. 이 비판에 의하면, 미국시장에 진입할 당초는 원가를 밑도는 판매가격으로 손해를 보았어도, 결국 미국의 경쟁상대가 생산을 포기한다든가 도산하는 단계에 이르면 가격을 올려 손실분을 회수하는 것이 일본기업의 전략이었다. 이 전략은 1990년대에 마이크로 소프트사가 구사한 전략과 아주 유사한데, 과연 이런 전략이 비윤리적인 것인가, 아니면 빈틈없는 비즈니스일 뿐인가 하는 판단은 보는 사람의 이해관계에 따라 크게 달랐다.

어쨌든 미국측은 정치적 영향력을 행사해서 일본의 수출확대를 저지하려 했다. 미일간에 일련의 무역마찰이 연이어 부상한 것에, 그 해소를 위해서 치열한 교섭이 벌어져 일본의 수출산업이 대미수출의 '자주규제'(自主規制)에 응하는 것으로 결착이 났다. 이 교섭의 주요한 것을 들면, 섬유교섭(1972), 철강교섭(1969·1978), 컬러TV교섭(1977), 이어서 자동차교섭(1981-1993) 등이었다. 1988년, 미국의회는 무역상대국에 시장개방을 요구하기 위한, '슈퍼 301조'라 불리는 대외제재조항을 담은 포괄통상법을 제정했다. 슈퍼 301조는 1974년 통상법 301조의 불공정무역관행에 대한 보복규정을 강화한 것이기 때문에, 일본과 그 밖의 나라들의 국내시장이 국외로부터의 수입에 대해서 불공정하게 폐쇄적인지 어떤지를 일방적으로 판단하는 권한과, 불공정한 무역관행과 장벽이 있다고 간주된 나라들이 일정기간 내에 시정조치를 취하지 않을 경우에는, 그들 국가로부터의 대미수출에 대해서 관세 인상 등의 보복조치를 일방적으로 강구하는 권한을 일본정부에 인정케 한 것이다. 이 조항이 적용될 전망이 높은 것을 염려한 일본측은, 이 조항은 19세기에 미국과 영국의 함선이 전세계에서 약소국에 무력을 배경으로 그들의 무역조건을 일방적으로 밀어붙였던 포함외교를 부활시킨 것이라며 신랄한 비판을 퍼부었다. 실제로 포괄통상법이 성립되고 나서 곧바로 미국정부는, 슈퍼 301조 발동의 가능성을 드러내 보이면서 일본에 슈퍼 컴퓨터, 인공위성, 목재·목제품의 수입개방을 강요했다.

그중에서도 특히 자동차 수출쿼터에서는, 미일간의 경제적 번영의 역전을 극적인 형태로 부각시켰다. 제너럴 모터스와 포드는 그때까지 오랫동안 미국산업의 중축(中軸)으로서 전후 번영의 원동력으로서 정말로 자랑할 만한 존재였다. 양사의 제품은 수십 년에 걸쳐 아메리칸 드림이 약속하는 훌륭한 생활을 상징하는 것이었다. 그런데 이제 완전히 쇠락한 이들 거대자동차회사는, 정부에 의한 수입쿼터라는 지원이 없으면, 미국 소비자에게 자신들의 제품을 구입해달라는 설득조차 할 수 없을 정도가 되어버렸다. 수백만 소비자가 경제적인데다 신뢰성도 향상시켜온 도요타·닛산·마쓰다·스바루 등 일본회사의 차로 갈아타려고 했다.[1] 때때로 전미자동차노조의 조합원들이 TV 카메라 앞에서 일본제 자동차를 마구 박살 낸 것처럼, 증오를 그대로 드러내는 상징적인 시위행동으로, 무역을 둘러싼 긴장이 분출된 적도 있었다. 그런 긴장은 인종폭력사건을 적어도 한 번 이상 일으켰다. 1982년, 디트로이트에서 해고된 두 명의 자동차공이 중국계 미국인 남자를 야구방망이로 두들겨 패서 숨지게 했다. 두 사람은 피해자를 일본인으로 착각하고 습격했다고 한다. 재판 결과, 두 사람에게는 집행유예 3년과 고작 수천 달러의 벌금이라는 지나치게 가벼운 판결이 내려졌다.[2]

미국정부는 이외에도, 1970년대부터 1980년대 말까지 미일 간의 무역 및 경제관계가 전반적으로 재편되어야 한다고 주장해왔다. 1979년, 양국 정부는 미일 무역마찰을 줄이기 위한 장기적인 방책을 찾기 위해서, 양국 공히 몇 명씩으로 구성하는 이른바 '미일현인회의'(美日賢人會議)를 설치하는 데 합의했다. 그로부터 10년 뒤인 1989년부터 1990년 시점에도 무역문제를 교섭하는 미일 대표들의 관심은, 이른바 미일구조협의(日美構造協議)에서 광범위한 구조문제를 어떻게 협의하느냐에 향해 있었다. 구조협의의 목표는, 미국측에서는 재정 적자와 낮은 저축성향, 일본측에서는 가격경쟁을 저해하는 복잡한 유통시스템이라는 경제불균형의 배경요인이 되고 있던 구조를 바꾸는 데 있었다. 1990년 중반에 정리된 구조협의의 최종보고에는 갖가지 그럴듯한 아이디어가 담겨 있었지만, 정치적으로 실행 가능한 것은 별로 없었다.

일본의 은행과 기업이 가진 외화가 늘어남과 따라, 일본의 대외투자가 무역의 뒤를 좇아서 증가했다. 일본의 기관투자가들은, 미국 재무부가 발행한 단기증권에 투자하기 시작했다. 1980년대 미국의 재정 적자의 팽창은, 일본의 기관투자가에 의한 이런 재무부 증권의 매입으로 지탱되었다. 게다가 일본기업은 미국·유럽·아시아에서의 현지생산을 위해서 거액의 설비투자도 했다. 일본의 해외직접투자(FDI)는 1960년대 중반에 겨우 10억 달러에 불과했지만, 1975년에는 일본의 해외누적투자액은 150억 달러를 웃돌았고, 1980년대 말에는 거의 500억 달러로 늘어났다. 투자처로서는 총액의 40%를 차지한 북미가 제1위이고, 그 뒤로 유럽, 아시아, 라틴아메리카 순이었다. 일본경제가 팽창해 땅값이 급등한 버블시기에는, 일본의 투자가들은 일본의 부동산에 비교하면 싸 보이는 샌프란시스코에서 남쪽으로 2시간 반 정도 걸리는 곳에 위치한 초일류의 페블비치 골프코스(1990)를 매수한다든가, 맨해튼 중심부의 유서 깊은 록펠러센터(1989)를 매입하는 등 미국의 이름난 동산·부동산을 사들여 엄청난 시선을 끌었다. 미국언론은 이런 매매계약을, 일본인에 의한 '탈취'와 '침략'이라는 제목을 붙여 대대적으로 보도했다. 그중에는 20세기 초부터 제2차 세계대전 종료까지 일본인을 겨냥했던 인종차별적 이민배척의 수사(修辭)와 똑같은 말투로 일본을 비판하는 목소리도 있었다. 유명한 예를 하나 들면, 1985년 『뉴욕타임스 매거진』이 제1면에 게재한 저명한 저널리스트 시어도어 화이트의 기고는 「일본으로부터의 위협」(The Danger from Japan)이라는 제목으로 되어 있었다. 번쩍이는 일본의 신예 제철소와, 잔뜩 녹슬고 텅 비어 버린 미국의 제철소를 대비한 사진도 덧붙여져 있었다. 논설 속에서 화이트는 일본은 '미국산업을 해체'하려 한다고 비난하고, 일본의 경제적 약진은 세계경제의 정복을 노리는 악의에 찬 장기계획의 결과라고 단정했다.[3]

일본을 비판하는 목소리가 높아졌음에도 불구하고, 미국과 일본의 경제는 종래 이상으로 상호의존도가 높았다. 정책입안자들은 이 점을 이해하고 있었다. 무역을 둘러싼 정부간 교섭이 끊이지 않고 계속되는 한편, 정부당국자에 의한 다국간 및 이국간에서의 경제정책의 협의를 위한 대책도 논의되었다. 이미 1964년에 일본은 선진공업국이 안고 있는 공통문제와 이들 선진국과 나머지 국가와의 경제관계 조정을 주요 목적으로 하는 국제기관인 경제협력개발기구(OECD)에 가입해 있었다. 이어서 1975년부터 일본을 포함한 선진자본주의국가의 정상이 매년 한자리에 모이는 '선진국정상회의'가 정례화되었다.[4] 정상회의의 참가국은 '선진 7개국'(group of seven), 약칭 G7이라 불리게 되었는데, 참가국들은 매년 교대로 주최국이 되었다. 인플레이션을 억제하고, 성장과 무역을 촉진하기 위한 글로벌경제정책의 조정이, 정상회의의 테마가 되었다. 정상회의와 더불어 G7과, 그 내의 중핵부인 일본을 포함한 선진5개국(G5, 미국·영국·일본·프랑스·독일)의 재무장관·중앙은행총재회의도 1980년대부터 정기적으로 열리게 되었다. 일본이 이들 회의의 멤버가 된 것은, 일본이 세계경제에서 중심적인 역할을 담당하기에 이르렀다는 표시이자, 일본에게 자랑할 만한 것이었다. 그러나 그것은 동시에 일본에 자국의 이익만을 위해서가 아니라 국제적인 이익에 부합하는 경제정책을 설계하지 않으면 안된다는 압력이 걸리는 것이기도 했다.

G5가 내린 가장 중요한 결정 가운데 하나는, 1985년의 선진5개국 재무장관·중앙은행총재회의가 열린 뉴욕의 플라자 호텔의 이름을 따서 명명된 이른바 '플라자 합의'이다. 선진5개국의 재무장관·중앙은행총재는 자기 나라의 산업을 지원하기 위해 달러 매도 때 협조개입을 해서 달러강세를 시정하고, 달러안정·엔고의 상황을 만들어냄으로써 일본의 수입확대를 도모하자고 합의했다. 일본 이외의 선진4개국은 또한 일본정부에 내수를 자극해 확대하라고 요구했다. 이런 합의를 받아들여 일본 대장성은 저금리정책을 시행함과 더불어 재정지출을 확대했다. 내수의 확대를 진작시키기 위해 대장성은 도로와 교량 건설에서부터 유원지, 미술관 건설에 이르는 모든 공공사업을 위해 지방자치체에 거액의 재정원조를 마구 해주었다. 저금리 자금의 공급과잉은 복잡한 영향을

초래했다. 한편에서는, 과잉유동성은 기업이 제조비용을 절감함으로써 엔고라는 역경에도 불구하고 세계시장에서 경쟁력을 유지하는 데 불가 결한 최첨단기술개발에 투자하기 쉽게 만든 효과도 있었다. 다른 한편 그것은, 1980년대 후반의 극적인 자산가격의 폭등, 이른바 거품경제를 유발하는 요인이 되었다.

일본과 아시아 및 여타 국가들의 관계 역시 긴장이라는 요인과 협력 이라는 요인이 복잡하게 얽혀 있는 양상을 노정하고 있었다. 전후 아시 아 국가와의 경제관계는 서서히 진전되었다. 1950년대에 일본정부는 배상협정을 체결함으로써 동남아시아와의 경제관계 재건을 도모했다. 버마·필리핀·인도네시아·남베트남 4개국과 개별적으로 맺은 배상협 정 아래서 일본기업이 이들 나라의 정부에 15억 달러 상당의 공산품을 제공하고 일본정부가 그 대금을 부담했다. 이러한 배상 관련 거래를 통 해서 만들어진 관계 위에 무역이 서서히 확대되었다. 1980년대 무렵 일 본 수출물량의 약 3분의 1은 미국으로 향했지만, 중국·한국·타이완 그 리고 동남아시아 국가들을 합친 아시아지역은 일본의 수출시장으로서 는 유럽을 크게 앞질러 미국에 근소하게 육박하는 제2의 큰 시장이 되 었다.

역사적으로 보면, 이런 사태의 전개는 꽤 아이러니한 것이었다고 해 야 할 것이다. 연합국의 일본점령 말기에, 미국의 전략가들은 일본의 세 력범위 재건은 '남방'을 향해서 이루어져야 한다고 생각하고 있었다. 그 들은 동남아시아가 일본에게 가장 중요한 경제적 파트너가 되어 일본으 로부터 공업제품을 수입하고 일본에 원료를 수출하는 반(半)식민지적 인 역할을 하는 것마저 상정하고 있었다. 확실히 일본은 아시아에서 강 고한 경제적 관계를 구축했다. 그러나 일본은 자기 국토에 미군의 대규 모 주둔을 허용하고, 미국의 세력하에 있는 것처럼 보였지만, 1950년대 부터 1980년대 말까지 실은 미국이야말로 이런 일본을 위한 원료의 공급기지로서, 또 일본 공산품의 수입시장으로서 동남아시아보다도 더 중요한 반식민지적인 역할을 담당하고 있었던 것이다.

전시부터 미해결된 상태로 남아온 이런저런 문제가 일본과 그 밖의 아시아국가들의 정부와 민중 사이의, 일본의 전후, 다시 말해서 식민지 이후(포스트콜로니얼) 관계를 특징짓는 동시에 저해하는 요인이 되었다. 소련과 일본은 1956년에 국교를 정상화해서 무역을 재개했지만, 평화조약을 체결하는 데는 이르지 못했다. 영토문제가 걸림돌이 되었던 것이다. 일본측이 말하는 바의 '북방영토'(쿠릴 열도 남단에 위치하는)에 대해서, 일소 양국의 정부는 둘 다 영유권을 주장했다. 영토문제는 소련이 러시아가 된 현재에도 아직 해결되지 않고 있다. 동남아시아 국가들과는 배상협정이 체결되어 경제관계가 심화되었음에도 불구하고, 일본기업은 이들 국가로부터 보면 전혀 해당 나라에 이익이 되지 않는, 약탈적인 무역과 투자를 일삼는다는 비판을 자주 받았다. 1974년 초에 다나카 가쿠에이(田中角榮) 총리가 동남아시아 5개국을 순방할 때, 방콕과 자카르타에서 대규모 반일시위에 맞닥뜨렸다는 뉴스는 일본사회에 충격을 던져주었다.

가장 복잡한 식민지 이후의 관계는 남북한과의 관계였다. 한일 양국 정부에 의한 한일기본조약 체결은 일본 국내의 좌파의 반대, 북한의 반대, 한국 내에서의 강한 반대에 저지되어 1965년까지 늦추어졌다. 마침내 체결된 한일기본조약은 대한민국이 한반도를 대표하는 유일한 국가임을 확인하고, 1910년의 한일병합과 이전까지의 대일본제국과 대한제국 사이에 체결된 모든 조약이 무효인 것을 확인했다. 기본조약과 동시에 체결된 동조약의 부수협정의 하나인 한일청구권 및 경제협력협정에 의해, 한국측이 미래의 대일배상청구권을 포기한 것에 대해서, 일본측은 8억 달러의 정부개발원조(ODA)를 실시했다. 양국간의 경제관계는 1970년대, 특히 1980년대에 긴밀해지고, 1990년에 한국은 일본에게

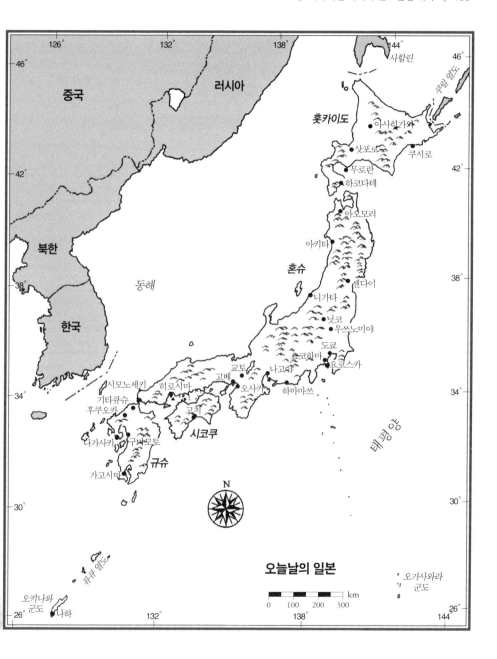

오늘날의 일본

세 번째로 큰 무역상대국이 되었다.

그러나 심각한 긴장은 사라지지 않았다. 1973년, 한국의 전 대통령 후보로서, 당시는 대표적인 야당정치인으로서 박정희 대통령의 권위주의 정권과 대립하고 있던 김대중이 도쿄의 한 호텔에서 한국중앙정보부의 비밀공작원들에 의해 납치되어 폭력적으로 서울에 연행되었다. 이것은 분명히 일본의 주권을 침해한 것이라고 일본의 여론이 격앙되었다. 다른 한편 한국 국민은 식민지시대와 전시 동안 일본인들이 저지른 잔학한 지배로 강한 증오를 품고 있었다. 그 때문에 1974년에 재일한국인에 의한 박정희 대통령 암살미수사건이 일어났을 때, 한국에서는 범인 문세광이 오랫동안 일본에 산 것을 이런 여러 해에 걸쳐 쌓인 증오라는 맥락에서 파악하여, 일본인 사이에서 생활해온 것이 범행의 원인이고, 일본인 전체가 이 암살사건에 연루되어 있다고 하는 시각이 강했다.

1970년대 중반 같은 최악의 상태에서, 일본정부는 아시아국가들과의 관계개선을 위해 상당한 노력을 기울였다. 1977년의 아세안(ASEAN) 확대정상회의에 참석한 후쿠다 다케오(福田赳夫) 총리는, 일본과 동남아시아의 협력관계를 강화하겠다는 강력한 의향을 표명했다. 이에 따라 일본과 아세안국가 정부당국자의 회합이 정기적으로 열리게 되었다. 1980년대에 일본은 정부개발원조액을 대폭 늘렸다. 1991년에는, 일본은 미국을 앞질러 세계 최대의 원조국이 되었다. 그 이후 매년 개발원조 실적액에서는, 일본은 세계 제일의 자리를 지키고 있다. 일본의 개발원조액의 반 이상(약 60%)은 아시아로 갔다. 고용기회 확대로 이어지는 일본의 대아시아 직접투자도 대폭 증가했다.

1980년대 초, 나카소네 야스히로(中曾根康弘) 총리는 한국에 40억 달러라는 거액의 경제원조를 약속하는 등 한국과의 관계 강화를 위해 적극적으로 나섰다. 또 나카소네 총리의 재임기간에 있었던 중요한 상징적인 움직임으로서, 1984년에 일본을 국빈방문한 한국의 전두환 대통령에게 히로히토 천황이 식민지시대에 일본이 잔인한 행위를 저지른 것을 꽤 진중한 어투로 사죄했다. 천황은 "금세기의 한 시기에 양국 사이에 불행한 과거가 있었던 것은 정말 유감스러운 일이며, 다시 반복해서는 안된다고 생각합니다"라고 표명했다.

그러나 일본 정부와 국민에게, 많은 아시아인이 품고 있는 대일불신감을 불식하는 일이 용이하지 않다는 사정은 변하지 않았다. 동남아시아와의 관계를 회복하려는 노력에도 불구하고, 1980년대 후반에 실시된 여론조사에서 태국 국민의 약 절반은 일본을 우방으로 생각하지 않으며, 70%가량은 일본의 경제적 이익이 '제국주의적 성격'을 띠고 있는 것으로 본다고 답했다. 1989년에 태국 외무부의 한 관리는 『뉴욕타임스』와의 인터뷰에서, 일본인이 현재 미국의 보호 아래서 경제적 수단을 통해 대동아공영권을 지배하려던 전시의 희망을 실현하고 있다고 논평했다.[5]

1982년, 역사교과서 검정(檢定)을 둘러싼 최초의 위기가 발생해, 중국과 한국에서 강한 비난의 목소리가 터져 나왔다. 그해 6월 말, 일본의 주요 일간지들은 문부성이 역사교과서의 검정에서 일부 교과서의 필자들에게 1937년의 중국 '침략'을 좀더 완곡하게 '진출'이라는 표현으로 수정할 것을 요구했다고 보도했다. 이 뉴스에 격앙한 한국정부와 중국정부는, 이런 역사왜곡은 허용할 수 없다고 일본정부에 정식으로 항의했다. 이에 대해서 미야자와 기이치(宮澤喜一) 내각관방장관으로부터, 일본정부는 앞으로 가까운 과거에 있었던 아시아 근린국들과의 관계의 역사를 다룰 때, "국제이해와 국제협조"의 필요성을 충분히 배려할 의향이 있다라는 일본정부의 공식 견해가 발표되었다.[6] 그러나 그후 1986년에는, 나카소네 내각의 후지오 마사유키(藤尾正行) 문부대신이 1910년의 한일병합에는 "한국측에도 역시 어느 정도의 책임이 있고, 생각해봐야 하는 점"이 있다는 주지의 발언을 해서 다시 한번 한국인을 격노시켰다. 국제적인 비난이 거세지자, 나카소네는 후지오 문부대신을 해임하지 않을 수 없었다.

1980년대부터 1990년대 말까지 주요 정치인들은, 어떤 때는 난징 학살의 규모는 대단하지 않았다고 말한다든가, 학살 자체가 없었다고 말한다든가, 다른 때는 한국은 무력으로 식민지화시킨 것이 아니라 자신들이 원해서 병합을 선택한 것이라는 등, 일본근대사에 관한 일련의 망언을 쏟아냈다. 이런 망언을 했을 때에는 해외에서 엄청난 비판의 목소리가 들끓었고, 많은 경우 발언자는 각료의 자리를 내놓게 되었다. 이들의 발언이 물의를 빚은 것은, 제2차 세계대전에 대한 일본의 전쟁책임을 둘러싸고 서로 견해가 엄청나게 달랐기 때문이다. 일본의 전쟁책임에 대해서는, 일본인과 다른 나라 국민 사이의 의견차이만 있었던 게 아니라, 일본 국내에서도 의견은 뚜렷하게 갈려 있었다.

1985년에는 나카소네 야스히로 총리가 야스쿠니 신사를 참배함으로써 논란을 불러일으켰다. 1975년 이후 여러 명의 총리가 야스쿠니 신사를 방문했지만, 별다른 항의는 없었다. 그런데 1978년에 야스쿠니의 간누시(神主, 신사의 승려)들이, 도쿄 재판에서 전범으로 유죄판결을 받은 14명을 안치하는 의식을 몰래 거행한 것이 문제의 발단이 되었다. 이 의식은 이듬해까지 일반에 공표되지 않았다. 그리고 전임자들과는 달리 나카소네는 1985년에 자신의 참배를 '공식참배'라고 선언했다. 태평양전쟁의 A급 전범들이 비밀리에 안치된 신사를 공식참배하는 나카소네의 후안무치한 모습은 국내외의 신랄한 비판을 받았다.

일본의 좌파진영은, 인적인 비용을 무시하고 팽창주의 군사적 정복에 몰두한 군부와 관료 엘리트, 부패하고 편협한 정치인, 독점자본가들을 규탄했다. 좌파는 제2차 세계대전은 전략적으로도 무모했고, 도의적으로도 용납하기 어렵다고 말했지만, 일반국민이 아니고 지도자들의 도의성을 문제로 삼은 경우가 많았다. 좌파는 국민이 전쟁을 지지한 것은

검열, 교육제도와 매스미디어의 조작, 전쟁반대파에 대한 철저한 탄압의 결과라고 간주했다.[7)]

한편, 많은 정부고관과 보수적 지식인들은 가까운 과거사에 대해서 그것과 전혀 다른 시각을 보였다. 이런 입장을 처음으로 강하게 표명한 것은, 1920년대에 프롤레타리아 작가로 활약하다 나중에 초국수주의로 전향한 하야시 후사오(林房雄)가 1963년에 발표한『대동아전쟁 긍정론』이었다. 하야시와 그에게 찬동하는 사람들은 전중(戰中) 일본의 동기는 순수했다고 옹호하고, 일본은 서구 제국주의의 지배로부터 아시아를 해방시키기 위해 앞장서서 싸운 것이라고 주장했다. 그리고 일본이 동남아시아를 점령한 것이, 네덜란드와 영국의 식민지지배를 종식시켜, 인도차이나에서 프랑스가 축출되는 단초를 제공했다는 사실을 들먹거렸다. 하지만 그들은 한국과 타이완 또는 만주와 중국에서의 식민지 지배에 얽힌 불편한 진실에는 그다지 주목하지 않았다.

어쨌든 전쟁이 점차 과거의 일로 멀어져 가는 데 반하여, 전쟁책임을 둘러싼 논쟁은 오히려 점점 격렬해졌다. 경제마찰이 발생해, 많은 일본인이 자신들은 정말 열심히 일해서 세계경제에서 성공을 거두었을 뿐인데, 그로 인해 비판당하는 것은 부당하다고 느끼게 되면서, 일본의 전쟁책임을 부정하려고 하는 의견에 귀를 기울이는 사람들의 수가 점점 늘어났다. 다시 말해 1980년대 내내 아시아의 반일감정이 조금도 수그러들지 않은 요인은, 단지 과거에 대한 오래된 기억 때문만은 아니었던 것이다. 각료를 비롯한 많은 일본인이, 타국민의 체험에 대한 공감의 관점에서 그 과거를 되돌아보는 일을 꺼리고, 혹은 할 수 없다고 말하는 태도 자체가 반일감정을 새롭게 불타오르게 한 것이다.

경제: 두 번의 석유위기를 타개하고 번영으로

　　　　1970년대와 1980년대를 거치면서 아시아 및 서양과의
긴장은 만성화되어 있었지만, 단단히 봉해져 있었다. 지속적인 경제성
장과 번영의 성과배분이 가져온 진정효과의 덕도 있었고, 그런 대외긴
장이 국내에서 큰 위기의 불씨가 된 적도 없었다. 제1차 석유위기로 말
미암은 짧은 불황이 끝나자, 일본경제는 매우 훌륭한 회복세를 보였다.
1975년부터 1980년대 말까지 일본경제는 4-5%의 GNP 연평균증가율
이라는 아주 안정된 페이스로 성장을 계속했다.

　소련은 말할 것도 없고, 다른 선진자본주의국가들과 비교해도 경제실
적은 확연히 눈에 띌 정도였다. 1970년대와 1980년대의 유럽에서는, 경
제성장은 둔화되고 인플레이션과 실업률이 높았으며, 노동자의 항의행
동은 광범위하게 확산되어 있었다. 주요 유럽국가들의 경제성장률은 모
두 일본의 절반 이하였다. 1970년대 후반의 미국은 저성장과 두 자리
수의 인플레이션을 특징으로 하는 이른바 스태그플레이션에 직면했다.
로널드 레이건 대통령의 재임 초기인 1980년부터 1983년 말에 '붉게
녹슨 지대'(rust belt, 오대호 주변)라 불릴 정도로 사양화(斜陽化)된 옛
미국의 중심적인 공업지대는 심각한 불황의 늪에 빠졌다. 미국의 중공
업지대를 거느린 중서부주(일리노이·미시간·인디애나 등)의 실업률은
그 기간에 10-13%까지 치솟았다.

　일본에서는 경제성장이 계속되고 있었을 뿐 아니라, 인플레이션도
심하지 않았고 실업률도 2% 미만에 머물러 있었다. 게다가 1970년대
부터 1980년대 말까지, 일본의 공업생산성은 세계에서 가장 급속한 성
장세를 보였다.[8] 1980년대 후반, 일본 민간기업의 활약은 국내에서도
국외에서도 가장 눈부셨다. 각 기업은 일제히 맹렬한 기세로 설비투자

를 실시했다. 1985년부터 1989년까지 총고정자본 형성은, 매년 GNP
의 30%에 육박했는데, 이는 고도성장이 절정에 달했던 1960년대 당시
의 투자율에 필적하는 것이었다. 일본인이 전세계를 둘러보며 자신들의
성공과 행운에 점점 자신감을 갖게 된 것도 전혀 이상할 게 없었다.(표
16.1 참조)

많은 일본인은, '일본적 경영시스템'이라고 알려진 경영방법에 특히
강한 자긍심을 가졌다. 일본의 제조기업이 세계규모의 확대와 성장의
시대에 고품질의 제품을 만드는 능력이 있다는 것은, 이미 1960년대에
실증해 보였다. 일본기업은 바야흐로 성장이 둔화된 곤란한 시기에도
상황에 순응해서 번영을 계속할 역량이 있다는 것을 실증했다. 일본기
업은 1970년대에는 에너지 비용의 급등과 해외수요의 감소에 직면했
고, 1980년대에는 엔고로 인한 수출가격 상승이라는 문제에 직면했다.
일본기업은 연구자들이 '감량경영'[9]이라고 명명한 경영 합리화의 실현
을 향해 노력함으로써 이 곤란한 상황에 적응해왔다.

표16.1 　　　**1980년대 주요 국가들의 실질 GNP 성장률**(전년대비 %)

	일본	영국	미국	프랑스	서독
1980	4.3	-2.6	0.2	1.6	1.5
1981	3.7	-0.5	1.9	1.2	0.0
1982	3.1	1.4	2.5	2.5	-1.0
1983	3.2	4.1	3.6	0.7	1.9
1984	5.1	2.2	6.8	1.3	3.3
1985	4.9	3.1	3.4	1.9	1.9
1986	2.5	4.3	2.7	2.5	2.3
1987	4.6	4.4	3.7	2.2	1.7
1988	5.7	4.3	4.4	3.9	3.6
1989	4.9	1.5	3.0	3.8	4.0
평균	4.5	3.5	3.4	2.8	2.7

출전: Foreign Press Center, Japan, ed. *Facts and Figures of Japan, 1991*
(Tokyo: Foreign Press Center, 1991), p. 31.

설비의 유휴화(遊休化), 수요의 감소, 생산비의 상승 등의 사태에 직면한 기업은, 노조의 협조를 얻어 수천 명의 노동자를 어렵지 않게 해고했다. 예컨대 조선업은 1974년부터 1979년까지 이 산업의 고용총수의 3분의 1에 상당하는 11만 5,000명의 인원정리를 실시했다. 한국의 신예제철소와의 치열한 경쟁에 직면한 철강대기업 5개사도 역시 종업원의 3분의 1을 정리했다. 어느 경우든 노동자가 바로 해고된 적은 거의 없었다. 인원정리의 대상이 된 노동자는, 자회사나 하청업체로 재배치되거나, 할증된 퇴직금을 받는 대신 '희망퇴직자' 모집에 응하는 식으로 정리되었다. 대기업은 일단 업적이 악화된 경우에는 쉽게 해고할 수 있는 여성 파트타임 노동자의 고용을 늘려 고용의 유연성을 높인다든가, 같은 목적에서 많은 이런저런 보조적인 업무를 외부기업에 외주를 준다든가, 인재파견회사에서 온 파견사원에게 맡기게 되었다. 다른 한편, 기업은 남은 정사원을 독려하기 위해 승진과 승급의 사정(査定)에서 차지하는, 연간 공헌도의 비중을 높였다.

기업경영자들은, 인력을 줄였을 뿐만 아니라, 직장에서의 혁신을 통해 품질향상과 비용절감을 추구하는, 이른바 품질관리(QC)운동으로 알려진 유명한 운동도 전개했다. 이 운동은 1950년대에 미국에서 도입된 '통계적 품질관리'(SQC)에서 발단한 것이다. 최초는 미국에서, 그다음으로 1950년대의 일본에서 품질관리 전문스태프가 차트와 정교한 분석을 이용해 작업의 흐름을 검토하고, 생산성이나 품질의 향상으로 이어지도록 작업을 변경했다.

일본에서 고안된 생산관리의 혁신으로서 전세계로부터 주목을 받았던 것은, 회사규모로 전종업원이 참가하는 품질관리운동을 전개한 것이었다. 1960년대부터 1970년대 말까지 처음에는 직장(職長)·작업반장 같은 관리직에 의해, 다음으로 일반 생산직원들과 사무직원들에 의해 QC서클이라 불리는 수천 개의 소집단이 편성되었다. 하나의 서클을 구성할 대개 여덟에서 열 명 정도의 남녀멤버가 하는 것은 먼저 정기적으로 회합을 열어, 또 경우에 따라서는 근무시간 외에도 회합을 열어 문제해결과 통계기법의 기본을 배우는 것이었다. 그것이 끝나면 멤버가 다음으로 한 것은, 자신들의 일에 대해서 분석하고, 작업을 보다 생산적 내지 효율적으로 한다든가, 경우에 따라서는 안전하고 덜 고생스럽게 할 수 있는 방법을 찾아내는 것이었다.

QC운동을 가능하게 한 하나의 요인은 종업원의 교육수준이 높았던 점이다. 또 하나의 요인은 경영자가 고용을 보장하는 방침을 세우고 있었던 점이다. 이렇게 말하는 것도 QC서클에 의한 개선책의 제언이 특정 작업에 필요한 종업원수를 줄이는 쪽으로 이어진 적이 적지 않았기 때문에, 경영자측이 고용을 보장한다는 방침을 명확하게 한 것은 아주 중요한 의미가 있었다. '여분'(餘分)이 된 종업원은, 다른 부서로 돌려지는 게 일반적이었다. 1980년대 말에는 전 일본에서 QC서클은 26만 개 이상에 달해, 참가한 남녀멤버의 누계는 200만을 넘게 되었다.[10] QC운동에 비판적인 사람들은, 일리 있는 근거를 가지고 QC서클 참가는 경영자가 말하는 것처럼 자발적인 게 전혀 아니었다고 지적했다. 참가를 거부한 사람은 그 보복으로 승진이나 승급에서 불리한 대우를 받았다. 다양한 설문조사 결과는, QC서클의 참가자 중 서클운동을 '귀찮다'고 생각하거나 '중압감'을 느낀 사람이 꽤 많았다는 것을 보여준다. 그러나 동시에 많은 QC서클이, 노동자에게 자신의 일에 관한 풍부한 지식과 함께 자신들의 기량을 향상시키거나 생산성을 높이고 품질을 향상시키는 데 활용할 좋은 기회를 부여한 것 또한 사실이었다.

일본 전체가 풍요에 도취해 있던 1980년대가 되면, 과거에는 기업 내부에서 세력이 강했던 전투적인 조합원들의 이의신청 목소리도, 기업 외의 시민운동 활동가들의 목소리도 거의 들리지 않게 되었다. 일본의 공장에서는 일본적 경영시스템의 비밀을 배우려고 하는 외국인 견학자가 모여들었다. 높은 보수로 고용된 일본인 경영컨설턴트들은 '품질관리' 프로그램을 개정한 일본판 '종합적' 혹은 '전사적(全社的) 품질관리'(TQC) 프로그램을 미국에 재수출했다.

일본은 이미 극도로 기업 중심적인 사회로 변용하고 있었다. 대부분의 사람은, 기업에게 좋은 것은 사회 전체에도 좋다고 믿게 되었다. 식자들은 일본적 시스템의 성공을 호들갑스럽게 칭송했다. 일본식 품질관리의 추진자로 저명한 가라쓰 하지메(唐津一)는, 1986년에 이렇게 주장했다. "일본은 세계 속에서 실험국가였다. 일본인의 무원칙적인 점 덕분에, 세계의 모든 가설과 제언 등을 여기서 테스트하는 것이 가능했다. ……거기에 나의 염원이 있다. ……유럽적 발상의 원점의 하나인 데카르트에게 대들 정도의 일을 하지 않고는 〔시곗바늘을 거꾸로 돌게 하는 듯한〕 이상한 사태는 좋은 방향으로 나아가지 않을 것이다."[11]

가라쓰의 분석은 이른바 '일본인론'이라 불리던 글쓰기 장르에서 볼 수 있는 담론의 전형적인 예였다. 일본인론의 특징은 사상, 미의식, 사회·경제조직, 정치문화의 전통에서부터, 뇌의 한쪽을 다른 쪽보다 자주 쓰는 경향의 유무 등에 관한 신경생물학적 특징에 이르는 다양한 영역에서 일본 고유의 독자성을 강조하는 데 있다. 일본인론은 적어도 미야케 세쓰레이(三宅雪嶺)와 오카쿠라 덴신 같은 메이지 중기의 사상가들과 어니스트 페넬로사 같은 당시의 외국인 관찰자에게까지 거슬러 올라가는 오랜 역사를 갖고 있다. 일본경제가 1980년대를 통해 번영을 계속한 것과 나란히 '일본인론'의 담론을 만들어내고 퍼뜨리는 문화산업도 번영했다. 그런 담론은, 종래의 담론과 마찬가지로 일본인 전체가 하나로 응집되어 있는 것을 강조하는 한편 일본사회에 존재하는 다양한 중요한 차이와 긴장에 대해서는 말을 얼버무렸다. 많은 서점에서는 일본인론 관련 도서를 모아놓은 특별코너를 설치했다.

이런 종류의 글 중에는 천박하고 어처구니없는 것들도 적지않았다.

일본인론의 저자들이 독특한 일본문화를 상징하는 특징으로 거론한 든 것은, 배설의 기능과 코 후비기에서부터 파친코에 이르기까지 실로 다양했다.[12] 이런 사고방식에서 힘을 얻어, 무역교섭의 장에서 일본측의 대표가 일본의 특수성을 강조하는 놀랄 만한 발언을 한 적도 있다. 어떤 대표는, 전통적으로 식물성 식품의 섭취량이 많았던 일본인의 장은 구미인의 장보다 길어서, 수입쇠고기의 소화에는 맞지 않는다면서 쇠고기 수입제한을 정당화했다. 또 다른 대표는 국내 스포츠용품 산업을 수입품과의 경쟁으로부터 보호하기 위해서, 일본의 눈은 습해서 무겁고 구미의 설질(雪質)과 달라서 수입스키는 일본에 맞지 않는다고 주장했다.

'일본인론'의 관점에 선 비교적 흥미로운 논고의 하나는, '응석'이라는 심리적인 성향을 일본문화의 기본적인 특징으로 규정한 『응석의 구조』(「甘え」の構造, The Anatomy of Dependence)라는 책이었다. 책을 집필한 저명한 정신의학자 도이 다케오(土居健郎)는, 일본인을 특수한 존재로 묘사하는 것을 조심스럽게 피하면서, 이 응석이라는 심리의 작동은 특히 일본에서는 두드러지게 보이지만, 전세계의 다양한 사회에서도 보일 것이라고 지적했다.[13] 일본의 특수성을 강조한 외국인에 의한 이 시대의 저작으로 베스트셀러가 된 것은 하버드 대학 교수 에즈라 보겔의 『세계 제일의 일본』(Japan as Number One)[14]이었다. 이 시대의 자신감에 찬 정신을 반영한, 그리고 그 자신감을 한층 강조한 저작 속에서 보겔은, 일본인이 정말 훌륭한 사회·경제 시스템의 통합화를 이루어온 것을 지적하고, 미국인과 그 밖의 나라 사람들은 일본으로부터 배워야 한다고 강조했다. 이 책은 미국에서도 널리 읽혔지만, 최대의 독자층은 이 책의 일본어 번역서를 읽고서, 자신들이 달성한 특별한 긍정적 성과에 대한 칭찬에 뿌듯해진 일본인 독자였다.

정치: 보수파의 전성기

이렇게 세상이 순조롭게 굴러가고 있던 상황에, 자유민주당이 정권을 계속 차지하고 앉아 있었던 것은 그리 놀랄 일이 아니다. 여당인 자민당은 두 종류의 정치가들에 의해 인도되었다. 한 그룹은 지방, 특히 농촌지역에 탄탄한 기반을 쌓은 정당정치가였다. 그들은 선거구의 농민이나 건설업계 관계자 등을 중심으로 확고한 후원회 조직을 구축했고, 그런 지지자의 이익을 보호해주는 대신 표를 얻었다. 이런 유의 유력 정치인으로는, 자력으로 출세해 당의 요직까지 올라 '컴퓨터 달린 불도저'라 불리던 다나카 가쿠에이(田中角榮)가 하나의 전형이었다. 다나카는 먼저 출신지인 니가타에서, 다음으로 전국적으로, 건설업계 이익의 대변자로서 정치기반을 쌓아 1972년부터 1974년에 총리를 역임했다. 다나카는 사재와 기업으로부터 받은 정치헌금을 모아, 그 자금력을 발판으로 당내 최대의 파벌을 형성했다. 다나카의 주요 전술은 파벌에 가세한 의원에게 선거자금을 원조함으로써 세력을 확대하는 단순명쾌한 것이었다. 돈줄문제가 표면화되어 다나카가 총리직을 사임하고 나서도, 거의 20년에 걸쳐 다나카파(派)는 막후에서 일본정치를 좌지우지했다. 다나카파의 멤버 중 다케시타 노보루(竹下登, 1987-1989)와 하시모토 류타로(橋本龍太郎, 1996-1998) 두 명이 총리를 역임했는데, 나카소네 야스히로를 비롯한 다른 여러 명의 총리 취임도 다나카파의 협력으로 실현되었다. 1982년에 자민당 총재에 취임해 나카소네 정권을 발족시켰을 때, 나카소네는 "이번만큼 다나카 군단의 힘을 절감한 적은 없었다"[15]고 일종의 경외심을 표하면서 술회했다.(역대 총리 명단과 총선거 결과에 대해서는 권말의 부록A와 B를 참조하라.)

관료 출신 정치인들은 자민당 지도부의 제2의 공급원이었다. 이들은 엘리트로서의 자격과 출신관청, 특히 대장성(현 재무성) 및 통산성(현 경제산업성)과의 밀접한 유대를 바탕으로 권력을 쌓았다. 1950년대와 1960년대의 대표적인 정치인으로 총리 자리에까지 올랐던 기시 노부스케(岸信介, 1957-1960), 이케다 하야토(池田勇人, 1960-1964), 사토 에이사쿠(佐藤榮作, 1964-1972), 이 세 명은 이런 성청 또는 전전에는 이들 전신(前身)관청의 엘리트 관료 출신이었다. 1970년대의 석유위기와 경기회복기에 자민당 총재로서 국정을 운영했던 관료 출신의 정치인으로서는 후쿠다 다케오(福田赳夫, 1976-1978)와 오히라 마사요시(大平正芳, 1978-1980)가 저명하다. 관료출신 정치인은 외길 정치인의 자금모집이나 선거대응 솜씨가 필요했고, 외길 정치인은 관료 출신 정치인의 전문지식이 필요했다. 그런데 양자가 종종 서로 경멸한 것도 사실이었다. 그중에서도 후쿠다파와 다나카파의 불화는 특히 유명했다. 다나카의 승리로 끝난 1972년의 자민당총재 선거에서, 양파가 거듭한 가쿠후쿠전쟁(角福戰爭)이라 불리던 항쟁은 자칫하다 자민당의 분열을 초래하는 것은 아닐까 생각될 정도로 격렬한 것이었다.

그러나 자민당의 통일성은 유지되었다. 1980년대 말까지 야당세력은 국회에서 자민당의 과반수지배를 깨부수는 것도, 자민당에 의한 정권지배를 뒤흔드는 것조차 할 수 없었다. 인구동태는 야당측에 유리하게 변하고 있는 것처럼 보였다. 보수파의 지지기반에 편입되어 있지 않은 도시의 '부동표' 증가는 사회당·공산당·공명당의 득표증가를 가져왔다. 그 결과 1967년 총선거에서는, 자민당의 득표율이 처음으로 50% 아래로 떨어졌다. 그 이후 자민당이 중의원선거에서 단독으로 50%를 웃도는 득표율을 달성한 적은 없다. 그럼에도 불구하고 자민당은 든든한 지지기반인 농촌의 비중이 불균형하게 커지도록 선거구를 획정함으로써 의석의 과반수를 유지했다. 1970년대에는 일본을 '1 플러스 2분의 1정당제'의 나라로 보는 관점이 확산되었다. 자민당과 긴밀한 관계를 맺고 있는 관료들이 법안의 작성과 예산안의 편성을 담당하고, 당은 그것을 국회에서 확실하게 성립시키는 역할을 담당했다. 대기업은 자민당의 선거전을 지원하는 정치헌금을 하고, 그 보답으로 자민당의 정책에 의해 이익을 얻었다. 정·경·관의 '철의 삼각형'은 너무나 견고해서 거의 부식할 일은 없을 것처럼 보였다.

이 시기 이 삼위일체의 지배체제의 단결과 권력에 아주 미세한 균열을 가져온 부식의 원인이 두 가지 있었다. 하나는 오직(汚職)이다. 자민당이 오랜 세월 정권을 꿰차고 앉아서 거액의 정치헌금을 내는 사람들에게 편의를 제공하고 보답하는 것이 관례화되어 있던 것을 생각하면, 어쩌면 불가피한 일이었다고 말할 수 있는데, 스캔들이 가끔 표면화되는 적이 있었다. 1974년, 다치바나 다카시(立花隆)라는 반골적인 프리랜서 저널리스트가, 주요 월간지 하나에 다나카 가쿠에이의 돈줄을 파헤친 적나라한 폭로기사를 발표했다. 이 기사는 다나카 가쿠에이의 정치왕국을 떠받치는 자금의 흐름이, 엄청난 암거래, 특히 건설산업에서의 거래를 통해 어떻게 형성되었는지를 상세한 데이터에 근거해서 밝혀냈다. 주류 미디어도 뒤질세라 보도경쟁에 뛰어들었다. 그해 11월 말, 다나카의 돈줄문제에 대한 추궁과 여론의 비판이 거세지면서, 다나카는 총리직을 사임했다. 그로부터 2년 뒤 다나카가 직면한 정치문제는 국제적인 차원으로 이상하게 전개되었다. 미국 상원의 어떤 위원회에서 행해진 하나의 증언에 의해, 다타카는 1972년에 미국 록히드사의 항공기 매입과 관련해 수백만 달러의 뇌물을 챙긴 사실이 알려지면서 규탄받았던 것이다. 증언에 의하면, 다나카는 뇌물을 받은 대가로, 닉슨 대통령의 지지자들이 간부로 있는 록히드사에서 민간기와 군용기를 구입하도록 영향력을 행사했다는 것이었다. 1983년의 일심 판결에서 다나카는 뇌물수수죄로 실형 판결을 받았지만, 장기화된 재판의 심리 중에 다나카가 사망하는 바람에 항소가 기각되었다.

1980년대 이후, 정치스캔들은 정치와 떼려야 뗄 수 없는 만성적인 것이 되었다. 1988년에 발각된 리크루트 사건에는, 전 총리 나카소네와 나카소네 내각의 각료 대부분을 비롯한 야당의원까지 포함해 수십 명의 의원이 연루되었다. 이들은 취직정보나 부동산정보의 간행 등으로 급성장을 이룬 출판사인 리크루트 사의 사장으로부터, 그룹 내의 부동산회사 리크루트 코스모스 사의 비상장 주식──상장 시에는 가격이 오를 것이 확실한──을 불법으로 양도받은 죄로 고발되었다. 또 1992년에 발각된, 눈부시게 성장하고 있던 운수회사 사가와규빈(佐川急便)이 연관된 오직사건에서도, 다나카 가쿠에이의 일부 측근이 연루되었다는 소문이 나돌았다. 이들 오직사건에서 거물 정치인이 유죄판결을 받은 적은 없었지만, 비슷한 오직사건이 잇달아 일어난 결과, 사람들은 자민당, 더 나아가 정치인 전반에 대해 더욱 불신하게 되었다.

보수파의 패권을 부식시킨 또 하나의 요인은, 번영의 성과가 평등하게 배분되지 않은 것과, 경제적인 번영을 너무 추구한 나머지, 환경이 파괴되고 사회복지가 경시된 데 대한 불만이 커졌던 것이었다. 1976년과 1983년의 총선거에서는, 그러한 불만과 다나카가 연루된 오직문제의 여파가 맞물린 결과, 자민당의 득표수가 크게 떨어졌다. 양 선거에서 자민당의 의석수는 전체 의석의 절반에 못 미쳤는데, 당은 선거 후에 무소속 의원 몇 명을 영입함으로써 가까스로 과반수 의석을 확보했다. 야당들의 의석을 전부를 합치면 자민당과 엇비슷한 의석이 되었는데, 그 결과 국회의 규칙에 따라 몇몇 위원회의 장은 야당의원이 차지하게 되었다. 매스컴은 이 현상을 '백중(伯仲)정치'의 신시대가 열렸다고 형용했다.

야당세력의 교섭력이 강해졌다고 해서 정치가 크게 변한 것은 거의 없었다. 1970년대의 정치적인 화해·조정으로의 분위기 속에서, 자민당은 이미 사회복지의 확대라는 야당측의 중요한 요구를 수용해버렸다.

몇몇 중도주의 정당의 등장도 마찬가지로 정쟁의 대립각을 무디게 만들었다. 당시 최대의 야당세력이었던 일본사회당은, 정부 여당에 대한 비판에 점점 미온적이 되어가고 있었다. 어떤 의미에서 바야흐로 보수적인 활동이야말로 사회당의 최대 공헌이 되었다. 사회당은 이따금 개혁의 필요성을 제창했지만, 전후 민주정체의 현상유지를 옹호했다. 모든 정당의 지도부는 갈수록 안전지향적이 되어, 대담하게 개혁의 주도권을 잡으려 하지 않았다. 1980년에는 중의원 512개 의석 중 세습의원, 즉 전(前) 의원의 아들·딸·손자, 심지어는 증손자가 차지한 의석이 140석에 달하게 되었다. 이들 세습의원의 거의 90%는 자민당 의원이었고, 7% 정도가 사회당 의원이었다.

당시 주요한 정치적 주도권을 쥔 것은, 야당이 아니라 보수파였다. 일본정치는 특히 영미의 추세를 따라 움직였다. 영국 마거릿 대처 총리와 미국 로널드 레이건 대통령은, 둘 다 주요 산업의 규제 완화와 민영화를 추진함과 동시에 복지제도의 축소를 단행했다. 1980년대 중반의 일본 정부, 특히 나카소네 정권은 그와 유사한 '재정·행정 개혁'에 착수했다. 1987년까지 나카소네는, 연간 재정 적자를 거의 반으로 줄였다. 그의 정책은 상당한 지지를 얻었고, 자민당은 1986년 총선거에서 오랜만에 확고한 과반수 의석을 획득했다. 나아가 1990년에는 새롭게 도입된 소비세와 경제호황 덕분에, 일본의 재정은 얼추 균형을 이루게 되었다.

나카소네 정권은 많은 적자를 안고 있던 국유철도, 전전공사(電電公社)를 비롯해, 몇 개의 거대 공기업의 민영화도 단행했다. 이 민영화정책의 주요한 목적은, 민영화 후에 국가보조금에 의지하지 않는 경영을 하도록 해 경비절감을 도모하는 것 외에도, 전투적인 노동운동의 아성으로 남아 있던 국철노동조합의 저항력을 꺾는 데 있었다. 사회당은 국회 내에서 정치적 압력을 행사함으로써, 그리고 국철노조는 직장에서 다양한 항의행동을 전개함으로써 민영화에 강력히 저항했다. 수천 명이나 되는 노조간부들이 불법적인 쟁의를 벌였다는 이유로 해고되었다. 민영화에 반대하는 사람들은, 사람들의 생활에 불가결한 공공서비스를 정부가 운영하고 보조하는 것은 당연한 일이라고 주장했지만, 나카소네 는 방침을 관철했다. 국철은 6개의 여객철도회사와 하나의 화물철도회 사로 구성된 모두 7개의 JR회사로 나누어져 민영화되었다. 전전(電電) 공사는 민영화되어, 일본전신전화주식회사(NTT)가 되었다. JR 각사의 경영진은 적자노선을 폐선한다든가, 수익성이 큰 도시간 연락선에 힘을 집중하는 등 몇몇 대담한 조치를 세웠지만, NTT의 경영진은 그와 대조 적으로 거의 독점적인 현상에 만족하고, 그 상태를 유지하는 방침을 취 했다. NTT는 민영화 이전부터 오랜 세월에 걸쳐 통화료가 비싼데다 새 로운 형태의 통신서비스를 제공하는 데도 느리다는 비판을 받아왔다.

인구의 고령화와 더불어 복지비용의 증가도, 1980년대에 부상한 중 요한 정치문제의 하나였다. 의료의 질이 향상되면서, 일본인의 평균수 명은 꾸준히 늘어났다. 이미 1977년에 일본의 평균수명은 스웨덴을 제 치고 세계 최고수준에 달했다. 그 당시 일본인의 평균수명은 남성이 73세, 여성은 78세였다. 1980년대와 1990년대를 통해서도 평균수명은 느리긴 하지만 꾸준히 늘어났다. 한편 합계특수출생률(평균적인 여성이 일생 동안 낳는 자녀의 수)은 계속 하락했다. 1990년에는 출생률이 사상 최저치인 1.6명까지 떨어지자, 앞으로도 계속 줄어들지 모를 출생률 저 하를 둘러싸고 우려의 목소리가 높아졌다. 많은 시사문제 해설자들은 결혼연령이 높아지는 경향에 있고, 저출산 경향도 강해지고 있다고 한 탄했다. 정부 내의 남성들은 젊은 여성들의 이기적인 태도를 질타하는 경향이 있었다. 페미니스트 논객들은, 남성들이 원거리출퇴근과 장시간 노동으로 가사를 분담할 여유가 없는데다가, 아마도 자녀교육 부담과 고령화되는 부모의 시중이라는 이중의 부담을 피하려고 많은 여성이 결 혼과 출산을 늦추는 것 같다고 설득력 있게 지적했다.

이런 장수화와 저출산이라는 두 경향이 겹친 결과, 일본의 젊은이들에 대한 고령자의 비율은 세계에서 가장 급속히 상승했다. 나카소네는 고령자 개호(介護)를 국가의 재정부담으로 운영하는 복지서비스에만 의존하지 말고, 가족과 지역의 서비스, 특히 가정 내에서 여성이 담당하는 서비스의 비중을 높임으로써 사회복지제도의 '효율화'를 도모한다는 방침을 내세웠다. 지역사회와 가족에 의존하는 이 정책은, 전전으로까지 거슬러 올라가는 일본 사회복지제도의 전반적인 특징과 일치한다.[16] 전전인 1930년대 중반에도 건강보험료의 인상이 시행된 것 외에, 종래 정부가 부담하고 있던 복지제도의 몇 가지 비용이 국민의 부담으로 바뀐 적이 있었다.

1980년대의 또 하나의 두드러진 정치개혁은, 보수파가 혁신파의 주장을 받아들였던 1970년대 방식을 거의 그대로 답습하는 식으로 실시되었다. 1970년대에는, 남녀간의 평등화촉진에 대한 요구가 세계적으로 높아진 것을 수용해 국제연합총회에서 여성차별철폐조약이 체결되었다. 일본헌법이 양성간의 평등을 명확히 밝히고 있는 이상, 일본정부로서는 이 조약에 조인할 수밖에 없었지만, 그렇다고 해서 대규모적인 개혁을 실시하는 데는 소극적이었다. 일본 국내에서 페미니즘 운동의 고양에 압도당해서, 어떤 식으로든 행동을 취하기로 국제적으로 서약한 것도 있어서 정부는 다양한 조치를 강구했다. 정부가 실시한 개혁의 하나는, 일본국적의 여성이 외국인 남성과 결혼해서 낳은 아이에게도 일본국적을 인정하도록 국적법을 개정한 것이었다. 그때까지 국적법은 부친이 일본국적이 아니면 그 자식에게 일본국적을 인정하지 않는 부계주의(父系主義)를 따르고 있었다. 정부는 또 남녀고용기회균등법을 기초해서 1985년에 국회에서 성립시켰다. 이 법은 고용주에게 노동자의 모집·채용·배치·승진·교육훈련에 대해서 여성과 남성에게 균등한 기회를 주도록 의무화했다. 그러나 이 법은 정부에 그 시행을 위한 실질적인 권한을 부여하지 않았을 뿐만 아니라, 위반한 고용주에 대한 구체적인 처벌규정도 마련되어 있지 않았다. 그럼에도 불구하고 고용기회균등법은 바람직한 사회적인 목표를 명확히 제시한 상징적인 선언으로서 고용주의 행동에 일정한 영향을 미쳤다. 대부분의 대기업은 일자리를 '총합직'(總合職, 종래는 남성 전용이었던 출세코스)과 '일반직'(종래는 여성 전용이었던 사무직)이라는 표면상으로는 성역할 중립적인 두 종류로 구분되어 있었다. 바야흐로 어떤 직종도 남녀에게 평등하게 열리게 되었다. 총합직을 선택해서 민간부문에서 남성과 나란히 관리직을 목표로 하는 여성도 소수이지만 볼 수 있게 되었다.

번영하던 1980년대의 사회와 문화

일찍이 전후 경제성장·부흥기에는, 수백만 일본인은 자신들의 노력이 국가경제력을 높이고, 자기 자신과 자기 가족의 생활을 더 풍요롭게 하는 확실한 목적을 위한 것이라고 이해하고 있었다. 풍요로운 1980년대가 되면, 시대의 정신은 그것과 꽤 다른 분위기를 띠게 되었다. 특히 젊은이들과 도시주민들은 마구 물건을 사들이고 물 쓰듯 돈을 쓰기 시작했다. 젊은 독신여성들은 소비경제의 일대 세력으로 등장했다. 특히 그녀들은 '오피스레이디,' 다소 경멸적인 뉘앙스가 담긴 OL로 줄여서 불린, 장래성도 없고 봉급도 많지 않은 회사에 취직해, 부모와 함께 살아서 집세 걱정 없이 생활하는 경우가 많았다. 매스컴은 이런 OL들의 생활을, 옛날 1920년대에 '모던 걸'을 다루었을 때처럼, 특이한 행동에 대한 놀라움과 멸시가 뒤섞인 필치로 묘사했다. 1980년대의 '오피스레이디'들은 자신을 위해 맘대로 쓸 수 있는 돈을 많이 가지고 있었다. 그래서 휴일이나 자유로운 시간에는, 최신 패션을 찾아서 대도

호황을 누리던 1980년대 후반(1989년 12월 촬영)에 젊은 '오피스레이디'와 남성 직장동료들(이들에게는 '오피스레이디'처럼 눈길을 끄는 호칭이 없었다)이 다가오는 휴가철에 해외여행을 떠나는 데 필요한 여권을 발급받기 위해 도쿄에 있는 한 관청의 창구 앞에 줄을 서 있다. 마이니치 신문사 제공.

시의 상점으로 몰려들었다. 이국적인 요리나 금박으로 만 초밥을 비롯해 눈이 휘둥그레질 요리를 경쟁적으로 제공하는 근사한 레스토랑은, 이 여성들과 그 남자친구들로 북적거렸다. 젊은 여성들은 또 팩시밀리에서부터 워크맨에 이르는 최신 가전제품이 출시되면, 먼저 사려고 앞을 다투었다.

다른 연령대에도 들어맞는 것이지만, 해외여행을 떠나는 젊은 여성의 수는 급격히 늘어났다. 1965년에 해외로 나간 일본인은 겨우 30만 명에 불과했고, 그것도 대부분 일이 목적이었다. 그런데 1980년에는, 해외여행을 한 일본인은 총 300만 명에 달했으며, 1980년대 말에는 1천만 명으로 엄청나게 늘어났다.[17] 게다가 바야흐로 관광과 레저가 해외여행자 대다수의 목적이 되었다. 해외여행자의 약 40%는, 젊은 여성이었다. 단체 패키지 투어도 변함없이 인기를 끌었지만, 혼자서 여행하는 사람의 수도 늘어났다. 여행기간은, 대부분 기업이 너그러운 휴가제도를 마련하고 있지 않은 것을 반영하듯 평균 8일 정도로 짧았다. 그러나 일본인 여행객은 펑펑 돈을 잘 썼기 때문에 전세계의 상점과 호텔로부터 환영을 받았다. 하와이와 아시아 전역의 관광객 상대 시설이나 점포에서 일하려면, 일본어가 가능한지가 취직의 조건이 되었다. 1990년에는, 일본인이 연간 해외여행을 위해 지출한 금액의 합계가 200억 달러를 넘었다.

1980년대에 중년에 이른 세대는, 정치상황이 격동하고 경제도 경이적인 변용을 달성하던 시기에 성인이 되었던 사람들이다. 이 세대는 그런 젊은이들의 생활방식에 약간 당혹감을 느꼈다. 그들 자신도 해외여행을 가거나, 자기 집 냉장고를 대형으로 바꾸거나 에어컨을 보다 대용량으로 교체했을지도 모른다. 하지만 그들은 자녀가 자신들과 달리 진지하게 전념할 만한 대상을 갖지 않는 것이 염려스러웠다. 그래서 중년세대는 자녀세대에게 '이방인'(에일리언)처럼 괴이한 '신인류'라는 레터르를 붙였다. 어떤 젊은 샐러리맨이 여자친구와의 데이트를 우선시해서 잔업명령을 거부하는 충격적인 행동을 했다는 에피소드가 젊은 세대의 변화된 행동양식의 예로서 자주 인용되었다. 1980년대에 등장한 또 하나의 새로운 레터르는 영어와 독일어를 합성시킨 조어 '프리타'(free arbeiter)이다. 프리타는 장래성과 안정성이 있는 샐러리맨이 되는 것을 거부하고 프리랜서 신분에 머물면서 수많은 임시적인 일을 하면서 자유를 선택하는 젊은이들, 특히 젊은 남성이 사는 방식을 일컫는 말로서 정착했다.

이런 젊은이들보다 윗세대의 행동양식은, 극단적인 케이스에서는 전혀 양상을 달리했다. 일 중독의 중년남성의 병리를 상징하는 말로서, 같은 1980년대에 '과로로 인한 사망'이라는 의미의 과로사라는 말이 널리

사용되었다. 이 말은 이렇다 할 병력이 없는 남성(반드시 남성이다)이, 늘 일에 쫓겨 스트레스를 받아가면서, 가령 일주일에 100시간 이상의 장시간노동을 계속하다 돌연 심장발작이나 뇌졸중으로 급사하는 상황을 묘사하는 말로서 만들어졌다. 과로사로 죽은 희생자의 유족이나, 자신도 과로사로 희생되는 게 아닐까 염려하는 노동자를 대상으로, 전화로 법률상담을 해주는 핫라인 '과로사 110번'이, 과로사 문제로 씨름하는 사회운동 활동가나 변호사 그룹에 의해 개설되었다. 1987년에는, 정부도 희생자의 유족이 보상금을 청구하는 길을 열어주기 위해서 업무재해의 정의를 완화했다. 과로사110번에서 받은 상담건수를 토대로, 이 그룹은 1988년부터 1990년까지 과로사 건수는 연간 500건에 이른 것으로 추정했다. 그 중 노동기준감독관이 노동재해라고 인정한 것은 1987년에는 21건, 1988년에는 29건, 1989년에는 30건으로 극히 일부에 불과했다.[18]

그런 극단적인 케이스는 별도로 하더라도, 그리고 또 '이방인'적인 청년문화가 성행하고 있긴 했어도, 일본인이 장시간에 걸쳐 열심히 일했다는 사실은 부정할 수 없다. 일본에서는, 종업원인 사람은 자기 회사를 위해 이른바 '서비스 잔업'(サービス残業)을 하는 것은 당연하다는 풍조가 강했기 때문에, 잔업시간이 얼마나 많았는지 정확히 신고된 것은 없다. 그 탓에 정부통계에서 노동시간은 과소평가되어 있다. 그럼에도 이미 비한 정부통계로부터도 연간 노동시간이 1970년대 후반부터 1980년대 말까지의 시기에 늘어난 것은 분명히 알 수 있다. 1990년의 연간노동시간은 약 2,200시간이었다. 한국의 노동시간은 이것을 훨씬 웃돌았지만, 이 숫자는 미국보다 약 10%, 서유럽보다는 평균 30%가량—시간으로 환산하면 연간 12주간의 분량에 상당한다—이나 많았다.

일본의 무역흑자가 기록적으로 팽창하는 데 마음이 편치 않았던 외국인들은 이런 수치에 대해 비판과 사심 가득한 연민으로 반응했다. 미국으로부터는 "일본인은 일을 너무 많이" 하는데, 그것이야말로 일본의 경쟁력을 지탱하는 최대의 요인임이 틀림없다는 비판이 밀려왔다.[19] 일본 국내에서는 그런 목소리에 호응해서 기업을 비판하고, 종업원에 대한 요구를 좀 줄여야 한다고 주장하는 사람도 있는가 하면, "열심히 일하는 게 뭐가 나쁘냐?"고 화를 내며, 정색해서 서양인이야말로 나태하고 너무 태평한 것 아니냐고 반박하는 사람도 있었다. 예컨대 1992년에 사쿠라우치 요시오(櫻內義雄) 중의원 의장은 "미일무역마찰의 원인은 미국노동자의 질이 나쁜 데 있다. ……미국노동자들은 너무 게으르다. 그들은 일은 열심히 안하면서 임금인상만 바란다"[20]고 지적했다. 이러한 발언은 해외에서 호된 비난을 받았지만, 얄궂게도 식민지의 노동자를 게으름뱅이라고 불렀던 과거 서양인의 비서구관을 방불케 했다.

근면에 대한 관점이 긍정론과 부정론으로 갈렸던 것처럼, 대중문화에 대한 평가도 갈렸다. 풍요에 의해 판매·제조 시스템이 점차 유연해지면서, 대중이 바야흐로 자신만의 특별한 흥미와 취미를 자유롭게 추구할 수 있는 소집단으로 분할되는 현상이 1980년대에 지적되기도 했지만, 일본의 지식인과 사회평론가들은 그런 '대중의 마이크로화'가 진행되는 사회에 있어서 다양화의 의미에 대해서 논쟁을 벌였다. 출판산업은 특정 연령층과 다양한 취향을 가진 독자층을 겨냥해 특수화한 수백 종의 주간지와 월간지를 발간했다. 이 현상을 비판적으로 보는 사람들은 그것은 다양화가 아니라 천박함이라고 단정하고, 나아가 대중은 섬세한 차이가 중요한 것 같은 잘못된 생각을 하게 되고, "평균적인 사람들처럼 생활하기" 위해서는 맹렬하게 일하는 수밖에 없다는 각오를 하고 있을 뿐이라고 지적했다.[21] 보수파 중에는 국제적으로 비교하면 일본 노동자의 노동시간이 극단적으로 길다는 확실한 증거가 있음에도 불구하고, 풍요가 초래한 소비지상주의를, 그때까지 전후 일본을 세계 유수의 경제대국으로 끌어올려 놓은 노동의욕이 공동화되고 있는 전조라고 보는 사람들도 있다. 또 혁신파 중에는 국민이 물질주의에 빠져 정치에 무관심해지고 자기중심적으로 되고 말았다고 통탄하는 사람도 있다.

그러나 모든 사람이 그런 비판에 동의한 것은 아니었다. 일본의 대표적인 지식인 쓰루미 슌스케(鶴見俊輔)는 일반적인 일본인이 너무 일만 하는 데도, 너무 노는 데도 치우치지 않은 건전한 균형감각을 갖고 있다고 주장한다. 사람들이 "맹렬사원에 의해 대표되고 있는 사상(思想), 교육마마에 의해 공부로 내몰리는 아이들에 의해 대표되는 사회사상, 즉 높은 지위를 목표로 대단히 노력하는 생활방식"을 우스꽝스럽다고 보는 것, "평균적인 사람이 살아가는 방식, 생활하는 방식이 가능하다면 그걸로 괜찮다고 생각하는 확고한 신념"을 가진 것을 쓰루미는 칭송했다.[22] 1980년대에 일어난 다양한 사회변화를 긍정적으로 바라본, 필시 가장 중요한 사상가는 요시모토 다카아키(吉本隆明)였을 것이다. 1960년대 안보위기를 둘러싼 마루야마 마사오와의 논쟁에서 주장한 것과 마찬가지로, 요시모토와 그를 편드는 사람들은 대중문화 전반의 정신, 보다 구체적으로는 청년문화의 정신이 이전보다도 명랑해져서 장난스러워 보이고, 사적인 것이 되고, 종종 인습파괴적인 것을 긍정적으로 평가했다. 그들은 그 정신을 단순한 물질주의를 초월할 가능성이 있는 서민의 주관적인 욕망의 해방이라고 간주했다. 그리고 광고업자가, 특정 제품이나 특정 기업의 실제적인 장점을 장황하게 설명하는 것이 아니라, 일견 스폰서와 무관계한 매력적인 이미지를 창출해내는 것을 중시했다. 그들의 논고는 다른 선진자본주의 나라들에서도 벌어진 것과 마찬가지의 '포스트모던' 사회와 문화의 성격을 둘러싸고 일본에서 벌어진 논쟁의 일부를 이루고 있다.[23]

광고의 이미지는 일본의 물리적 경관을 대폭적으로 재정의하는 데 공헌했다. 1985년에는 농업의 고용인구가 노동인구의 10% 밑으로 떨어지면서, 일본 농촌지대의 도시교외로의 전환은 엄청난 기세로 진행되

었다. 하지만 광고산업은 관광산업 및 운수교통산업과 협력해서 고도성
장기에 진행된 이 균질화 추세를 역전시키기로 했다. 일본의 시골은, 모
든 국민에게 그리운 고향으로 전환되었다. 1970년대에 히트 친 '발견,
일본'이라는 캠페인은, 사람들에게 열차를 타고 고향 찾으러 가자고 유
혹했다. 1980년대가 되면 '이국적인 일본'을 여행하는 것의 매력을 강조
하는, 속편의 광고캠페인이 전개되어 근대적인 도시와 '전통적인' 농촌
마을을 떼어놓는 거리는 더욱 넓어졌다. 호경기로 세수가 불어난 지방
자치체도 민간 개발업자와 함께 골프코스 건설뿐만 아니라, 관광객 유
치를 목적으로 미술관과 테마파크 건설에 앞다투어 달려들었다.[24]

　고도성장기에 진행된 사회적 균질화 추세를 역전시킨 두 번째 움직
임은, 교육분야에서 나타났다. 학력주의에 기초한 고교 및 대학 입시제
도는, 훌륭할 정도의 평등주의를 자랑하고 있었지만, 그 평등주의가
1970년대부터 1980년대에 걸쳐 크게 침식되었다. 이는 부분적으로 공립
학교가 입시지도 중시의 폐해를 개선하면서 생긴 아이러니한 결과였다.
이 방침의 전환에 대응해서 학부모와 학생은, 일류학교를 목표로 하는
시험경쟁에서 이기기 위한 방책을 열심히 찾아 헤맸다. 이 필요에 응한
것은, 민간의 입시산업이었다. 방과 후 열리는 '학원'이, 특히 대도시를
중심으로 급증했다. 일류대를 목표로 하는 고교생이 방과 후 4-5시간
의 학원수업을 받고, 밤 9시나 10시가 되어 지쳐서 집에 돌아오면, 이번
에는 낮에 다니는 학교의 숙제를 해야 하는 촘촘한 스케줄을 소화하는
일도 드물지 않았다. 또 높은 일류 국립대학이나 사립대학 진학률을 자
랑하는 사립고교와, 심지어 그런 고교에 직결하는 부속의 초중학교의 평
판이 자연스레 높아졌다. 그러자 이번에는 그런 유명한 사립 진학교에
입학하기 위한 학원까지 등장했다. 입시경쟁에서 이기는가 지는가는, 부
모가 부자인가 아닌가에 아주 크게 좌우되었다. 일류대학에서 부유한 가
정 출신의 학생비율은 급격히 증가했다.

사람들의 이목을 집중시킨 새로운 사회문제의 하나는, 초중학교에서 잔인한 '이지메'가 늘어난 것이다. 식자들은 학생들이 입시경쟁 스트레스에서 오는 욕구불만을, 동급생 중의 약한 아이에게 퍼부어 발산하는 것이 아닐까 하고 지적했다. 그리고 1980년대 초에 부동산가격이 급등하자, 부동산을 소유한 자와 소유하지 못한 자 사이의 자산격차가 크게 벌어졌다.

그러나 1980년대를 통해 가진 자와 못 가진 자 사이의 격차가 벌어진 문제는, 대다수 일본인의 눈에는 해결 가능한 사소한 문제로 비쳤다. 여론조사 결과나 투표율 저하로부터 판단하면, 사회 전체가 풍요로워지면서 사람들은 점점 정치에 무관심해지고 자기만족감을 중시하게 된다. 1985년부터 1990년에 걸쳐서 일본경제가 북미와 서유럽의 선진자본주의국들을 능가하는 실적을 올림에 따라, 일본기업의 자금력과 생산력은 눈이 부실 듯한 높은 곳에 도달했다.

얼마 안되어 자기만족은 오만으로 변했다. 주가가 급등하고, 투기에 빠진 개인도 늘어났다. 그런 투기자들은 하이테크를 패러디해서 '재테크'란 새로운 말을 만들어냈다. 1989년 말까지 최근 3년 동안, 닛케이(日經) 평균주가는 3배나 뛰었다. 도쿄증권거래소의 상장주식은, 전세계 주식시장에서 주식 시가총액의 40%를 점하게 되었다. 땅값은 1980년대 초에 갑절로 올랐다. 그로부터 수년 뒤에는 다시 2배로 뛰었고, 지역에 따라서는 3배로 상승했다. 폭력단도 투기에 가세했다. 폭력단 중에서는 주인을 위협해 퇴거시키고 토지 매도에 응하도록 해서, 이른바 땅 투기로 토지를 취득하고 곧바로 전매해서 거액의 차익을 챙기는 경우도 적지 않았다. 1989년에는, 도쿄 부동산평가액의 총액은 미국 전체 토지 부동산 총액을 상회하기까지 했다. 일본 투자가들은 유럽 미술품시장에서 경매로 미술품 가격을 공전의 수준까지 끌어올려 놓았다. 프랑스 인상파의 작품이 특히 인기를 끌었다. 어떤 기업인은 반 고흐와 르누아르의 회화 두 점을 1억 6천만 달러라는 어마어마한 가격에 구입했다.

이런 도를 넘어선 행위는 비단 젊은이나 폭력단, 혹은 상궤를 벗어난 기업인에만 한정된 것이 아니었다. 스미토모 은행이나 후지 은행을 비롯한 건실한 몇몇 거대 은행도, 신용하기 어려운 거래처에 무모하게 손을 댔다. 악명을 떨친 일례를 들면, 1950년대부터 1960년대에 걸쳐서 기적의 경제성장을 떠받친 자금공급으로 중심적인 역할을 한 적이 있는, 일본에서 으뜸가는 우량은행의 하나였던 일본흥업은행은, 오사카에서 폭력단원과 그 애인들의 단골 소규모 요정체인을 경영하는 여주인에게 2,400억 엔을 대출해주었다. 여주인은 빌린 돈을 점쟁이 말만 믿고 주식투기에 쏟아부었다. 그런데 그녀가 그 지역 신용금고의 지점장과 공모해서 날조한 가공의 예금증서를 저당 잡히고 부정대출을 받은 일도 발각되었다. 인제 와서 돌이켜보면, 이상과 같은 이런저런 추세가 맞물린 결과, 위험하고 지속 불가능한 투기적인 거품(버블)이 생겼음을 쉽게 알 수 있다. 그러나 그 당시에는 많은 사람이 호시절이 언제까지나 계속될 거로 생각했던 것이다.

전후 부흥으로부터 예상도 안했던 풍요에 이르는 이 역사는, 기적과 모범의 이야기였던 것일까. 위협적인, 글로벌한 괴물의 등장에 대한 이야기였던 것일까. 아니면 덕(德)의 상실과 전통적 가치관의 풍화에 관한 슬픈 이야기였던 것일까. 이 모든 견해가 일본 국내에서, 전세계에서 표명되었다. 그 모든 견해의 배후에 깔려 있던 것은, 일본을 전혀 다른 독특한 차이를 가진 장소라고 보는 잘못된 사고방식이다. 일본이 겪어온 다양한 경험은, 분명히 흥미진진할 정도로 예외적이지는 않다고 봐야 할 것이다. 일본의 경험은 점점 글로벌화되어가는 테마, 즉 근대성과 풍요라는 두 마리 토끼를 잡는 문제에서 남과는 조금 모양새를 달리하는 하나의 구체적인 현상이었던 것이다.

17장
전후기(戰後期)를 넘어서

일본과 세계의 시간적 흐름을 1990년 전후를 경계로
해서 구획 짓는다는 발상은 꽤 설득력이 있다. 베
를린 장벽이 붕괴된 것은 1989년이었고, 두 개의 독일이 통일된 것은
1990년이었다. 소비에트 제국이 분해된 것은 1989년이며, 소련 자체가
와해된 것은 1991년이었다. 유럽에 이런 혁명적 변화가 일어날 즈음인
1989년 1월, 일본에서는 히로히토 천황이 사망했다. 같은 해 7월, 자민
당은 참의원 선거에서 참패했다. 자민당 의석이 참의원에서 과반수를
밑돈 것은 창당 이래 처음 있는 일이었다. 1990년에는, 1980년대의 투
기적인 버블이 요란하게 깨지면서 10년이 넘게 지속되는 경제불황이
시작되었다. 1990년대의 세계적인 상황도, 일본 국내의 시대적인 정신
도 1980년대와는 크게 변했다.

쇼와 시대의 종언과 상징천황제의 변질

1987년 9월, 히로히토 천황은 만성 췌장염 치료를 위해서
수술을 받았다. 1988년 9월, 천황은 내출혈로 쓰러졌다. 암에 걸렸다는

소문도 퍼졌다. 소문은 결국 사실이었지만, 그것이 확인된 것은 천황의 사후였다. 일본국민은 4개월에 걸쳐 다량의 출혈과 수혈을 거듭하면서 서서히 다가오던, 천황의 임종을 맞이하게 되었다. 결국 1989년 1월 7일, 천황이 죽으면서 쇼와 시대는 막을 내렸다. 쇼와 시대는 역대 천황의 치세로서는 가장 길었다. 정부는 즉각 새로운 연호를, 평화를 달성하겠다는 의미의 헤이세이(平成)로 정했다. 이듬해인 1990년 11월 12일에 히로히토의 아들 아키히토(明仁) 황태자가 정식 천황으로 즉위하는 의식이 거행되었다.

히로히토 천황의 죽음을 계기로 천황의 지위에는 몇 가지 중요한 연속성이 있다는 것이 확실히 간취되었다. 천황이 죽음의 침상에 누워 있던 최후의 수개월 동안 일본의 유력신문은 매일 체온, 맥박, 토혈과 하혈, 수혈의 유해(有害)와 양 등, 천황의 생명징후와 용태의 변화를 나타내는 데이터를 보도했다. 천황이 암에 걸린 사실은 매우 신중하게 전해졌지만, 이 군주가 개인으로서 어떤 일을 하고, 무엇을 생각하고, 몸의 상태가 어떤지에 대한 정보는 그 생애를 통해 거의 완전히 국민으로부터 차단되어왔는데, 그 죽음이 이렇게 구경거리인 양 함부로 널리 공개된 것은 기묘한 일이었다. 천황의 사생활을 이렇게 침해하는 것은, 전후의 민주적인 신기축으로서 창출된 것은 아니었다. 천황의 병상을 국민에게 공개하는 관행은, 1912년에 메이지 천황이 사망했을 때 발명된 근대적인 전통이었다. 천황의 용태에 관한 정보를 발표한 정부당국자는, 역대 천황이 생을 마감하려 할 때에 천황들을 이런 이상한 방식으로 국민 앞에 내보임으로써, 근대적인 천황과 국민 사이의 친밀한 연결고리를 단단하게 하려 했던 것이다.

천황이 죽음의 병상에 있다는 이유로 '자숙'(自肅)을 호소하는 것도 메이지 시대에 새로 만들어져, 1988년에 부활한 또 하나의 근대적 전통이었다. 정부관계자는 천황이 죽음을 앞두고 긴 투병을 계속하는 동안,

일상의 축하행사를 '자주적으로' 삼갈 것을 국민에게 호소했다. 일본문학연구자 노마 필드는, 그런 무리하게 합의를 강제하는 분위기에 대해서 설득력 있게 묘사했다. 지역사회의 축제와 학교의 운동회는 중지되었다. 밝고 화려한 슬로건은 텔레비전 광고에서 사라졌다. 필드는 천황이 전시에 행한 역할을 들먹이며 천황을 비판하는 것을 강하게 터부시하는 풍조가, 오늘날에도 계속되고 있다고 서술했다. 천황이 죽음을 가까이 앞두고 앓아누워 있던 1988년 12월, 모토시마 히토시(本島等) 나가사키(長崎) 시장은, 시의회에서 천황의 전쟁책임에 대해서 질문을 받고 답변하면서 "천황의 전쟁책임은 있다고 나는 생각합니다"고 말했다. 그것은 결코 새로운 의견도 독특한 의견도 아니었다. 그러나 천황을 옹호하는 우익들은 이상할 정도로 적의를 드러내면서 모토시마 히토시 시장을 규탄했다. 마치 1930년대의 억압정치가 부활했다고도 말할 정도로. 1990년 1월, 시장은 우익단체의 멤버에게 총격을 받아 중상을 입었지만, 목숨은 건졌다.[1]

이상과 같은 연속성이 있었던 한편, 히로히토 천황의 죽음에 대한 사람들의 반응에는, 아버지 다이쇼 천황이나 할아버지 메이지 천황이 죽었을 때의 반응과 비교해서, 몇 가지 중요한 차이가 발견된다. 이 장대한 쇼를 무시하려고 생각하면, 사람들은 자유롭게 무시하는 것이 가능했다. TV 프로그램이 천황의 장례보도 일색으로 도배되고 있을 때, 뭔가 다른 것을 보고 싶다고 생각한 사람들이 비디오 대여점에 쇄도해서 진열대를 싹 비워버렸던 것이다. 그중에는 정부의 선창에 따라 행해진 '자숙'의 도가 지나친 것을 비판하는 사람도 있었다. 또 천황 장례에는 신도에 따른 종교적인 요소가 포함되어 있는 것을 이유로 들어, 국가가 천황의 장례비용을 부담하는 데 항의하는 사람도 있었다. 나가사키에서 '언론의 자유를 추구하는 나가사키 시민모임'을 결성한 사람들은, 자신들의 시장을 열렬히 옹호했다. 나가사키 시민모임은 천황에 관한 정치적 논의를 일체 금기시하는 관행의 종식을 촉구하는 서명활동을 전개했다. 서명이 시작되고 나서 2-3개월 사이에 거의 40만 명의 서명이 모아졌다.[2] 이런 행동은 전전에는 생각도 못했던 일이다.

아키히토 천황의 즉위례는, 1990년 11월에 거행되었다. 이를 계기로 황실이 거행하는 종교적 성격을 띤 의식에 대한 정부의 지원은, 어느 정도까지 허용되어야 하느냐는 문제를 둘러싼 논쟁이 재연되었다. 정부 당국자와 보수파 지식인들은, 황족의 통과의례를 거행하는 데 있어 정부가 할 수 있는 행동의 범위를 넓게 해석했다. 한편, 국가와 신도신앙이 예전처럼 다시 얽이는 징후가 없는가 하고 눈을 번뜩이고 있던 자유주의파와 좌파는, 국가의 역할을 가능한 한 좁게 한정해야 한다고 주장했다. 새 천황 자신은, 천황의 역할을 상징적인 데 한정하는 전후 헌법의 규정을 존중하겠다고 맹세했다. 여론조사 결과는 국민의 압도적인 다수가 상징적인 군주로서의 천황을 지지하고, 그 이상도 그 이하도 아님을 나타냈다. 대부분의 사람은 누가 어느 정도의 의식비용을 부담할 것인가에 대한 문제에는 별로 관심이 없는 듯했다.

그로부터 3년 뒤, 황실이 얽힌 또 하나의 대이벤트가 거행되었다. 1993년 6월, 아키히토 천황의 장남이며 당시 33세였던 황태자 나루히토(德仁) 친왕이, 부친의 선례를 따라 옛 화족(華族) 등 황실 주변의 좁은 서클의 출신자가 아닌 여성과 결혼했다. 황태자비가 된 사람은, 외무성 고위관료의 딸인 오와다 마사코(小和田雅子)였다. 황태자로서는 7년 가까이 구애 끝에 사로잡은 여성이었다. 황태자비는 하버드 대학에서 학부과정을 마친 뒤, 옥스퍼드 대학과 도쿄 대학에서 대학원 교육을 받았다. 즉 3개 대륙에서 엘리트 교육을 받은 보기 드문 학력의 소지자였다. 또 직업이력도 황실의 비(妃)로서는 매우 이색적으로, 약혼할 때까지 외무성에서 젊은 여성외교관으로서 7년 동안 경력을 쌓았다.

매스컴은 성혼을 대대적으로 보도했다. 그리고 많은 사람은 나루히토 황태자가 드디어 결혼하게 된 것을 기뻐했다. 그것에 한에서는 황실의 장래가 여전히 큰 사회적 관심사인 것은 분명했다. 그러나 사회의 반응은 무관심과 유명인에 대한 숭배라는 두 면을 다 갖춘 흥미진진한 것이었다. 많은 젊은 여성들은, 아무리 특별한 결혼을 위한 것이라 해도, 보통사람으로서는 꿈도 꿀 수 없는 훌륭한 경력을 버리는 것은 '아깝다'며 한숨지었다. 또 황태자의 약혼자가, 숨 막히는 황실생활로 망가지지 않으면 좋으련만 하고 걱정하는 사람들도 있었다. 이처럼 차가운 시선으로 바라보는 일부 세간(世間)에 대해서, 매스컴은 황태자의 결혼을 디즈니랜드적인 신데렐라 이야기로서 묘사했다. 그러나 공들여 계획된 결혼의 축제행사는, 1959년 아키히토 천황(당시는 황태자)과 쇼다 미치코의 결혼식만큼 뜨거운 관심을 불러일으키지는 못했다.

헤이세이(平成) 10년대 초두, 그리고 21세기의 초두가 되자, 천황가는 엄청난 호기심을 자아낼 수 있는 하나의 딜레마에 직면했다. 황태자 부부는 결혼 후 8년 동안 아이를 갖지 못하다가 한 번의 유산을 경험하고 2년 뒤 2001년 12월에, 황태자비는 딸을 출산했다. 황실전범(皇室典範)은 황위계승자를 남성으로 한정하고 있다. 황태자의 남동생 역시 딸만 둘 있고 아들은 없었다. 즉 황태자의 다음 세대에서는, 황위를 계승할 남자가 없다는 문제가 부상한 것이다. 하나의 논리적인 해결책은 여성의 황위계승을 인정하는 것이다. 도쿠가와 시대 이전으로 거슬러 올라가면 6세기부터 8세기에 걸쳐 6명, 18세기부터 19세기에 걸쳐 2명, 모두 8명의 여성이 황위에 오른 적이 있었다. 1880년대에 메이지 헌법의 기초자들은 여성천황을 인정해야 할지 부정해야 할지에 대해서 고심했다.

1947년에 제정된 현행 헌법하에서 황실전범을 개정하는 권한을 가진 것은 국회이다. 2001년에 황태자 부부에게 딸이 탄생함으로써 보수파와 개혁파의 양방에게 천황계승문제는 기대와 불안을 불러일으킬 것이라는 게 명백해졌다. 정치인들도 일반인들도, 저마다 자신의 의견을 피력하며 논쟁에 가세했다. '전통주의자' 중에서는 반대하는 사람도 있었지만, 자민당 수뇌부를 포함한 대다수 사람은, 황실전범을 개정해서 여제를 인정하는 데 찬성하고, 그런 법 개정의 실현가능성은 큰 것처럼 생각되었다. 그러나 이런 방안은 2006년에 황태자의 동생인 후미히토(文仁) 친왕의 아내 가와시마 기코(川島紀子)가 아들을 출산함에 따라 무기한 보류되었다. 급한 불은 껐지만, 황실전범을 남녀평등이라는 사회규범과 절충시키는 문제는 그대로 남아 있다. 게다가 2004년에 궁내청은 황태자비가 스트레스성 '적응장애'를 앓고 있다고 발표했고, 이후 그녀는 공무를 수행할 수 없었다. 널리 보도된 그녀의 고생은, 미디어가 지배하는 민주사회에서 일본의 군주제를 어떻게 유지할 것인가 하는 문제를 제기했다. 천황은, 이제 더 이상 전전이나 전시처럼 외포(畏怖)와 경외를 강제하는 존재는 아니었지만, 천황이라는 지위의 미래는 대부분의 국민에게 커다란 관심사였다.

분열된 사회의 유령

21세기에 접어들면서, 일본인은 수십 년 동안 중간층의 생활방식을 폭넓게 공유한 것으로 유명했던 나라가, 점증하는 사회적 분열에 의해 교란되고 있는 현실을 두려운 시선으로 바라보았다. 그들은 종종 가까운 과거의 평등을 과장했고, 현재의 분열상과 미래의 분열가능성을 우려했다. 그들의 걱정거리는 사방에 널려 있었다. 청년층과 노년층, 부자와 빈자, 일본인과 외국인, 고학력자와 저학력자, 기성종교와 신흥종교의 대립과 갈등이 일본사회를 점점 분열시키고 있었다.

천황가뿐 아니라 정책입안자들과 대중에게도 가장 긴급한 사회문제는 고령화와 청년의 미래였다. 1980년대의 출생률 감소현상은, 1990년 대에도 계속되었다. 젊은 부부의 출산을 장려하기 위해, 후생성은 보육 제도를 개선하고 유급 육아휴가기간을 확대하는 조처를 했다. 그러나 이런 조치는 낮은 출생률에 아무런 영향도 미치지 못했다. 한 여성이 일생동안 낳는 자녀수의 평균을 나타내는 지표인 합계특수출생률이 1990년 대 초에는 1.5였는데, 2007년에는 1.27로 하락했다. 2004년과 2007년 사이에 일본의 인구는 1억 2,780만 명으로 정체되어 있었다. 정부는 출생률에 변화가 없고, 일본으로의 이민이 증가하지 않는다면, 일본의 인구는 2050년에는 9,500만 명으로 감소할 것으로 전망했다. 2100년에는 그 수가 5,500만으로 감소할 것이라는 장기적인 전망도 나왔다.

일부 학자는 인구감소의 이점을 지적했다. 이들의 논지에 의하면 도시는 덜 혼잡해지고, 주택사정도 나아지면 점차 가치를 인정받고 있는 여성노동자와 남성동료는 좀 더 개선된 노동조건을 협상할 수 있게 될 것이다. 아울러 이 열도(列島)에 더 적은 인구가 살게 된다면 환경에도 좋은 영향을 미칠 것이다.[3]

인구동태가 100년 동안 한 방향으로만 규칙적으로 진행될 가능성은 희박하지만, 단기적으로는 위와 같은 예측들대로 들어맞을지도 모른다. 세계 각지의 고령화 사회, 특히 한국과 유럽의 시민과 마찬가지로, 일본의 시민도 21세기 초에 인구감소와 고령화에 적응해야 하는 부담을 안고 있다. 1995년부너 2004년까지 전반적인 사회보장비용은 거의 33% 나 증가한 반면, 그 비용을 부담할 성인의 수는 감소했다. 따라서 대폭적인 증세나 사회보장 수급액의 대폭적인 삭감이 불가피해질 것이라는 지적이 나오고 있다.

인구의 지속적인 감소는 노동력 부족현상을 초래할 것이다. 널리 알려진, 그리고 아마도 과장되었을 수도 있는 2000년 3월의 유엔 보고서는, 일본이 현재의 노동력 규모를 유지하기 위해 가까운 장래에 해마다

60만 명의 외국인노동자를 받아들여야 할 것으로 전망했다. 일본정부는 이미 이민의 문호를 약간 개방했다. 1990년에 대폭 수정된 이민법은 해외 일본인에게 귀국 우선권을 부여했다. 특히 수천 명의 일본계 브라질인에게 입국이 허용되었다. 다른 외국인들은 이란, 방글라데시, 중국 또는 그 밖의 아시아 국가 출신인데, 자신의 고국에서 찾을 수 없었던 일자리를 구하기 위해 일본에 불법으로 입국했다. 외국인노동자는 일본인이 꺼리는 직종, 특히 3D(dangerous, dirty, difficult), 일본어로는 3K(きけん[危險], きたない, きつい)라 불리는 육체노동에 종사했다.

미디어 감시단체들은 외국인과 범죄를 적당히 결부시켜 외국인에 대한 부정적 이미지를 강조해서 보도하는 매스컴의 행태를 비판했다. 2000년 4월 내셔널리스트인 도쿄도 지사 이시하라 신타로(石原愼太郞)는 육상자위대 제1사단 창설 기념식 인사말에서, 점점 많은 수의 외국인이 범죄를 저지르고 있기 때문에, 이 부대는 일본 내의 법과 질서를 유지하는 데 더 많은 중요한 역할을 수행하도록 준비해야 한다고 말했다. 그는 재일한국인을 지칭하는 전후 초기의 용어를 되살려서, 과거에 많은 범죄를 저질렀던 '삼국인'(三國人)이, 지진과 같은 큰 재해가 발생했을 때 "소요사건조차 일으킬지 모른다"고 말했다.[4] 1923년 간토 대지진 때 한국인 수천 명을 학살하도록 부추겼던 선동적인 수사법이 여기서 반복되고 있다는 것은 두말할 필요가 없었다. 그의 발언에 뒤따른 논쟁에서, 다수 의견은 이시하라의 편견을 완곡하게 비난했지만, 결코 무시할 수 없는 소수는 그가 느끼는 공포를 공유했고, 그의 발언에서 아무런 잘못도 발견하지 못했다.[5]

2000년 유엔 보고서가 예측한 것과 같은 대대적인 인구유입 사태는 발생하지 않았지만, 유학생과 장기체류자를 비롯한 합법적인 외국인 거주자의 수는 꾸준히 증가하여 2005년에는 200만 명에 달했다. 중국·필리핀·브라질[주로 일본계 브라질인]에서 온 사람들의 수가 가장 많았다.

이런 합법적인 외국인 거주자들조차 차별에 불만을 터뜨렸다. 위험한 직종에 종사하며 임금체불 같은 부당행위를 당해도 보호받지 못하는 불법이주자의 수는 2004년에 25만 명으로 추산되었다. 외국인의 유입이 계속되면서 일본인과 외국인의 결혼이 많이 증가한 것은, 이주민들이 일본사회에 통합되고 있다는 희망적인 징후였다. 2006년에 일본인의 국제결혼은 일본 전체 결혼의 6%를 차지했다.

아이들이 적은 사회일수록 그들에게 각별한 관심을 기울이며 성공적인 인생에 필요한 수단을 제공할 여지가 많다고 생각할 수도 있다. 그러나 청년층의 수가 감소하고 있는데도 일본의 청년교육은 만성적인 위기에서 벗어나지 못한 것 같다. 1990년대와 2000년대에 대학들은, 젊은이의 비판적 사고 또는 변화하는 글로벌 환경에 대한 적응력을 키워주는 데 실패했다는 이유로 곳곳에서 비난을 받았다. 이런 비판은 적어도 1960년대부터 제기되어왔다. 그러나 2000년대 초에 인구동태와 정책이 맞물리면서 대학에 중대한 변화를 가져왔다. 2001년부터 대학생 연령대의 인구가 꾸준히 감소하기 시작했다. 2007년에 이르면 일본대학들의 정원을 모두 합치면 지원하는 학생을 모두 수용할 수 있을 정도가 되었고, 실제로 고등학교 졸업생의 4분의 3이 대학에 진학했다. 그러나 이런 상황이 누구나 고등교육을 받을 수 있는 황금시대를 알리는 것만은 아니었다. 입시지옥이 사라지자 경쟁률이 높은 명문대학에 진학할 생각이 없는 고등학생들은 공부를 열심히 하지 않았다. 랭킹이 낮은 대학들은 정원을 채우기가 어려워졌고, 일부 사립대학은 문을 닫을 수밖에 없었다. 2000년과 2005년 사이에 고등교육기관의 수는 조금밖에 감소하지 않았지만, 앞으로는 더 많은 대학이 폐교될 것으로 예상된다.

대학진학을 원하는 학생들 사이에서 경쟁이 줄어들자, 일본정부는 대학들이 국고보조금을 받기 위해 경쟁을 벌이게 함으로써 교육의 질을 향상시키고자 했다. 정부는 영국을 비롯한 여러 국가의 사례를 모방하여 100여 개에 달하는 일본의 국립대학을 '독립행정법인'으로 전환시키는 획기적인 조치를 단행했다. 이런 개혁이 어떤 효과를 거둘지는 시간을 두고 좀 더 지켜봐야겠지만, 법인화의 이론상 목표는 대학측에 발전계획을 수립하고 등록금과 교수의 봉급을 결정하며 기부금을 모금할 수 있는 폭넓은 자율권을 부여하는 것이었다. 하지만 이 '자율권'에는 제약이 있었다. 문부성이 대학의 장기계획을 최종적으로 승인하는 권한을 갖고 있었기 때문이다. 도쿄 대학이나 게이오 대학 같은 명문대학은 본교 졸업생들이 대거 포진해 있는 기업들을 상대로, 활발한 기금조성 캠페인을 벌이기 시작했다. 소수의 일류 대학과 나머지 대학들의 격차는 갈수록 벌어질 공산이 크다.

초등교육과 중등교육이 여러 가지 이유로 비판을 받자, 교육 당국은 학생의 학업부담을 줄이면서 학생에게 더 많은 선택권을 주기 위해 교과목을 축소했다. 입시 위주의 암기식 학습에 편중된 교육이 학생들의 창의성을 해친다는 판단 아래, 정부는 1990년대부터 2000년대에 걸쳐 고등학교 졸업에 필요한 필수과목의 수를 줄이고, 수업일수도 주 6일에서 5일로 단축했다. 그러나 훨씬 유연해지고 자유로워진 교과과정이 전체적인 학력 저하를 초래해 어려운 직업에 도전할 실력도 의지도 없는 학생을 양산할 우려도 있었다. 실제로 1990년대 후반과 2000년대 초반에는 교사가 학생들을 통제하지 못해 수업을 아예 할 수 없는 상황, 즉 '학급붕괴'가 정부관리들과 대중에게 심각한 문제로 인식되기에 이르렀다. 2006년에 전국교장회는 모든 소학교 학급의 8-9%가 '붕괴되었다'고 추정했다.[6]

초등교육과 중등교육이 비판을 받은 것은, 학교가 학생들에게 기본 과목들을 제대로 가르치지 못했을 뿐만 아니라 적절한 가치관을 심어주는 데 실패했기 때문이다. 식자들은 교육현장 곳곳에서 사회가 와해되는 증거를 발견하고 우려를 금치 못했다. 1980년대 이래 사회문제로 떠

오른 악질적인 '이지메'와 등교거부는 2000년대에도 감소하기는커녕 증가하면서 주요 관심사로 남았다. 1990년대에는 일련의 충격적인 범죄가 발생하여 학교는 큰 위험성을 내포한 비행의 온상 같은 인상을 주게 되었다. 1997년에는 고베에서 중학교 3학년인 14세 남학생이 별 이유도 없이 소학교 6학년 남자 어린이를 살해하고 피해자의 머리를 절단하여 자신이 다니던 중학교 정문 앞에 유기하는 충격적인 사건이 일어났다. 또한 1999년에는 십대 청소년 여러 명에 의한 집단살인사건이나 집단폭행사건이 수차례 사회를 떠들썩하게 했다.

개탄스러운 젊은이들의 행동으로 1990년대에 사회문제화된 또 하나의 현상은 '원조교제'(援助 交際)라고 완곡하게 표현된 신종 소녀매춘이었다. 많은 수의 십대 소녀들이 성인남성을 상대로 성적 서비스를 제공하고, 큰 금액의 보수를 받는 현상이 확산되었다. 휴대전화와 인터넷의 사용이 보편화된 2000년대에는 익명으로 그런 관계를 맺기가 훨씬 수월해졌고, 이를 단속하기란 거의 불가능했다. 이 현상을 연구하던 사람들은, 대부분의 소녀가 지극히 '평범한' 소녀라는 사실을 알고는 아연실색했다. 그들은 가난하지도 않았고, 가정환경도 괜찮았다. 미디어는 학력수준이 높기로 유명한 그리스도교 계통의 여학교에 다니면서, 비싼 옷을 구입하거나 단순히 관심을 끌기 위해 이따금씩 원조교제를 하던 중3 여학생들에 대해 대대적으로 보도했다. 한 비평가는 "만약에 그들이 머리를 금발로 염색하고 코나 혀에 피어싱을 했다면 차라리 마음이 편했을 것"이라고 말했다.[7]

이러한 걱정스러운 세태에 대응하기 위해, 자민당과 문부과학성은 2006년에 국회와 중앙교육심의회에서 몇 년 동안 준비되고 검토된 교육기본법 개정안을 통과시켰다. 전쟁 직후인 1947년에 헌법에 준하는 교육의 원칙을 표명하기 위해 제정된 교육기본법에 처음으로 손질을 가한 것이다. 1947년의 교육기본법은 신헌법의 핵심이념인 평화와 민주주의의 실현을 교육의 목표로 정했다. 개정된 교육기본법은 "전통과 문화를 존중하고, 우리나라와 향토를 사랑하는" 것을 교육의 목표에 추가했다. 개정된 법은 평화나 민주주의를 배격하지는 않았지만, 사회질서의 유지와 국가의 발전을 위해서는 학교가 전통적 가치와 애국심을 가르쳐야 한다는 보수적인 관점을 강화했다. 이 법을 비판하는 사람들은, 학교가 정부에 대한 맹목적인 지지를 강조하면, 전전과 전시의 억압적인 분위기가 되살아날 것이라고 우려했다. 이 법으로 인해 교육 당국이 교사와 학생들에게 국가 제창과 국기에 대한 경례(좌파가 오랫동안 비판해왔던 의례)를 강요하는 것이 수월해진 것은 사실이지만, 그렇다고 해서 이 법 때문에 젊은이들이 국가의 권위를 무조건 존중하지는 않을 것이다.

기강의 확립을 애타게 바라는 보수파와 선정적인 기삿거리를 찾는 미디어가 심어준 과장된 이미지는, 사회적 분열의 실상과는 거리가 멀다. 1997년에 비평가들은 위에서 말한 남학생 살인범의 나이가 '전례를 찾아볼 수 없을 만큼' 어리다고 호들갑을 떨었다. 그러나 이 학생이 전후 일본사에서 살인사건을 저지른 최초의 미성년자는 아니었다. 청소년 흉악범죄는 실제로 1950년대와 1960년대에 더 많이 발생했다.[8] 21세기 초에 선생님의 말에 귀를 기울이기보다는 휴대전화로 문자메시지와 사진을 보내는 데 열중하고, 이국적인 의상과 헤어스타일뿐 아니라 본인의 성적 매력을 과시하고 다니는 젊은이는 도처에서 찾아볼 수 있다. 그러나 1920년대의 '모던 걸'과 '모던 보이'처럼 부모와 다르게 행동할 뿐 아니라 부모세대를 화나게 만드는 젊은이는, 일본의 근대사를 통해 늘 있어왔고, 다른 나라에서도 사정은 마찬가지였다.[9]

전체적으로 볼 때 세기의 전환기를 살아가는 일본의 청년들은 앞세대에 비해 덜 정치적일지는 몰라도, 그들 못지않게 사회적 책임을 다하고 있다. 1995년 1월에 대지진이 항구도시 고베와 그 일대를 강타했다.

거의 6,400명이 사망하고, 30만 명이 집을 잃었다. 지진이 일상적인 위협이 되고 있는 나라에서, 중앙정부와 지방 관리들이 그런 재난에 대비한 흔적이 전혀 없었다는 사실은, 정부에 대한 국민의 신뢰를 뿌리째 흔들어놓았다. 그러나 자원봉사자—지진이 발생한 달에는 하루 최대 2만 명, 그후 몇 달 동안은 500명에서 1,000명—의 압도적인 다수를 차지하고 있던 젊은이들의 헌신적인 노력은 피해자들을 감동시켰다. 봉사활동은 전반적으로 1990년대 후반에 증가하는 추세였다. 정부는 이에 부응하여, 1998년에 시민들이 비영리단체(NPO)*를 쉽게 결성할 수 있도록 NPO법을 제정했다. 물론 비평가들이 예리하게 지적하고 있듯이, 다른 사회에 비해 일본에서는 정부가 적절한 시민활동을 규정하고 감시하는 경향이 여전히 강하다.[10] 그렇다 하더라도 이 법이 통과되고 나서 10년 동안 비영리단체는 급증했다. 젊은이를 비롯한 시민들이 일본의 시민단체에서 적극적으로 활동하는 모습은 매우 인상적이다.

21세기의 전환기에 가장 활발하게 논의된 사회적 현상은 성년집단이 경험한 빈부격차의 심화였다. 경기가 악화된 1990년대 말, 일부 베스트셀러의 저자들은 일본의 중간층이 교육·소득·재산의 경쟁에서 급속하게 승자와 패자로 양분되고 있다고 주장했다.[11] 승자는 새로운 경제질서의 선구자로 떠오른 소수의 자수성가형 억만장자 기업인이었다. 패자의 전형은 대학을 졸업한 뒤에 안정된 직장을 구하는 데 실패한 청장년층과 기업의 인원감축으로 일자리를 잃은 중년층 직장인이었다.

하지만 이른바 '격차사회'(格差社會)의 경험적 지표들은 그런 저자들의 진단과 일치하지 않는다. 2000년 일본의 빈곤지수(소득이 국민의 평균소득 이하인 사람들의 비율)인 13.5%는 경제선진국들 가운데 꼴찌에서 두 번째에 해당하는 수치였는데, 최하위를 기록한 미국의 빈곤지수

* non-profit organization. 일본 법률상의 명칭은 '특정 비영리활동법인.'

는 13.7%였다.[12] 그러나 2004년 일본의 소득분포를 보면, 상위 20%의 소득이 하위 20% 소득의 2.3배에 불과했다. 미국의 8-10배, 중국의 12배에 비하면 훨씬 낮은 수치였다. 미국과 중국에서는 1990년대에 경제적 불평등이 급격하게 심화되었는데,[13] 이 기준에 의하면 일본은 세계에서 소득격차가 가장 작은 나라이다.

이런 수치는 일본의 '격차사회'가 상당 부분 문화적 구성물이었다는 것을 암시한다. 물론 실제로 존재하며, 많은 장벽에 부딪혀 자신의 상황을 개선하지 못하는 가난한 노동자들에게 이런 통계는 별다른 위로가 되지 않았다.[14] 그러나 근래에 부쩍 확대된 것은 불평등이라기보다는 불안인 것 같다. 불황기에 종업원들에 대한 기업 경영진의 지배권과 경영진에 대한 외부 투자자들의 발언권 강화를 위한 신자유주의적 개혁이 사회적 격차에 대한 두려움을 자극했던 것이다.

남녀의 적절한 역할에 대한 문제는 여전히 논란을 빚고 있지만, 성역할의 다양성은 21세기 초에 접어들면서 과거보다 훨씬 커졌다. 페미니스트들의 저작은 대중적인 출판계와 학계에서 과거보다 훨씬 광범위한 독자층에 영향을 주었다. 가정에서는 이혼율이 기록적으로 증가하여 (2002년과 2005년 사이에는 다소 감소했다), 미국의 거의 절반 수준이긴 하지만, 프랑스·독일·스웨덴과는 비슷한 수준에 이르게 되었다. 혹자는 이혼증가를 사회붕괴의 신호로 보았고, 혹자는 여권신장의 신호로 간주했다. 이혼은 특히 노년층 부부 사이에서 급증했다. 이혼소송에서 여성의 재산분할 청구를 용이하게 해준 법률상의 변화가 그런 경향을 조장했다고 생각된다.[15]

직장에서는 과거와는 달리, 성차별과 성희롱에 반대하는 사람들을 평지풍파를 일으키는 사람으로 손가락질하는 경우가 훨씬 줄어들었다. 1996년 도쿄 지방재판소는 시바신용금고(芝信用金庫)의 여직원 13명에게 "승진, 승격에서 현저한 남녀차별이 있다"는 것은 분명하므로, 그

에 대한 보상으로 회사는 약 1억 엔을 지급하라고 명령했다. 재판소는 "상기 신용금고의 인사정책은 현행법에서 절대 용납될 수 없다"[16]고 분명히 판시했다. 1999년에는 사람들이 이제 성희롱을 심각하게 받아들인다는 사실이 분명해졌다. 한 여대생 선거운동원이 선거유세에 참석하러 가는 차 안에서 성희롱을 당했다며, 유명한 오사카부(大阪府) 지사 요코야마 놋쿠(橫山ノック)—전직 코미디언으로, 본명은 야마다 이사무(山田勇)—를 고소했다. 대중은 이 사건을 웃어넘기려 하지 않았다. 요코야마는 혐의를 시인했고, 지사직에서 사임했다. 그리고 뒤이은 형사재판에서 그는 집행유예 조건으로 징역 18개월의 유죄판결을 받았다.

일본정부는 1990년대에 남녀평등을 지향하는 조치를 강구했다. 정부는 1994년에 남녀공동참획심의회를 설치하여 남녀공동참획사회기본법(男女共同參劃社會基本法)의 제정작업에 착수했다. 우선 1997년 여름, 1985년의 남녀고용기회균등법의 규정을 강화한 개정 남녀고용기회균등법이 제정되고, 이어서 1999년에 남녀공동참획사회기본법이 제정되었다. 남녀공동참획사회기본법은 남성과 여성이 평등하게 참여하는 사회를 만드는 데 필요한 조치를 시행하는 일반적인 방침을 제시했다. 물론 정계와 재계의 엘리트 다수에게 남아 있던 철석같은 믿음은, 여성은 우선으로 현모양처로 처신해야 하며 남성은 열심히 일해서 가족을 부양해야만 한다는 것이었다. 그러나 일부 보수적 지도자들조차도 출생률 하락의 시대에는 남녀평등과 여성의 노동시장 참여 확대가 경제적으로 득이 될 것으로 생각하게 되었다.[17]

그후 반드시 그 법에서 비롯된 정책의 산물이라고 볼 수는 없지만, 남녀평등의 수준을 가늠할 수 있는 몇 가지 중요한 척도에서 눈에 띄는 진전이 있었다. 과거에 비해 상당히 많은 여성이 결혼하고 나서도 직장을 떠나지 않았다. 또 관리직에서 일하는 여성의 비율도 증가해 2004년에 처음으로 10%를 넘어섰다. 그러나 이런 진전의 바탕이 되는 조치들은 실제로는 1985년에서 1995년 사이에 취해졌다. 그리고 10%라는 관리직 여성의 비율은, 서구와 북아메리카의 사회들이나 동남아시아(싱가포르)에 비하면 한참 떨어지는 수치이다. 남녀평등의 또 다른 중요한 척도인 남녀의 임금격차도, 방금 언급한 사회들에 비하면 훨씬 크다.[18]

　1995년에 도쿄 지하철에서 발생한 테러행위는 낮은 범죄율, 대도시의 안전, 경찰의 효율적인 범죄해결을 자랑하던 국민에게 충격을 던져주면서, 일본사회에서 종교가 차지하는 위치에 대한 격론을 불러일으켰다. 3월 20일 아침 출근시간대에, 관공서가 밀집해 있는 지역을 통과하는 지하철 역사에서, 옴진리교라는 신흥종교의 신도들이 치명적인 사린가스를 소량 살포했다. 옴진리교단은, 법률상 시각장애인이고 요가 수련원을 운영한 바 있던 아사하라 쇼코(麻原彰晃)에 의해 1987년에 설립되었다. 그는 자신의 불우했던 성장과정에 대한 분노와, '동양의 종교사상'과 광적인 반(反)서양주의를 나름대로 혼합해 강력한 교리를 만들었다. 교단은 1990년대 초에 급성장하여 1995년에는 5만 명의 신도를 거느렸다고 주장했지만, 실제로는 확인되지 않고 있으며, 사린 사건 당시에는 그 수가 감소했을 가능성도 있다. 옴 테러리스트들은 카리스마 있는 교주의 사주를 받고, 자신들의 행위를 통해 예정된 종말을 앞당기려고 했다. 테러로 인해 12명이 사망했고, 거의 5,500명이 중독되어 쓰러졌다. 옴진리교단은 이전에도 의혹투성이의 사망 및 실종 사고에 연루된 적이 있었다. 이런 사실과 함께 이 교단이 불법무기와 화학약품을 쉽게 입수할 수 있었다는 점 때문에, 경찰 당국은 신랄한 비판을 받았다.

　또 옴진리교단이 저지른 무차별 테러사건을 계기로, 종교조직을 더잘 감시하기 위해 관련 법이 개정되었다. 국가와 사회에 대한 종교의 법적 관계를 정의하고 있는 종교법인법은, 1996년에 종교단체가 재무자료를 의무적으로 문부성(지금의 문부과학성)에 제출하도록 하는, 국가의 감시권한을 강화하는 방향으로 개정되었다. 종교의 자유를 옹호하는 사람들은 공공의 안전을 지키려다 시민의 자유를 침해할 소지도 있다고 우려했지만, 국제적 기준으로 보면 일본정부의 조치는 비교적 미약한 것이었다. 정부는 사실상 옴진리교 이외의 종교단체에 대해서는 새로운 통제권을 거의 얻지 못했다. 그렇다 하더라도 사린가스 테러 직후에 법개정이 이루어졌다는 것은, 종교에 관한 일본법의 기본 전제에 변화가 생겼음을 나타내는 것이다. 전후기 내내 국가가 신교(信敎)의 자유를 악용한다든가 침해할 가능성은 제약되어야 한다는 것이 기본적인 전제였지만, 이제는 거꾸로 국가에는 종교단체에 의한 학대로부터 국민을 지킬 의무가 있다는 것이 전제되었다.

‘잃어버린 10년’의 경제

1990년대는 경제의 황금시대로 막을 올렸다. 일본은 미국과 유럽연합을 상대로 계속해서 막대한 무역흑자를 기록했다. 1990년과 1991년에 일본의 GNP는 연간 4%의 쾌속성장을 계속했다. 같은 기간 기업의 자본적 지출(CAPEX)은 10%나 증가했다. 산업은 다시 한번 투기가 아니라 생산에 중점을 두면서 미래를 위한 탄탄한 토대를 구축하는 듯했다. 전세계의 전문가들은 "냉전이 끝났고, 일본이 이겼다"고 농담했다.

미국과 다른 G7 국가들의 무역협상 대표들은 진지했다. 그들은 일본 관리들을 압박하면서 국내시장을 더 개방하라고 요구했다. 이른바 우루과이 라운드라는 다자간 협상은 관세 및 무역에 관한 일반협정을 확대하여, 그때까지 남아 있던 세계 각국의 무역규제·관세·국가보조금을 거의 완전히 폐지하는 것이 목표였다. 일본 농민은 세계 어느 나라의 생산자보다 국가의 보호와 보조를 많이 받았다. 그들과 그 정치적 지지자들은 국내시장을 보호하기 위해 사력을 다했다. 그러나 새로운 다자간 무역협상은 마침내 1993년에 타결되었고, 일본도 점차 쌀과 여타 농산물의 수입을 허용했다. 다자간 협상의 또 다른 결실은, 자유무역을 증진하고 회원국들 사이의 분쟁을 해결하기 위한 국제기구인 세계무역기구(WTO)의 창설이었다. 특히 설립 초기에 세계무역기구는 일본에 더 많은 시장개방을 요구하며 압력을 가했다.

미국과의 양자협상은 주로 하이테크 제품들에 중점을 두었다. 미국측은 '자유무역'의 장점을 미국에 유리한 쪽으로 이용했다. 그들은 말로는 자유무역을 예찬했다. 그러나 행동으로는 일본에 압박을 가해 무역 쿼터를 정하게 함으로써 자유무역원칙을 어겼다. 무역 쿼터의 일부는 자동차와 철강 수출의 상한선을 정하는 형식을 취했다. 1991년에 큰 논란을 불러일으키며 합의된 사항 하나는, 1992년 말까지 미국이 일본의 반도체시장을 적어도 20% 이상 점유하도록 하한선을 정한 것이었다. 일본협상단도 미국협상단에 뒤질세라 자유무역의 레토릭이라는 편리한 무기로 자신들을 포장했다. 이들은 그 합의가 단순히 [미국의] 민간제조업자들이 겨냥하는 '노력목표'일 뿐이라고 말했다. 미국측은 일본정부가 수입 확대조치를 취할 것을 기대했다. 일본정부는 직접 개입설을 부인했지만, 그 목표는 어쨌든 정해진 시점까지 달성되었다.

미국은 또한 일본에게 군사 파트너로서 좀 더 적극적인 역할을 해달라고 주문했다. 이 문제는 1991년의 짧은 걸프전 기간에 전면으로 부상했다. 일본헌법의 평화조항은 파병을 금지하고 있었고, 여론도 쿠웨이트를 점령한 이라크에 대항하기 위해 구성된 다국적군에 파병하는 것을 반대했다. 미국은 이라크군을 몰아내기 위해 공습과 지상군 침투를 주도하면서, 어떤 식으로든 전쟁을 지원하라고 일본을 압박했다. 결국 일본정부는 전쟁비용으로 130억 달러를 내놓았다. 이 액수는 페르시아 만지역을 제외한 세계 어느 나라의 분담금보다 많았지만, 그 결정을 내리기까지 꾸물거리는 과정이 각국에 나쁜 인상을 심어주었다. 많은 일본인은 자신들의 호의가 제대로 평가받지 못했다고 느꼈다. 반면에 많은 미국인은 일본이 중동석유에 의존하고 있으면서도, 다른 나라들이 송유관 폐쇄를 막기 위해 싸우고 있는 동안 팔짱만 끼고 있는 이기적인 국가라고 생각했다.

미국이 압력을 가하면 일본은 처음에는 저항하지만 결국에는 양보를 한다는 일본의 대응패턴이, 1990년대 초엽까지 무역 및 군사 문제에서 확실하게 자리를 잡았다. 한 학자에 의해 '미국의 온실'이라고 불렸던 일본도 더 이상 국제정치의 압력을 모면할 수는 없었다.[19] 냉소적인 사람들은 일본사회당과 공명당이 국내정치에서 맥을 못 추는 것을 간파하고, 미국이야말로 '일본에게 가장 센 야당'이라고 불렀다. 그러나 여러 차례의 협상이, 거친 위협과 반발로 얼룩졌음에도 불구하고, 미일 양국의 경제적 긴장관계가 공개적인 무역전쟁으로 비화되지는 않았다. 양측은 보복관세를 부과하거나, 일방적인 무역장벽을 쌓는 일 없이 대부분의 분쟁을 해결했다. 1990년대 초반 이후 경제난 때문에 일본은 미국이나 국제사회의 압력을 탓하기가 어려워졌다. 역설적이게도 일본경제의 약화가 만성적인 무역마찰의 정치적 폭발가능성을 줄였던 것이다.

장기간에 걸친, 세계에서도 유례없던 경제성장은 1990년대의 개시와 함께 끝났다. 혼란의 첫 번째 징후는 주식시장의 혼란이었다. 그것은, 막강한 힘을 가진 대장성 관료들이 내린 의식적인 정책결정에 의해 야기되었다. 대장성 관료들은 1985년에, G7 재무장관들의 플라자 합의를 받아들여 투자와 내수를 자극하는 시책을 착수했다. 1980년대 말, 이 관료들은 경기자극책이 가져온 지가와 주가의 폭등이 위험수위에 도달했다고 판단했다. 그들은 투기적인 투자의 억제와 버블의 완만한 수습을 기대하면서, 점차 신용대출을 제한했다. 1989년 가을부터 1990년 여름까지의 1년 동안에, 일련의 기준금리 인상이 이루어진 결과, 대출금리가 2.5%에서 6%로 상승했다. 투자가들은 이 변화에 반응했다. 월가의 다우 평균주가의 일본판이라고 해야 할 도쿄증권거래소의 닛케이 평균주가는, 1989년 12월에 약 4만 엔의 고가에서 1990년 10월에는 2만 엔으로 반토막이 났다.[20]

주가 하락에 의해 투기적인 투자자들은 차입금을 변제할 수 없게 되어 망연자실했다. 예컨대 16장에서 언급한, 일본흥업은행으로부터 부정대출을 받은 오사카의 요정 여주인은, 부정하게 예금증서를 위조한 죄로 1991년에 체포되었다. 사업다각화를 부르짖으면서 주식거래에 나섰던 철강전문상사가 도산했다. 또한 금리의 상승에 의해 수십 건의 부동산 개발계획이 무산되었다. 개발업자가 예상한 판매수입으로는 이자 상승분을 감당할 수 없었기 때문이다. 이런 개발계획의 무산은 땅값 하락을 부채질했고, 땅값 하락은 대출담보로서의 토지의 실제가치를 떨어뜨렸다. 1990년 후반에는, 대규모 골프장 개발이나 부동산 투기를 하던 중견 종합상사 이토만(伊藤萬)이 파산한 것을 비롯해 많은 부동산 회사가 도산했다. 도산이 한층 더 땅값의 하락을 초래하고, 땅값의 하락이 또 다른 도산을 초래하는 악순환이, 땅값 상승과 주가상승의 나선적 순환을 대체했다. 거품이 터져버린 것이다.

주식과 부동산에 몰렸던 투자자들이 추락했음에도 불구하고, 실질경제가 바로 문제의 징후를 보인 것은 아니었다. 중심부분을 손상시키지 않고 과잉된 부분만을 잘라버리겠다는 것이 경제관료들의 변명이었다. 적어도 1991년까지는 그들의 말이 틀리지 않은 것 같았다. GNP와 기업의 투자는 계속해서 증가했다. 1990년에 폭락했던 일본의 주식시장은 이듬해에 반등했다.

그러나 1992년에 주식시장의 거품이 터지자, 그 여파로 나머지 경제도 타격을 받았다. 불황이 시작되었다. 공업생산·건축착수·도매물가를 나타내는 지수들이 모두 하락하기 시작했다. 사업도 부진했고 소비자의

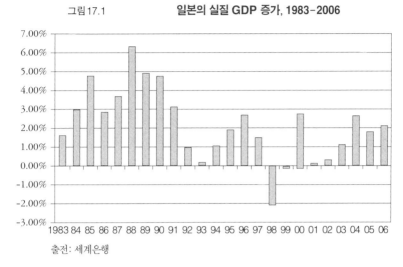

그림17.1   **일본의 실질 GDP 증가, 1983-2006**

출전: 세계은행

신뢰도 땅에 떨어졌다. 주식시장은 다시 한번 곤두박질 쳤다. 닛케이 평
균주가는 1992년 여름에 1만 4천 엔까지 하락했다. 이 시점에서 금융정
책 당국은 너무 과도하게 긴축재정을 실시했다고 판단하고 경기를 자극
하기 위해 저금리정책으로 전환했다. 대출금리는 일본뿐 아니라 세계의
어느 나라에서도 유례를 찾아보기 어려울 정도로 낮아졌다.

일본의 중앙은행인 니혼은행은 4년에 걸쳐 8번이나 기준금리를 내렸
다. 1991년에는 5.25%이던 기준금리가 1993년에는 1.75%, 1995년에
는 4월에는 1%라는 이상할 정도로까지 낮아졌다. 이런 조치에도 불구
하고 투자는 늘지 않았다. 공업생산은 실제로 1991년부터 1994년까지
11% 감소했다. GDP는 1992년에는 1% 증가했고, 1993년에는 거의 제
자리걸음이었다.(그림17.1 참조)

10년 이상 유지된 그런 저금리 기조가 투자활성화와 경기회복을 자
극하지 못한 이유는 무엇이었을까? 경기회복을 저해한 주된 요인은 '불
량채권문제'였다. 좀더 구체적으로 말하면, 은행이나 정부가 불량채권
을 깔끔하게 처리하지 못한 것이 문제였다. 대출이율은 낮아졌지만, 대

부분의 은행은 취약한 재무구조로 말미암아 대출을 해줄 여력이 없었
다. 설령 대출해줄 여유자금이 있다 하더라도, 그때까지 행한 대출이 불
량채권화되지 않을까 전전긍긍하고 있던 은행들은, 신용이 좋은 고객에
게조차 신규대출을 꺼렸다. 이런 상황에서는 아무리 금리를 낮추고 돈
을 풀어보았자 경기회복으로 이어질 수가 없었다.

일본경제가 직면했던 문제는 1980년대 미국의 '저축대부조합'(S&L)
위기*와 비슷했고, 2008년 미국의 서브프라임 모기지론 사태†를 예견
하게 하는 것이었다. 외부감사가 충분히 이루어지지 못한 결과, 은행은
부주의하게 위험부담이 큰 대출을 마구 해주었고, 특히 부동산 개발업
자에게 많은 대출을 해주었다. 많은 은행은 실질적인 파산상태에 빠졌
다. 자금을 대출해간 기업의 사업이 여의치 않게 된다든가, 담보로 잡아
둔 부동산이나 주식의 가치가 폭락한다든가 해서 은행업무가 사실상 불
가능해졌다. 1992년 여름, 일본의 고위관료들은 회수 불가능한 채권을
털어버리고, 은행의 시스템을 정비할 필요가 있다는 점을 인식하게 되
었다. 그들은 미국이 정리신탁공사(Resolution Trust Corporation)를 통해
추진했던 해결방안을 본떠, 정부의 긴급구제책을 마련하기 시작했다.
미국의 정리신탁공사는 수십억 달러의 공적자금을 투입하여 지급불능
상태에 빠진 저축대부조합들의 불량채권을 정리했고, 그 경영책임자들

---

* 저축대부조합은 서민들의 저축을 유치하고 이들에게 주택자금을 대출해주는 기관으로, 예대
마진이 주요 수입원이었다. 1980년대에 미국경제가 스태그플레이션에 빠지고 금리가 급등하
자, 고정금리로 장기주택대출을 하고 있던 이들 기관은 심각한 경영위기에 처했다. 결국 수많
은 저축대부조합이 파산했고, 미국정부는 금융위기를 막기 위해 공적자금을 투입해야 했다.
† 서브프라임 모기지론이란 신용도가 낮은 저소득층을 대상으로 집값의 100%에 가까운 돈을 대
출해주는 대신 높은 금리를 받는 주택담보대출이다. 2000년대 초에 미국의 부동산가격이 급등
하자 모기지론 업체들은 경쟁적으로 주택담보대출을 확대했고, 서브프라임 모기지론은 증권으
로 상품화되어 선풍적인 인기를 끌었다. 그러나 2004년경부터 집값이 폭락하면서 저소득층의
원리금 상환 연체율이 급증하자, 서브프라임 모기지론 업체들이 줄줄이 파산했고, 이 상품에
투자한 일부 은행·보험사·증권사까지 엄청난 손실을 입거나 파산하면서, 미국뿐 아니라 전세
계의 경제에 큰 타격을 주었다.

은 체포되어 재판에서 유죄판결을 받았다. 이와 유사한 작업을 하기 위
한 선결과제는 일본의 관료·은행·대기업이 자신들의 과오를 공개적으
로 인정하는 것이었다. 그러나 잘못을 솔직히 인정하면, 주요 금융기관
몇 곳이 도산할 수도 있는 상황이었다. 이 시점에서는, 일본정부도 민간
부문도 그런 결과를 수긍할 생각이 없었다.

　허술한 금융 시스템에 의해 부하가 걸린 경제는 1990년대 전반기 내
내 비틀거렸다. 정부는 소비자와 민간기업에서 자신감과 활기가 되살아
나기를 바랐고, 경제 활성화를 위해 공공사업 프로젝트를 추진했다.
1992년부터 1994년까지 정부는 댐과 고속도로 건설에 수천억 엔을 지
출했다.

　그러나 이런 식의 공공투자로 침체된 경기를 부양하기는 어려웠다.
게다가 1992년부터 1995년까지 달러 가치가 유례없이 하락했다.
1992년에 125엔 정도 하던 1달러의 가치는 1993년에는 100엔으로 떨
어졌고, 1995년 4월에는 사상 최저치인 80엔을 밑돌았다. 이런 비정상
적인 환율은 일본상품의 달러 가격을 급등시켜 수출을 둔화시켰다. 과
거와는 달리 수출을 통해 경기회복을 꾀하기가 불가능해진 것이다.

　경제상황은 1995년과 1997년 중반 사이에 다소 호전되었다. 1995년
7월 미국과 일본이 공동으로 외환시장에 개입하여 달러 대비 엔화의 가
치를 절하하기 시작했다. 같은 달에 니혼은행은 기준금리를 사상 최저
치인 0.5%로 낮추었다. 이어서 9월에 일본정부는 총액으로 GDP의 3%
이상에 달하는 막대한 규모의 공공지출계획을 발표했다. 이런 조치들은
수출과 국내의 투자와 소비를 자극했다. GDP는 1995년에 약 2%,
1996년에 약 3% 증가했다.

　그러나 경제회복은 부실한 기반 위에서 이루어졌다. 경제는 성장했
지만 실업이 늘어났다. 기업은 비용을 절감하기 위해 신규채용을 하지
않고 기존사원들의 초과근무시간을 늘렸다. 물가는 계속 하락했다. 그

렇지만 소비지출의 증가는 크지 않아서, 1995년과 1996년에 연 3%씩 증가하는 데 그쳤다. 급여생활자는 기업이 비용절감 차원에서 감원하거나 보너스를 없애거나 임금을 동결할까 봐 두려워했다. 은행뿐 아니라 농협을 비롯한 논뱅크* 역시 계속해서 거액의 불량채권을 끌어안은 채 실적부진으로 애를 먹고 있었다. 불량채권의 근간을 이루는 것은 이미 상환기간을 넘겨서 회수될 가능성이 없는, 부동산 개발회사 상대의 대출금이었다. 불량채권의 심각성이 어느 정도인지에 관해서 정부가 이런저런 발표를 해도 사람들은 이제 믿으려 하지 않았다. 그도 그럴 것이 거액의 불량채권을 끌어안고 파산을 걱정하던 금융기관은, 대장성이나 그 밖의 관청에서 은행을 비롯한 금융기관을 감독하는 입장에 있었던 많은 관료들이, 은퇴 후에 간부로서 재취업하는 행선지였기 때문이다. 1995년에 몇 개의 소규모 금융기관이 파산하자 더 심각한 금융위기가 이어지지 않을까 우려하는 목소리가 높아졌다. 농협이 안고 있는 불량채권만 10조 엔에 달하는 것으로 추정되었다.

이런 불확실한 상황에서, 정부는 긴축재정이라는 명분 아래 소비세를 인상하는 위험한 조처를 했다. 대장성이 오랫동안 도입을 주장했던 소비세는 1988년에 갈수록 늘어나는 공채의 부담을 줄이기 위해 신설되었다. 하시모토 류타로(橋本龍太郎, 1996-1998) 총리를 비롯한 정부 지도자들은 경기부양책 같은 단기적인 조치와, 고령화사회의 도래로 인해 눈덩이처럼 불어나는 재정적자를 해소하기 위한 대책을 수년 동안 논의했고, 결국 소비세를 3%에서 5%로 인상했다. 요컨대 이 증세(增稅)는 1994년 11월 무라야마 내각 때 법 개정이 이루어졌고, 2년 반의 준비를 거쳐 1997년 4월에 시행되었다. 문제는 불운하게도 증세 시행의 타이밍이 너무나 안 좋았다는 것이다. 그렇지 않아도 소비심리가 위

---

* nonbank. 일본어로는 ノンバンク. 일본의 논뱅크는 예금업무는 하지 않고, 대출업무만 하는 금융기관이다.

축되어 있던 소비자들은 소비세가 인상되자 지갑을 아예 닫아버렸고, 이로 말미암아 실낱같은 경기회복의 희망도 사라져버렸다.

장기적인 경기침체가 시작되었다. 실질 GDP는 1997년부터 1998년까지 2% 하락했고, 1999년에는 사실상 제로 성장을 기록했다. 어떤 외국인 관찰자는 일본을 '썩어가는 시스템'으로 묘사했고, 『뉴스위크』는 일본의 극심한 경기침체기인 1990년대를 '잃어버린 10년'(the lost decade)이라고 표현했다.[21)]

이런 경제적 문제에 대처하기 위해 정부는 1990년대 후반에 세 가지 중요한 조치를 단행했다. 첫째, 1996년 11월에 하시모토 총리는 '일본판 빅뱅'이라 불리는, 금융시장의 종합적인 규제완화정책을 발표했다. 그 전제는 비효율적인 금융제도가 일본의 공업발전과 기술진보를 가로막고 있다는 것이었다. 하시모토의 정책은 미국과 영국에서 시행되던 비슷한 프로그램을 모방한 것으로 은행업·보험업·증권업에 걸림돌이 되는 복잡한 규제를 풀려는 시도였다.

두 번째 조치는, 1998년 가을의 금융재생법 제정이었다. 이 법은, 위기상황에서 자민당과 주요 라이벌인 민주당 사이의 초당적 합의로 입안되었다. 이 법에 근거해 탄생한 금융재생위원회(FRC)는 금융기능을 건전화시키는 임무를 맡게 되었다. 금융재생위원회는 1980년대 미국의 정리신탁공사(RTC)를 본떠 정리회수기구(RCC)를 만들었다. 금융재생위원회는 공적자금을 투입하여 지급불능상태에 빠진 은행들을 인수하고, 그 불량채권을 정리회수기구에 매각했다. 이런 식으로 몸이 가벼워진 은행은 영업재개를 허가받기도 했고, 정부의 보조금을 받은 다른 금융기관에 합병되기도 했다.

금융재생법이 본격적으로 논의되고 있을 때에야 비로소, 금융기관은 불량채권 위기에 적극적으로 대응하기 시작했다. 1996년부터 1999년까지 일본의 은행들은 50조 엔에 가까운 불량채권을 대손(貸損)상각비로 처리했다. 그러나 경기가 후퇴한 1997-1998년에 은행들은 오래된 불량채권을 털어내는 것에 못지않게, 빠른 속도로 새로운 불량채권을 안았다. 2002년이 되면 일본 6대 금융그룹의 불량채권 비율은 실제로 8%까지 증가했다.[22]

불황대책을 위해 정부가 취한 세 번째 조치는, 침체된 내수를 자극하기 위해 적자재정지출이라는 진수성찬을 내놓는 것이었다. 1997년부터 2000년까지 매년 정부의 재정적자는 GDP의 8%를 상회했다. 그 지출을 통해 불황이 깊어지는 것을 막았고, 2000년에는 경제회복의 조짐이 나타나기 시작했다. 하이테크 '산업이나 제조업'의 일부 지식집약적인 부문이 중심이 되는 '뉴이코노미'가 활발히 성장했다. 예를 들어 전자기기산업의 경우, 1999년에 노동생산성이 20% 가까이 급등했다. 그러나 농업·운수업·소매업·중공업 같은 '올드이코노미' 부문은 쇠퇴했다. 그 효율성이 답보상태이거나 하락세를 보였고, 국내 수요도 현저하게 낮은 수준에 머물러 있었기 때문이다. 이처럼 신구 이코노미 간의 격차는 심대했다.

게다가 해마다 재정적자가 누적된 결과, 그 누계는 엄청나게 증가했다. 2000년 말에는 국가와 지방자치체의 누적재정적자가 GDP의 140%를 넘게 되었다. 주요 국가 가운데 지난 40년 동안 이런 정도의 재정적자를 짊어진 나라는 없었다. 동시에 사회보장제도도 만성적인 적자상태에 빠져 있었다. 해마다 그 부족액을 보충하기 위해서는 정부의 일반회계에서 거액의 보전이 필요했다.

경기회복의 전망이 불투명하고 정책의 일관성도 없던 이 기간에, 전문가들은 더 이상 미국이나 유럽 또는 그 밖의 국가들에 일본을 배우라고 권장하지 않았다. 그 대신 '잃어버린 10년'의 고통을 설명하기 위해 심각한 구조적 문제를 지적하고 제도적 실패를 거론하기 시작했다. 그들은 국가가 민간경제에 지나치게 개입한다고 비판하면서 '규제완화'를

요구했다. 민간기업에 대해서는 영어 ‘restructuring’을 줄인 신조어 ‘리스토라’(リストラ)를 처방했다. 이 말은 인원을 감축하고 수익성 없는 사업을 폐기함으로써 ‘구조를 조정한다’는 뜻이었다. 일본식 시스템은 오랫동안 주주의 권리보다는 경영진의 자율성을 강조해왔다. 그러나 월스트리트의 전문가들과 그들을 추종하는 일부 일본인은 경영자들에게 주주를 왕으로 생각해야 하며, 수익이 감소하면 노동자를 신속하게 해고해야 한다고 충고했다.[23]

물론 일본경제는 나름대로의 관행 속에서 40년 동안 눈부시게 발전했다. 1990년대의 문제는 일본식 시스템의 위기라기보다는 잘못된 정책으로 인한 경기하락이 아니었나 생각된다. 이런 장기간의 경기침체를 유발하고 결국에는 회복을 가능케 했던 문제들이 무엇이었는지 생각해보기 전에, 1990년대의 정치의 난맥상을 살펴볼 필요가 있다.

자민당의 몰락과 부활

쇼와 시대의 종언은, 오랜 세월 계속된 자민당에 의한 일당 지배의 종말이 시작되었음을 알리는 분기점이 되었다. 1985년 초에 자민당의 강대한 보스 다나카 가쿠에이가 뇌경색으로 쓰러져, 당 내에서의 실질적인 지배력을 잃고, 1993년에 사망했다. 다나카가 쓰러지고부터는 다나카의 측근간부들이 계속 당을 지배했지만, 그들 내부의 대립에 의해, 다나카파 내부에도 당 내부에도 분규가 생겼다. 게다가 1989년의 리크루트 사건과 1992년의 사가와(佐川) 사건이라는 두 수뢰(收賂)사건도 자민당의 힘을 약화시켰다. 더욱 중요한 것은, 오랜 세월 당 내에서 파벌간의 대립을 안고 있던 자민당을 하나로 결속시켜주던 냉전이라는 외적 강제력이 바야흐로 작용하지 않게 되어버린 것이다.

최초의 엄청난 타격은 1988-1989년에 찾아왔다. 다케시타 노보루 총리와 그 측근들이, 리크루트사로부터 뇌물을 수수한 일이 발각되어 신랄한 비판세례를 받았다. 거기에다 평판이 나쁜 긴축재정을 도입한 것도 다케시타에게 불리하게 작용했다. 1988년 2월에 다케시타와 대장성은, 나카소네 전 총리의 방침을 승계해서, 재정적자 삭감을 위한 조치로서 소비세 신설을 정한 법안을 국회에서 가결시켰다. 또한 다케시다는 외국의 통상압력에 굴복해 식료수입을 좀 더 늘리는 데 응한 일로 농민의 불평을 샀다. 1989년 5월의 여론조사에서 다케시타의 지지율은, 일본사상 최저인 4%라는 비정상적인 최저수준까지 떨어졌다. 국민의 노여움을 산 다케시타는 치욕스럽게 사임했다.

다케시타의 후임 총리가 된 우노 소스케(宇野宗佑)는, 1989년 7월의 참의원 선거에서 고전을 면치 못했다. 참의원은 의석수 252, 임기 6년이지만, 3년마다 의석의 반수가 개선(改選)된다. 1989년의 선거 전, 자민당은 가까스로 과반수를 차지하고 있었지만, 우노가 몇 년씩이나 숨겨둔 애인이 있었다는 스캔들이 폭로되었기 때문에, 참의원선거에서의 자민당의 입장은 더욱 불리해졌다. 그런데다 많은 사람이 가장 나쁘게 본 것은, 애인과의 관계를 끝낼 때 우노가 보인 비열한 태도였다.

섹스 스캔들, 수뢰 스캔들, 평판이 나쁜 소비세 도입이라는 3중의 악재가 야당측의 입장을 완전히 유리하게 만들었다. 그런데다 운 좋게 우연히도, 사회당은 1986년에 도이 다카코(土井多賀子)를 사회당 창당 이래 최초의 여성위원장으로 선출했다. 도이가 이끈 사회당은, 매스컴의 표현대로 '마돈나 선풍'을 타고 참의원선거에서 대약진했다. 선거에서는 남녀의 성차에 기인한 투표행동의 차이가 확연히 나타났는데, 여성 유권자는 우노의 여성스캔들과 소비세에 비판적이었다. 개선의석 126석 중 여성후보자가 22석을 얻었는데, 그 중 일본사회당 소속 여성 후보자가 12명이었다. 사회당이 개선의석 중 46석을 획득한 데 비해,

자민당은 겨우 36석으로 참패를 당하고, 역사상 처음으로 참의원의 과반수를 얻을 수 없었다.

여당에 다행스러운 일로, 전후 헌법 아래서는 참의원은 국회의 이원(二院) 속에서는 중의원보다 열위(劣位)에 있었다. 양원의 권한 차이에서 특히 중요한 것은, 중의원이 예산의 선의권(先議權)과 의결권(議決權)을 갖고 있고, 참의원은 중의원에 의한 예산의 결정을 뒤집지 못하는 데 있다. 자민당으로서는 중의원에서 과반수를 점하는 한 정권을 유지하는 것이 가능했다. 그후 수개월 동안 사회당은 참의원에서의 약진을 바탕으로 자민당의 정책에 대항하려 했지만, 이렇다 할 성과를 거두지 못했다. 그뿐만 아니라 1990년 2월의 총선거에서는, 자민당은 중의원에서 과반수 지배를 더욱 확고히 해버렸다.

이 선거결과에 한결 고무된 자민당은, 1989년의 참의원 대패가 알려준 경고신호를 염두에 두지 않고 잊어버렸다. 밑바닥에서 밟아 올라온 정치가로, 오랜 세월 다나카 가쿠에이를 추종해왔던 가네마루 신(金丸信)이, 다나카파를 이어받아 자민당 내의 최대 파벌이 된 다케시타파를 좌지우지하는 새로운 보스가 되었다. 자민당의 총재를 선출하는 데 필요한 표를 통제하고 있던 가네마루는 자민당 총재, 더 나아가서는 일본 총리를 뽑는 열쇠를 쥐고 있었다. '돈'(ドン, 우두머리라는 뜻)이라는 닉네임을 가진 가네마루는, 그후 정권을 담당한 두 총리 가이후 도시키(海部俊樹, 1989-1991)와 미야자와 기이치(宮澤喜一, 1991-1993)를 배후에서 조종했다.

대장성 관료 출신인 미야자와는, 가네마루와는 정반대의 정치인이었다. 영어에 능하고 국제금융과 국제정치에 깊은 식견을 갖춘 미야자와는, 뒷거래를 벌이고 돈으로 모든 걸 해결하려는 가네마루의 방식을 혐오했다. 그럼에도 불구하고 미야자와는 총리의 자리에 오르기 위해서 정책결정이나 인사에 관한 가네마루의 지시를 따랐다.

1992년에 사가와규빈(佐川急便)이라는 택배회사사건이 들통나, 미야자와의 정치생명에도 암운이 드리워졌다. 이 사건은 리크루트 사건보다도 훨씬 규모가 컸다. 사가와규빈 그룹의 최고간부는, 택배사업에 관한 규제에서 잘 봐달라고 정치인들을 매수했을 뿐 아니라, 다케시타 내각 탄생 전의 자민당 총재선거 때, 다케시타에게 반감을 드러냈던 우익단체를 침묵시키기 위해, 다케시타의 맹우 가네마루의 요청에 응하여 거대한 폭력단 조직을 동원했다. 가네마루는 이 부정사건의 중심에 있었고, 폭력단 간부들과 만나서 협력에 감사를 표시했다. 가네마루가 엄청난 액수의 탈세를 범한 일, 그리고 손에 넣은 거액의 검은돈을 100kg의 금괴로 바꿔 도심의 호화 맨션에 숨겨둔 것도 발각되었다.

가네마루의 부패행태는 극단적이긴 했지만, 음흉한 관행은 그때까지 오랜 세월에 걸쳐 자민당정권의 어두운 면을 형성해온 것이다. 냉전 종언과 더불어, 자민당의 지지자들은 이전처럼 자민당 비판을 자제하지 않았고, 매스컴도 부패한 정치인들을 대담하게 공격하게 되었다. 비판이 들끓으면서 가네마루는 1992년 10월, 의원직 사퇴에 내몰렸다. 미야자와는 선거에 너무 많은 돈이 드는 상황을 정상화하기 위해서, 선거제도를 개혁해야 한다는 광범위한 요구에 직면했다. 하지만 미야자와는 그것은 부패한 개인이 문제이지, 제도에 문제가 있을 리 없다고 주장했다. 미야자와가 이끈 자민당은 현상에 만족하면서, 대대적인 개혁을 추진할 생각이 별로 없었다.

1993년 여름, 자민당의 아성이 결국 무너졌다. 야당세력은 미야자와 내각이 제대로 된 개혁에 임하지 않는 것을 이유로 들며, 내각불신임안을 상정했다. 의석의 반수도 되지 못하는 야당세력이 그런 불신임안을 상정한 것은 드문 일은 아니었다. 그때도 상징적인 항의행동으로서 끝날 것처럼 보였다. 그런데 오자와 이치로(小澤一郎)라는 정치인이 돌연 개혁파에 붙었다. 오자와는 1990년대에, 일관성이 없기는 했어도 중요한 열쇠를 쥔 정계 플레이어로서 두각을 나타냈다. 가네마루와 마찬가지로 오자와도 다나카의 훈도(薰陶)를 받았다. '돈' 가네마루보다도 젊고 다혈질이었던 오자와는, 대담하게 치고 나감으로써 일거에 스승인 다나카의 의봉을 계승하는 것을 노렸다. 오자와와 그의 지지자들은, 자민당에 반기를 들고 야당이 상정한 불신임안의 지지로 돌아섰다. 형세가 극적으로 전환됨으로써 불신임안은 가결되었다. 미야자와는 내각 총사퇴, 중의원 해산과 총선거 실시라는 길을 선택하지 않을 수 없었다.

1993년 7월의 총선거에서, 자민당의 성적은 신통치 않았고, 과반수 의석에 훨씬 못 미쳤다. 자민당을 탈당한 오자와와 그의 지지세력이 정치개혁을 내걸고 결성한 신생당(新生黨)과, 전년에 결성된 호소카와 모리히로(細川護熙)가 이끄는 또 하나의 개혁파 정당 일본신당(日本新黨)은 함께 건투했다. 호소카와는 매력적인 분위기를 풍기는 인기 많은 정치지도자였다. 부계의 혈통을 더듬어 올라가면, 규슈에서 가장 강대한 번(藩) 중 하나였던 구마모토(熊本) 번주의 후손이었고, 전시에 총리를 역임했던 고노에 후미마로를 모계의 조부로 가진 엘리트 출신이었지만, 호소카와 자신의 정치자세는 개방적이었고 말투는 포퓰리스트적이었다. 정치과정을 정화하고 일반서민을 중시하는 정책을 펴겠다는 공약으로 호소카와는 상당한 지지를 얻었다. 선거 후의 정권 담당을 둘러싼 줄다리기에서, 오자와의 신생당과 호소카와의 일본신당은 구래로부터의 야당들(사회당과 공명당)과 제휴하여, 1947년 이래 최초로 비(非)자민당 정권을 수립하기로 결정했다. 오자와는 연립정권 수립을 획책했지만, 자기는 입각하지 않고 배후역할자로 일관했다. 총리직에는 호소카와가 취임했다. 연립내각은 정치개혁의 단행을 공언했으나, 호소카와의 전도에는, 경제와 외교 분야의 난제들이 산적해 있었을 뿐만 아니라 여전히 강력한 세력을 갖고 있던 자민당의 저항이 기다리고 있었다.

1993년에 자민당이 연립내각에 주도권을 빼앗겼을 때, 많은 전문가는 양당구도 비슷한 것이 출현할 것으로 예상했다. 자민당에 맞서 정치개혁과 경제개혁을 주도할 연합세력이 나타날 것이라는 풍문도 돌았다. 그 집단의 구성원으로는 자민당에서 이탈한 호소카와와 오자와 같은 개혁파, 공명당과 민사당이라는 온건한 야당세력, 그리고 사회당의 일부 인사가 거론되었다.

오래된 정치구도는 실제로 그후 몇 년 동안 완전히 재편되었지만, 1990년대의 정계는 최고위층의 불안정성 때문에 1940년대 후반 이래 가장 큰 혼란을 겪었다. 1955년 자민당이 창당된 이래 1989년에 격변을 겪기까지 44년 동안 12명에 이르는 총리의 평균 재직기간은 3.7년이었다. 그런데 1989년부터 2000년까지 총리 10명의 평균 재직기간은 1.2년에 불과했다. 하지만 그 뒤에도 효과적인 양당구도는 출현하지 않았고, 오히려 자민당이 세력을 회복했다. 대단히 역설적인 것은 2001년부터 2006년까지 고이즈미 준이치로(小泉純一郎) 총리 아래서 되살아난 자민당이 정치경제 개혁을 가장 강력하게 추진했다는 사실이다.

자민당의 재집권은 아주 묘하게 시작되었다. 호소카와 모리히로 총리는 취임 후 고작 8개월밖에 재직하지 못하고 퇴진했다. 자민당은 일본신당 대표인 그가 미심쩍은 금융거래에 연루되었다고 공격함으로써 반전을 꾀했다. 그러나 호소카와가 일찍 사임한 보다 근본적인 이유는, 아마도 그가 기본적으로 일상화된 정쟁을 혐오했기 때문일 것이다. 오자와의 동지이자 개혁 성향의 정치인 하타 쓰토무(羽田孜)가 호소카와의 뒤를 이어 1994년 4월에 연립내각을 장악했다. 그러나 재직기간은 고작 2개월에 불과했다. 이 무렵, 이탈한 당원들을 다시 흡수하려는 자민당의 공세와 노력이 새로운 연립정권의 허약한 연합을 약화시키는 데 성공했다.

반(反)자민당 연합 대신, 1994년 6월 일본에서는 놀라운 구경거리가 연출되었다. 자민당이 제1야당이자 오래된 이념적 라이벌인 사회당과 제휴했던 것이다. 더 놀라운 일은 자민당이 사회당 위원장 무라야마 도미이치(村山富市)의 총리 취임에 동의했다는 것이다. 이 연립정권을 미국의 상황에 비유하자면, 공화당 소속 대통령이 민주당 정치인을 부통령 후보로 지명하는 것과 마찬가지다.

　이런 기발한 정략결혼이 이루어질 수 있었던 것은, 두 가지 요인 때문이었다. 첫 번째 요인은 순수한 실리주의였다. 사회당은 손을 잡자는 자민당의 제의가, 권력을 공유할 수 있는 마지막 호기라고 생각했다. 자민당 측에서는 의회의 다수파가 되기 위해서 야당과의 제휴가 필요했다. 자민당 지도부는 배신자 오자와에 대한 반감이 너무 심해서, 자신들이 한때 경멸하던 사회당과 손을 잡는 게 차라리 낫다고 생각했다. 두 번째 요인은 장기간의 세태변화와 최근의 극적인 사건들이 빚어낸 국내외의 정세변화였다. 선거구호를 제쳐놓은 채, 한동안 자민당과 사회당은 서로 협조하면서 국회에서 법안을 심의하고 통과시켰다. 1960년대 이후 제정된 대부분의 법은 실제로 두 당이 지지하던 것이었으며, 의회에서의 초당적인 표결은 1970년대 이후 증가하는 추세였다. 노동조합과 기업가 사이의 관계가 점점 협조적으로 변함에 따라, 꽤 이전부터 좌우파 간의 적대적 관계도 온건해지고 있었다. 더욱이 1970년대부터 두 당은 지방선거에서 같은 후보를 지지하는 일이 자주 있었다. 끝으로 냉전의 종료와 글로벌한 자본주의의 승리로 양당의 상호불신을 떠받치고 있던 토대의 많은 부분이 없어져 버렸다.

　그러나 이런 식으로 설명할 수 있다 하더라도, 자민당과 사회당의 연립은 일본의 유권자에게 여전히 충격적이고 혼란스러운 일이었다. 무엇보다도 사회당의 타격이 컸다. 국민은 자민당이 실용주의적인 거래를 성사시키는 정당임을 익히 알고 있었다. 자민당 지지자들은 이데올로기적 일관성보다는 정치적·경제적 이익을 기대했다. 이와는 대조적으로 선거에서 사회당이 획득한 지지는 상당 부분 평화헌법의 수호, 미일군사동맹 반대, 정경유착 배격이라는 원칙에 대한 지지였다.

연립내각에 참여하는 대가로 사회당은 이데올로기 면에서 주저하는 자민당으로부터 몇 가지 양보를 받아냈다. 그 결과 무라야마 총리는 '위안부' 문제 같은 전시의 비인간적인 잔혹행위에 대해 누구보다도 솔직하게 사죄했다. 자민당 단독정권이었다면 그렇게 솔직한 사죄표명은 나오지 않았을 것이다. 그럼에도 불구하고 사회당은 어쨌거나 권력을 얻기 위해 원리·원칙을 버렸다는 게 다수 대중의 의견이었다. 사회당의 정치적 존재감은 순식간에 미미해졌다.

1996년 1월에 무라야마 총리가 퇴진했다. 표면상으로는 개인적인 사정에 의해 퇴진한 것이었지만, 실제로는 연립상대인 자민당으로부터 강한 압력이 가해졌기 때문이다. 총리직은 자민당 내 정책통인 하시모토 류타로에게 넘어갔다. 사회당은 사회민주당으로 당명을 바꾸고, 약체화된 종속적인 여당으로서 연립정권에 그대로 남았다. 그 밖에 소규모 정당인 신당사키가케(新黨さきかけ)도 연립정권에 가세했다. 신당사키가케는 간 나오토(管直人)를 비롯한 개혁 성향의 정치인들을 거느리고 있었다.

간 나오토는 자민당의 헤게모니가 약화되고 있던 시기에 중요한 역할을 했다. 1990년대 후반에 자민당의 오랜 지원세력이었던 관료들은 일련의 스캔들이 터지는 바람에 대중의 신뢰를 잃었다. 가장 악명 높은 것은, 후생성이 1980년대 초에 치명적인 혈액제제의 생산을 금지시키지 못했던 사실이 1996년에 폭로된 사건이다. 1980년대 초는 에이즈가 막 발견된 시기였다. 이 무렵 연구자들은 에이즈 바이러스인 HIV가 혈액을 통해 감염되며, 확실한 위생관리를 위해서 혈액제제는 수혈 전에 가열처리되어야 한다는 결론에 이르고 있었다. 그 당시 미국의 제약회사 몇 곳 외에는 가열혈액제제를 제조하는 기업이 없었고, 이런 상태가 계속되는 수년 동안 후생성 내 전문가들로 구성된 위원회는 가열제제의 수입을 허가하지 않았다. 가열혈액제제의 수입이 허용된 이후에도, 후생성의 위원회는 국내산 비가열혈액제제의 사용을 계속 인정했다. 보다 안전성 높은 가열혈액제제의 수입이 가능해진 뒤에도 18개월 동안 일본의 제약회사는 혈우병 환자들에게 비가열혈액제제를 공급했던 것이다. 1980년대 말까지 일본 내 혈우병 환자의 40%에 상당하는 약 2천 명이 HIV에 감염되었다. 물론 피해자 일부는 가열혈액제제가 상용화되기 전에 감염되었을 것이다. 그러나 후생성의 행동은, 관료와 의사들이 단지 일본의 제약회사를, 외국제약회사와의 경쟁에서 보호하기 위해 공중보건을 희생시켰다는 의혹을 증폭시켰다.[24]

1996년에 연립내각의 후생성 장관에 취임한 간 나오토는, 1960년대에 베트남 전쟁 반대운동에 참가한 것을 계기로 정치와 인연을 맺은 인물이었다. 그는 비가열혈액제제 문제를 공개하고 정부의 책임을 인정함으로써 여론의 지지를 받았다. 위험성을 알면서도 비가열혈액제제를 계속 판매했던 녹십자(ミドリ十字)사 대표는 국민과 에이즈 환자에게 무릎 꿇고 사죄했다. 그러나 고급관료들의 명예는 심각한 타격을 받았다. 그후에도 지자체의 관료가 자신들의 편의를 돌보려고, 공금을 유용해서 중앙관청의 관료들을 호화판으로 접대하는 이른바 '관관접대'(官官接待)를 비롯한 여러 부정사건이 잇달아 발각되어 중앙관료들에 대한 국민의 신뢰는 여지없이 무너졌다.

중의원 총선거가 가까워진 1996년 가을, 정당의 재편이 일어났다. 구(舊)사회당의 대다수, 간 나오토와 신당사키가케 당원들, 호소카와의 일본신당의 잔류파가 모여서 일본민주당을 결성했다. 민주당 결성에 참여한 정치인들의 목표는 오자와 이치로의 그룹을 대신해서 자민당의 최대 라이벌이 되는 것이었다. 1993년에 자민당에서 이탈한 오자와 그룹은 신생당(新生黨)을 결성했지만, 이듬해인 1994년 말에는 신생당을 개편하여 신진당(新進黨)을 결성했다. 1996년 10월의 선거에서 오자와

비가열혈액제제를 공급함으로써 혈우병 환자들에게 에이즈 바이러스인 HIV를 감염시킨 제약회사에 대한 첫 소송이 제기된 지 7년이 지난 1996년 3월, 녹십자사는 희생자측과 합의했다. 사진에서 녹십자사 회장과 간부들이 원고인 희생자측에 무릎 꿇어 사죄하고 있다. 이 사건과 1990년대의 각종 비리는 종종 국민적 의혹의 대상이 되곤 했던 재계 지도자와 정치인뿐 아니라, 민간산업을 통제하면서 상당한 명예를 누리고 있던 정부관료에 대한 국민의 신뢰를 떨어뜨렸다. 문제를 일으킨 녹십자사의 전신은 만주에서 생체실험을 했던 악명 높은 731부대(12장을 참조)의 핵심 요원들에 의해 제2차 세계대전 직후에 설립된 혈액은행이었다. 마이니치 신문사 제공.

의 신진당은 전체 500석 중 156석을 얻었고, 민주당도 상당히 선전해서 52석을 획득했다. 그러나 구사회당의 잔당(사민당)은 의석수가 70석에서 15석으로 대폭 줄어들어 거의 괴멸상태에 빠졌다. 사회당의 제1야당으로서의 긴 역사는 사실상 종말을 고했다. 자민당은 의석수를 약간 늘려 과반수에 근접했다(239석).

선거가 끝난 뒤 하시모토 총리는, 1993년 이래 처음으로 자민당 단독 내각을 구성했다. 사민당은 더는 연립상대가 아니었지만, 사안별로 내각을 지원하기로 약속했다. 이때부터 1990년대 말까지 자민당이 정국을 주도했다. 1998년에 오자와의 신진당은 둘로 쪼개졌다. 분열파는 민주당에 가세했고, 오자와와 행동을 함께 한 그룹은 새롭게 자유당(自由黨)으로 간판을 바꿨다. 자민당 탈당으로부터 5년에 걸쳐 반(反)자민세력의 구축을 지향한 후, 1999년 초에 오자와는 자신의 뿌리로 돌아가 자민당과 자유당의 연립내각을 발족시켰다. 게다가 오자와 추종자들 일부가 아예 자민당에 재입당하자, 자민당은 6년 만에 처음으로 중의원의 과반 의석을 확보하게 되었다. 표면적으로는 일본정치가 친숙한 구도─실권을 잡은 자민당이 일부 야당과 연합하고, 군소 야당과 대립하는─로 복귀하는 듯했다.

그러나 1990년대 후반의 자민당 헤게모니는 현저히 약화되었다. 자민당은 중의원에서는 세를 확장했지만, 1998년의 참의원 선거에서는 참패했다. 자민당이 획득한 의석수는 사상 가장 적은 44석(37%)에 그쳤다. 선거결과는 소비세율을 인상하기로 한 하시모토 총리의 결정에 대한 반대나 마찬가지였다. 유권자들은 하시모토의 정책이 경기를 다시 침체시킬 것이라고 비판했다. 그는 총리직을 사임했고, 자민당의 중진 오부치 게이조(小渕恵三)가 총리에 취임했다. 그는 취임 초기에 이면공작에는 능하지만 "식은 피자 정도의 매력밖에 없다"는 야유를 들어야 했다.[25] 오부치는 2년 동안 경기회복을 위해 적자공채를 발행하여 재정지출확대를 시도했으나 그다지 성공을 거두지는 못했다. 2000년 5월에 오부치는 뇌경색으로 쓰러져 돌연사했는데, 뇌경색의 원인은 과로였던 것 같다. 후임 총리 모리 요시로(森喜朗)는 2000년 6월에 중의원 총선거를 실시하기로 했다. 자민당은 여전히 침체된 경제에 대한 지속적인 비난에 시달렸다. 선거에서 자민당은 다시 한번 과반수 의석 확보에 실패했다. 자민당이 권력을 유지할 수 있었던 것은, 오자와의 자유당 및 공명당과의 연립 덕분이었다.

2001년 봄, 모리 총리에 대한 지지율은 한 자리 수로 떨어졌고, 그는 지도부의 개편 없이는 선거에서 참패할지 모른다는 당 내부로부터 강한 압력에 밀려 사임했다. 그후 자민당 주류에서 다소 벗어나 있던 대중적 정치인 고이즈미 준이치로(小泉純一郎)가 압도적인 표차로 당 총재에

고이즈미 준이치로 총리가 신주와 함께 2006년 8월 15일, 야스쿠니 신사에서 전몰자에게 참배하고 있다. 고이즈미는 5년의 재직기간 동안 모두 여섯 차례 야스쿠니 신사를 방문했는데, 이때가 마지막 방문이었다. 그의 거듭된 방문은 특히 중국과 한국의 거센 항의를 받았다. 고이즈미의 신사참배는 일본에서도 논란을 불러일으켰지만, 이에 대한 찬반양론은 정당 내지 당파와는 무관했다. 이 방문을 위해 헌정된 화환에 꽂혀 있는 팻말들 가운데 야당인 민주당의 것도 보인다.

선출되고 모리의 후임 총리로 취임하는 예상 밖의 결과가 나타났다. 그는 경제정책의 획기적인 변화를 공약으로 내세웠으며, 다섯 명의 여성을 각료로 임명하여 사람들을 더욱 놀라게 했다. 5년의 재직기간 동안 고이즈미는 전임 총리들과는 확연히 다른 카리스마 넘치는 스타일로 자신이 추진하는 정책에 대한 지지를 이끌어냈다. 그는 당내 파벌의 보스를 회유하는 밀실정치를 배격했고, 전매특허인 짧게 끊는 단문형 연설로 매스컴에 단호한 인물이라는 이미지를 심어주었다.

고이즈미의 외교정책은 아시아보다는 미국에서 더 큰 지지를 받았다. 2001년 9·11 테러 직후에, 그는 일본이 미국의 군사동맹으로서 새로운 역할을 맡아야 한다고 선언했고, 조지 부시 대통령과 친밀한 관계를 맺었다. 1980년대와 1990년대의 미일 긴장관계는 거의 해소되었다. 그러나 고이즈미는 야스쿠니 신사를 거듭 방문함으로써 중국 및 한국과의 관계를 악화시켰다. 그는 매년(총 6회) 전몰자들의 위패가 안치된 야스쿠니 신사를 찾아가 참배했다. 역대 어느 총리도 나라를 위해 싸우다 전사한 장병의 넋을 기리는 신사참배의 중요성을 그토록 한결같이 또 공공연하게 역설하지는 않았다.

대대적으로는 강도 높은 경제개혁에 착수했는데, 특히 일본의 우정(郵政)사업 민영화를 핵심 개혁과제로 추진했다. 메이지 시대 이래 일본의 우체국은 우편업무 외에 예금과 보험 등을 취급하여 수많은 사람에게 편리하고 안전한 금융서비스를 제공했다. 이를 통해 전국의 우체국에는 21세기 초에 합계 300조 엔 이상의 돈이 모여 있었다. 경기회복과 성장의 수십 년을 거치면서 정부는 각종 공공투자를 지원하기 위해 '제2의 국가 예산'이라 불리던 이 돈을 재정투융자(財政投融資)의 재원으로 사용했다. 1980년대 이래 자유시장 개혁가들은 재정투융자의 비효율성을 비판해왔다. 국회가 정부에 대해 정규예산의 집행내역을 석명해야 할 (이론상의) 의무를, 주주들이 사기업에 대해 은행대출금의 사용내역을 보고해야 할 (이론상의) 의무를 부과하는 것과는 달리, 재정 투융자 자금계획에 대해서는 아무런 감시장치가 없었다. 고이즈미는 우체국의 예금 및 보험 업무를 민영화해야만, 그 돈이 가장 생산적인 부문과 사업에 책임 있게 투자될 수 있을 것이라고 강력하게 주장했다. 그는 우정민영화가 경제회생과 장기적 번영의 관건이라고 판단했다.

이 어젠다를 관철하기 위해 고이즈미는 재정투융자 자금을 자기 부서에 할당받으려는 관료나, 자기 지역구에 지원하려는 자민당 의원들을 비롯하여 경쟁력 없는 사업을 악착같이 비호하는 세력에 대해 전쟁을 선포했다. 이런 입장이 가장 명확하게 드러난 것은 2005년 여름과 가을이었다. 그해 8월, 고이즈미의 우정민영화 법안은 자민당 내에서 상당수의 이탈표가 나온 탓에 국회에서 부결되었다. 그러자 고이즈미는 의회를 해산하고 9월에 중의원 총선거를 하기로 한 다음, 반대표를 던진 의원들을 공천에서 배제하고 새로운 후보들을 내세웠다. 매스컴은 이 정치신인들을 고이즈미의 '자객'으로 묘사했다. 공천에서 탈락한 의원들은 무소속 후보로 출마했다. 이런 대결구도를 만들어놓고, 고이즈미는 개혁에 반대하는 후보들을 지지하지 말라고 유권자들에게 직접 호소했다. 고이즈미의 '자객'들을 비롯한 자민당 후보들은 9월 총선에서 압승을 거두었고, 다음 달에 우정민영화 법안은 국회에서 가결되었다. 이 법안의 주요 조항은 2007년에 발효되었으나, 민영화에 필요한 제반 절차는 2017년에야 완료될 것으로 보인다.

5년 반 동안 재직한 고이즈미는 메이지 시대 이래 역대 총리 가운데 사토 에이사쿠(1964-1972)에 이어 두 번째로 장수한 총리였다. 그의 후임자들은 생명력과 인기, 국회를 통한 성공적인 개혁 면에서 그에게 미치지 못했다. 아베 신조(安倍晋三, 2006-2007)가 한 일이라곤 유권자들의 마음을 이반시키고 우방들과의 관계를 악화시킨 것뿐이었다. 1990년대에 연금기록을 전산화하는 과정에서 5,000만 건 이상의 납부기록이 누락된 사실을 알게 된 유권자들은 격분했고, 이 문제에 신속하게 대처하지 않는 아베와 여당을 비난했다. 동아시아의 우방들은 '위안부' 문제 같은 전시의 잔학행위에 대해 일본의 책임을 최소화하려는 그의 강경입장을 규탄했다.

2007년의 참의원 선거에서 민주당은 연금기록문제를 공론화하는 데 힘입어 대승을 거두었고, 아베는 선거결과에 책임을 지고 퇴진했다. 후임 총리 후쿠다 야스오(福田康夫, 2007-2008)는 일본과 우방과의 관계를 다소 개선했으나, 대체로 나약한 지도자라는 평가를 받았다. 카멜레온 같은 오자와는 다시 한번 변신하여 2003년에 민주당에 합류했고, 2006년에는 당 대표가 되었다.

개혁과 경기회복

고이즈미가 총리로 재직 중일 때 일본경제는 10년 만에 처음으로 꾸준히 성장하기 시작했다. 2003년부터 2007년까지 GDP는 해마다 평균 2.1% 증가했다. 인구가 약간 감소했기에, 이 기간에 일본의 1인당 경제성장률은 영국을 제외한 G7 국가들을 능가했다. 같은 기간에 실업률도 5.3%에서 4%로 낮아졌다. 2004년에는 가구당 소득이 1998년 이후 처음으로 증가했다.

이런 변화를 어떻게 설명해야 할까? 고이즈미의 개혁이 장기적으로는 잘한 일이라고 판명될지 몰라도, 그것이 경제회생의 주된 요인이라고 말하기는 어렵다. 그의 핵심개혁인 우정민영화는 경기가 이미 회복되고 나서 이루어졌다. 오랫동안 논의된 구조조정이 결정적인 요인이었다고 보기도 어렵다. 21세기가 시작되고 10년 동안의 경제불황과 몇 년 동안의 개혁 압력이 있었음에도 불구하고, 일본의 주요 경제제도는 자유시장 개혁가들이 제시하는 방향으로 그렇게 많이 변하지는 않았다.

고용관행이 훨씬 유연해지기는 했지만, 이는 사실 1970년대부터 진행되어 오고 있었다. 기업은 점점 더 임시직·시간제·계약직 노동자에 의존하고 있었다. 1999년에는 전체 노동자의 4분의 1 이상이 이 같은 범주에 속했다.[26] 기업은 계속해서 사원급여에서 성과급의 비중을 늘리고, 호봉이 차지하는 비중을 줄여나갔다. 그러나 수백 개의 대기업이 1990년대 후반에 스스로 '인원감축'에 나서겠다는 계획을 발표했음에도 불구하고, 사실상 별다른 변화가 일어나지 않았다는 사실은, 경영진이나 노동시장의 일부 개혁보다도 더 눈길을 끈다. 신문에서는 "인력을 20%까지 감축하겠다는 A기업의" 계획이나 "3,000개의 일자리를 없애겠다는 B기업의" 계획에 대해 대서특필했다. 그러나 자세히 들여다보면 그런 감축은 3-5년에 걸쳐 이루어지거나, 자연감소(퇴직이나 전근에 의해 생긴 결원을 보충하지 않음)나 희망퇴직에 주로 의존하고 있었다. 사실상 1993년부터 1997년까지 직장을 떠난 사람들은 대부분 정년퇴직했거나 희망퇴직자였다. 오직 8%만이 "사용자의 재량에 따라 해고되었다." 이 비율은 1975년 오일쇼크 때의 정리해고 수준보다 낮은 것이었다.[27] 노동자의 이직률은 1990년대에서 2000년대까지 거의 변하지 않았다.[28] 일본이 여러 직장을 전전하는 사람들의 사회가 되지는 않았다는 뜻이다. 2006년과 2007년에는 인구감소시대에 안정된 노동력을 확보하기 위해 임시직 노동자를 정규직 노동자로 전환하는 기업이 늘어났다. 이런 조치는 평생고용이라는 오랜 관행을 재확립할 수 있을 것이다.

주주의 권익을 보호하려는 움직임도 제한적이었다. 도쿄증권거래소의 주식 4분의 1 이상이 외국인 투자자에 의해 보유되고 있는 만큼, 기업이 주주자본이익률(기업이 주주에게 받은 투자자금으로 얼마나 효율적으로 수익을 올렸는가를 보여주는 지표)을 중시해야 한다는 압력이 커지고 있다. 그러나 일본의 기업들은 오랫동안 뿌리박힌 '상호출자' 관행을 완전히 버리지 못했다. 이 관행은 재벌기업이 계열사들끼리 지분을 상호보유하게 함으로써 제3자의 지배력을 제한하는 것이다. 전반적으로 주식배당을 과거보다 획기적으로 늘린 기업은 없었다.[29]

요컨대 1990년대 일본경제의 고통은 일차적으로 파멸적인 거시경제 정책의 산물인 듯하다. 2000년대의 경기회복에 가장 크게 기여한 것은 글로벌 경제의 변화에 발맞춘 몇 가지 정책이었다.[30] 일본의 국제무역은 2000년에서 2006년까지 크게 증가했는데, 늘어난 수출물량의 절반 이상은 동아시아로 향했다. 2004년에는 중국이 미국을 제치고 일본의 가장 중요한 교역상대국이 되었다. 중국은 일본 수출입물량의 5분의 1을 차지하게 되었는데, 이는 중국경제의 비약적인 발전이 만들어낸 중대한 결과였다. 게다가 니혼은행은 1999-2000년에 기준금리를 0%로 인하했고, 2001-2006년에도 같은 조처를 했다. 글로벌 환경이 일본에 유리한 가운데 취해진 이 조치는 투자와 수출을 촉진했다. 기업의 이익도 증가하기 시작했다. 2007년에 이르자 은행들은 오래된 불량채권을 정리할 수 있었다. 일본의 6대 시중은행의 불량채권비율은 2002년의 8%에서 1.2%로 크게 줄었다. 2007년에 정부는 금리를 소폭 인상했고, 기업은 근래 들어 가장 큰 폭으로 임금을 인상했다.

아시아와 서양 사이에서

중국경제가 일본에 미치는 영향은 대단히 커졌지만, 21세기 초에 양국 관계는 절대로 원만하지 않았다. 일본의 지도자들과 국민은, 양국 경제의 상호의존이 갖는 긍정적 측면을 이해하면서도, 중국의 경제력과 군사력이 강해지는 현상에 우려를 나타냈다. 바람을 타고 바다 건너까지 침투하는 중국발 대기오염물질은 새로운 골칫거리로 떠올랐다. 때때로 불거지는 무역분쟁과 중국산 불량식품이나 위험한 완구류를 둘러싼 소동은 양국관계를 악화시켰다. 중국이 미국에 버금가는 중요한 무역상대국으로 부상함에 따라, 이런 고질적인 긴장상태를 완화하는 것이 중요한 과제가 되었다.

북한과의 관계는 훨씬 까다로웠다. 1994년에 북한의 핵무기 개발을 저지하기 위한 협상에서, 클린턴 행정부와 평양정권은 북한이 핵을 동결하는 대가로, 미국이 한국과 일본의 도움을 받아 충분한 전력을 공급하되 핵무기 제조가 가능한 농축우라늄은 산출하지 않는 경수로 건설을 지원하기로 합의했다. 이 합의에 따라 미국과 동아시아의 두 우방은 북한과의 경제적·정치적 관계를 정상화하기로 했다.

그후 몇 년 동안 경수로 건설산업은 지지부진했고, 관계정상화에도 거의 진전이 없었다. 이 무렵 북한정권은 만성적이고 심각한 경제위기에 직면해 있었다. 2002년 북한은 위기 타개의 일환으로 경제원조를 얻기로 하고, 대일관계를 정상화하기 위한 협상을 재개했다. 일본정부에게 가장 중요한 장기목표는 북한의 공격위협을 제거하는 것이었다. 그러나 또 하나의 중요한 문제는, 1978년과 1980년대 초 사이에 일본의 서해안에서 납치된 최소 13명의 젊은 남녀에 대한 생사 확인이었다.

2002년 여름 고이즈미 총리는 북한의 김정일 위원장과 모든 현안을 논의하기 위해 방북한다고 전격적으로 발표했다. 9월 17일에 이루어진 이 중요한 정상회담에서 김정일은, 북한 공작원들이 납치작전을 수행했고 피랍자 13명 가운데 8명은 사망했다고 인정했다. 그는 공식으로 사과하고 유사한 사태의 재발 방지를 약속했다. 북한이 그 젊은이들을 납치한 이유는 명확하게 밝혀지지 않았다. 다만 생존 피랍자들이 수행한 일이 일본어 교육이었다는 점을 감안할 때, 북한정권 내의 어떤 파벌이, [남파간첩에게 일본어를 가르칠] 교관을 구하는 최상의 방법으로 일본인 납치를 선택했으리라고 미루어 짐작할 뿐이다.

이런 충격적인 사실에도 불구하고, 고이즈미와 김정일은 일단 국교정상화 교섭을 개시하기로 합의했다. 그러나 일본 사람들은 당연히 13명 가운데 8명이 그 젊은 나이에 자연사하지는 않았을 것으로 생각했다. 일본정부는 여론에 밀려 사망자의 사망경위에 대한 완전한 해명을 요구했지만, 북한정권은 피랍사태가 해결되었다고 주장했다. 이후 국교정상화를 위한 노력은 더 이상 이루어지지 않았다.

한국과의 관계는 비교적 원만했지만, '영토분쟁'이 종종 야기되었다.

그 중 하나는 양국 사이의 바다에 있는, 한국에서는 독도, 일본에서는 다케시마라 불리는 작은 섬들에 대한 영유권을 둘러싼 것이다. 또 하나의 논쟁거리는 그 바다의 지명표기에 대한 것이다. 한국인은 그 바다를 동해(East Sea)라고 표기하지만, 일본인은 일본해(Sea of Japan)라는 표기가 국제적으로 통용되도록 로비를 하고 있다. 그러나 이런 정치적 문제는 상대적으로 덜 중요해졌고, 그 대신 21세기 초에는 양국의 문화교류가 그 어느 때보다 활발해졌다. 수많은 한국의 젊은이가 일본의 대중음악을 즐기고 있고, 수많은 일본여성이 일본에서 선풍적인 인기를 끈 한국의 텔레비전 드라마 「겨울연가」의 주인공인 배용준의 매력에 열광하고 있다. 욘사마라는 별명을 얻은 배용준은 중국·일본·동남아시아에서 한국 대중문화의 인기가 치솟고 있는 현상을 일컫는 한류(Korean Wave)의 선두주자가 되었다.

이 같은 문화교류는 많은 사람에게 중요한 의미를 부여했지만, 20세기의 역사에 대한 공통의 인식을 만들어내지는 못했다. 역사라는 문제 자체도, 아시아 전역에서 안정적으로 건설적인 관계를 구축하려는 이러한 노력의 훼방꾼인 하나의 장해였다. 아이러니하게도 전쟁이 과거의 것으로서 점점 멀어져가면서, 일본 제국주의와 제2차 세계대전에 대한 역사적 이해를 둘러싼 알력이 일본의 국내에서도 외국에서도 점차 표면화되었다. 1991년에 한국인 '위안부' 3명이 일본 페미니스트들의 도움을 받아 일본정부를 상대로 소송을 제기한 것이 계기가 되어, 논쟁이 또다시 불거졌다. 중국과 동남아시아의 최전선 근처에서 일본군 병사를 위한 위안시설이 운영되었다는 사실 그 자체는, 쟁점으로 되지 않았다. '위안부'의 대부분이 한국인이었다는 것도 쟁점으로 되지 않았다. 그런데 일본정부는 위안시설을 설치한다거나 혹은 운영한다거나, 또는 여성들에게 위안시설에서 일하도록 하는 데 군대가 공적으로 밀접하게 관여한 사실이 없다고 강변했다. 1992년 초에 전시의 위안소체제의 설립에 군부가 밀접하게 관련되어 있음을 보여주는 정부의 자료를, 어떤 일본의 역사가가 발굴했다. 이 새롭게 발견된 증거는, 이미 판명되었지만 널리는 알려지지 않았던 기존의 증거와 더불어 일본군이 위안소 설립에 직접 관여한 것, 그리고 그런 시설에서 일하게 된 여성들의 많은 수가 매춘부라기보다 노예처럼 취급당했다는 것을 확실히 보여주었다. 미야자키 기이치 총리는 기존의 정부입장을 뒤집고, 정부가 그런 성적인 노예제도에 관여한 것을 인정했다. 1992년에 서울을 방문했을 때, 미야자키는 한국의 국회에서 행한 연설에서 사죄를 표명했다. 과거 위안부였음을 밝힌 여성들과 일본 내외의 지지자들은 사죄와 함께 보상을 요구했다.

이런 소송을 비롯해서 전쟁범죄를 규탄하는 목소리가 드높아진 것에 대해서, 그것에 이의를 제기하는 민족주의적인 반발이 1990년대 초 이래 거세지고, 2000년대에 들어서도 계속되고 있다. 자유주의사관이라는 새로운 조류를 형성한 '역사수정주의자'의 일단은, 일본의 과거의 어두운 면만을 강조하는, 그들의 말에 의하면 '자학사관'은 부당하다며 분노했다. 역사수정주의자 중에는 1937-1938년에 난징 대학살이 일어난 것조차도 인정하지 않으려는 자도 있다. 그들은 특히 일본이 독립된 근대국가로 급부상한 것을 비롯해서 일본이 이룩해온 다양한 성과를 강조함으로써 '일본인'인 것에 대한 자긍심을 갖게 하는 역사가 필요하며, 특히 학교에서 가르치는 역사는 그러한 것이 아니면 안된다고 주장했다. 1960년대에 대동아전쟁긍정론을 주장한 하야시 후사오(林房雄)와 마찬가지로, 제2차 세계대전은 서양 제국주의의 속박으로부터 아시아를 해방시키기 위한 고상한 영위(營爲)였다고 간주하는 역사수정주의자들은, 학교의 역사교육에서 위안부라든가 민간인 학살 등의 주제를 다루는 데 이의를 제기했다.

2001년, '새로운 역사교과서를 만드는 모임'이 이런 시야가 좁은 국가주의적인 역사관을 기저로 한 교과서를 만들었다. 이 모임이 작성한 교과서를 검정한 일본의 문부과학성은 필자들의 레토릭 과잉을 순화시키고, 100개소 이상의 사실에 관한 오류를 정정할 것을 명했지만, 최종적으로는 교과서로서 적합하다고 인정했다. 일본의 역사가와 교사, 많은 시민은 물론이고 특히 중국과 한국의 국민과 정부가 이 교과서와 그것을 검정해 합격시킨 일본정부를 맹비난했다. '새로운 역사교과서를 만드는 모임'의 교과서가 검정에서 합격하고 나서, 도도부현(都道府縣)과 시정촌(市町村)의 교육위원회에 의해 이루어진 최초의 교과서 선정 결과가 2001년에 나왔지만, 이 교과서를 채택한 학교는 1%에도 한참 못 미쳤다.

그런데 2005년 4월, 문부과학성이 '새로운 역사교과서를 만드는 모임'이 집필한 교과서 개정판의 사용을 허가한다고 발표하면서, 과거사 왜곡에 대한 주변국들의 엄청난 분노가 다시 한번 끓어올랐다. 중국의 수많은 도시에서 반일시위가 벌어졌고, 일본인 개인뿐 아니라 일본 기업·대사관·공사관이 공격을 당했다. 한국에서도 항의시위가 일어났다. 일본정부는 중국관리들이 시위가 폭력적으로 변하는 것을 막지 못했다고 불만을 토로했고, 많은 일본인은 중국정부가 앞장서서 시위를 부추겼다고 믿었다.

중국 당국이 어떤 역할을 했건 명백한 것은, 전쟁과 식민통치에 대해 반성하는 태도를 보이지 않는 일본정부에 대한 중국인과 한국인의 분노의 뿌리가 깊다는 점이다. 역사문제는 일본의 지도자가 야스쿠니 신사를 참배하거나, 일본의 전쟁책임을 등한시하는 교과서를 검정하거나, 전쟁에 대한 지난날의 사과를 번복할 때마다 커다란 논란을 불러일으킬 여지를 안고 있다.

경제적·문화적으로는 친밀해졌지만, 정치적으로는 여전히 불안정한 일본과 아시아의 관계는, 1990년대에 그랬듯이 21세기 초에도 긴밀한 미일관계에 의해 설정되었다. 일본시민에게 미일동맹이 오랫동안 설득력을 가질 수 있었던 가장 큰 이유는, 적으로 간주되어 온 소련·중국·북한의 공산주의 정권으로부터 일본을 보호해준다는 것이었다. 또한 미군기지는 중동에서 동아시아로 이어지는 석유수송로를 방위하는 등 미국의 전략적 목표에 기여했는데, 그것은 일본에게도 직접적인 혜택을 주었다. 마지막으로 제2차 세계대전이 끝난 후 60년 이상, 일본의 이웃나라들은 여전히 일본의 재무장 가능성에 대해 우려를 표명해왔다. 미군의 존재는 아시아 국가나 미국 전략가들의 시각에서 보면, 일본의 독자적 군사행동을 불가능하게 함으로써 어떤 의미에서 일본을 보호하는 동시에 일본을 '가둬놓는' 데 이바지했다.

냉전의 종식은, 미군기지가 일본을 공산주의 위협으로부터 보호해준다는 명분을 약화시켰다. 또한 1990년대 중반의 미군기지반대투쟁이 특별한 위력을 발휘했던 이유를 설명해주기도 한다. 오키나와에 미군이 대거 주둔하고 있는 현실은, 미일군사동맹의 비판자들에게는 특히 아픈 상처였다. 1990년대에는 주일미군 병력의 4분의 3이 오키나와에 주둔해 있었고, 미군기지는 이 섬의 5분의 1을 차지하고 있었다. 1995년에 미군 3명이 12살짜리 오키나와 소녀를 유괴하여 강간했다. 이 사건은 오키나와와 일본열도에서 수십 년 내에 가장 강력한 미군기지반대운동을 불러일으켰다. 최대 규모의 시위에는 8만 5,000명이 참가했다. 이후 미국과 일본의 관리들은 힘겨운 협상을 벌인 끝에, 반미시위를 진정시킬 만한 수준의 합의에 도달했다. 양국은 주일미군을 약간 감축하고, 일부 시설을 섬의 인구희소지역으로 이전하겠다는 계획을 내놓았다.

이와 관련해서 아시아 지역과 그 너머에서 일본이 수행하는 군사적 역할은 일본 안팎에서 논쟁이 끊이지 않는 문제이다. 걸프전 후인 1992년에 일본정부는 유엔의 평화유지활동(PKO)에 협력하기 위해 협력법을 제정하고, 자위대가 유엔의 평화유지활동에 참가할 수 있는 길을 열었다. 그 첫 번째 자위대 파견은 1992년에 캄보디아에서 시작되었다. 그후 자위대는 유엔의 평화유지활동에 참가하여 앙골라(1992)·모잠비크(1993-1995)·엘살바도르(1994)·동티모르(2002, 2007)·네팔(2007)에서 선거관리를 지원했고, 1996년에는 골란 고원에서 이스라엘과 시리아 사이의 휴전협정 감시단으로, 2007년에는 네팔에서 정부군과 마오주의자 반군 사이의 휴전협정 감시단으로 활동했다. 이런 활동과 해외 재난구조활동은 자위대의 국제적인 역할을 상당히 확대했다. 2007년에 일본정부는 자위대를 감독하는 방위청의 지위를 방위성으로 격상시킴으로써 자위대의 중요성과 의미를 상징적으로 강조했다.

미국정부는 자위대가 유엔의 틀 밖에서도 미국의 군사 파트너로서 더 적극적인 역할을 수행해야 한다며 일본을 압박했다. 1997년에 양국 정부는 미일안보조약의 적용대상지역을 확대한다는 내용이 담긴 「미일안보협력을 위한 지침」(신가이드라인)에 합의했다. 이 합의에 이어 일본 정부는, 1999년 5월에 자위대의 활동범위를 새롭게 정한 「주변사태법」(周邊事態法)*을 제정했다. 이 법률에 따라 자위대의 행동에는, '주변사태'가 발생했을 경우 제3국 선박에 대한 임검(臨檢), 해외에서 미군전투원의 수색구조, 재외일본인의 구출활동 등도 추가되었다. 2001년 9월 11일, 미국에 대한 동시다발적 테러공격이 발생한 후, 일본정부는 국내의 반대여론에도 아랑곳하지 않고 일사천리로 「테러대책특별조치법」을 제정했다. 이 법에 따라 자위대는 아프가니스탄에서 군사작전을 수행 중이던 미군을 지원하기 위해 인도양으로 파견되었다. 2003년부터 2007년까지 일본은 국내의 빗발치는 반대여론에도 불구하고, 비전투

---

* 일본의 주변지역에서 일본의 평화와 안보에 중요한 영향을 미치는 사태(주변사태)가 발생할 경우, 일본이 실시할 조치와 그 조치의 수속에 필요한 제반 사항을 정한 법. 미국과 일본의 군사협력 및 미일안보조약의 실효성을 높이기 위해 제정된 법이라고는 하지만, 주변사태가 발생할 경우 자위대가 일본의 국경을 벗어나 미군을 지원할 수 있다고 규정함으로써, 사실상 자위대의 집단자위권 발동과 해외파병을 허용한 것은 문제점으로 지적되고 있다.

임무를 수행하는 자위대 병력을 이라크에 파병했다. 2008년 초에도 자민당은 상당한 반대에 부딪혔지만, 해상자위대가 아프가니스탄에서 작전 수행 중인 미군에게 연료를 보급하는 임무를 재개할 수 있도록 하는 법*을 국회에서 통과시켰다.

미국은 전향적인 일본의 군사적 태도를 환영하면서도, 일본관료들이 경제적으로 더 적극적인 역할을 수행하려 들자 의심의 눈초리를 보냈다. 일본정부는 1997년 금융위기에 처한 한국과 다른 국가들을 도우려고 아시아통화기금 창설을 제안했지만, 미국은 거만하게 그 제안을 거부했다. 이에 굴하지 않고 일본관료들은 계속해서 더욱 적극적인 대외경제정책을 추진했다. 그들은 거액의 차관을 제공해 어려움에 부닥친 아시아 전역의 벤처회사들이 생존할 수 있게 도와주었다. 그 자금은 일본기업과 관련된 벤처회사에 지원된 경우가 많았기 때문에, 일차적으로는 일본의 국익을 위한 경제지원이었다고 보아야 할 것이다. 그러나 전체적으로 일본의 차관은, 미국이 지배하는 국제통화기금의 원조보다 조건이 좋은 편이었다. 일본의 전향적인 경제적 입장은 대체로 다른 아시아 국가들로부터 환영받았다.[31]

1990년대와 21세기 초에 일본의 크고 작은 민간기업들은, 투자·생산·교역 부문에서 아시아 각국과의 경제적 유대를 강화했다. 비평가들은, 일본의 기업이 지배적인 지위를 유지하기 위해 첨단 테크놀로지는 전수해주지 않을 것이라는 의미에서 그런 유대를 배타적인 '생산동맹'이라고 불렀다. 그러나 일본과 아시아의 경제적 통합과 상호의존성이 글로벌하게 연결된 시스템의 일부로서 갈수록 강화되는 추세를 감안할 때, 그런 배타성에 기초한 우월한 지위가 유지될 가능성은 희박해 보인

---

* 「테러대책해상저지활동에 대한 보급지원활동실시에 관한 특별조치법」이라는 긴 이름의 법이다. 이 법은 「테러대책특별조치법」의 후속법률로, 줄여서 「신테러특조법」 또는 「보급지원특조법」이라고 한다. 2008년 1월 16일부터 2010년 1월 15일까지 한시법으로 시행되었다.

다. 하지만 아시아의 정치적 통합이, 유럽에서 20세기 후반에 성취된 수준에 근접할 가능성도 희박해 보인다.[32]

계속되는 과거의 현존

어느 나라에서나 늘 그렇듯이, 과거는 21세기의 첫 10년이 끝나갈 무렵 일본인이 직면한 중요한 문제 안에 존재하고 있었다. 일본식 시간으로 표현하자면, 헤이세이 시대가 20년이 지난 시점에 다음과 같은 문제들이 특히 부각되었는데, 이런 문제들은 일본에만 국한된 것은 아니다. 제국주의와 전쟁의 그림자, 그리고 그 과거와 끊임없이 직면해야 하는 불쾌감은, 어느 정도까지 일본과 다른 아시아 국가들 사이의 관계를 방해할 것인가? 20세기 전반에는 증오로 가득 찬 광적인 내셔널리즘을 받아들였고, 그 후반에는 선동적인 애국주의를 대체로 거부했던 나라에서 어떤 종류의 내셔널리즘이 득세할 것인가? 근대에 민족적 동질성이라는 강력한 신화를 낳았던 사회가, 엄청나게 많은 이주민을 기꺼이 수용할 수 있을 것인가? 근대의 역사적 경험 속에서 좋은 경제의 척도로 강력하게 뿌리내린 '성장'이라는 이상이 환경친화적인 번영 및 생존과 조화를 이룰 수 있을 것인가?

일본에 국한된 한 가지 문제는 헌법 개정에 관한 것이다. 언제나 진행형이었지만 그리 큰 관심을 끌지 못했던 개헌문제는, 1990년대 말과 21세기 초에 폭넓은 논쟁을 불러일으키는 초미의 관심사로 떠올랐다.[33] 제안된 개헌의 범위는 매우 넓었다. 국민의 권리를 강화하고 국가의 책임을 확대하려는(예컨대 환경보호 조항을 포함시키려는) 사람들도 있었다. 그러나 개헌에 대한 논의의 물꼬를 튼 것은, 1947년 헌법의 평화주의에 대한 비판과, 그 헌법이 국민에게 너무 많은 권리를 준 반면에 충분한 책임을 부여하지 않았다는 믿음이었다. 고이즈미의 시대가 끝나갈 무렵과 아베 총리의 짧은 재직기간에 개헌 요구의 목소리는 최고조에 달했는데, 그후 점차 수그러들었다.

근현대사의 피투성이 과거를 어떻게 기억할 것인가를 둘러싼 논쟁은 분명 세계적인 현상이었다. 1995년 미국에서는 스미소니언 박물관이 히로시마에 원자폭탄을 투하했던 B29폭격기 에노라 게이의 복원기와 피폭자료 전시를 기획한 것에 대해, 원폭투하는 옳았다고 주장하는 퇴역군인단체 등의 압력으로 피폭자료의 전시가 중지되어, 원폭투하의 의미를 둘러싼 상징적인 논쟁이 봉인되었다. 1990년대의 일본에서는 전중과 전후 초기에 전몰자 유족을 비롯한 국민이 경험한 고통스러웠던 생활에 관한 역사적 자료·정보를 수집, 보존, 전시하기 위한 국영 기념관을 건설하는 계획이, 재향군인회와 일본유족회 등을 중심으로 추진되었다. 이 계획은, 일본의 대외침략에 대한 의미도 정확히 되물어야 한다고 생각하는 많은 역사가의 강한 비판과 항의의 목소리를 무시하고 강행되어, 1999년 도쿄의 구단시타(九段下)에 건립된 국립 '쇼와칸'(昭和館)으로 실현되었다. 21세기가 시작된 시점에 일본사람들도, 각국의 근대사를 어떻게 보아야 할 것인가, 그리고 얻어진 역사이해를 글로벌한 경험의 일환으로서 어떻게 위치시켜야 할 것인가라는 문제를 둘러싸고 진행 중인 논의의 테이블에 가세했다. 사람은 자신이 태어나면서 이어받은 것에 자긍심을 갖고 싶다는 소망과, 지난날의 불평등·불의·권력의 작용에 대해서 정직하게 검토해야 할 필요성과의 균형을 어떻게 잡을 것인가? 다양한 사상의, 사람들의, 제품의, 혹은 기술의 상호작용과 흐름의 어느 하나를 생각해보아도, 잘 알다시피 역사라든가 유산이라는 테마를 특정한 국경선 안에 가두는 일은 결국은 불가능하다는 것이다.

일본의 역대 총리(1885-2001)

총리 이름	재직기간
이토 히로부미(伊藤博文)	1885년 12월~1888년 4월
구로다 기요타카(黑田淸隆)	1888년 4월~1889년 12월
야마가타 아리토모(山縣有朋)	1889년 12월~1891년 5월
마쓰카타 마사요시(松方正義)	1891년 5월~1892년 8월
이토 히로부미	1892년 8월~1896년 9월
마쓰카타 마사요시	1896년 9월~1898년 1월
이토 히로부미	1898년 1월~1898년 6월
오쿠마 시게노부(大隈重信)	1898년 6월~1898년 11월
야마가타 아리토모	1898년 11월~1900년 10월
이토 히로부미	1900년 10월~1901년 6월
가쓰라 다로(桂太郞)	1901년 6월~1906년 1월
사이온지 긴모치(西園寺公望)	1906년 1월~1908년 7월
가쓰라 다로	1908년 7월~1911년 8월
사이온지 긴모치	1911년 8월~1912년 12월
가쓰라 다로	1912년 12월~1913년 2월
야마모토 곤노효에(山本權兵衛)	1913년 2월~1914년 4월
오쿠마 시게노부	1914년 4월~1916년 10월
데라우치 마사타케(寺內正毅)	1916년 10월~1918년 9월
하라 다카시(原敬)	1918년 9월~1921년 11월
다카하시 고레키요(高橋是淸)	1921년 11월~1922년 6월
가토 도모사부로(加藤友三郞)	1922년 6월~1923년 9월
야마모토 곤노효에	1923년 9월~1924년 1월
기요우라 게이고(淸浦奎吾)	1924년 1월~1924년 6월

총리 이름	재직기간
가토 다카아키(加藤高明)	1924년 6월~1926년 1월
와카쓰키 레이지로(若槻禮次郎)	1926년 1월~1927년 4월
다나카 기이치(田中義一)	1927년 4월~1929년 7월
하마구치 오사치(濱口雄幸)	1929년 7월~1931년 4월
와카쓰키 레이지로	1931년 4월~1931년 12월
이누카이 쓰요시(犬養毅)	1931년 12월~1932년 5월
사이토 마코토(齋藤實)	1932년 5월~1934년 7월
오카다 게이스케(岡田啓介)	1934년 7월~1935년 3월
히로타 고키(廣田弘毅)	1935년 3월~1937년 2월
하야시 센주로(林銑十郎)	1937년 2월~1937년 6월
고노에 후미마로(近衛文麿)	1937년 6월~1939년 1월
히라누마 기이치로(平沼騏一郎)	1939년 1월~1939년 8월
아베 노부유키(阿部信行)	1939년 8월~1940년 1월
요나이 미쓰마사(米內光政)	1940년 1월~1940년 7월
고노에 후미마로	1940년 7월~1941년 10월
도조 히데키(東條英機)	1941년 10월~1944년 7월
고이소 구니아키(小磯國昭)	1944년 7월~1945년 4월
스즈키 간타로(鈴木貫太郎)	1945년 4월~1945년 8월

전후 메이지 헌법하의 총리	재직기간
히가시쿠니 나루히코(東久邇稔彦)	1945년 8월~1945년 10월
시데하라 기주로(幣原喜重郎)	1945년 10월~1946년 5월
요시다 시게루(吉田茂)	1946년 5월~1947년 5월

전후 신헌법하의 총리	재직기간
가타야마 데쓰(片山哲)	1947년 5월~1948년 3월
아시다 히토시(芦田均)	1948년 3월~1948년 10월
요시다 시게루	1948년 10월~1954년 12월
하토야마 이치로(鳩山一郎)	1954년 12월~1956년 12월
이시바시 단잔(石橋湛山)	1956년 12월~1957년 2월
기시 노부스케(岸信介)	1957년 2월~1960년 7월
이케다 하야토(池田勇人)	1960년 7월~1964년 11월
사토 에이사쿠(佐藤榮作)	1964년 11월~1972년 7월
다나카 가쿠에이(田中角榮)	1972년 7월~1974년 12월
미키 다케오(三木武夫)	1974년 12월~1976년 12월

전후 신헌법하의 총리	재직기간
후쿠다 다케오(福田赳夫)	1976년 12월~1978년 12월
오히라 마사요시(大平正芳)	1978년 12월~1980년 7월
스즈키 젠코(鈴木善幸)	1980년 7월~1982년 11월
나카소네 야스히로(中曾根康弘)	1982년 11월~1987년 11월
다케시타 노보루(竹下登)	1987년 11월~1989년 6월
우노 소스케(宇野宗佑)	1989년 6월~1989년 8월
가이후 도시키(海部俊樹)	1989년 8월~1991년 11월
미야자와 기이치(宮澤喜一)	1991년 11월~1993년 8월
호소카와 모리히로(細川護熙)	1993년 8월~1994년 4월
하타 쓰토무(羽田孜)	1994년 4월~1994년 6월
무라야마 도미이치(村山富市)	1994년 6월~1996년 1월
하시모토 류타로(橋本龍太郎)	1996년 1월~1998년 7월
오부치 게이조(小渕恵三)	1998년 7월~2000년 4월
모리 요시로(森喜朗)	2000년 4월~2001년 4월
고이즈미 준이치로(小泉純一郎)	2001년 4월~2006년 9월
아베 신조(安部晋三)	2006년 9월~2007년 9월
후쿠다 야스오(福田康夫)	2007년 9월~2008년 9월
아소 다로(麻生太郎)	2008년 9월~2009년 9월
하토야마 유키오(鳩山由紀夫)	2009년 9월~2010년 6월
간 나오토(菅直人)	2010년 6월~2011년 9월
노다 요시히코(野田佳彦)	2011년 9월~2012년 12월
아베 신조(小泉純一郎)	2012년 12월~현재

중의원 총선거 정당별 득표수와 의석수(1945-2000)

1946년 4월 10일 선거		
정당	득표수(득표율, %)	의석수(점유율, %)
일본자유당	13,506,000 (24.4)	140 (30.2)
일본진보당	10,351,000 (18.7)	94 (20.3)
일본사회당	9,858,000 (17.8)	92 (19.8)
일본협동당	1,800,000 (3.2)	14 (3.0)
일본공산당	2,136,000 (3.8)	5 (1.1)
무소속	11,325,000 (20.4)	81 (17.4)
기타 정당	6,473,000 (11.7)	38 (8.2)
합계	55,449,000	464

1947년 4월 25일 선거		
정당	득표수(득표율, %)	의석수(점유율, %)
일본사회당	7,176,000 (26.2)	143 (30.7)
일본자유당	7,356,000 (26.9)	131 (28.1)
민주당	6,840,000 (25.0)	121 (26.0)
국민협동당	1,916,000 (7.0)	29 (6.2)
일본공산당	1,003,000 (3.7)	4 (0.8)
무소속	1,581,000 (5.8)	13 (2.8)
기타 정당	1,490,000 (5.4)	25 (5.4)
합계	27,362,000	466

1949년 1월 23일 선거		
정당	득표수(득표율, %)	의석수(점유율, %)
민주자유당	13,420,000 (43.9)	264 (56.7)
민주당	4,798,000 (15.7)	69 (14.8)
일본사회당	4,130,000 (13.5)	48 (10.3)
일본공산당	2,985,000 (9.7)	35 (7.5)
국민협동당	1,042,000 (3.4)	14 (3.0)
노동농민당	607,000 (2.0)	7 (1.5)
무소속	2,008,000 (6.6)	12 (2.6)
기타 정당	1,602,000 (5.2)	17 (3.6)
합계	30,593,000	466

1952년 10월 10일 선거		
정당	득표수(득표율, %)	의석수(점유율, %)
자유당	16,939,000 (47.9)	240 (51.5)
개진당(改進黨)	6,429,000 (18.2)	85 (18.2)
일본사회당 우파	4,108,000 (11.6)	57 (12.2)
일본사회당 좌파	3,399,000 (9.6)	54 (11.6)
노동농민당	261,000 (0.7)	4 (0.9)
일본공산당	897,000 (2.6)	0 (0)
무소속	2,355,000 (6.7)	19 (4.1)
기타 정당	949,000 (2.7)	7 (1.5)
합계	35,337,000	466

1953년 4월 19일 선거		
정당	득표수(득표율, %)	의석수(점유율, %)
자유당 요시다파	13,476,000 (39.0)	199 (42.7)
개진당	6,186,000 (17.9)	76 (16.3)
일본사회당 좌파	4,517,000 (13.1)	72 (15.4)
일본사회당 우파	4,678,000 (13.5)	66 (14.2)
자유당 하토야마파	3,055,000 (8.8)	35 (7.5)
노동농민당	359,000 (1.0)	5 (1.1)
일본공산당	656,000 (1.9)	1 (0.2)
무소속	1,524,000 (4.4)	11 (2.4)
기타 정당	152,000 (0.4)	1 (0.2)
합계	34,602,000	466

1955년 2월 27일 선거		
정당	득표수(득표율, %)	의석수(점유율, %)
일본민주당	13,536,000 (36.6)	185 (39.6)
자유당	9,849,000 (26.6)	112 (24.0)
일본사회당 좌파	5,683,000 (15.3)	89 (19.1)
일본사회당 우파	5,130,000 (13.9)	67 (14.3)
노동농민당	358,000 (1.0)	4 (0.9)
일본공산당	733,000 (2.0)	2 (0.4)
무소속	1,229,000 (3.3)	6 (1.3)
기타 정당	497,000 (1.3)	2 (0.4)
합계	37,015,000	467

1958년 5월 22일 선거		
정당	득표수(득표율, %)	의석수(점유율, %)
자유민주당(자민당)	22,977,000 (57.8)	287 (61.5)
일본사회당	13,094,000 (32.9)	166 (35.5)
일본공산당	1,012,000 (2.6)	1 (0.2)
무소속	2,381,000 (6.0)	12 (2.6)
기타 정당	288,000 (0.7)	1 (0.2)
합계	39,752,000	467

1960년 11월 20일 선거		
정당	득표수(득표율, %)	의석수(점유율, %)
자민당	22,740,000 (57.6)	296 (63.4)
일본사회당	10,887,000 (27.6)	145 (31.0)
민주사회당	3,464,000 (8.8)	17 (3.7)
일본공산당	1,157,000 (2.9)	3 (0.6)
무소속	1,119,000 (2.8)	5 (1.1)
기타 정당	142,000 (0.3)	1 (0.2)
합계	39,509,000	467

1963년 11월 21일 선거		
정당	득표수(득표율, %)	의석수(점유율, %)
자민당	22,424,000 (54.7)	283 (60.7)
일본사회당	11,907,000 (29.0)	144 (30.8)
민주사회당	3,023,000 (7.4)	23 (4.9)
일본공산당	1,646,000 (4.0)	5 (1.1)
무소속	1,956,000 (4.8)	12 (2.6)
기타 정당	60,000 (0.1)	0 (0)
합계	41,017,000	467

1967년 1월 29일 선거		
정당	득표수(득표율, %)	의석수(점유율, %)
자민당	22,448,000 (48.8)	277 (57.0)
일본사회당	12,826,000 (27.9)	140 (28.8)
민주사회당	3,404,000 (7.4)	30 (6.2)
공명당(公明黨)	2,472,000 (5.4)	25 (5.1)
일본공산당	2,191,000 (4.8)	5 (1.0)
무소속	2,554,000 (5.5)	9 (1.9)
기타 정당	101,000 (0.2)	0 (0)
합계	45,997,000	486

1969년 12월 27일 선거		
정당	득표수(득표율, %)	의석수(점유율, %)
자민당	22,382,000 (47.6)	288 (59.2)
일본사회당	10,074,000 (21.4)	90 (18.5)
공명당	5,125,000 (10.9)	47 (9.7)
민주사회당	3,637,000 (7.7)	31 (6.4)
일본공산당	3,199,000 (6.8)	14 (2.9)
무소속	2,493,000 (5.3)	16 (3.3)
기타 정당	81,000 (0.2)	0 (0)
합계	46,990,000	486

1972년 12월 10일 선거		
정당	득표수(득표율, %)	의석수(점유율, %)
자민당	24,563,000 (46.8)	271 (55.2)
일본사회당	11,479,000 (21.9)	118 (24.0)
일본공산당	5,497,000 (10.5)	38 (7.7)
공명당	4,437,000 (8.5)	29 (5.9)
민주사회당	3,661,000 (7.0)	19 (3.9)
무소속	2,646,000 (5.0)	14 (2.9)
기타 정당	143,000 (0.3)	2 (0.4)
합계	52,425,000	491

1976년 12월 5일 선거		
정당	득표수(득표율, %)	의석수(점유율, %)
자민당	23,654,000 (41.8)	249 (48.7)
일본사회당	11,713,000 (20.7)	123 (24.1)
공명당	6,177,000 (10.9)	55 (10.8)
민주사회당	3,554,000 (6.3)	29 (5.7)
일본공산당	5,878,000 (10.4)	17 (3.3)
신자유클럽	2,364,000 (4.2)	17 (3.3)
무소속	3,227,000 (5.7)	21 (4.1)
기타 정당	45,000 (0.1)	0 (0)
합계	56,613,000	511

1979년 10월 7일 선거		
정당	득표수(득표율, %)	의석수(점유율, %)
자민당	24,084,000 (44.6)	248 (48.6)
일본사회당	10,643,000 (19.7)	107 (20.9)
공명당	5,283,000 (9.8)	57 (11.2)
일본공산당	5,626,000 (10.4)	39 (7.6)
민주사회당	3,664,000 (6.8)	35 (6.3)
신자유클럽	1,632,000 (3.0)	4 (0.7)
사회민주연합	368,000 (0.7)	2 (0.4)
무소속	2,641,000 (4.9)	19 (3.7)
기타 정당	69,000 (0.1)	0 (0)
합계	54,010,000	511

1980년 6월 22일 선거		
정당	득표수(득표율, %)	의석수(점유율, %)
자민당	28,262,000 (47.9)	284 (55.6)
일본사회당	11,401,000 (19.3)	107 (20.9)
공명당	5,330,000 (9.0)	33 (6.5)
민주사회당	3,897,000 (6.6)	32 (6.3)
일본공산당	5,804,000 (9.8)	29 (5.7)
신자유클럽	1,766,000 (3.0)	12 (2.3)
사회민주연합	402,000 (0.7)	3 (0.5)
무소속	2,057,000 (3.5)	11 (2.1)
기타 정당	109,000 (0.2)	0 (0)
합계	59,029,000	511

1983년 12월 18일 선거		
정당	득표수(득표율, %)	의석수(점유율, %)
자민당	25,983,000 (45.8)	250 (48.9)
일본사회당	11,065,000 (19.5)	112 (21.9)
공명당	5,746,000 (10.1)	58 (11.3)
민주사회당	4,130,000 (7.3)	38 (7.4)
일본공산당	5,302,000 (9.3)	26 (5.1)
신자유클럽	1,341,000 (2.4)	8 (1.6)
사회민주연합	381,000 (0.7)	3 (0.6)
무소속	2,769,000 (4.9)	16 (3.1)
기타 정당	62,000 (0.1)	2 (0.4)
합계	56,780,000	511

1986년 7월 6일 선거		
정당	득표수(득표율, %)	의석수(점유율, %)
자민당	29,875,000 (49.4)	300 (58.6)
일본사회당	10,412,000 (17.2)	85 (16.6)
공명당	5,701,000 (9.4)	56 (10.9)
일본공산당	5,313,000 (8.8)	26 (5.1)
민주사회당	3,896,000 (6.4)	26 (5.1)
신자유클럽	1,115,000 (1.8)	6 (1.2)
사회민주연합	500,000 (0.8)	4 (0.8)
무소속	3,515,000 (5.8)	9 (1.7)
기타 정당	121,000 (0.2)	0 (0)
합계	60,449,000	512

1990년 2월 18일 선거		
정당	득표수(득표율, %)	의석수(점유율, %)
자민당	30,315,000 (46.1)	275 (53.7)
일본사회당	16,025,000 (24.4)	136 (26.6)
공명당	5,243,000 (8.0)	45 (8.8)
일본공산당	5,227,000 (8.0)	16 (3.1)
민주사회당	3,179,000 (4.8)	14 (2.7)
사회민주연합	567,000 (0.9)	4 (0.8)
진보당	283,000 (0.4)	1 (0.2)
무소속	4,807,000 (7.3)	21 (4.1)
기타 정당	58,000 (0.1)	0 (0)
합계	65,704,000	512

1993년 7월 18일 선거		
정당	득표수(득표율, %)	의석수(점유율, %)
자민당	23,000,000 (36.6)	223 (43.6)
일본사회당	9,687,000 (15.4)	70 (13.7)
신생당	6,341,000 (10.1)	55 (10.8)
공명당	5,114,000 (8.1)	51 (10.0)
일본신당	5,054,000 (8.0)	35 (6.8)
일본공산당	4,835,000 (7.7)	15 (2.9)
민주사회당	2,206,000 (3.5)	15 (2.9)
신당사키가케	1,658,000 (2.6)	13 (2.5)
사회민주연합	461,000 (0.7)	4 (0.8)
무소속	4,385,000 (6.9)	30 (5.9)
기타 정당	125,000 (0.2)	0 (0)
합계	62,804,000	511

1996년 10월 20일 선거		
정당	득표수(득표율, %)	의석수(점유율, %)
자민당	21,836,000 (38.6)	239 (47.8)
신진당(新進黨)	15,812,000 (28.0)	156 (31.2)
민주당	6,002,000 (10.6)	52 (10.4)
일본공산당	7,097,000 (12.6)	15 (3.0)
사회민주당	1,241,000 (2.2)	15 (3.0)
신당사키가케	728,000 (1.3)	2 (0.4)
민개련(民改連)	149,000 (0.3)	1 (0.2)
무소속	2,509,000 (4.4)	9 (1.8)
기타 정당	1,110,000 (2.1)	0 (0)
합계	55,569,000	500

지은이 주

11장 쇼와 공황과 다양한 대응

1) 이 기간의 경제정책에 관한 상세한 설명은 Hugh T. Patrick, "The Economic Muddle of the 1920s," in *Dilemma of Growth in Prewar Japan*, ed. James Morley (Princeton: Princeton University Press, 1971), pp. 252-55 참조. 공황기의 국제경제와 환율에 관해서는 Mark Metzler, *Lever of Empire: The International Gold Standard and the Crisis of Liberalism in Prewar Japan* (Berkeley: University of California Press, 2006), Part 3을 참조.

2) 江口圭一, 『都市小ブルジョア運動史の硏究』(東京: 未來社, 1976), pp. 418-19, 430-31, 438-39에서 인용.

3) 隅谷三喜男 編, 『昭和恐慌: その歷史的意義と全體像』(東京: 有斐閣, 1974).

4) 鈴木裕子, 『女工と労働爭議』(東京: レンガ書房新社, 1989), pp. 16-17.

5) 인용구는, 1929년에 경시총감에 취임한 마루야마 쓰루키치(丸山鶴吉)의 말. Sheldon Garon, *Molding Japanese Minds* (Princeton, N. J.: Princeton University Press, 1997), pp. 106-11에서 인용.

6) Henry D. Smith, *Japan's First Student Radicals* (Cambridge: Harvard University Press, 1972), pp. 199-230.

7) 大宅壯一, 「1930年の顔」, 『中央公論』(1930年12月號): pp. 303-04.

8) 전자의 입장에 대해서는 宮地正人, 『國際政治下の近代日本』(東京: 山川出版社, 1987), p. 211을; 후자의 입장에 대해서는 Herbert Bix. *Hirohito and the Making of Modern Japan* (New York: HarperCollins Publishers, 2000), pp. 215-27을 참조.

9) 이 사건에 대해서는 Stephen Pelz, *Race to Pearl Harbor: The Failure of the Second London Naval Conference and the Onset of World War II* (Cambridge: Harvard University Press, 1974) 참조.

10) 일본의 만주 점령에 대한 현지의 반응에 대해서는 Rana Mitter, *The Manchurian Myth: Nationalism, Resistance, and Collaboration in Modern China* (Berkeley: University of California Press, 2000)을 참조.

11) 宇垣一成, 『宇垣一成日記』 1卷(東京: みすず書房, 1968), pp. 747, 758-60, 766-67, 782-83; Andrew Gordon, *Labor and Imperial Democracy in Prewar Japan* (Berkeley, Ca.: University of California Press, 1991), pp. 266-67.

12) Louise Young, *Japan's Total Empire* (Berkeley: University of California Press, 1998), pp. 55-114, chapter on "War Fever."

13) 「鈴木貞一日記: 昭和八年」 『史學雜誌』, 87卷 1號(1978年 1月): p. 93.

14) 하지만 케인스는 1936년에 간행된 『고용·이자 및 화폐에 관한 일반이론』에서 전개한 논의의 중요한 부분을 차지하는 아이디어 일부를, 그 이후의 저작 속에서도 이미 밝히고 있기 때문에, 다카하시가 그런 저작을 읽고 있었을 가능성도 생각할 수 있다.

15) William Lockwood, *The Economic Development of Japan* (Princeton, N. J.: Princeton University Press, 1968), pp. 64-77은 이 기간의 경제적 추세를 상세히 조망한다. 〔김태홍 옮김, 『통산성과 일본의 기적』, 우아당, 1983〕

16) Chalmers Johnson, *MITI and the Japanese Miracle* (Stanford, Calif.: Stanford University Press, 1982).

17) 농업정책과 그 영향에 대해서는 Kerry Smith, *A Time of Crisis: Japan, the Great Depression, and Rural Revitalization* (Cambridge: Harvard Asia Center, 2001)을 참조.

18) Susan Beth Weiner, "Bureaucracy and Politics in the 1930s: The Career of Gotō Fumio"(Ph. D. dissertation, Harvard University, 1984), p. 144.

19) 1936년의 총선거에 대해서는 「思想團體各派の衆議院選擧對策に関する調査」, 『思想月報』 23號, pp. 169-76을, 1937년의 총선거에 대해서는 「無産政黨及び愛國團體の總選擧對策に関する調査」, 『思想月報』 36호, pp. 25-28을 참조. Gordon, *Labor and Imperial Democracy*, pp. 310-15도 참조.

20) 고바야시 다키지(小林多喜二)의 두 작품 중 『蟹工船』과 『不在地主』는 영어로 번역되어 있다. Takiji Kobayashi, *The Factory Ship and the Absentee Landlord* (Seattle: University of Washington Press, 1973).

21) Frank O. Miller, *Minobe Tatsukichi: Interpreter of Constitutionalism in Japan* (Berkeley: University of California Press, 1965), pp. 217-18.

22) Garon, *Molding Japanese Minds*, pp. 61, 70-76.

23) Gregory J. Kasza, *The State and the Mass Media in Japan: 1918-1945* (Berkeley: University of California Press, 1988), pp. 88, 252-53.

24) 鈴木武樹, 『批判的・日本プロ野球史』(東京: 三一書房, 1971), pp. 28-33, 44-63.

12장 전시의 일본

1) Alvin Coox, *Nomonhan: Japan against Russia 1939* (Stanford, Calif.: Stanford University Press, 1985)는 노몬한 사건에 관한 가장 신뢰할 만한 자료이다. 전사자 총계에 대해서는 pp. 914-15를 참조.

2) John Boyle, *China and Japan at War, 1937-1945: The Politics of Collaboration* (Stanford, Calif.: Stanford University Press, 1972)을 참조.

3) Andrew Gordon, *The Evolution of Labor Relations in Japan* (Cambridge: Harvard University Council on East Asian Studies, 1985), pp. 300-10.

4) 中村隆英, 『昭和史 I, 1926-45』(東京: 東洋經濟新報社, 1993), pp. 295-96. 後藤靖・佐々木隆爾・藤井松一, 『日本資本主義發達史』(東京: 有斐閣, 1977), pp. 297-99.

5) 米田佐代子, 『近代日本女性史』下卷(新日本出版社, 1972), p. 66. Thomas R. H. Havens, *Valley of Darkness: Japanese Society in World War II* (New York: W. W. Norton, 1978), p. 108에서 인용.

6) 당시 기획원의 조사관이었던 미노베 다쓰키치(美濃部達吉)의 말. Havens, *Valley of Darkness*, p. 109에서 인용. 사실 도조는 미국에 대해 잘못 알고 있었다. 미국은 여성을 공장에 차출하는 법적 조치를 취한 적이 없었기 때문이다. 하지만 상당수의 미국여성은 산업현장에서 일하라는 사회적 요구를 받아들였다.

7) 선거의 결과에 대해서는 Ben-Ami Shillony, *Politics and Culture in Wartime Japan* (Oxford: Clarendon Press, 1981), p. 26 참조.

8) Haruko Cook and Theodore Cook, *Japan at War: An Oral History* (New York: New Press, 1992), p. 180.

9) 구루마 사메조(久留間鮫造)는 오하라(大原) 사회문제연구소의 연구원이었다. 구루마가 전쟁 중에 애써 작성한 용어 색인표는 도쿄 공습 때 소실되고 말았지만, 그는 전쟁이 끝난 후 마침내 색인작업을 끝마쳤다. 구루마가 작성한 마르크스주의 용어색인은, 1970년대에 일본어판과 독일어판이 간행되었다.

10) 이 시를 쓴 사람은 야마노구치 바쿠(山之口貘)다. 스티브 랩슨(Steve

Rabson)이 번역하여 *Stone Lion Review* 1 (Spring 1978): 28에 실었다.

11) 심포지엄의 기록은 잡지『文學界』1942年 9月 및 10月號에 게재되었고, 이듬해에 단행본『近代の超克』(1943)으로 출판되었다. 인용문은 심포지 엄의 사회를 맡았던 가와카미 데쓰타로(河上徹太郎)의 말이다. 전시에 행해진 근대의 초극에 대한 논쟁에 대해서는 Tetsuo Najita and H. D. Harootunian, "Japanese Revolt against the West," in *The Cambridge History of Japan*, vol. 6, ed. Peter Duus(Cambridge: Cambridge University Press, 1988), pp. 758-67 참조. 인용된 부분은 p. 759. 다소 난해하긴 하지만 중요한 연구로는 Harry Harootunian, *Overcome by Modernity: History, Culture and Community in Interwar Japan* (Princeton: Princeton University Press, 2000)이 있다.

12) Najita and Harootunian, "Japanese Revolt against the West," p. 763.

13) 高村光太郎,『記錄』(東京: 龍星閣, 1944), pp. 34-35.

14) 長谷川如是閑,「南進と文化性(上)」,『東京日日新聞』, 1942年 2月 11日, p. 4.

15) 每日新聞社 編,『昭和史全記錄』(東京: 每日新聞社, 1989), pp. 274-76; 鈴木武樹,『批判的·日本プロ野球史』(東京: 三一書房, 1971), p. 86.

16) 와세다 대학과 게이오 대학간의 마지막 야구경기에 관해서는 每日新聞社, 『昭和史全記錄』, p. 282를 참조. 프로야구에 관해서는 鈴木武樹,『批判的 日本プロ野球史』, pp. 85-91을 참조.

17) 이 시들은 白鷗遺族會 編,『雲ながるる果てに: 戰沒海軍飛行予備學生の手記』(東京: 日本圖書センター, 1992 復刻版), p. 162와, 昭和戰爭文學全集編集委員會 編,『昭和戰爭文學全集 15』(東京: 集英社, 1964), p. 141에 실려 있다.

18) John W. Dower, *Empire and Aftermath: Yoshida Shigeru and the Japanese Experience* (Cambridge: Harvard University Council on East Asian Studies, 1979), p. 290에서 인용.

19) Dower, *Empire and Aftermath*, p. 265에서 인용.

20) John W. Dower, *War without Mercy* (New York: Pantheon Books, 1986), p. 48.

21) 위안부의 숫자를 정확히 계산하기는 불가능하다. George Hicks, "The 'Comfort Women,'" in *The Japanese Wartime Empire, 1931-1945*, ed. Peter Duus, Ramon H. Myers, and Mark R. Peattie (Princeton, N.J.: Princeton University Press, 1996), pp. 305-23은 10만 명이라고 추산한다. Watanabe Kazuko, "Militarization, Colonialism, and the Trafficking of Women:

'Comfort Women' Forced into Sexual Labor for Japanese Soldiers," *Bulletin of Concerned Asian Scholars* Vol. 26, No. 4(Oct.-Dec. 1994): 3-17은 20만이라는 통계를 제시한다.

22) 野口悠紀雄, 『1940年體制: さらば「戦時經濟」』(東京: 東洋經濟新報社, 1995)는 '1940년체제'라는 표현을 내세워 베스트셀러가 되었다. 1980년경부터 일본 안팎의 여러 학자에 의해 '관전적(貫戰的)인 정치경제체제'라는 개념이 완성되었다.

13장 점령하의 일본: 새로운 전개와 불변의 구조

1) 항복에 대해 보다 상세하게 논한 것은 John W. Dower, *Embracing Defeat: Japan in the Wake of World War II* (New York: W. W. Norton, 1999), pp. 34-39 참조. 항복문서는 Robert J. C. Butow, *Japan's Decision to Surrender* (Stanford, Calif.: Stanford University Press, 1967), pp. 1-4 참조.

2) Dower, *Embracing Defeat*, pp. 187-88.

3) Dower, *Embracing Defeat*, pp. 139-48.

4) "Drastic Steps Set to Fight Food Lack," *Japan Times*, June 6, 1946 참조.

5) 川崎労働史編纂委員會 編, 『川崎労働史: 戰後編』(川崎市, 1987), pp. 7-8, 410.

6) Cohen, *Remaking Japan*, pp. 171, 179.

7) Dower, *Embracing Defeat*, pp. 145, 156에서 인용.

8) 미국·영국·소련·중국의 대표가 연합국 대일이사회를 구성했다. 극동위원회 구성국은 버마·캐나다·프랑스·인도·네덜란드·뉴질랜드·파키스탄·필리핀·소련·영국·미국이었다.

9) 총사령관 배하의 관료기구의 약칭으로서는 GHQ(General Headquarters)도 쓰였다. 따라서 점령당국의 총사령부는 SCAP, SCAP-GHQ, GHQ라는 세 가지로 불렸다.〔번역자는 GHQ로 일원화했다.〕

10) 3명은 재판 도중에 사망했으며, 2명은 전쟁을 일으키는 음모에 가담한 죄만 인정되어 각각 7년과 20년의 금고형의 판결을 받았다.

11) 일본에서 맥아더가 한 그리스도교 선교활동에 대해서는 Ray A. Moore, "Reflections on the Occupation of Japan," *Journal of Asian Studies* Vol. 38, No. 4 (August 1979): 724, 729와 Richard Finn, *Winners in Peace: MacArthur, Yoshida, and Postwar Japan* (Berkeley: University of California Press, 1992), pp. 62-63을 참조.

12) Dower, *Embracing Defeat*.

13) Theodore Cohen, *Remaking Japan: The American Occupation as New Deal* (New

York: The Free Press, 1987), p.171.

14) Bruce Cummings, "Japan in the World System," in *Postwar Japan as History*, ed. Andrew Gordon (Berkeley: University of California Press, 1993), p.40에서 인용.

15) Thomas R.H.Havens, *Fire across the Sea: The Vietnam War and Japan, 1965-1975* (Princeton, N.J.: Princeton University Press, 1987), p.93. 日本鋼管株式會社四十年史編纂委員會, 『日本鋼管四十年史』(東京: 日本鋼管株式會社, 1952), p.382.

16) John W. Dower, *Empire and Aftermath: Yoshida Shigeru and the Japanese Experience* (Cambridge: Harvard University Council on East Asian Studies, 1988), p.316. 日本鋼管, 『日本鋼管株式會社四十年史』, p.382.

17) Dower, *Empire and Aftermath*, p.306.

14장 경제와 사회의 변용

1) Chalmers Johnson, *MITI and the Japanese Miracle: The Growth of Industrial Policy* (Stanford, Calif.: Stanford University Press, 1982), p.3에서 인용. 제 11장에서 언급했듯이, 경제학자 아리사와 히로미(有沢広巳)가 1930년대 일본경제의 상황을 묘사할 때, 같은 표현을 쓴 적이 있지만, 전후에 이 표현을 쓴 것은 영국의 『이코노미스트』지가 최초였다고 생각된다.

2) Hugh Patrick and Henry Rosovsky, *Asia's New Giant: How The Japanese Economy Works* (Washington, D. C.: Brookings Institution, 1976), p.46.

3) Johnson, *MITI and the Japanese Miracle*, p.16.

4) TV가격과 보급률에 관해서는 Simon Partner, *Assembled in Japan: Electrical Goods and the Making of the Japanese Consumer* (Berkeley: University of California Press, 1999), pp.140, 166, 247을 참조. 1953년 당시 TV 1대당 8만 5천엔이라는 가격은, 2000년도 미국의 평균적 세대의 수입과 비율로 환산하면, TV 1대당 무려 8,000달러에서 1만 달러에 상당한다. 소비자의 지출동향 전체에 관해서는 Charles Yuji Horioka, "Consuming and Saving," in *Postwar Japan as History*, ed. Andrew Gordon(Berkeley: University of California Press, 1993)을 참조.

5) Leonard Lynn, "Institutions, Organizations and Technological Innovation: Oxygen Steelmaking in the U.S. and Japan"(University of Oregon Ph.D dissertation, 1980), pp.124-33, 252.

6) 탄생·결혼·사망·장례와 관련된 각종 의례에 관해서는 色川大吉, 『昭和史世相篇』(東京: 小學館, 1990), pp.25-32를 참조.

7) 色川大吉, 『昭和史世相篇』(東京: 小學館, 1990), pp. 25-32.

8) Walter Edwards, *Modern Japan through Its Weddings: Gender, Person, and Society in Ritual Portrayal* (Stanford, Calif.: Stanford University Press, 1989).

9) Thomas P. Rohlen, "Is Japanese Education Becoming Less Egalitarian? Notes on High School Stratification and Reform," *Journal of Japanese Studies* Vol. 3, No. 1(Winter 1977): 41.

10) 塩田咲子, 「昭高度經濟成長期の技術革新と女子勞働の變化」, 中村政則 編, 『技術革新女子勞働』(國際聯合大學, 1985), pp. 173-74. 영문판은 Sakiko Shioda, "Innovation and Change in the Rapid Economic Growth Period," in *Technology Change and Female Labour in Japan*, ed. Masanori Nakamura(Tokyo: United Nations University, 1994), pp. 163-64.

11) Erdman Palmore, *The Honorable Elders: A Cross-Cultural Analysis of Aging in Japan* (Durham, N.C.: Duke University Press, 1975), p. 48.

12) 영어권에서 일본의 신중간계급이 주목받는 계기가 된 것은, Ezra Vogel, *Japan's New Middle Class: The Salary Man and His Family in a Tokyo Suburb* (Berkeley: University of California Press, 1963)이다.

13) Vogel, *Japan's New Middle Class*, pp. 175-78.

14) Anne Allison, *Nightwork: Sexuality, Pleasure, and Corporate Masculinity in a Tokyo Hostess Club* (Chicago: University of Chicago Press, 1994) 참조.

15) 일본의 도시 중간계급을 논한 고전적인 저작과 최근의 저작으로는 Ronald Dore, *City Life in Japan: A Study of a Tokyo Ward* (Berkeley: University of California Press, 1958); Theodore C. Bestor, *Neighborhood Tokyo* (Stanford, Calif.: Stanford University Press, 1989); Jennifer Robertson, *Native and Newcomer* (Berkeley: University of California Press, 1991) 등이 있다.

16) 中村隆英, 『日本經濟の成長と構造』(東京大學出版會, 1978), p. 318. 영역판은 Takafusa Nakamura, *The Postwar Japanese Economy: Its Development and Structure*, trans. Jacqueline Kaminski (Tokyo: University of Tokyo Press, 1981), p. 183.

17) Koji Taira, *Economic Development and the Labor Market in Japan* (New York: Columbia University Press, 1970), p. 175는 종업원이 4-9명인 사업장에서 일하는 노동자의 임금이, 종업원 1,000명 이상의 대기업 임금의 50%였다는 점을 보여준다. 종업원 50-99명의 중기업의 임금은 대기업의 63%였다.

18) 이런 법적 투쟁과 그 결과에 대해서는 Frank Upham, "Unplaced Persons and Struggles for Place," in *Postwar Japan as History*, ed. Andrew Gordon (Berkeley: University of California Press, 1993), pp. 335-37을 참조.

19) Upham, "Unplaced Persons," pp. 327-32.

20) Sheldon Garon, "Luxury Is the Enemy: Mobilizing Savings and Popularizing Thrift in Wartime Japan," *Journal of Japanese Studies* Vol. 26, No. 1(Winter 2000): 41-78도 전후의 저축률에 대해서 논하고 있다.

21) 신생활운동에 대해서는 折井日向, 『勞務管理 20年』(東東洋經濟新報社, 1973), p. 113. Andrew Gordon, "Managing the Japanese Household: The New Life Movement in Postwar Japan," *Social Politics* Vol. 4, No. 2 (Summer 1997): 245-83을 참조.

22) 혼례가 있었던 것은, TV 생산이 본격화되기 시작했을 때의 일이었기 때문에 황태자의 혼례가 TV 판매를 신장시켰다고 하는 직접적인 인과관계는 믿기 어렵다고 본다.

23) 이는 이른바 엥겔계수이다. Charles Horioka, "Consuming and Saving," in *Postwar Japan as History*, pp. 264-73.

24) 계층구조와 정체성에 관한 두 가지 주요 조사로는 內閣總理大臣官房廣報室 編, 『國民生活に關する世論調査』(東京: 大藏省印刷局, 1958年–現在)와 1975년 SSM 全國調査委員會 編, 『社會階層と社會移動 1975年 SSM 全國調査報告』(東京, 1978)를 들 수 있다. 이들 조사가 시사하는 바를 영어로 설명한 논문은 Koji Taira, "The Middle-Class in Japan and the United States," *Japan Echo* Vol. 6, No. 2 (1979): 18-28과 Shigeru Aoki, "Debunking the 90%-Middle-Class Myth," *Japan Echo* Vol. 6, No. 2 (1979): 29-33을 참조.

25) 이 진술들은 吉本隆明, 「擬制の終焉」, 谷川雁 ほか著, 『民主主義の神話』(東京: 現代思潮社, 1960)과 丸山眞男, 「八・一五と五・一五」, 『中央公論』(1960年 8月)에서 인용. 영역은 Theodore DeBary, *Sources of the Japanese Tradition*, rev. ed.(New York: Columbia University Press, 2005), pp. 1094-1100.

26) 吉本隆明, 「擬制の終焉」; 丸山眞男, 「八・一五と五・一五」.

27) 松下圭一, 「大衆天皇制論」, 『中央公論』74卷 5號(1959年 4月, 8月). 이 글의 영어 초역(抄譯)이 *Sources of the Japanese Tradition* 개정판에 수록되었다.

15장 고도성장기의 정치투쟁과 그 귀결

1) 이들은 467석 가운데 33.4%를 획득했다. 우파사회당은 67석을 얻었고, 좌파사회당은 89석을 얻었다.

2) Laura Hein, "Growth versus Success," in *Postwar Japan as History*, ed. Andrew Gordon(Berkeley: University of California Press, 1993), pp. 111-12

참조.

3) 그런 여성그룹과, 행동의 배후에 있는 물질주의와 평등 사이의 긴장에 대해서 논한 우수한 논고로서는 Kathleen S. Uno, "The Death of 'Good Wife, Wise Mother'?" in *Postwar Japan as History*, pp. 308-12를 참조.

4) Uno, "The Death of 'Good Wife, Wise Mother'?," p. 309.

5) 經濟企劃廳 編, 『國民所得倍增計劃』(1960); Economic Planning Agency, *New Long-Range Economic Plan of Japan (1961-1970): Doubling National Income Plan* (Tokyo: Japan Times, 1961).

6) Chalmers Johnson, *MITI and the Japanese Miracle* (Stanford, Calif.: Stanford University Press, 1982)은 개발국가에 대한 가장 중요한 문헌이다.

7) Sheldon Garon and Mike Mochizuki, "Negotiating Social Contracts," in *Postwar Japan as History*, pp. 148-55.

8) 생산성본부의 설립과 자금원에 대해서는 中村静治, 『日本生産性向上運動史論』(勁草書房, 1958), pp. 179-83,192. Andrew Gordon, *The Wages of Affluence: Labour and Management in Postwar Japan* (Cambridge: Harvard University Press, 1998), p. 47.

9) 勞働省, 『勞働白書』1957年版, pp. 266-67. Andrew Gordon, "Contests for the Workplace in Postwar Japan," in *Postwar Japan as History*, p. 377.

10) 熊澤誠, 「スト權スト: 一九七五年日本」, 清水愼三 編 『戰後勞働組合運動史論』(東京: 日本評論社, 1982), pp. 486-88. 1949년부터 1975년까지의 기간의 공공부문 노동조합에 대해서는 같은 책 pp. 245-58에 실린 兵藤釗의 「職場の勞使關係と勞働組合」을 참조.

11) 글로벌한 맥락에서의 분석에 관해서는 Charles Maier, "The Politics of Productivity: Foundations of American International Economic Policy after World War II," in *Between Power and Plenty: Foreign Economic Policies of the Advanced Industrial States*, ed. Peter Katzenstein (Madison: University of Wisconsin Press, 1978)을 참조.

12) 동맹회의는 전일본노동총동맹조합회의의 약칭이다.

13) 石田博英, 「保守黨のビジョン」, 『中央公論』78卷 1號(1963年 1月): pp. 88-97.

14) 일본어로는 'ベトナムに平和を! 市民連合'이다.

15) 반전운동 전반에 대해서는 Thomas R. H. Havens, *Fire across the Sea: The Vietnam War and Japan, 1965-1975* (Princeton, N. J.: Princeton University Press, 1987) 참조. 수치는 pp. 133, 207에 나온다.

16) 나리타 항의행동에 대해서는 David Apter and Sawa Nagayo, *Against the*

State (Cambridge: Harvard University Press, 1984) 참조.

17) 이런 시민운동의 선례는 전쟁 전에서도 찾을 수 있다.

18) 升味準之輔, 『現代政治: 1955年以後』 下卷(1985), p. 639. 영역은 Masumi Junnosuke. *Contemporary Politics in Japan*. trans. Lonny E. Carlisle.(Berkeley: University of California Press, 1995), p. 391.

19) 전전, 천황기관설이라는 조금 리버럴한 학설을 제기한 것을 우파로부터 비판받고서 도쿄 대학 헌법학 교수직에서 쫓겨난 미노베 다쓰키치에 대해서는 이미 제11장에서 소개했는데, 미노베 료키치는 미노베 다쓰키치의 아들이다.

20) 국철, 전전공사, 전매공사, 우정사업, 국유임야사업, 대장성인쇄국(지폐 인쇄, 정부간행물 발행), 조폐국, 알코올 전매라는 모두 8개 공기업의 노조가 참여했다.

21) 파업의 경과와 실패로 끝난 이유에 관해서는 熊澤誠, 「スト權スト」, 『戰後労働組合運動史論』, pp. 491-503 참조.

22) 이 에피소드에 관해서는 "CIA Spent Millions to Support Japanese Right in '50s and '60s," *New York Times* (October 9, 1994)와 "CIA Keeping Historians in the Dark about Its Cold War Role in Japan," *Los Angeles Times* (March 20, 1995) 참조.

23) E. O. Reischauer, "The Broken Dialogue with Japan," *Foreign Affairs* (October 1960): 11-26.

24) Chalmers Johnson, *Blowback: The Costs and Consequences of American Empire* (New York: Metropolitan Books, 2000), p. 36.〔이원태 옮김, 『블로우백』, 삼인, 2003〕

16장 다극화된 세계 속의 글로벌한 대국: 1980년대의 일본

1) 자동차산업에 대한 드라마틱한 역사에 대해서는 David Halberstam, *The Reckoning* (New York: William Morrow, 1986)을 참조.

2) 이 사건에 대해서는, Christine Choy and Renee Tajima가 다양한 상을 수상했던 다큐멘터리 영화 *Who Killed Vincent Chin?* (1988)에서 검증하고 있다.

3) Theodore H. White, "The Danger from Japan," *New York Times Magazine* (July 28, 1985), pp. 18-23, 27, 37-43, 57-58.

4) 참가국은 캐나다·프랑스·독일·영국·이탈리아·일본·미국이다. 캐나다는 두 번째 회담부터 참가했다.

5) Steven Erlanger, "In Southeast Asia, Japan Dominates in Aid, Trade, and Old Resentments," *New York Times*, July 2, 1989, p. E2.

6) Wikipedia(http://ja.wikipedia.org)의 '歷史敎科書問題' 항목을 참조. 교과
서문제는 1982년 9월에 재연되었다. 계기는, 실은 문제가 된 교과서가 검
정 전부터 '침략'이 아니라 '진출'이라는 단어를 썼고, '침략'으로부터 '진출'
로 바꿔쓴 사실은 없었다고 일부 언론이 보도한 것이었다. 구체적인 사실관
계를 둘러싼 논쟁은 지금도 계속되고 있는데, 사실의 진상은 밝혀지지 않았
다. 그러나 정부가 '화베이(華北) 침략'을 '화베이 진출'이라고 바꿔쓸 것을
강요했다고 하는 보도가 오보였다고 하더라도, 중일전쟁의 다른 국면에 관
한 서술에 대해서는, 바꿔쓰기가 실제로 일어난 케이스도 있었던 것은 사실
이라고 생각된다.

7) 이 입장을 강하게 주장한 논고로는 家永三郎, 『太平洋戰爭』(東京: 岩波書店,
1968). 영역은 Ienaga Saburō, *The Pacific War* (New York: Pantheon Books,
1978).

8) Ronald Dore, *Stock Market Capitalism, Welfare Capitalism: Japan and Germany
versus the Anglo Saxons* (New York: Oxford University Press, 2000), p. 225.

9) 일본어로는 '겐료 게이에이'이다.

10) Paul Lillrank and Noriaki Kano, *Continuous Improvement* (Ann Arbor:
University of Michigan, Center for Japanese Studies, 1989), p. 1.

11) Karatsu Hajime, "Japanese Know-How for American Industry," *Japan Echo*
Vol. XIII, No. 4 (1986): 64. 이것은 唐津一, 「米國經濟の破綻: アメリカよ
正氣に返れ!」, *Voice* (October 1986): 115-25의 영역이다. 영어판의 논문제
목이 일어판보다 부드러워졌음을 알 수 있다.

12) 일본인에 대해 개관하고 분석한 논고로 Peter N. Dale, *The Myth of Japanese
Uniquenes*s (London: Oxford University, Croon Helm & Nissan Institute for
Japanese Studies, 1986)를 참조. 각각의 구체적인 특징에 대해서 논한 문헌
은 pp. 16, 23, 65-67, 72-73, 189-90에 언급되어 있다.

13) Takeo Doi, *The Anatomy of Dependence* (Tokyo: Kodansha International,
1973). 일본어 원서는 土居健郎, 『「甘え」の構造』(東京: 弘文堂, 1971)이
다.[신근재 옮김, 『일본인의 심리구조』, 보림사, 1986]

14) Ezra F. Vogel, *Japan as Number One* (Cambridge: Harvard University Press,
1979). 같은 해에 발행된 일본어판[中和歌子·木本彰子 譯, 『ジャパンアスナン
バ·ワン: アメリカへの敎訓』(東京: ティビ·エス·ブリタニカ), 1979]은 판매부수가
100만 부를 넘었고, 일본에서 간행된 비소설 분야의 번역서로는 역사상 최
대의 베스트셀러가 되었다고 한다.[신영수 옮김, 『일본의 기적과 교훈』, 다락
원, 1979]

15) Jacob Schlesinger, *Shadow Shoguns: The Rise and Fall of Japan's Postwar*

Political Machine (New York: Simon and Schuster, 1997), p.120.

16) Sheldon Garon, *Molding Japanese Minds* (Princeton, N.J.: Princeton University Press, 1997).

17) 總理府 編, 『觀光白書』(東京: 大藏省印刷局, 1991), pp.37-40.

18) 過勞死辯護團全國連絡會議編, 『過勞死: 經濟大國ニッポンのもう一つの眞實』(東京: 窓社, 1990), pp.6-7, 12. 영문판은 National Defense Council for Victims of Karoshi, *Karōshi: When the 'Corporate Warrior' Dies*, pp.7, 12.

19) "Friendly New U.S. Line in Trade Talks Strikes Some Japanese as Self-Serving," *Wall Street Journal*, September 14, 1989, p.A17 참조.

20) *New York Times*, January 21, 1992, Section D, p.1.

21) 熊沢誠, 『新編: 日本の勞動者像』(ちくま學藝文庫, 1993), 序章「ふつうのための猛烈: 現代サラリーマン考」특히 pp.11-12. 영어판은 Kumazawa Makoto, *Portraits of the Japanese Workplace* (Boulder, Colo.: Westview Press, 1996), p.249.

22) 鶴見俊輔, 『戰後日本の大衆文化史: 1945-1980』(東京: 岩波書店, 1984), pp.189-90. 영어판은 Tsurumi Shunsuke, *A Cultural History of Postwar Japan, 1945-1980* (London: KPI Limited, 1987)이다.〔김문환 옮김, 『전후 일본의 대중문화』, 소화, 1996〕Kumazawa, *Portraits of the Japanese Workplace*, p.249에서 재인용했다.

23) 이 논쟁들에 관해서는 Marilyn Ivy, "Formations of Mass Culture," in *Postwar Japan as History*, ed. Andrew Gordon(Berkeley: University of California Press, 1993), pp.253-55 참조.

24) 이런 광고 캠페인에 대해서는 Ivy, "Formations of Mass Culture," pp.251, 256 참조. 농촌의 관광개발 프로젝트에 대해서는 Jennifer Robertson, "It Takes a Village: Internationalization and Nostalgia in Postwar Japan," in *Mirror of Modernity*, ed. Stephen Vlastos (Berkeley: University of California Press, 1999), pp.110-29를 참조.

17장 전후기(戰後期)를 넘어서

1) 천황이 병으로 쓰러진 뒤의 다양한 자숙 분위기에 대해서는 Norma Field, *In the Realm of a Dying Emperor: A Portrait of Japan at Century's End* (New York: Vintage Books, 1991), pp.19-25 참조. 제3장에는 나가사키 시장 모토시마 히토시(本島等)의 성명과 그후에 펼쳐진 논란에 관한 이야기가 실려 있다.

2) Field, *In the Realm of a Dying Emperor*, pp.233-34.

3) B. Meredith Burke, "Japan's Baby Bust: A Brighter Prospect Than Ours?," *The Japan Digest*, July 11, 2000, p. 5.

4)「三國人ら凶惡犯罪を繰り返している：災害時騒げば治安維持を：石原知事, 陸自式典で発言」,『朝日新聞』, 2000年 4月 10日 夕刊, 1頁. '삼국인'이란 말은 점령기에 일본인도 아니고, GHQ 관계자도 아닌 사람을 가리키는 말로 쓰였는데, 주로 과거 식민지였던 한국과 타이완 출신의 주민을 가리키게 되었다.

5) 일본 내의 민족문제와 외국인에 관한 본격적인 분석으로는 John Lie, *Multiethnic Japan* (Cambridge: Harvard University Press, 2001)을 참조.

6)「學級崩壞狀態にあるのは9%」,『教育新聞』, 2006年 4月 5日. http://www.kyobun.co.jp/news/n_04.html.

7) 인용문은 원래 黒沼克史,『援助交際』(東京: 文藝春秋, 1996), p. 27.〔김은영 옮김,『원조교제』, 선영사, 1999〕나는 Kawai Hayao, "The Message from Japan's Schoolgirl Prostitutes," *Japan Echo* Vol. 24, No. 2 (June 1997)에서 재인용. 임상심리학자·평론가로서 저명한 가와이 하야오(河合隼雄)는, 원조교제라는 현상의 배경에는 인간관계의 희박화와 정신의 위기가 있다고 지적한다.

8)「少年凶惡犯罪 , ピークは40年前 :「嚴罰化よりケーアを」大坂弁護士会検証作業」,『朝日新聞』 2000年10月11日, 37頁.

9) 장기전망에 대해서는 David Ambaras, *Bad Youth: Juvenile Delinquency and the Politics of Everyday Life in Modern Japan* (Berkeley: University of California Press, 2005) 참조.

10) Akihiro Ogawa, "When the NPO Law Sinks In: Japanese Civil Society and Neoliberalism," *International Studies Society*, Honolulu Conference (2005년 3월 2일)에서 발표된 논문.

11) '격차사회' 논쟁에 불을 지핀 2권의 책은 橘木俊詔,『日本の經濟格差』(東京: 岩波書店, 1998)〔이병진 옮김,『일본의 경제격차』, 소화, 2001〕와 佐藤俊樹,『不平等社會日本』(東京: 中央公論新社, 2000)이다.

12) Office of Economic Cooperation and Development, *Economic Survey of Japan*, 2006에 나오는 2000년 통계자료이다. 이 보고서는 일본의 언론에서 집중적으로 다루어졌다.

13) International Monetary Fund, *World Economic Outlook* (October 2007).

14) Philip Brasor, "Japan Stands Back as the Poor Gets Poorer," *Japan Times*, December 16, 2007은 가난한 노동자의 곤경을 다룬 일본 텔레비전 다큐멘터리에 대해 논하고 있다.

15) *Japan Digest*, June 30, 2000, pp. 3-4.

16) 「昇格男女差別 "許されぬ"」, 『朝日新聞』 1996年 11月 28日, 34頁.

17) Mari Osawa, "Government Approaches to Gender Equality in the mid-1990s," *Social Science Japan Journal* Vol. 3, No. 1 (2000): 3-19.

18) 內閣府男女共同參畵局, 『男女共同參畵白書, 2007』. http://www.gender.go.jp/.

19) Donald Hellman, "Japanese Politics and Foreign Policy: Elitist Democracy within an American Greenhouse," in *The Political Economy of Japan*, vol. 2, The Changing International Context, ed. Takashi Inoguchi and Daniel I. Okimoto (Stanford, Calif.: Stanford University Press, 1988), pp. 345-78.

20) 이러한 결정과 그 결과에 대해서는 Richart Taggart Murphy, *The Weight of the Yen: How Denial Imperils America's Future and Ruins an Alliance* (New York: Norton, 1996), Part III 참조.

21) Richard Katz, *Japan: The System That Soured: The Rise and Fall of the Japanese Economic Miracle* (Armonk, N.Y.: M. E. Sharpe, 1998)과 "The Lost Decade," *Newsweek*, July 27, 1998 참조.

22) Hark Park. "Bad Loans and Their Impacts on the Japanese Economy," *Discussion Paper* Series A, no. 439, Institute of Economic Research, Hitotsubashi University, June 2003. "Fishing for a Future: Healthy at Lst, The Big Banks Now Need a Strategy," *Economist*, June 28, 2007.

22) Ivan Hall, *Cartels of the Mind: Japan's Intellectual Closed Shop* (New York: W. W. Norton, 1998).

23) 이러한 처방을 잘 요약하고 최근의 조류를 분석한 책으로는 Ronald Dore, *Stock Market Capitalism, Welfare Capitalism: Japan and Germany versus the Anglo Saxons* (New York: Oxford University Press, 2000)가 있다.

24) 에이즈에 대한 일본의 반응과 이 사건에 관해서는 Eric A. Feldman, *The Ritual of Rights in Japan: Law, Society and Health Policy in Japan* (Cambridge: Cambridge University Press, 2000) 참조.

25) 일본에서 정치·경제 문제 분석가로 활동하는 존 뉴퍼(John F. Neuffer)의 표현으로, 1998년 7월 23일자 『뉴욕타임스』에 실린 이후 세간의 주목을 받았다.

26) *Japan Digest*, June 27, 2000, p. 3.

27) Dore, *Stock Market Capitalism, Welfare Capitalism*, p. 105.

28) *Japan Digest*, June 27, 2000, p. 4. 후생노동성의 「고용동향조사보고」에 의하면 1992년에는 모든 노동자의 9.5%가, 2006년에는 10.4%가 직업을 바

꿨다.

29) Dore, *Stock Market Capitalism, Welfare Capitalism*, pp.111-23.

30) 여기에 대한 간결한 설명은 Sanford Jacoby, *The Embedded Corporation* (Princeton, N. J.: Princeton University Press, 2007)의 서문을 참조.

31) Edith Terry, *How Asia Got Rich: Japan and the Asian Miracle* (Armonk, N.Y.: M.E.Sharpe, 1998) 참조.

32) 비판적 입장에 대해서는 *Walter Hatch and Kozo Yamamura, Asia in Japan's Embrace: Building a Regional Production Alliance* (Cambridge: Cambridge University Press, 1996)를 참조. 최근의 평가에 대해서는 *Asian Economic Policy Review* 1, no. 2(December 2006)에 실린 동아시아의 지역통합 특집 (Takatoshi Ito, Akira Kojima, Colin McKenzie, Shujiro Urata, eds.)을 참조.

33) 개헌 논의의 전개과정을 이해하려면 개헌 리서치 프로젝트 웹사이트인 http://www.fas.harvard.edu/~rijs/crrp/index.html을 참조.

참고문헌

1. 총론

Dower, John. *Embracing Defeat: Japan in the Wake of World War II*. New York: W.W. Norton and Co., 1999.〔최은석 옮김, 『패배를 껴안고: 제2차 세계대전 중의 일본과 일본인』, 민음사, 2013〕

——— . *Japan in War and Peace: Selected Essays*. New York: The New Press, 1993.

Duus, Peter, ed. *The Twentieth Century*. Vol. 6 of The Cambridge History of Japan. Cambridge: Cambridge University Press, 1989.

Gluck, Carol and Stephen R. Graubard, eds. *Shōwa: The Japan of Hirohito*. New York: W.W. Norton and Co., 1992.

Goldman, Merle and Andrew Gordon, eds. *Historical Perspectives on Contemporary East Asia*. Cambridge: Harvard University Press, 2000.

Hardacre, Helen. *Shintō and the State, 1868-1988*. Princeton, N.J.: Princeton University Press, 1989.

Iriye, Akira. *China and Japan in the Global Setting*. Cambridge: Harvard University Press, 1993.

Jansen, Marius B., ed. *The Nineteenth Century*. Vol. 5 of *The Cambridge History of Japan*. Cambridge: Cambridge University Press, 1989.

Johnson, Chalmers, *MITI and the Japanese Miracle: The Growth of Industrial Policy, 1925-1975*. Stanford, Calif.: Stanford University Press, 1982.

Molony, Barbara and Kathleen Uno, eds., *Gendering Modern Japanese History*. Cambridge, Ma.: Harvard University Asia Center, 2005.

Najita, Tetsuo. *Japan*. Englewood, N.J.: Prentice Hall, 1974.〔박영재 옮김, 『근대일본사』, 역민사, 1992〕

Najita, Tetsuo, and Victor Koschmann. *Conflict in Modern Japanese History: The Neglected Tradition*. Princeton, N.J.: Princeton University Press, 1982.

Totman, Conrad. *Early Modern Japan*. Berkeley: University of California Press, 1993.

2. 도쿠가와 시대

1) 사회, 주민, 경제

Bix, Herbert P. *Peasant Protest in Japan, 1590-1884*. New Haven, Conn.: Yale University Press, 1986.

Crawcour, S. "The Tokugawa Period and Japan's Preparation for Modern Economic Growth." *Journal of Japanese Studies* Vol.1, No.1 (Autumn 1974): 113-35.

Howell, David L. *Capitalism from Within: Economy, Society, and the State in a Japanese Fishery*. Berkeley: University of California Press, 1995.

Jannetta, Ann Bowman. *Epidemics and Mortality in Early Modern Japan*. Princeton, N.J.: Princeton University Press, 1987.

McClain, James L. *Kanazawa: A Seventeenth-Century Japanese Castle Town*. New Haven, Conn.: Yale University Press, 1982.

Smith, Thomas C. *The Agrarian Origins of Modern Japan*. Stanford, Calif.: Stanford University Press, 1959.

———. *Native Sources of Japanese Industrialization, 1750-1920*. Berkeley and Los Angeles: University of California Press, 1988.

Totman, Conrad. *The Green Archipelago: Forestry in Preindustrial Japan*. Berkeley: University of California Press, 1989.

Vlastos, Stephen. *Peasant Protests and Uprisings in Tokugawa Japan*. Berkeley: University of California Press, 1986.

Wigen, Kären. *The Making of a Japanese Periphery, 1750-1920*. Berkeley: University of California Press, 1995.

2) 정치

Bolitho, Harold. *Treasures among Men: The Fudai Daimyō in Tokugawa Japan*. New Haven, Conn.: Yale University Press, 1974.

Hall, John W. W., and Marius B. Jansen, eds., *Studies in the Institutional History of Early Modern Japan*. Princeton, N.J.: Princeton University Press, 1968.

Howell, David L. *Geographies of Identity in Nineteenth Century Japan*. Berkeley: University of California Press, 2005.

Nakai, Kate Wildman. *Shogunal Politics: Arai Hakuseki and the Premises of Tokugawa*

Rule. Harvard East Asian Monographs 134. Cambridge: Harvard University Council on East Asian Studies, 1988.

Toby, Ronald. *State and Diplomacy in Early Modern Japan: Asia in the Development of the Tokugawa Bakufu.* Princeton, N. J.: Princeton University Press, 1984.

Totman, Conrad. *Politics in the Tokugawa Bakufu.* Cambridge: Harvard University Press, 1967.

Webb, Herschel. *The Japanese Imperial Institution in the Tokugawa Period.* New York: Columbia University Press, 1968.

3) 사상과 문화

Dore, Ronald. *Education in Tokugawa Japan.* Berkeley: University of California Press, 1965.

Elison, George. *Deus Destroyed.* Cambridge: Harvard University Press, 1974.

Harootunian, H. D. *Things Seen and Unseen: Discourse and Ideology in Tokugawa Nativism.* Chicago: University of Chicago Press, 1988.

Kelly, William W. *Deference and Defiance in Nineteenth-Century Japan.* Princeton, N. J.: Princeton University Press, 1985.

Maruyama, Masao. *Studies in the Intellectual History of Tokugawa Japan.* trans. Mikiso Hane. Princeton, N. J.: Princeton University Press, 1974. 〔원서는 丸山眞男, 『日本政治思想史研究』(東京: 東京大學出版會, 1952)〕〔김석근 옮김, 『일본정치사상사 연구』, 통나무, 1995〕

Najita, Tetsuo. *Visions of Virtue in Tokugawa Japan.* Chicago: University of Chicago Press, 1987.

Ooms, Herman. *Tokugawa Ideology: Early Constructs, 1570-1680.* Princeton, N. J.: Princeton University Press, 1985.

Pyle, Kenneth. *The New Generation in Meiji Japan.* Stanford: Stanford University Press, 1969.

Thal, Sarah. *Rearranging the Landscape of the Gods: The Politics of a Pilgrimage Site in Japan, 1573-1912.* Chicago: University of Chicago Press, 2005.

Wakabayashi, Bob Tadashi. *Anti-Foreignism and Western Learning in Early-Modern Japan: The New Theses of 1825.* Cambridge: Harvard University Council on East Asian Studies, 1986.

3. 막말과 메이지 유신

Craig, Albert M. *Chōshū in the Meiji Restoration.* Cambridge: Harvard University Press, 1961.

Harootunian, H. D. *Toward Restoration: The Growth of Political Consciousness in*

Tokugawa Japan. Berkeley: University of California Press, 1970.

Huber, Thomas. *The Revolutionary Origins of Modern Japan.* Stanford, Calif.: Stanford University Press, 1981.

Jansen, Marius B. *Sakamoto Ryōma and the Meiji Restoration.* Stanford, Calif.: Stanford University Press, 1961.

Walthall, Anne. *The Weak Body of a Useless Woman: Matsuo Taseko and the Meiji Restoration.* Chicago: University of Chicago Press, 1998.

Wilson, George M. *Patriots and Redeemers in Japan, Motives in the Meiji Restoration.* Chicago: University of Chicago Press, 1992.

4. 메이지 시대

1) 사회, 주민, 경제

Hirschmeier, Johannes. *The Origins of Entrepreneurship in Meiji Japan.* Cambridge: Harvard University Press, 1964.

Moulder, Frances. *Japan, China and the Modern World Economy.* New York: Cambridge University Press, 1977.

Reischauer, Haru Matsukata. *Samurai and Silk: A Japanese and American Heritage.* Cambridge: Harvard University Press, 1986.

Rosenstone, Robert A. *Mirror in the Shrine: American Encounters with Meiji Japan.* Cambridge: Harvard University Press, 1988.

Smith, Thomas C. *Political Change and Industrial Development in Japan: Government Enterprise, 1868-1880.* Stanford, Calif.: Stanford University Press, 1955.

Tsurumi, E. Patricia. *Factory Girls: Women in the Thread Mills of Meiji Japan.* Princeton, N. J.: Princeton University Press, 1990.

Wray, William D. *Mitsubishi and the N.Y.K., 1870-1914: Business Strategy in the Japanese Shipping Industry.* Cambridge: Harvard University Council on East Asian Studies, 1984.

2) 정치와 외교

Akita, George. *Foundations of Constitutional Government in Modern Japan, 1868-1900.* Cambridge: Harvard University Press, 1967.

Conroy, Hilary. *The Japanese Seizure of Korea, 1868-1910.* Philadelphia: University of Pennsylvania Press, 1960.

Hackett, R. F. *Yamagata Aritomo in the Rise of Modern Japan, 1838-1922.* Cambridge: Harvard University Press, 1973.

Hall, Ivan. *Mori Arinori.* Cambridge: Harvard University Press, 1973.

Jones, Hazel L. *Live Machines: Hired Foreigners and Meiji Japan.* Vancouver: University of British Columbia Press, 1980.

Pittau, J. *Political Thought in Early Meiji Japan, 1868-1889.* Cambridge: Harvard University Press, 1967.

3) 사상과 문화

Bartholomew, James R. *The Formation of Science in Japan.* New Haven, Conn.: Yale University Press, 1989.

Gluck, Carol. *Japan's Modern Myths: Ideology in the Late Meiji Period.* Princeton, N. J.: Princeton University Press, 1985.

Irokawa, Daikichi. *The Culture of the Meiji Period.* trans. and ed. Marius B. Jansen. Princeton, N. J.: Princeton University Press, 1985. 〔원서는 色川大吉, 『明治の文化』(東京: 岩波書店, 1970)〕

Ketelaar, James Edward. *Of Heretics and Martyrs in Meiji Japan: Buddhism and Its Persecution.* Princeton, N. J.: Princeton University Press, 1990.

Kinmonth, Earl H. *The Self-Made Man in Meiji Japanese Thought: From Samurai to Salary Man.* Berkeley: University of California Press, 1981.

5. 제국시대
1) 정치, 외교, 식민주의, 제국주의

Berger, Gordon. *Parties Out of Power in Japan, 1931-1941.* Princeton, N. J.: Princeton University Press, 1977.

Bix, Herbert. *Hirohito and the Making of Modern Japan.* New York: HarperCollins Publishers, 2000.

Borg, Dorothy, ed. *Pearl Harbor as History: Japanese American Relations, 1931-1941.* New York: Columbia University Press, 1973.

Choi, Chungmoo. *The Comfort Women: Colonialism, War and Sex.* Durham, N.C.: Duke University Press, 1997. [*Positions* special issue Vol. 5, No. 1 (Spring 1997)].

Coox, Alvin D. *Nomonhan: Japan against Russia 1939.* Stanford, Calif.: Stanford University Press, 1985.

Crowley, James. *Japan's Quest for Autonomy.* Princeton, N. J.: Princeton University Press, 1966.

Dickinson, Frederick R. *War and National Reinvention: Japan in the Great War, 1914-1919.* Cambridge: Harvard University Asia Center, 1999.

Dower, John. *Empire and Aftermath: Yoshida Shigeru and the Japanese Experience.* Cambridge: Harvard University Council on East Asian Studies, 1979.

Duus, Peter. *The Abacus and the Sword: The Japanese Penetration of Korea, 1895-1910.* Berkeley: University of California Press, 1995.

――――. *Party Rivalry and Politics: Change in Taishō Japan*. Cambridge: Harvard University Press, 1968.

Fogel, Joshua, ed. *The Nanjing Massacre in History and Historiography*. Berkeley: University of California Press, 2000.

Fujitani, Takashi. *Splendid Monarchy: Power and Pageantry in Modern Japan*. Berkeley, Los Angeles, and London: University of California Press, 1996. 〔한석정 옮김, 『화려한 군주』, 이산, 2003〕

John Boyle, *China and Japan at War, 1937-1945: The Politics of Collaboration*. Stanford, Calif.: Stanford University Press, 1972.

Jansen, Marius B. *The Japanese and the Sun Yat-sen*. Stanford, Calif.: Stanford University Press, 1954.

Iriye, Akira. *After Imperialism: The Search for a New Order in the Far East, 1921-1931*. Cambridge: Harvard University Press, 1965.

Lewis, Michael. *Becoming Apart: National Power and Local Politics in Toyama, 1868-1945*. Cambridge: Harvard University Press, 2000.

――――. *Rioters and Citizens: Mass Protest in Imperial Japan*. Berkeley: University of California Press, 1990.

Mitter, Rana. *The Manchurian Myth: Nationalism, Resistance, and Collaboration in Modern China*. Berkeley: University of California Press, 2000.

Morley, James W., ed. *Dilemmas of Growth in Prewar Japan*. Princeton, N.J.: Princeton University Press, 1971.

Najita, Tetsuo. *Hara Kei in the Politics of Compromise, 1905-1915*. Cambridge: Harvard University Press, 1967.

Nish Ian H. Alliance in Decline: A Study in Anglo-Japanese Relations, 1908-23. London: Athlone Press, 1972.

Ogata, Sadako. *Defiance in Manchuria: The Making of Japanese Foreign Policy*. Berkeley: University of California Press, 1964.

Peattie, Mark. *Ishiwara Kanji and Japan's Confrontation with the West*. Princeton, N.J.: Princeton University Press, 1975.

Pelz, Stephen. *Race to Pearl Harbor: The Failure of the Second London Naval Conference and the Onset of World War II*. Cambridge: Harvard University Press, 1974.

Silberman, Bernard and H. D. Harootunian, eds. *Japan in Crisis: Essays on Taishō Democracy*. Ann Arbor: Center for Japanese Studies, the University of Michigan, 1999.

Smith, Henry D. *Japan's First Student Radicals*. Cambridge: Harvard University Press, 1972.

Titus, David. *Palace and Politics in Prewar Japan*. New York: Columbia University

Press, 1974.

Wilson, George. *Radical Nationalist in Japan: Kita Ikki, 1863-1937*. Cambridge: Harvard University Press, 1969.

Yamanouch, Yasushi, Victor J. Koschmann, and Ryūichi Narita, eds. *Total War and "Modernization."* Ithaca, N.Y.: East Asia Program, Cornell University, 1998.

Young, Louise. *Japan's Total Empire: Manchuria and the Culture of Wartime Imperialism*. Berkeley: University of California Press, 1998.

2) 경제

Barnhart, Michael A. *Japan Prepares for Total War: The Search for Economic Security 1919-1941*. Ithaca, N.Y.: Cornell University Press, 1987.

Ericson, Steven J. *The Sound of the Whistle: Railroads and the State in Meiji Japan*. Cambridge: Harvard University Council on East Asian Studies, 1996.

Lockwood, William M., ed. *The State and Economic Enterprise in Japan*. Princeton, N.J.: Princeton University Press, 1965.

Marshall, Byron. *Capitalism and Nationalism in Prewar Japan: The Ideology of the Business Elite*. Stanford, Calif.: Stanford University Press, 1967.

Metzler, *Lever of Empire: The International Gold Standard and the Crisis of Liberalism in Prewar Japan*. Berkeley: University of California Press, 2006.

Molony, Barbara. *Technology and Investment: The Prewar Japanese Chemical Industry*. Cambridge: Harvard University Council on East Asian Studies, 1990.

Patrick, Hugh, ed. *Japanese Industrialization and Its Social Consequences*. Berkeley: University of California Press, 1976.

Smith, Kerry. *A Time of Crisis: Japan, The Great Depression, and Rural Revitalization*. Cambridge: Harvard University Asia Center, 2001.

Wray, William D., ed. *Managing Industrial Enterprise: Cases from Japan's Prewar Experience*. Cambridge: Harvard University Council on East Asian Studies, 1990.

3) 사회와 문화

Ambaras, David. *Bad Youth: Juvenile Delinquency and the Politics of Everyday Life in Modern Japan*. Berkeley: University of California Press, 2005.

Barshay, Andrew. *Social Sciences in Modern Japan: the Marxian and Modernist Traditions*. Berkeley: University of California Press, 2004.

———. *State and Intellectual in Imperial Japan: The Public Man in Crisis*. Berkeley and Los Angeles: University of California Press, 1989.

Bernstein, Gail. *Japanese Marxist: A Portrait of Kawakami Hajime, 1879-1946*. Cambridge: Harvard University Press, 1976.

Bernstein, Andrew. *Modern Passings: Death Rites, Politics and Social Change in Imperial Japan.* Honolulu: University of Hawaii Press, 2005.

Dore, Ronald. *British Factory-Japanese Factory: The Origins of National Diversity in Employment Relations.* Berkeley: University of California Press, 1973.

Dower, John. W. *War without Mercy: Race and Power in the Pacific War.* New York: Pantheon Books, 1986.

Faison, Elyssa. *Managing Women: Disciplining Labor in Modern Japan.* Berkeley: University of California Press, 2007.

Fogel, Joshua. *Politics and Sinology: The Case of Naitō Konan (1866-1934).* Cambridge: Harvard University Press, 1984

Fruhstuck, Sabine. *Colonizing Sex: The Case of Nait Konan (1866-1934).* Cambridge: Harvard University Press, 2003.

Garon, Sheldon. *Molding Japanese Minds: The State in Everyday Life.* Princeton, N. J.: Princeton University Press, 1997.

───── . *The State and Labor in Morden Japan.* Berkeley: University of California Press, 1987.

Gordon, Andrew. *The Evolution of Labor Relations in Japan: Heavy Industry, 1853-1955.* Cambridge: Harvard University Council on East Asian Studies, 1985.

Harootunian, Harry D. *Overcome By Modernity: History, Culture and Community in Interwar Japan.* Princeton: Princeton University Press, 2000.

Havens, Thomas. *Farm and Nation in Japan.* New Haven, Conn.: Yale University Press, 1975.

Hoston, Germaine A. *Marxism and the Crisis of Development in Prewar Japan.* Princeton, N. J.: Princeton University Press, 1986.〔김영호·류장수 옮김, 『일본자본주의 논쟁』, 지식산업사, 1991〕

Lewis, Michael. *Rioters and Citizens: Mass Protest in Imperial Japan.* Berkeley: University of California Press, 1990.

Mackie, Vera. *Creating Socialist Women in Japan: Gender, Labour, and Activism, 1900-1937.* New York: Cambridge University Press, 1997.

Maruyama, Masao. *Thought and Behavior in Modern Japanese Politics.* ed. Ivan Morris. London and New York: Oxford University Press, 1963. 원서는 丸山眞男, 『現代政治の思想と行動』, 上·下(東京: 未來社, 1956, 1957)〕〔김석근 옮김, 『현대정치의 사상과 행동』, 한길사, 1997. 〕

Minichiello, Sharon, ed. *Japan's Competing Modernities: Issues in Culture and Democracy, 1900-1930.* Honolulu: University of Hawaii Press, 1998.

Mitchell, Richard H. *Thought Control in Prewar Japan.* Ithaca, N.Y.: Cornell University Press, 1976. 〔김윤식 옮김, 『일제의 사상통제』(서울: 일지사), 1982〕

Modern Girl Around the World Research Group(Alys Eve Weinbaum, Lynn. M. Thomas, Priti Ramamurthy, Uta G. Poiger, Madeleine Yue Dong, Tani E. Barlow), ed., *The Modern Girl Around the World*. Durham, N. C.: Duke University Press, 2008.

Nolte, Sharon H. *Liberalism in Modern Japan: Ishibashi Tanzan and His Teachers, 1905-1960*. Berkeley: University of California Press, 1986.

Pyle, Kenneth. *The New Generation in Meiji Japan: Problems of Cultural Identity, 1885-1895*. Stanford, Calif.: Stanford University Press, 1969.

Roden, Donald. *Schooldays in Imperial Japan: A Study in the Culture of a Student Elite*. Berkeley: University of California Press, 1980.

Sand, Jordan. *House and Home in Modern Japan: Architecture, Domestic Space, and Bourgeois Culture*. Cambridge, Ma.: Harvard University Asia Center, 2003.

Sato, Barbara Hamill. *The New Japanese Woman: Modernity, Media and Women in Interwar Japan*. Durham, N. C.: Duke University Press, 2003.

Sievers, Sharon L. *Flowers in Salt: The Beginnings of Feminist Consciousness in Modern Japan*. Stanford, Calif.: Stanford University Press, 1983.Silverberg, Miriam. *Erotic Grotesque Nonsense: The Mass Culture of Japanese Modern Times*. Berkeley: University of California Press, 2006.

Smith, Kerry. *A Time of Crisis: Japan, The Great Depression, and Rural Revitalization*. Cambridge: Harvard University Asia Center, 2001.

Smith, Robert J., and Ella Lury Wiswell. *The Women of Suye Mura*. Chicago: University of Chicago Press, 1983.

Tanaka, Stefan. *Japan's Orient: Rendering Pasts in History*. Berkeley: University of California Press, 1993.〔박영재·함동주 옮김, 『일본 동양학의 구조』, 문학과지성사, 2004〕

Tsutsui, William M. *Manufacturing Ideology: Scientific Management in Twentieth-Century Japan*. Princeton, N. J.: Princeton University Press, 1998.

Uno, Kathleen S. *Passages to Modernity: Motherhood, Childhood, and Social Reform in Early Twentieth Century Japan*. Honolulu: University of Hawaii Press, 1999.

Vlastos, Stephen, ed. *Mirror of Modernity: Invented Traditions of Modern Japan*. Berkeley: University of California Press, 1998.

Waswo, Ann. *Japanese Landlords: The Decline of a Rural Elite*. Berkeley: University of California Press, 1977.

6. 전후 및 현대 일본

1) 정부와 정치

Allinson, Gary D. *Japanese Urbanism: Industry and Politics in Kariya, 1872-1972*.

Berkeley: University of California Press, 1975.

───. *Suburban Tokyo: A Comparative Study in Politics and Social Change.* Berkeley: University of California Press, 1979.

Cohen, Theodore. *Remaking Japan: The American Occupation as New Deal.* Berkeley: University of California Press, 1987.

Dower, John. *Embracing Defeat: Japan in the Wake of World War II.* New York: W. W. Norton and Co., 1999.

George, Timothy. *Minamata: Pollution and the Struggle for Democracy in Postwar Japan.* Cambridge: Harvard Asia Center, 2000.

Gordon, Andrew, ed. *Postwar Japan as History.* Berkeley: University of California Press, 1993.

Gordon, Beate Sirota, *The Only Woman in the Room.* Tokyo, New York, and London: Kodansha International, 1997.

Hein, Laura E. *Fueling Growth: The Energy Revolution and Economic Policy in Postwar Japan.* Cambridge: Harvard University Council on East Asian Studies, 1990.

Masumi, Junnosuke. *Contemporary Politics in Japan.* trans. Lonny E. Carlisle. Berkeley: University of California Press, 1995. 〔원서는 升味準之輔, 『現代政治: 1955年以後』 (東京: 東京大學出版會, 1985)〕〔이경희 옮김, 『일본의 현대정치, 1955년 이후』, 대광문화사, 1990〕

───. *Postwar Politics in Japan, 1945-1955.* trans. Lonny E. Carlisle. Berkeley: University of California, Institute of East Asian Studies, Center for Japanese Studies, 1985. 〔원서는 升味準之輔, 『戰後政治: 1945-55年』, 上· 下(東京: 東京大學出版會, 1983)〕〔이경희 옮김, 『일본의 전후정치, 1945-1955』, 대광문화사, 1988〕

Moore, Joe. *Japanese Workers and the Struggle for Power, 1945-1947.* Madison: University of Wisconsin Press, 1983.

Nakamura, Masanori. *The Japanese Monarchy, 1931-1991: Ambassador Grew and the Making of the "Symbol Emperor System."* trans. Herbert P. Bix, et al. Armonk, N.Y.: M. E. Sharpe, 1992. 〔원서는 中村政則, 『象徵天皇制への道: 米國大使グル-とその周辺』 (東京: 岩波書店, 1989)〕

Packard, George R. *Protest in Tokyo: The Security Treaty Crisis of 1960.* Princeton, N. J.: Princeton University Press, 1966.

Pempel, T. J. *Policy and Politics in Japan: Creative Conservatism.* Philadelphia: Temple University Press, 1982.

Pharr, Susan J. *Losing Face: Status Politics in Japan.* Berkeley: University of California Press, 1990.

Ruoff, Kenneth James. *The People's Emperor: Democracy and Japanese Monarch 1945-1995.* Cambridge, Ma.: Harvard University Asia Center, 2003.

Samuels, Richard J. *"Rich Nation, Strong Army": National Security and the Technological Transformation of Japan.* Ithaca, N.Y.: Cornell University Press, 1994.

Sasaki-Uemura and Wesley Makoto. *Organizing the Spontaneous: Citizen Protest in Postwar Japan.* Honolulu: University of Hawaii Press, 2001.

Ward, Robert E., and Yoshikazu Sakamoto, eds. *Policy Planning during the Allied Occupation of Japan.* Princeton, N.J.: Princeton University Press, 1981.

2) 경제와 사회

Allison, Anne. *Nightwork: Sexuality, Pleasure, and Corporate Masculinity in a Tokyo Hostess Club.* Chicago: University of Chicago Press, 1994.〔허창수 옮김, 『일본의 밤문화』, 문학세계사, 1998〕

Bestor, Theodore C. *Neighborhood Tokyo.* Stanford, Calif.: Stanford University Press, 1989.

Brinton, Mary C. *Women and the Economic Miracle: Gender and Work in Postwar Japan.* Berkeley: University of California Press, 1993.

Dore, Ronald P. *British Factory—Japanese Factory: The Origins of National Diversity in Industrial Relations.* Berkeley: University of California Press, 1973.

Dore, Ronald. *Stock Market Capitalism: Welfare Capitalism: Japan and Germany versus Anglo Saxons.* New York: Oxford University Press, 1973.

Edwards, Walter. *Modern Japan through Its Weddings: Gender, Person, and Society in Ritual Portrayal.* Stanford, Calif.: Stanford University Press, 1989.

Feldman, Eric A. *The Ritual of Rights in Japan: Law, Society and Health Policy in Japan.* Cambridge: Cambridge University Press, 2000.

Fowler, Edward. *San'ya Blues: Laboring Life in Contemporary Japan.* Ithaca, N.Y. and London: Cornell University Press, 1996.

Gordon, Andrew. *The Wages of Affluence: Labour and Management in Postwar Japan.* Cambridge: Harvard University Press, 1998.

Hardacre, Helen. *Marketing the Menacing Fetus in Japan.* Berkeley: University of California Press, 1997.

Hunter, Janet, ed. *Japanese Women Working.* London and New York: Routledge, 1993.

Ishida, Hiroshi. *Social Mobility in Contemporary Japan.* Stanford, Calif.: Stanford University Press, 1993.

Jacoby, Sanford. *The Embedded Corporation.* Princeton, N.J.: Princeton University Press, 2007.

Johnson, Chalmers, *MITI and the Japanese Miracle: The Growth of Industrial Policy, 1925-1975.* Stanford, Calif.: Stanford University Press, 1982.

Kondo, Dorinne K. *Crafting Selves: Power, Gender, and Discourses of Identity in a Japanese Workplace.* Chicago: University of Chicago Press, 1990.

Kumazawa, Makoto. *Portraits of the Japanese Workplace: Labor Movements, Workers and Managers.* ed. Andrew Gordon, trans. Andrew Gordon and Mikiso Hane. Boulder, Colo.: Westview Press, 1996.

LeBlanc, Robin. *Bicycle Citizens: The Political World of the Japanese Housewife.* Berkeley: University of California Press, 1999.

MaCormack, Gavan, and Yoshio Sugimoto, eds. *Democracy in Contemporary Japan.* Armonk, N.Y.: M.E.Sharpe, 1986.

Nakamura, Takafusa. *The Postwar Japanese Economy: Its Development and Structure.* trans. Jacqueline Kaminski. Tokyo: University of Tokyo Press, 1981. 〔원서는 中村隆英,『日本經濟: その成長と構造』(東京: 東京大學出版會, 1978)〕

Nakane, Chie. *Japanese Society.* Stanford, Calif.: Stanford University Press, 1972. 〔원서는 中根千枝,『タテ社會の人間關係』(東京: 講談社, 1967)〕〔최길성 옮김,『일본의 사회구조』, 형설출판사, 1978〕

Norbeck, Edward, and Margaret Lock, eds. *Health, Illness, and Medical Care in Japan: Cultural and Social Dimensions.* Honolulu: University of Hawaii Press, 1987.

Ogasawara, Yūko. *Office Ladies and Salaried Men: Power, Gender, and Work in Japanese Companies.* Berkeley: University of California Press, 1998.

Partner, Simon. *Assembled in Japan: Electrical Goods and the Making of the Japanese Consumer.* Berkeley: University of California Press, 2000.

Patrick, Hugh, and Henry Rosovsky, eds. *Asia's New Giant: How the Japanese Economy Works.* Washington, D.C.: Brookings Institution, 1976.

Pharr, Susan J. *Political Women in Japan: The Search for a Place in Political Life.* Berkeley: University of California Press, 1981.

Price, John. *Japan Works: Power and Paradox in Postwar Industrial Relations.* Ithaca, N.Y.: Cornell University Press, 1997.

Robertson, Jennifer. *Native and Newcomer: Making and Remaking a Japanese City.* Berkeley: University of California Press, 1991.

Rohlen, Thomas P. *Japan's High Schools.* Berkeley: University of California Press, 1983.

───── . *For Harmony and Strength: Japanese White-Collar Organization in Anthropological Perspective.* Berkeley: University of California Press, 1974.

Smith, Robert J. *Kurusu: The Price of Progress in a Japanese Village, 1951-1975.* Stanford, Calif.: Stanford University Press, 1978.

Upham, Frank K. *Law and Social Change in Postwar Japan.* Cambridge: Harvard University Press, 1987.

Vogel, Ezra F. *Japan's New Middle Class: The Salary Man and His Family in a Tokyo Suburb*. Berkeley: University of California Press, 1971.

3) 사상과 문화

Burkman, Thomas W. *The Occupation of Japan: Arts and Culture*. Norfolk, Va.: Liskey Lithograph, 1988.

Cary, Otis, ed. *War-Wasted Asia: Letters, 1945-46*. Tokyo and New York: Kodansha International, 1975.

Field, Norma. *In the Realm of a Dying Emperor: A Portrait of Japan at Century's End*. New York: Pantheon Books, 1991. 〔박이엽 옮김, 『죽어가는 천황의 나라에서』, 창작과비평사, 1995〕

Kersten, Rikki. *Democracy in Postwar Japan: Maruyama Masao and the Search of Autonomy*. London and New York: Routledge, 1996.

Koschmann, Victor. *Revolution and Subjectivity in Postwar Japan*. Chicago: University of Chicago Press, 1996.

Krauss, Ellis S. *Japanese Radicals Revisited: Student Protest in Postwar Japan*. Berkeley: University of California Press, 1974.

Lifton, Robert J. *Death in Life: The Survivors of Hiroshima*. New York: Random House, 1968.

Olson, Lawrence. *Ambivalent Moderns: Portraits of Japanese Cultural Identity*. Lanham, Md.: Rowman and Littlefield Publishers, Inc., 1992.

Treat, John Whittier. *Writing Ground Zero: Japanese Literature and the Atomic Bomb*. Chicago: University of Chicago Press, 1995.

Tsurumi, Shunsuke. *A Cultural History of Postwar Japan, 1945-1980*. London: KPI Limited, 1987. 〔원서는 鶴見俊輔, 『戰後日本の大衆文化史: 1945~1980年』(東京: 岩波書店, 1984)〕 〔김문환 옮김, 『전후 일본의 대중문화: 1945~1980』, 소화, 2001〕

4) 일본과 세계

Buckley, Roger. *U.S.-Japan Alliance Diplomacy, 1945-1990*. Cambridge: Cambridge University Press, 1992.

Encarnation, Dennis J. *Rivals beyond Trade: America versus Japan in Global Competition*. Ithaca, N.Y.: Cornell University Press, 1992.

Hatch, *Walter and Kozo Yamamura, Asia in Japan's Embrace: Building a Regional Production Alliance*. Cambridge: Cambridge University Press, 1996.

Havens, Thomas H. *Fire across the Sea: The Vietnam War and Japan, 1965-1975*. Princeton, N. J.: Princeton University Press, 1987.

Hein, Laura and Mark Selden, eds. *Living with the Bomb: American and Japanese*

Cultural Conflicts in the Nuclear Age. Armonk, N.Y.: M.E.Sharpe, 1997.

Miyoshi, Masao. *Off Center: Power and Culture Relations between Japan and the United States*. Cambridge: Harvard University Press, 1991.

Nagai, Yōnosuke, and Akira Iriye, eds. *The Origins of the Cold War in Asia*. New York: Columbia University Press, 1977.

Pyle, Kenneth B. *The Japanese Question: Power and Purpose in a New Era*. Washington, D.C.: The AEI Press, 1992.

Schonberger, Howard B. *Aftermath of War: Americans and the Remaking of Japan, 1945-1952*. Kent, Ohio: Kent State University Press, 1989.

Terry, Edith. *How Asia Got Rich: Japan and the Asian Miracle*. Armonk, N. Y.: M. E. Sharpe, 1998.

찾아보기